SERVIDÕES

O GEN | Grupo Editorial Nacional reúne as editoras Guanabara Koogan, Santos, Roca, AC Farmacêutica, Forense, Método, LTC, E.P.U. e Forense Universitária, que publicam nas áreas científica, técnica e profissional.

Essas empresas, respeitadas no mercado editorial, construíram catálogos inigualáveis, com obras que têm sido decisivas na formação acadêmica e no aperfeiçoamento de várias gerações de profissionais e de estudantes de Administração, Direito, Enfermagem, Engenharia, Fisioterapia, Medicina, Odontologia, Educação Física e muitas outras ciências, tendo se tornado sinônimo de seriedade e respeito.

Nossa missão é prover o melhor conteúdo científico e distribuí-lo de maneira flexível e conveniente, a preços justos, gerando benefícios e servindo a autores, docentes, livreiros, funcionários, colaboradores e acionistas.

Nosso comportamento ético incondicional e nossa responsabilidade social e ambiental são reforçados pela natureza educacional de nossa atividade, sem comprometer o crescimento contínuo e a rentabilidade do grupo.

Arnaldo Rizzardo

SERVIDÕES

2ª edição
revista, atualizada e ampliada

Rio de Janeiro

■ A EDITORA FORENSE se responsabiliza pelos vícios do produto no que concerne à sua edição (impressão e apresentação a fim de possibilitar ao consumidor bem manuseá-lo e lê-lo). Nem a editora nem o autor assumem qualquer responsabilidade por eventuais danos ou perdas a pessoa ou bens, decorrentes do uso da presente obra.

Todos os direitos reservados. Nos termos da Lei que resguarda os direitos autorais, é proibida a reprodução total ou parcial de qualquer forma ou por qualquer meio, eletrônico ou mecânico, inclusive através de processos xerográficos, fotocópia e gravação, sem permissão por escrito do autor e do editor.

Impresso no Brasil – *Printed in Brazil*

■ Direitos exclusivos para o Brasil na língua portuguesa
Copyright © 2014 by
EDITORA FORENSE LTDA.
Uma editora integrante do GEN | Grupo Editorial Nacional
Travessa do Ouvidor, 11 – Térreo e 6º andar – 20040-040 – Rio de Janeiro – RJ
Tel.: (21) 3543-0770 – Fax: (21) 3543-0896
forense@grupogen.com.br | www.grupogen.com.br

■ O titular cuja obra seja fraudulentamente reproduzida, divulgada ou de qualquer forma utilizada poderá requerer a apreensão dos exemplares reproduzidos ou a suspensão da divulgação, sem prejuízo da indenização cabível (art. 102 da Lei n. 9.610, de 19.02.1998).

Quem vender, expuser à venda, ocultar, adquirir, distribuir, tiver em depósito ou utilizar obra ou fonograma reproduzidos com fraude, com a finalidade de vender, obter ganho, vantagem, proveito, lucro direto ou indireto, para si ou para outrem, será solidariamente responsável com o contrafator, nos termos dos artigos precedentes, respondendo como contrafatores o importador e o distribuidor em caso de reprodução no exterior (art. 104 da Lei n. 9.610/98).

■ A Editora Forense passou a publicar esta obra a partir da 2.ª edição.

■ Capa: Danilo Oliveira

■ CIP – Brasil. Catalogação-na-fonte.
Sindicato Nacional dos Editores de Livros, RJ.

R533s
2. ed.

    Rizzardo, Arnaldo,1942–
        Servidões/Arnaldo Rizzardo. – 2. ed. – Rio de Janeiro: Forense, 2014.

    Inclui bibliografia
    ISBN 978-85-309-5507-6

        1. Direito civil. I. Título.

14-09454   CDU: 347

NOTA DO AUTOR

Vem reeditada uma das primeiras obras do autor, premiada em primeiro lugar em concurso nacional de monografias, profundamente alterada e totalmente atualizada, podendo-se dizer que foi refeita em vista não propriamente de alterações que ocorreram ao longo dos anos em matéria de servidões, mas em razão das novas dimensões, de algumas problemáticas diferentes que se manifestaram e de espécies do instituto que surgiram e se implantaram. Não se constataram modificações substanciais no disciplinamento legal, verificando-se uma linha de interpretação doutrinária e jurisprudencial que se mantém bastante uniforme através dos tempos.

Justifica-se a republicação, eis que o assunto amiúde surge discutido nos pretórios, aliás, muito mais do que se pensa. Sempre despontam ações que versam sobre servidões, máxime as de trânsito, de aqueduto, de aproveitamento de águas, as administrativas, as incidentes em prédios, as sobre terrenos reservados e áreas de marinha e sobre assuntos correlatos, como os direitos de vizinhança, o direito de construir e a passagem forçada. Criam-se controvérsias de profunda discussão, girando em torno da extensão, das modificações, dos encargos, da constituição, dos limites, das indenizações e da extinção das servidões.

Nas últimas décadas, não surgiram obras tratando especificamente sobre o assunto. Há, é verdade, trabalhos inseridos em comentários ao Código Civil, e em dissertações publicadas em revistas ou compêndios de direito, mas carecendo de uma abordagem sistemática e ampla da matéria.

Expressam as servidões a concretização do caráter social da propriedade imobiliária, embora sendo um dos institutos mais antigos do direito. Leva-se em conta o interesse público, que prepondera diante do prisma individualista, que tinha força, sobretudo, nas épocas em que o positivismo jurídico prevaleceu. Pode-se afirmar que está em patamar superior a utilização racional dos imóveis, havendo certa tendência em socializar sua finalidade.

Marca a obra o cunho prático do direito que se procurou imprimir, o que decorre da própria atividade do autor, sendo uma constante a preocupação em não apenas vivenciar as normas jurídicas na apreciação das relações sociais das atividades humanas, mas, sobretudo, acompanhar a evolução dos tempos e adaptar o direito às novas realidades que surgem.

ÍNDICE SISTEMÁTICO

CAPÍTULO I – AS SERVIDÕES 1

1. Considerações sobre a propriedade 1

2. Limites sociais e jurídicos da propriedade e as servidões 2

3. As servidões no direito romano 6

4. Conceito de servidão 7

5. Natureza da servidão 10

6. Direitos e deveres na servidão 11

CAPÍTULO II – CARACTERÍSTICAS DAS SERVIDÕES 15

1. Instituição sobre prédios distintos 15

2. Instituição em favor da coisa 15

3. Direito real acessório 17

4. Proximidade entre si dos prédios serviente e dominante 18

5. Proibição de se estender ou ampliar a servidão 19

6. A servidão não se presume 20

7. Necessidade de trazer alguma vantagem ao prédio dominante 20

8. Encargo ou ônus que pesa sobre o imóvel serviente 21

9. Ente incorpóreo 22

10. O objeto da servidão não pode ser outra servidão 22

11. Constituição em favor de um ou mais prédios 22

12. Obrigação de não fazer e de tolerar 23

13. Perpetuidade ou, pelo menos, longa duração 24

14. Garantia dos meios para o exercício da servidão 24

15. Número ilimitado de servidões convencionais 25

16. Inalienabilidade da servidão 26

17. O princípio da indivisibilidade 27

CAPÍTULO III - CLASSIFICAÇÃO DAS SERVIDÕES 31

1. Servidões urbanas e rurais 31
2. Servidões prediais e pessoais 34
3. Servidões naturais, legais e convencionais 34
4. Servidões aparentes e não aparentes 37
5. Servidões contínuas e descontínuas 39
6. Servidões positivas e negativas 40
7. Servidões principais e acessórias 40
8. Combinação entre as servidões 41

CAPÍTULO IV - CONSTITUIÇÃO DAS SERVIDÕES 43

1. Constituição por contrato 43
2. Constituição por testamento 47
3. Constituição por adjudicação no juízo divisório e demarcatório 48
4. Constituição por usucapião 49
   4.1. Usucapião ordinária 52
   4.2. Usucapião extraordinária 61
   4.3. Usucapião quanto ao modo do exercício da servidão 62
   4.4. Usucapião da passagem forçada 63
   4.5. Usucapião sobre terras devolutas, usucapião especial e usucapião constitucional 64
   4.6. O procedimento processual para a ação 68
5. Constituição por destinação do proprietário 71
6. Posse e exercício da servidão 78
7. Constituição das servidões não aparentes 82
8. Registro imobiliário das servidões 84

CAPÍTULO V - SERVIDÕES E DIREITOS DE VIZINHANÇA 89

1. Distinção entre as duas espécies 89
2. Semelhança entre servidões e direitos de vizinhança 91
3. Servidões que passaram para direitos de vizinhança em nosso Código Civil 92
4. Servidões, direitos de vizinhança e restrições administrativas 94

CAPÍTULO VI - CONSERVAÇÃO DAS SERVIDÕES 97

1. Direito à conservação 97

2. Obras necessárias para a conservação 98

3. Limites na realização das obras 99

4. Obrigatoriedade na realização das obras de reparo 100

5. Responsabilidade pela realização das obras e pelas despesas necessárias à conservação 101

6. Responsabilidades a cargo do dono do prédio serviente 101

7. Exoneração da responsabilidade pelo abandono do prédio serviente 102

CAPÍTULO VII - LIMITES AO EXERCÍCIO DAS SERVIDÕES 107

1. Uso conforme a finalidade e a extensão que instituíram as servidões .. 107

2. Exercício de acordo com as necessidades do prédio dominante 108

3. Não extensão a propriedades vizinhas do prédio dominante 110

4. Maior utilização da servidão 110

5. Convenções admitindo o agravamento 111

6. Situações que não constituem agravamento 112

7. Proibição em estender a servidão a fins diversos daqueles que a determinaram 112

CAPÍTULO VIII - REMOÇÃO OU MUDANÇA DE LOCAL DA SERVIDÃO 115

1. Mudança pelo dono do prédio serviente 115

2. Mudança pelo dono do prédio dominante 116

3. Requisitos para se autorizar a mudança 117

4. Despesas com a remoção 118

5. Imprescritibilidade do direito de mudança 118

6. Mudança arbitrária da servidão 118

7. Mudança do exercício da servidão 119

8. Inovação e obras que diminuem o exercício da servidão 120

9. Instituição de nova servidão sobre o prédio serviente já gravado com servidão 121

CAPÍTULO IX - AMPLIAÇÃO DAS SERVIDÕES 123

1. Ampliação e novas necessidades do prédio dominante 123
2. Ampliação da servidão com mudança na maneira de exercício 124

CAPÍTULO X - EXTINÇÃO DAS SERVIDÕES 127

1. Extinção e cancelamento no Registro de Imóveis 127
2. Cancelamento no Registro de Imóveis por iniciativa do interessado ou por sentença judicial 127
3. Extinção pela renúncia à servidão 129
4. Cessação da utilidade da servidão 130
5. Extinção pelo resgate 132
6. Extinção pela reunião dos dois prédios no domínio da mesma pessoa ou pela confusão 133
7. Supressão das obras da servidão por efeito de contrato ou de outro título expresso 134
8. Não uso pelo prazo de dez anos 135
9. Destruição do prédio dominante ou do prédio serviente 139
10. Realização da condição que instituiu a servidão ou extinção pela expiração do tempo determinado para a sua duração 141
11. Extinção pela preclusão em virtude de atos opostos pelo dono do prédio serviente 141
12. Extinção pela desapropriação 142
13. Resolução do domínio do prédio serviente 142
14. Prescrição extintiva, remissão e abandono 143
15. Extinção da servidão quando incide hipoteca no prédio dominante 144

CAPÍTULO XI - AÇÕES RELATIVAS ÀS SERVIDÕES 147

1. Ação confessória 147
2. Ação negatória 149
3. Ações possessórias 151
4. Nunciação de obra nova 157
5. Ação publiciana 161
6. A proteção possessória nas servidões não aparentes 163

CAPÍTULO XII - SERVIDÕES RELATIVAS A PRÉDIOS 167

1. O Código Civil e as servidões em espécie 167

2. Servidão negativa de abrir janelas, frestas e de construir terraços 168

3. Janelas e outras aberturas a menos de metro e meio do prédio vizinho 171

4. Construção de prédio a menos de metro e meio da janela, ou abertura, ou sacada, ou terraço do prédio vizinho 175

5. Colocação de trave ou madeiramento no prédio vizinho 179

6. Utilização de parede comum 181

7. Servidão de apoiar prédio em parte do prédio do vizinho 182

8. Servidão de avançar extremidade do prédio dominante sobre o fundo do vizinho 183

9. Servidão de construir ou altear a casa acima do permitido 184

10. Servidão de não elevar um edifício além de certa altura 185

11. Servidão de não demolir o prédio 186

12. Escoamento das águas que caem sobre o telhado 186

13. Servidão de colocação de chaminé e fogão 188

14. Servidão de lançar fumaça no prédio vizinho 188

15. Servidão de fazer correr as águas da cozinha e de uso doméstico 189

16. Servidão de esgoto 190

17. Impossibilidade de instituição de servidão de recebimento de águas impuras e de detritos 191

18. Escoamento de águas impuras 192

CAPÍTULO XIII - SERVIDÃO DE TRÂNSITO 195

1. Conceito e extensão 195

2. Servidão de trânsito e passagem forçada 197

3. Aquisição da servidão de trânsito pela posse 201

4. Servidão de trânsito e pretensão à exigência tributária 203

CAPÍTULO XIV - SERVIDÕES RELATIVAS A ÁGUAS 205

1. A extensão das servidões de água 205

2. A lei aplicável em matéria de águas 205

3. Servidão de aqueduto ou canalização de águas 207

3.1. Caracterização e incidência do Código Civil e do Código de Águas 208

3.2. Requisitos para o reconhecimento do aqueduto e constituição 210

3.3. Servidão legal de aqueduto em favor dos imóveis inferiores se a água provém de prédio superior, do qual ficaram separados 214

4. Servidão de águas supérfluas das correntes comuns e das nascentes 215

5. Servidão do fluxo das águas pelo prédio inferior ou do escoamento natural das águas 221

6. Servidão de tirada de água 224

7. Servidão de tomada de água 226

8. Servidão de aproveitamento das águas que atravessam os prédios 228

9. Servidão de escoamento de águas estagnadas 231

CAPÍTULO XV – SERVIDÕES RELATIVAS À LUZ E À VISTA 233

1. Servidão de luz 233

2. Servidão de proibir a realização de obras que tirem a luz do prédio dominante 235

3. Servidão de vista 236

4. Servidão de não impedir, com obras ou plantações, o direito de vista. 236

CAPÍTULO XVI – SERVIDÃO DE PASTO E DE LEVAR O GADO A BEBER EM FONTE OU RIO ALHEIO 239

1. Servidão de pasto 239

2. Servidão de levar o gado a beber em fonte ou rio alheio 240

CAPÍTULO XVII – SERVIDÕES INDUSTRIAIS 241

1. Instituição da servidão para a utilidade do prédio dominante 241

2. Efeitos da servidão sobre a atividade industrial 242

CAPÍTULO XVIII – SERVIDÕES ADMINISTRATIVAS 243

1. Conceito 243

2. Pessoas jurídicas e órgãos autorizados a instituir servidões administra-tivas e seu objeto 245

3. Instituição da servidão por lei e por ato desapropriatório 246

4. Indenização na instituição da servidão por ato expropriatório 249

5. Cabimento de juros compensatórios cumulados com os moratórios a partir da ocupação do imóvel na desapropriação para instituir servidão administrativa 251

6. Servidões administrativas legais 253

CAPÍTULO XIX - A INSTITUIÇÃO DE SERVIDÃO AMBIENTAL EM OUTRO IMÓVEL PARA FINS DE RESERVA LEGAL 281

1. A compreensão de área de reserva legal 281

2. Extensão da área de reserva legal 281

3. Finalidades e decorrências da reserva legal 283

4. A instituição de servidão de área de reserva legal 284

5. A negociação da servidão 285

BIBLIOGRAFIA 291

OBRAS DO AUTOR 295

Capítulo I

AS SERVIDÕES

1. CONSIDERAÇÕES SOBRE A PROPRIEDADE

Apresenta Pontes de Miranda a propriedade como o direito real "mais extenso, de jeito que, tirando-se-lhe elementos para a constituição de quaisquer direitos reais limitados, algo fica. O conteúdo de qualquer desses direitos reais limitados cabe no conteúdo do domínio; o conteúdo do domínio somente em parte cabe no conteúdo dos direitos reais limitados".[1]

Para Lafayette Rodrigues Pereira, a propriedade é o direito real que "afeta a coisa direta e imediatamente, sob todos ou sob certos respeitos, e a segue em poder de quem a detenha".[2]

A palavra vem do latim – *proprietas* –, que, no acusativo, deu *proprietatem*, e etimologicamente emana de *proprius*, significando aquilo que pertence a uma pessoa.

A doutrina define o instituto como o poder que é conferido ao proprietário sobre uma coisa e a sua pertinência à pessoa. Nessa linha é o pensamento do mesmo Lafayette: "É o direito real que vincula e legalmente submete ao poder absoluto de nossa vontade a coisa corpórea, na substância, acidentes e acessórios".[3]

Encerra o significado a totalidade de poderes oriundos do domínio, ou seja, o uso, o gozo e a disponibilidade da coisa, que remanescem desde o direito romano: *jus utendi, fruendi et abutendi re sua, quatenus juris ratio patitur.*[4]

---

[1] *Tratado de direito privado.* 3. ed. Rio de Janeiro: Borsoi, 1971, p. 7, § 2.140.

[2] *Direito das coisas.* Rio de Janeiro: Freitas Bastos. 1943. v. IV, p. 21, § 1º.

[3] *Direito das coisas,* cit., p. 98, § 2, p. 98, § 24.

[4] Arnoldo Wald. *Propriedade,* em Repertório Enciclopédico do Direito Brasileiro. t. II, v. II, p. 114.

Colin e Capitant a expressam como "el poder de usar de una cosa y de aprovechar toda la utilidad que es susceptible de procurar de un modo exclusivo y perpetuo".[5]

Na prática, o sentido compreende tão somente o direito que tem por objeto imediato as coisas corpóreas. Popularmente, é a coisa objeto do direito, como a propriedade urbana ou a propriedade rural. Entretanto, sabe-se que o significado vai muito além, abrangendo bens imateriais ou espirituais, como a propriedade, a propriedade intelectual e a propriedade industrial.

De conformidade, pois, com tais explanações, dois aspectos ressaltam: um interno, envolvendo os direitos de usar, gozar e dispor dos bens; e outro externo, que compreende o direito de reavê-los de quem quer que injustamente os possua.

Em termos práticos, quando plena, a propriedade assegura ao titular o direito de usar a coisa de acordo com sua vontade (*jus utendi*); o direito de extrair-lhe os frutos e auferir-lhe os produtos (*jus fruendi*); e de dispor da maneira que melhor convenha ao seu titular, desde que se respeitem as imposições do bem comum (*jus abutendi*).

Os poderes da pessoa sobre a coisa desenvolvem-se no plano material e jurídico. No plano material, para Colin e Capitant, "el propietario usa de la cosa, monta su caballo, cultiva su campo, habita su casa; o, si lo prefiere, abandona su casa, no utiliza y hasta la deteriora, la destruya". Vale afirmar que a ação do proprietário se manifesta por atos jurídicos, isto é, "el propietario de un caballo lo vende o lo adquiere; el propietario de una casa o de una granja arrienda la casa o la granja, las enajena en todo o en parte [...]. El propietario tiene el derecho de realizar todos estos actos y únicamente el lo tiene. Los demás hombres están obligados a respetar el ejercicio de su actividad material o jurídica".[6]

No plano jurídico, o proprietário tem protegida a soma de direitos materiais e imateriais. A lei lhe confere a ação reivindicatória para reaver a coisa das mãos de quem a detenha injustamente.

2. LIMITES SOCIAIS E JURÍDICOS DA PROPRIEDADE E AS SERVIDÕES

Inicialmente, cabe dizer que, no direito romano, a propriedade era um privilégio dos nobres, classificados como cidadãos no círculo social. Conhecia-se apenas o *dominium ex jure Quiritium*. Exercida sobre as *res mancipi*, recebia a proteção da ação reivindicatória – *rei vindicatio*.

---

[5] Ambrosio Colin e H. Capitant. *Curso Elemental de Derecho Civil*. Madrid: Instituto Editorial Reus. Tradução espanhola. 1952. p. 96. t. II. v. II.

[6] *Curso elemental de derecho civil*, cit., p. 96.

O conceito revelava um cunho rigidamente individualista. Cada coisa tinha apenas um dono, cujos poderes se desdobravam de forma ampla e absoluta, compreendendo a propriedade do solo e de tudo quanto se manifestasse em sua superfície, ou no espaço, ou no subsolo: *usque ad sidera et ad inferos.*

O traço individualista dos primeiros tempos cedeu ante novos conceitos, colocados em prática na Idade Média, quando a propriedade se concentrava, de direito, nas mãos do senhor feudal e, de fato, nas mãos do servo ou vassalo. Este cultivava a terra, detinha uma posse com certa autonomia, mas pagava enormes tributos a título do domínio. Como que, lembra Orlando Gomes, o conceito bifurcava-se numa divisão do exercício dos direitos: de um lado, criou-se o domínio útil, em nome do senhor feudal; e de outro, o domínio direto na pessoa do possuidor e cultivador da terra.[7]

Depois de muitas transformações, tornou a preponderar o conceito romano, especialmente a partir da Revolução Francesa, no século XVIII. Dominou o princípio da propriedade como direito inviolável e sagrado.

A causa dessa modificação é encontrada na preocupação em assegurar a mais ampla liberdade entre os homens.

Com o passar dos tempos, desde a segunda metade do século XIX, novas ideias influíram na revisão dos conceitos. Há a interferência do Estado, agindo em favor da coletividade e impondo restrições para tutelar os interesses sociais. Algumas filosofias pregaram a socialização total, extirpando das constituições a propriedade privada.

O certo é que o fim social determinou as legislações atuais.

A razão está no fato de que o mundo vai se tornando cada vez menor. Os homens dependem mais uns dos outros. As obrigações aumentam progressivamente para tornar possível a convivência pacífica. O direito de propriedade perde paulatinamente o caráter privado e entra na esfera do direito público, na visão de Savatier.[8]

Hoje, os princípios de que a propriedade é perpétua e irrevogável, e que só se extingue pela vontade do proprietário ou por disposição de lei, encontram-se bastante desgastados em decorrência das restrições que, sempre mais crescentes, incidem sobre o exercício dos poderes oriundos do domínio. A realidade atual reclama uma interferência atenta do Poder Público.

No atual direito brasileiro, a função social encontra base na Constituição Federal de 1988, em especial nos arts. 5º, XXIII, 170, III, 184 e 186, em que está autorizada a reforma agrária de terras que não cumprem função social.

---

[7]   Significado da evolução contemporânea do direito de propriedade. *RT* 205/4.

[8]   René Savatier. *Du droit civil au droit public.* Paris: Librairie Générale de Droit et Jurisprudence, 1945. p. 35.

O art. 5º, XXIII, tem como dogma a função social: "A propriedade atenderá a sua função social".

No art. 170, III, dirigindo-se à ordem econômica, repete-se o mesmo programa pétreo:

> A ordem econômica, fundada na valorização do trabalho e na livre iniciativa, tem por fim assegurar a todos a existência digna, conforme os ditames da justiça social, observados os seguintes princípios:
> [...] III – função social da propriedade.

O art. 184 abre o caminho para a desapropriação do imóvel que não cumpre sua função social:

> Compete à União desapropriar por interesse social, para fins de reforma agrária, o imóvel rural que não esteja cumprindo sua função social, mediante prévia e justa indenização em títulos da dívida agrária, com cláusula de preservação do valor real, resgatáveis no prazo de até vinte anos, a partir do segundo ano de sua emissão, e cuja utilização será definida em lei.

Já o art. 186 aponta para as situações de cumprimento da função social:

> A função social é cumprida quando a propriedade rural atende, simultaneamente, segundo critérios e graus de exigência estabelecidos em lei, aos seguintes requisitos:
> I – aproveitamento racional e adequado;
> II – utilização adequada dos recursos naturais disponíveis e preservação do meio ambiente;
> III – observância das disposições que regulam as relações de trabalho;
> IV – exploração que favoreça o bem-estar dos proprietários e dos trabalhadores.

Certamente, encontram as servidões apoio nos princípios consagrados nos dispositivos recém-mencionados para se imporem.

No entanto, não são essas as razões que lembram as origens das servidões.

Elas foram uma decorrência natural da sistematização do direito de propriedade. Sua existência, já dizia José Mendes – um dos autores que tratou do assunto com mais clareza e espírito didático –, é tão antiga como a da propriedade, da qual é uma modificação.[9] A realidade exposta, no entanto, justifica como nunca sua necessidade no mundo atual. De modo

---

[9] *Das servidões de caminho*. São Paulo: Duprat, 1906. p. 5.

que "a propriedade ou o domínio, o mais amplo poder jurídico do homem sobre a coisa, pois compreende e resume todos os direitos reais possíveis na mão de uma só pessoa – o proprietário; poder ilimitado, exclusivo, que absorve todas as vantagens e utilidades da coisa corpórea, a propriedade, dizemos, está sujeita a limitações ou restrições, exigidas, umas – principalmente – pelas necessidades sociais, e outras – principalmente – pelas necessidades individuais".[10]

O clássico Pardessus lembrava: "Le droit de propriété, quelque étendu qu'il soit, puisque par lui-même il comprend la liberté d'user et d'abuser, souffre qualques limites pour le bien général, ouquel l'intérêt individual doit sans cesse être subbordonné. Dans certains cas, le sacrifice de la propriété elle-même est exigé; dans d'autres, la liberté naturelle du fonds est seulement restreinte. Tels sont les motifs du législateur en établissant certaines servitudes qui ont pour objet l'utilité publique".[11]

Lafayette, destacando outras razões, faz ver que "nem sempre o prédio reúne em si todas as condições de que o proprietário há mister para tirar dele todas as vantagens e utilidades que encerra. Se a herdade é encravada, carece de estradas que, passando por terrenos alheios, a ponham em comunicação com a estrada pública; se lhe falece água para a laboração de máquinas, faz- -se necessário ir buscá-la a fontes ou correntes estranhas. Daí a necessidade das servidões, que não são outra coisa senão direitos por efeito dos quais uns prédios servem aos outros".[12]

Colin e Capitant são bem categóricos: "Las servidumbres son un elemento indispensable de la organización jurídica de la propiedad territorial, tanto de la rural como de la edificada. Facilitan la explotación y el cultivo de las tierras, permiten que los fundos alcancen todos ellos. Sin duda estas ventajas solo se obtienen mediante una limitación, algunas veces bastante sensible, impuesta al fundo sirviente; pero esta limitación no es ordinariamente muy grande y no puede ser comparada con la utilidad que la servidumbre presenta para el fundo dominante. Se puede comparar, por ejemplo, la ventaja que presenta para su titular una servidumbre de acueducto o de saca de agua con los inconvenientes que de ella resultan para el fundo sirviente. Por eso, en la práctica, las servidumbres existen en gran número entre inmuebles vecinos".[13]

Somam-se às servidões outros direitos reais sobre a coisa alheia, que formam o contexto das limitações da propriedade. No direito romano, enumeravam-se

---

[10] *Das servidões de caminho*, cit., p. 4.
[11] J. M. Pardessus. *Traité des servitudes ou servitudes fonciers*. 10. ed. Bruxelas: Société Typographique Belge, 1841. p. 126, n. 136.
[12] *Direito das coisas*, cit., p. 369, § 114.
[13] *Curso elemental de derecho civil*, cit., p. 388.

mais quatro espécies: a enfiteuse – *enplhyteusis*; a superfície – *superficies*; o penhor – *pignus*; e a hipoteca – *hypotheca*.[14]

No direito brasileiro, o elenco geral está no art. 1.225 do Código Civil: a superfície, as servidões, o usufruto, o uso, a habitação, o direito do promitente comprador do imóvel, o penhor, a hipoteca e a anticrese. Estes três últimos, por servirem de garantia à dívida contraída pelo proprietário, denominam-se direitos reais de garantia. Os demais, à exceção das servidões, trazem certo proveito em benefício de outrem e são conhecidos como direitos reais limitados de fruição, observando-se que direito do promitente comprador de imóvel se aproxima de um direito de propriedade. As servidões impõem certa restrição no modo de usar e gozar da propriedade, mas em benefício de terceira pessoa, com resultado altamente positivo no aproveitamento da propriedade.

3. AS SERVIDÕES NO DIREITO ROMANO

No direito romano, as servidões, conhecidas como *jura praediorum rusticorum et urbanorum quae etiam servitutes vocantur*, faziam parte do *jus civile*, que é o direito dos tempos primitivos de Roma, o direito nacional, próprio só do povo romano, extraído de suas origens, de seus ritos, símbolos e fórmulas sacramentais. O *jus civile*, também conhecido como *jus quiritarium*, formava o direito dos cidadãos e foi estabelecido a partir da Lei das XII Tábuas.

No direito primitivo, por um texto conhecido de Paulo, dizia-se, a respeito das espécies de servidões: *Servitutes praediorum aliae in solo, aliae in superfície consistunt*.[15] Havia diversas espécies, como a de passagem (*iter*), consistente no direito do homem de ir e vir sem conduzir jumento ou veículo; a de caminho (*actus*), que era a de conduzir jumento ou veículo, e subentendendo-se nela a passagem; a de estrada (*via*), considerada o direito de ir, vir e passar, compreendendo as servidões de passagem e de caminho; e a de aqueduto (*aquae ductus*), que assegurava à pessoa conduzir água através de prédio alheio. Existiam também a de tirar água, a de levar o gado para beber, a de fazer pastar, a de queimar cal e a de tirar terra.

A origem etimológica da palavra "servidão" vem do termo *servus*, com o significado de escravo. E escravos eram os prisioneiros de guerra, a essa condição levados pelo conhecido direito das gentes, ou as pessoas que, embora nascidas livres, vendiam a si próprias e a liberdade por preço de dinheiro.

Posteriormente, os senhores passaram a se apropriar também dos bens dos escravos. O domínio é exercido sobre a pessoa e sobre os bens. Por isso, a servidão correspondia à prestação de serviços ou de utilidade por parte de

---

14   Serafini. *Istituzioni di diritto romano*. 3. ed. Florença, 1889, 1º v., p. 7.

15   Em Dídimo Agapito da Veiga Júnior. *Servidões reais*. Rio de Janeiro: Garnier, 1887. p. 9.

um imóvel alheio a outro imóvel, também alheio, recorda Luiz Antonio de Aguiar e Souza.[16]

A formalização do instituto, com o sentido jurídico de servidão, surgiu no próprio direito das XII Tábuas. Conheciam-se apenas as servidões prediais – *jura praediorum*. As primeiras que apareceram foram as rústicas, consideradas *res mancipi*. Sobressaíam as seguintes: *iter* – o direito de passar a pé ou a cavalo pelo terreno alheio; *actus* – o direito de passar conduzindo o rebanho; *via* – o direito de passar com veículo; o *aquaeductus* – o direito de conduzir água do terreno alheio ou através dele, para o terreno próprio. Mais tarde, ao se consolidarem as servidões urbanas, destacavam-se estas: a *servitus cloacae* – a passagem de canos de esgoto; a *servitus ne luminibus officiatur* – a proibição de não tirar a vista do prédio vizinho (ou de luz, de vista, de ventilação); a *servitus altius non tollendi* – proibição de levantar edifícios; o *jus tigni immittendi* – o direito de apoiar a construção no edifício vizinho.

Com o direito justiniano, foram introduzidas as servidões pessoais. No dizer de Astolpho Rezende, eram concebidas como "um direito sobre a coisa alheia, constituído em proveito de uma pessoa ou de um prédio, e segundo o qual se podia usar e gozar da coisa de outrem, ou exercer sobre ela certos direitos de disposição, ou impedir que o proprietário exercesse alguns de seus direitos de propriedade.

Por isso os romanos dividiam as servidões em prediais e em pessoais. Entre estas últimas compreendiam-se o uso, a habitação e o usufruto. Muitas legislações mantêm ainda esta classificação. Mas a nossa lei só conhece as servidões prediais. As chamadas servidões pessoais são direitos reais, mas não servidões".[17]

O Código Civil de 1916 e o em vigor, porém, separaram as espécies, antes consideradas indistintamente como servidões. Deram caráter próprio e natureza particular a institutos como o uso, a habitação e o usufruto. Aliás, foi uma volta ao direito romano primitivo, que reconhecia como servidões apenas as prediais.

4. CONCEITO DE SERVIDÃO

Para termos uma ideia clara do instituto, é importante procurarmos as definições simples e concisas. Parte-se do princípio de que um prédio pode determinar restrições ao uso e na utilidade de outro, pertencente a um proprietário diverso. Priva-se o titular de um imóvel de alguns poderes inerentes ao domínio. É ele obrigado a suportar limitações estabelecidas a

---

[16] *Tratado das servidões urbanas e rústicas*. São Paulo: Espínola, 1914. p. 7.

[17] *A posse e sua proteção*. São Paulo: Saraiva, 1937. n. 346.

favor de terceira pessoa. Essa realidade constitui uma restrição da liberdade natural sobre a coisa. Pardessus já assentara: "Elles sont imposées sur les héritages, leur seul objet étant de restreindre la liberté naturelle d'un fonds, sans imposer aucune obligation personnelle à celui qui en est propriétaire ou possesseur, ce qui les distingue des dettes, mêmes hypothécaires, ou des redevances foncières".[18]

Com o escopo de fixarmos a ideia, servimo-nos de um exemplo utilizado por Louis Josserand: Duas propriedades, A e B, são vizinhas. Cada um dos proprietários é, em princípio, dono de seu imóvel, mas não pode exercer nenhum direito ou proveito sobre o prédio contíguo; assim, não tem o direito de passar por ele. Entretanto, essa independência soberana e recíproca pode ser reduzida por meio de uma convenção. Estipular-se-á que o proprietário do prédio A terá direito de passagem pelo prédio B, que ficará, desde então, gravado com a servidão. O fundo A, no interesse de quem foi estabelecida e funcionava a servidão, recebe a denominação de prédio dominante; e o prédio B, que suporta o encargo, vem a chamar-se prédio serviente, ou prédio sujeito a servidão.[19]

Lafayette apresenta a seguinte definição: "É o direito real constituído em favor de um prédio (o dominante) sobre outro prédio pertencente a dono diverso (o serviente). Esse direito do senhor do prédio dominante consiste na faculdade de fazer no prédio o que lhe fora permitido se não existisse a servidão (*jus faciendi*), ou de proibir que o dono do dito prédio exerça nele atos que, a não existir a servidão, pudera livremente praticar (*jus prohibendi*)".[20]

Percebe-se que prédio dominante é aquele que tem a vantagem. O que sofre a desvantagem tem o nome de prédio serviente. Daí ser apropriada a expressão latina: *iura in rebus alienis*. No direito francês, quando o art. 637 do Código Civil conceitua a servidão, aparecem a presença e o significado dos dois prédios, segundo a interpretação de Laurent: "D'après la définition de l'article 637, il faut deux héritages pour qu'il y ait une servitude, un héritage sur lequel la charge est imposée et un héritage pour l'utilité duquel elle est établie... L'immeuble qui doit la servitude est appellé l'héritage servant; l'immeuble auquel la servitude est due s'appelle l'héritage dominant".[21]

Oportuno acrescentar que sobre bens móveis não se pode constituir servidão, pela simples razão de que são estes sujeitos a alterações de local,

---

[18] *Traité des servitudes ou services fonciers*, cit., p. 4.

[19] *Derecho civil*. Trad. Santiago Cunchillos y Manterola. Buenos Aires: Europa-América/Bosch, 1950. n. 1.966. t. I, v. III, p. 450.

[20] *Direito das coisas*, cit., v. I, p. 369.

[21] *Principes de droit civil français*. 3. ed. Bruxelas/Paris, 1878. t. 7º, p. 148.

o que não justifica a exigência de uma restrição à propriedade alheia, pois a vantagem pretendida é alcançável pela mera mudança de lugar.

O art. 695 do Código Civil de 1916 caracterizou a servidão mais como perda de algumas utilidades de um imóvel, ou de alguns direitos dominicais pelo seu proprietário, em favor de outro prédio: "Impõe-se a servidão predial a um prédio em favor de outro, pertencente a diverso dono. Por ela perde o proprietário do prédio serviente o exercício de alguns dos seus direitos dominicais, ou fica obrigado a tolerar que dele se utilize, para certo fim, o dono do prédio dominante".

O Código Civil atual, em seu art. 1.378, também destacou o que acontece com a servidão, por meio de palavras diferentes, além de prever os modos de constituição: "A servidão proporciona utilidade para o prédio dominante, e grava o prédio serviente, que pertence a diverso dono, e constitui-se mediante declaração expressa dos proprietários, ou por testamento, e subsequente registro no Cartório de Registro de Imóveis". Trata-se de relação jurídica de direito real por meio do qual o proprietário vincula seu imóvel, dito serviente, a prestar certa utilidade a outro, dito dominante, ficando sujeito a ele em certa atividade. Estabelece-se um vínculo de obrigação que seja útil e proveitoso a um dos prédios. Ou seja, transfere faculdades de uso e fruição ao conteúdo do prédio dominante, favorecendo o exercício do titular deste ou de quem a ele tenha acesso, por relação real.

O Código Civil francês é mais conciso, mas sem excluir a natureza da servidão, como se vê da lição de Laurent: "Les articles 637 et 638 définissent la servitude en ces termes: 'Une servitude est une charge imposée sur un héritage pour l'usage et l'utilité d'un héritage appartenant à un autre propriétaire.' La servitude n'établit aucune prééminence d'un héritage sur l'autre".[22]

Spencer Vampré, bastante explícito, classifica o instituto como um direito real, voluntariamente imposto a um prédio em favor de outro, e em virtude do qual perde o proprietário do primeiro o exercício de algum direito dominial, ou é obrigado a tolerar que dele se utilize o proprietário do segundo, tornando este último mais útil ou, pelo menos, mais agradável.[23] O conceito dado não apanha todo o conteúdo. Nem sempre a instituição é voluntária. Nas servidões legais, por decisão da lei é formado o *jus*. Por isso, de todo útil o conceito de Dídimo Agapito da Veiga Júnior, dizendo ser a figura em exame um direito sobre a coisa alheia (*ius in re aliena*), por força da qual é esta sujeita à prestação de certos serviços a pessoa ou coisa. É o seu proprietário impedido de exercitar direitos que, não fosse a existência dela, poderia exercer. Clóvis Beviláqua segue nesta linha: "As servidões consistem

---

[22] *Principes de droit civil français*, cit., p. 125.
[23] *Manual de direito civil brasileiro*. Rio de Janeiro: F. Briguiet, 1920. v. II, § 80.

em restrições impostas à faculdade de uso e gozo do proprietário, em benefício de outrem [...]. Servidões prediais, segundo os elementos de definição que nos oferece o Código, são ônus impostos a um prédio (o serviente) em favor do outro (o dominante), em virtude dos quais o proprietário do primeiro perde o exercício de alguns de seus direitos dominicais sobre o seu prédio, ou tolera que dele se utilize, para determinado fim, o proprietário ou possuidor do prédio dominante".[24]

Nessas duas conceituações, o cunho da imposição legal está mais saliente. Elas manifestam todos os elementos integrantes da figura, coadunando-se com a definição de Lafayette. Resumindo-se, pode-se afirmar que constituem restrições impostas a um prédio para uso e utilidade de outro prédio, pertencente a proprietário diverso.

5. NATUREZA DA SERVIDÃO

Sobressai, em todas as definições, o caráter de direito real sobre a coisa alheia – *jus in re alinea* –, no que é bem claro José Mendes: "É o direito real sobre a coisa alheia – *jus in re aliena* – estabelecido em vantagem exclusiva de uma determinada pessoa ou de um determinado prédio, consistente no uso, variável de caso a caso, da coisa gravada".[25]

A questão não enseja dúvida. Pardessus escreveu: "L'objet d'une servitude est d'attribuer à celui à qui elle appartient un droit réel sur les fonds grevé; ce fonds, s'il est permis d'employer cette expression, est consideré comme sa propriété à quelques égards. Le droit de servitude est acquis à l'instant de la convention, de même que la propriété d'un fonds est transmise à l'acquéreus par la seule force du contrat, conformément à l'art. 1.583 du Code [...]".[26]

Constitui um ônus real que é imposto voluntariamente a um prédio, chamado de serviente, em favor de outro (o dominante), em virtude do qual o proprietário do prédio serviente perde o exercício de algum de seus direitos dominiais sobre ele, ou tolera que o proprietário do prédio dominante se utilize dele, tornando seu prédio mais útil.

O Código Civil de 1916, art. 674, inc. III; e o art. 1.225, inc. III, do vigente diploma, incluem expressamente as servidões no rol dos direitos reais. Como direito real entende-se o complexo de normas que disciplinam a relação do

---

[24] Dídimo Agapito da Veiga Júnior. *Servidões reais*, cit., p. 1; Clóvis Beviláqua. *Código Civil dos Estados Unidos do Brasil comentado*. Rio de Janeiro: Francisco Alves, 1917. v. III, p. 242.

[25] *Das servidões de caminho*, cit., p. 6.

[26] *Traité des servitudes ou servitudes fonciers*, cit., p. 8.

indivíduo sobre as coisas, contrapondo-se ao direito pessoal, porquanto, neste, há uma relação de pessoa a pessoa, ligadas por uma obrigação. Naquele, o enlace jurídico consuma-se no poder conferido ao titular no sentido de retirar da coisa, de modo conclusivo e contra todos, as utilidades que ela é capaz de produzir. No caso das servidões, verifica-se o desdobramento do domínio. Alguns dos direitos que o titular do domínio usufrui da coisa se destacam dela e se transferem a outro prédio, nele se incorporando e acompanhando-o nas alienações que são procedidas.

Registra Maria Helena Diniz as decorrências das servidões como direito real: "Se é um direito real sobre coisa alheia, seu titular está munido de ação real e de direito de sequela, podendo, ainda, exercer seu direito *erga omnes*, desde que a servidão esteja regularmente registrada no registro imobiliário competente".[27]

6. DIREITOS E DEVERES NA SERVIDÃO

Lemos no art. 1.383 do Código Civil dispositivo equivalente ao art. 702 do Código Civil anterior: "O dono do prédio serviente não poderá embaraçar de modo algum o exercício legítimo da servidão".

A norma diz respeito à obrigação de abster-se o dono do prédio serviente de atos que perturbem ou embaracem o exercício legítimo da servidão. Tratando-se de servidão negativa, consistente, a título de exemplo, em não elevar o edifício além de certa altura (*altius non tollendi*), a ofensa concerne à prática de toda e qualquer atividade que vulnere o exercício da prerrogativa de receber luminosidade ou desfrutar uma ampla visibilidade da natureza.

Estabelecida uma servidão afirmativa, o dono do prédio serviente está obrigado a suportar os percalços inerentes, *v. g.*, à passagem em um terreno para se alcançar uma fonte ou uma via pública. Perturbará o aproveitamento da utilidade se diminuir a faixa de passagem ou produzir incômodos ao trânsito de pessoas, mediante a colocação de cercas, de atravessadouros impróprios, ou se fizer escoar as águas pelo leito do caminho.

O direito do dono do prédio dominante não é absoluto. Carvalho Santos enumera as ressalvas admitidas em favor do prédio serviente, que constituem direitos a seu favor: a) o proprietário do prédio gravado com servidão de passagem conserva a faculdade de fechá-la, de maneira a não prejudicar o exercício da servidão; b) esse direito é suficientemente respeitado quando o titular do fundo serviente, colocando à entrada de sua propriedade uma porteira, conserva esta aberta durante o dia, só a fechando

---

[27] *Sistemas de registros de imóveis*. 6. ed. São Paulo: Saraiva, 2006. p. 136.

pela noite com chave ou cadeado, tendo, entretanto, oferecido ao titular do direito meios para o uso em qualquer momento, como entregando-lhe uma cópia da chave, ou colocando uma campainha que permita chamar o responsável sempre que necessária a passagem pela dita porteira; c) a posse de uma servidão de esgoto não constitui um ato de posse sobre o próprio solo que recebe a água, podendo, como consequência, o proprietário do solo cultivá-lo, plantá-lo ou levantar nele qualquer construção, com a condição de não prejudicar, com isso, o exercício da servidão; d) uma servidão *non altius tollendi*, que foi estabelecida por título e que recai apenas sobre uma porção do terreno, no qual se encontram algumas construções que a predita servidão visa a impedir sejam elevadas, não é obstáculo a que o proprietário do prédio serviente eleve ou construa edifícios sobre outras porções de seu terreno, que não são visadas pela servidão, salvo a observância da distância legal e o respeito de um direito de passagem; e) poderá o dono do terreno onerado com uma servidão de passagem fazer construções neste terreno, desde que deixe altura, largura, luz e ar necessário ao seu exercício.[28]

Acrescenta-se a seguinte observação: o proprietário do prédio serviente é chamado a contribuir, dentro da medida do aproveitamento que faz, para as despesas de conservação, necessárias ao uso. São os autores Aubry e Rau que o afirmam: "Seulement le propriétaire de l'héritage servant doit-il, en pareil cas, contribuer dans la proportion de sa fouissance aux frais des réparations que nécessiterait cette communauté d'usage".[29]

Em resumo, se uma das partes não tiver liberdade para fazer prevalecer os direitos mencionados, tem a faculdade de propor a ação possessória, que determinará, de outro lado, a obediência aos deveres, que vêm em concomitância com os direitos.

A natureza das servidões canaliza para o surgimento de uma série de direitos em favor do prédio dominante, na seguinte ordem elencada:

a) de usar e gozar da servidão;

b) de fazer obras necessárias ao uso e manutenção;

c) de renunciar ao seu exercício;

d) de exigir a sua ampliação, com a indenização ao dono do prédio serviente;

e) de remover a servidão a outro local para aumentar suas vantagens, desde que pagas as despesas e que não se prejudique o prédio serviente.

---

[28] *Código Civil brasileiro interpretado.* 11. ed. São Paulo: Freitas Bastos, 1963. v. IX, p. 213.

[29] *Cours de droit civil français.* 6. ed. Paris: Librairie de la Cour de Cassation, 1938. t. III, p. 138.

Acarreta também alguns deveres, com destaque para os seguintes:

a) Arcar com as despesas das obras realizadas para conservação, desde que não se estipule referida obrigação ao dono do prédio serviente;
b) exercer a servidão dentro dos limites para os quais se deu a instituição;
c) indenizar o dono do prédio serviente.

Capítulo II

CARACTERÍSTICAS DAS SERVIDÕES

1. INSTITUIÇÃO SOBRE PRÉDIOS DISTINTOS

Das várias características que incidem sobre as servidões, a epigrafada é a mais importante, pois não se concebe a instituição sobre o próprio prédio. Se ambos os imóveis pertencessem ao mesmo dono, desapareceria o ônus, já que o proprietário usufrui na sua totalidade os direitos decorrentes do domínio. Não teria sentido a constituição sobre a própria coisa, que se oferece ao titular com todas as suas utilidades.

Esclarecem Planiol e Ripert: "Los dos predios deben pertenecer a dos propietarios distintos: una servidumbre no puede existir entre dos predios pertenecientes al mismo propietario por la regla *nemini res sua servit*. Es indudable que el propietario único tiene el derecho de obtener en uno para el provecho del otro, las ventajas que pudieran resultar de una servidumbre, pero al hacerlo así, ejercitará su derecho de propiedad, no una servidumbre".[1]

2. INSTITUIÇÃO EM FAVOR DA COISA

Importa estabelecer o objeto da servidão. Ela é instituída em favor da coisa e não do dono, observando o princípio vigente no direito romano: *servitus in faciendo consistere nequit*, ou seja, as servidões servem apenas à coisa, e não ao dono. Pardessus sentenciou: "Elles (les servitudes) ont pour objet l'utilité d'une héritage, et par cette raison elles ne peuvent être établies en faveur des personnes".[2]

Por isso, diz-se que estamos tratando de um direito real e não obrigacional, pelo qual o dono do prédio serviente não se obriga à prestação de um fato positivo ou negativo. Ele somente sujeita o seu prédio a suportar limitações

---

[1] Marcel Planiol; George Ripert. *Tratado practico de derecho civil francés.* Los bienes. Havana: Cultural, 1946. t. III, p. 744.

[2] *Traité des servitudes ou servitudes fonciers.* 10. ed. Bruxelas: Société Typographique Belge, 1841. p. 4.

programadas em favor do imóvel dominante. Tanto na antiga como na mais atual jurisprudência consubstancia-se esta *ratio*:

> [...] A servidão é um encargo imposto a um imóvel, em favor de outro imóvel e que obriga o proprietário do prédio serviente a suportar, da parte do proprietário do prédio dominante, certos atos de uso.[3]

> Como trata-se de obrigação *propter rem*, adere ao imóvel independentemente de quem seja o seu proprietário. Assim evidente que o registro da servidão serve, antes de tudo, para dar publicidade ao ato, posto que, ao contrário da servidão aparente (linha de transmissão de energia elétrica, por exemplo), a servidão existente no imóvel do agravado constitui-se em obra passagem subterrânea.[4]

Institui-se sempre em benefício de um imóvel, ou, mais apropriadamente, sobre a coisa, podendo incidir, na explicação de Joaquim de Almeida Baptista, "sobre os direitos de posse, direitos decorrentes da simples detenção, direitos advindos da cessão, que se aproximam dos direitos pessoais, ainda que o titular do bem jurídico não tenha o domínio".[5]

Não se reconhece o ônus se no ato constitutivo inexiste qualquer referência a imóvel, ou direito possessório ou propriedade da pessoa a cujo favor se estabeleceu o encargo. Segundo o conceito de Savigny, a servidão restringe a liberdade natural da coisa, enquanto a obrigação constrange a liberdade natural da pessoa. Planiol e Ripert trazem ilustrações práticas: "Esta idea ya era explicada por los jurisconsultos romanos, diciendo que era necesario una relación natural entre el objeto de la servidumbre y el uso del predio dominante. He aquí las dos aplicaciones más notables que tenía: 1º) el derecho de pasear, tomar flores o frutas en el terreno ajeno, el derecho de comer en la casa de otro, lo que no puede constituirse como servidumbres prediales sino como derecho de uso; efectivamente, el beneficiario de tal derecho pudiera obtener todo su provecho, aún cuando no fuera propietario de inmueble alguno; y, como dice Ulpiano, *nemo potest servitutem adquirere, nisi qui habet praedium*; 2º) el derecho de tomar arcillas en terreno vecino puede considerarse como servidumbre predial con la condición de que se haga tal cosa en servicio del predio, como algunos lugares en donde se usa vender los frutos y vinos dentro de ánforas; un alfarero que pretendiera tomar arcilla para fabricar recipientes para venderlos, no podría obtener ese derecho a título de servidumbre sino como usufructo".[6]

---

[3]   Apel. Cível n.º 4.935, da 1ª Câm. Cível do TARS, j. 22.12.1972, rel. Christiano Graeff Júnior, *Julgados do Tribunal de Alçada do RS* 6/301.

[4]   TJPR, 7949564/PR 794956-4 (Acórdão), rel. José Marcos de Moura, j. 28.08.2012, 5ª Câmara Cível.

[5]   *Das servidões administrativas*. São Paulo: Iglu, 2002. p. 30.

[6]   *Tratado practico de derecho civil francés. Los bienes*, cit. t. III, p. 786.

O princípio está expresso no art. 695 do Código Civil de 1916 e no art. 1.378 do Código de 2002, nos quais transparece que a servidão predial se impõe em um prédio em favor de outro, pertencente a diverso dono.

Bem claro revelava-se José Mendes: "Não geram (as servidões) obrigação pessoal contra quem quer que seja, mas uma obrigação geral negativa correspondente aos direitos reais. A constituição de servidão recai diretamente sobre o prédio serviente, e não obriga o proprietário deste a praticar atos em favor do seu titular; não consiste in faciendo, mas in non faciendo, a que corresponde, no titular, o jus prohibendi e in patiendo, a que corresponde, no titular, o jus faciendi [...]".[7] Exemplificando, a servidão altius non tollendi, ou servidão de não levantar mais alto, se enquadra na in non faciendo. A de passagem revela o caráter de padecer, suportar, classificando-se entre as in patiendo, porque o dono do prédio gravado tem de suportar a passagem pelo seu prédio.

De observar, porém, a lição de Colin e Capitant, autores que interpretaram corretamente o instituto. O fato de a servidão ser formalizada em benefício do imóvel e não da pessoa não significa que deixam de surgir vantagens em benefício desta: "[...] No significa, evidentemente, que las ventajas procedentes de la servidumbre no puedan aprovechar a una persona humana. Esto sería absurdo: es demasiado claro que son los diversos poseedores sucesivos de los fundos dominantes los que obtienen en su persona el beneficio de las servidumbres".[8]

Se as servidões são instituídas em favor da coisa, obviamente decorre a inseparabilidade do imóvel, vindo a explicação de Sílvio de Salvo Venosa: "As servidões são direitos reais acessórios, que não subsistem sem os prédios. É sua característica, portanto, a inseparabilidade. A servidão vem ligada ao prédio dominante. O princípio da inseparabilidade surge como corolário daquele pelo qual o fenômeno onera os prédios e não seus titulares. São incindíveis dos fundos, não podendo, pois, ser alienadas independentemente deles. Por tal razão, as servidões se consideram ambulatórias, permanecendo nos imóveis, não importando quem sejam seus proprietários ou possuidores".[9]

3. DIREITO REAL ACESSÓRIO

As servidões são direitos reais acessórios, que incidem sobre imóveis, perdurando definitivamente enquanto subsistem os prédios que as suportam. Transferidos estes a outros proprietários, continuam aderindo aos imóveis, o que as torna acessórias. Por isso, é indiferente se, uma vez instituído o

---

[7] Das servidões de caminho. São Paulo: Duprat, 1906. p. 9.

[8] Curso elemental de derecho civil. Madrid: Réus, Trad. esp. 1952. t. II, v. II, p. 394.

[9] Direitos reais. 2. ed. São Paulo: Atlas, 2002. p. 397-398.

gravame na mesma escritura pública de compra e venda, posteriormente, na transferência a terceiro do imóvel, é omitida a referência sobre o gravame. Permanece o encargo.

Orlando Gomes ressalta: "Direito real na coisa alheia, visto que onera os prédios, independentemente das pessoas a que pertençam. O ônus adere à coisa e a acompanha em todas as transferências de domínio, opondo-se *erga omnes*. Ulpiano acentuara concisamente a realidade da servidão ao declarar: *servitutem non hominem debere, sed rem*. O direito de sequela, em suma, exterioriza sua condição de *jus in re*".[10]

O insigne Clóvis Beviláqua escreveu: "As servidões prediais são direitos reais imóveis. São direitos acessórios, que não podem subsistir sem os prédios a que se referem. Não podem ser penhoradas, nem hipotecadas, nem cedidas isoladamente; sofrem com os prédios a ação de penhora e da hipoteca, assim como os acompanham quando alienados. São qualidades ativas ou passivas dos prédios".[11]

Na doutrina alemã, o tratamento é idêntico: "Tampoco es posible gravar por si sola la servidumbre predial. Pero como quiera que es parte integrante del predio dominante, el gravamen que recaiga sobre éste se estiende también a la servidumbre. Pero tal extensión puede estar prohibida por razón del contenido de la servidumbre; es lícito, además, que el gravarse el predio dominante se excluya la extensión del gravamen a la servidumbre".[12]

4. PROXIMIDADE ENTRE SI DOS PRÉDIOS SERVIENTE E DOMINANTE

Os prédios serviente e dominante devem ser vizinhos, próximos um do outro para que se exerça a servidão, embora não seja necessária a contiguidade entre os prédios, pois, apesar de não serem vizinhos, um imóvel pode ter servidão sobre outro, desde que se utilize daquele de alguma maneira, revelando-se oportuno o adendo de Dídimo da Veiga: "Para o exercício das servidões, sendo essencial que os prédios não se achem a grande distância um do outro, de modo a tornar-se materialmente impossível a prática dos atos que constituem a servidão, exige-se como condição a vizinhança e, em algumas servidões, a contiguidade dos prédios".[13]

Planiol e Ripert demonstram ser relativa a necessidade de vizinhança: "La contigüidad o, al menos, su proximidad, constituye, es verdad, la regla

---

[10] *Direitos reais*. 3. ed. Rio de Janeiro: Forense, 1969. t. II, p. 371.

[11] *Código Civil dos Estados Unidos do Brasil comentado*. Ed. de 1917, 1933 e 1950. Rio de Janeiro: Francisco Alves, v. III, p. 243.

[12] Ludwig Enneccerus; Theodor Kipp; Martín Wolff. *Tratado de derecho civil*. 1. ed. esp. Barcelona: Bosch/Casa Imperial, 1944. t. III, v. II, p. 42, § 108.

[13] *Servidões reais*. Rio de Janeiro: Garnier, 1887. p. 6.

general al extremo que la palabra 'vecino' figurada en el proyecto de Código. Fué suprimida..., ya que esa condición no es necesaria. Así, las servidumbres de saca de agua, extracción de materiales, y algunas más, pueden darse entre dos predios bastante lejanos entre si. Algunos propietarios de viñedos tienen el derecho a tomar horquillas, a título de servidumbre, en bosques situados a varios kilómetros de distancia".[14]

O Código Civil argentino, no art. 3.005, regula a espécie. Reza que a situação dos prédios deve permitir o exercício da servidão, sem que se afigure indispensável que, nas palavras de Salvat, estejam contíguos ou limítrofes, como quando se encontram separados por uma estrada pública, sem que se impeça o estabelecimento de uma servidão de passagem em favor de um deles através do outro.[15]

Embora não seja condição para a servidão que os prédios se encontrem limítrofes ou adjacentes, a contiguidade é a regra. A proximidade do prédio serviente e do prédio dominante é necessária. O elemento que faz reconhecer a servidão está na serventia que um imóvel presta a outro; exceto em raros casos, como nas servidões de trânsito e de aqueduto, nas quais não é impossível que exista outro imóvel entre o imóvel serviente e o dominante.

5. PROIBIÇÃO DE SE ESTENDER OU AMPLIAR A SERVIDÃO

Está proibido o dono do prédio dominante de estender ou ampliar a servidão a outras propriedades.

Sendo essencialmente instituída para dar utilidade à coisa, a extensão se fixa e se determina pelas necessidades do prédio dominante. Quem tem o direito de tirar água de um poço ou córrego alheio só pode aproveitar a que se fizer necessária para os usos da casa e a irrigação do prédio dominante, e não para empregá-la em prédio diverso, ou para vendê-la ou dá-la.

A razão fundamental que firma essa regra está na acessoriedade do direito, ficando de modo inseparável ao prédio dominante. Lafayette observava: "A servidão não pode ser desligada do imóvel e transferida, ou hipotecada em separado".[16] O princípio vem das *Institutas*, sendo adotado por Lobão e outros juristas antigos. Arremata o citado Lafayette: "A servidão se reputa aderida ao imóvel em si, ou como direito ou como ônus, ainda mesmo quando ela tem por fim exclusivo a utilidade das construções que estão na superfície. Assim

---

[14] *Tratado practico de derecho civil francés.* Los bienes, cit., p. 745.

[15] Raymundo Salvat. *Tratado de derecho civil argentino.* Derechos reales. 4. ed. Buenos Aires: Tipografica Editora Argentina, 1959. p. 466.

[16] *Direito das coisas.* Rio de Janeiro: Freitas Bastos, 1943. p. 376.

que, suposto a construção seja demolida, a servidão enquanto não se extingue pela prescrição, continua a vigorar".[17]

Essa a razão que proíbe a extensão a outros prédios. Circunscreve-se àquele que determinou a instituição.

6. A SERVIDÃO NÃO SE PRESUME

Servitus non praesumitur. Há de ser explícita. A interpretação é sempre restrita, pois envolve o ônus uma limitação ao exercício da propriedade. Na dúvida, não é reconhecida, competindo a prova a quem afirma sua existência.

Os tribunais, em decisões remotas, decidiam nesse rumo, partindo do então art. 696 do Código Civil revogado, cujo conteúdo está no art. 1.378 do Código atual, quando dispõe que a servidão se constitui mediante declaração expressa do dono do imóvel: "Estabelece o art. 696 do CC que a servidão não se presume, na dúvida reputa-se não existir, isto é, no conflito de provas apresentadas pelo autor e pelo réu, decide-se contra a servidão".[18]

Tem-se em conta que o domínio é, via de regra, e por natureza, livre, como se julgava: "Na dúvida, a decisão é pela liberdade do prédio, porque o domínio é de sua natureza livre, e a servidão, limitando-o e onerando-o, é exceção à regra, e como tal não se presume constituída e existente".[19]

Tendo em vista tais princípios, chega-se a que o titular da servidão deve exercitá-la estritamente, nos termos de sua constituição e em rígida consonância com o fim que a determinou, sem afastar-se dos limites das necessidades que a originaram.

7. NECESSIDADE DE TRAZER ALGUMA VANTAGEM AO PRÉDIO DOMINANTE

Deve a servidão trazer alguma vantagem a ponto de aumentar o valor do imóvel dominante. Essa passagem de José Mendes bem evidencia o requisito: "Toda servidão é fator de vantagem e de ônus. Vantagem, *jus*, para seu titular, o dono do prédio dominante; ônus, para o dono do prédio serviente. Aumenta o direito de um e diminui o direito de outro. Diminui o direito do cedente e aumenta o direito do cessionário".[20]

---

[17]   *Direito das coisas*, cit., p. 377.

[18]   Apel. Cível nº 7.145, da Primeira Câmara Cível do TJSC, j. 20.11.1969, rel. Des. Alves Pedrosa, *RT* 413/336.

[19]   Apel. Cível nº 10.053, da Câmara Cível Especial do TARS, j. 06.03.1975, rel. Dr. Carlos Ignácio Sant'Anna, *Julgados do Tribunal de Alçada do RS* 16/332.

[20]   *Das servidões de caminho*, cit., p. 12.

Ilustra Pontes de Miranda: "A servidão tem de ser útil ao prédio dominante [...] A vantagem não precisa ser reduzida a dinheiro; pode ser simples deleite, ou comodidade de requinte, ou interesse estético (J. Biermann, Sachenrecht, 328; Strecker, em G. Planck, Kommentar, III, 572), ou higiênico, ou arquitetônico, ou de uniformidade da rua de só construir prédio idêntico ao prédio dominante".[21]

Não é razoável, no entanto, pleiteá-la simplesmente para fins de direito pessoal, como na exigência de passar pelo jardim vizinho, e deleitar-se com a paisagem de flores. Somente as reais necessidades econômicas do prédio podem acarretar a oneração de outro prédio.

8. ENCARGO OU ÔNUS QUE PESA SOBRE O IMÓVEL SERVIENTE

Para explicar esse caráter, transcreve-se a lição de Josserand: "La servidumbre es una carga. Implica, pues, necesariamente una molestia para el fundo sirviente, una disminución de los derechos del propietario de dicho fundo, que no es ya dueño de él en los términos de derecho común, sino que debe sufrir la voluntad, la usurpación ajena. No hay aquí, a decir verdad, disociación de la propiedad y es excesivo ver en las servidumbres una desmembración del fundo sirviente que se encuentra simplesmente disminuido".[22]

Enquanto traz uma vantagem ao prédio dominante, decorre um encargo ou uma desvantagem ao prédio serviente, no que exemplifica Francisco Eduardo Loureiro: "As vantagens e correspondentes restrições podem ser de variado teor, algumas delas exigindo do titular do prédio serviente uma obrigação de não fazer, uma conduta puramente omissiva, como a de não construir além de certa altura. Outras servidões vão além, exigindo uma ação de tolerância (*pati*), suportando a incursão alheia em seu imóvel, como nos casos da servidão de passagem, ou da tirada de água".[23]

Exemplificam-se os ônus na seguinte decisão:

> Os inegáveis transtornos derivados do ônus real – *non aedificandi* sob a faixa de servidão, proibição de plantar árvores de porte elevado, tolerância de homens e máquinas sobre o imóvel a qualquer hora, tolerância na construção de caminhos que levem à faixa de servidão, riscos derivados da eletricidade para coisas, pessoas e animais, efeitos antiestéticos para construções e benfeitorias – terão grande incidência no imóvel sujeito ao encargo, posto que se trata de lote destinado a construção de moradia, objetivo esse

---

[21] *Tratado de direito privado*. 3. ed. Rio de Janeiro: Borsoi, 1971. v. XVIII, p. 193.

[22] *Derecho civil*. Tradução de Santiago Cunchillos y Manterola. Buenos Aires: Ediciones Jurídicas Europa-América Bosch & Cia Editores, 1950. n. 1966, t. I, v. III, p. 451.

[23] *Código Civil comentado*. Coord. Ministro Cezar Peluso. 6. ed. Barueri: Manole, 2009. p. 1.402.

praticamente inviabilizado, restando quase nulificado o aproveitamento econômico do local, o que aconselhava até mesmo a expropriação da área, mas que não foi objeto de interesse de qualquer das partes.[24]

9. ENTE INCORPÓREO

A servidão é incorpórea. Consistindo em um simples direito que recai sobre a coisa, não poderá ser perceptível se considerada autonomamente, desligada do suporte fático. Não subsiste sem o imóvel, do qual é acessória. Não forma uma classe autônoma de bens. As *Institutas* continham a regra: *res quae tangi non possunt, qualia sunt ea quae in jure consistunt*.

É óbvio que o caminho, na qualidade de servidão, se materializa quando se estende sobre uma propriedade imóvel.

10. O OBJETO DA SERVIDÃO NÃO PODE SER OUTRA SERVIDÃO

No direito romano dizia-se: *Servitus servitutis esse non potest*. Formando o gravame uma parcela dos direitos dominiais que se desmembram do prédio serviente, em favor do dominante, ele fatalmente recairá em outro objeto material. Pardessus dava a razão: "Il en résult q'une servitude ne peut grevée d'une autre, puisqu'elle n'est poit un funds, comme nous l'avons dit, mais seulement qu'elle est inhérente à immeuble auquel elle est due, dont elle devient une qualité".[25]

Aquele que recebe, ativa ou passivamente, as águas vindas de um prédio superior não pode validamente ser obrigado a transferir essas mesmas águas a outra propriedade. Sendo a servidão um ente incorporal, não subsistirá sem um imóvel. É acessória do fundo no qual está constituída. Não se classifica como uma categoria de bens autônoma, mas aparece unida ao imóvel. Portanto, impossível se erija sobre outra servidão.

11. CONSTITUIÇÃO EM FAVOR DE UM OU MAIS PRÉDIOS

Mais de um prédio pode ser beneficiado pela servidão. Nada impede a instituição em benefício de diversos imóveis, bem como seja ela estabelecida sobre vários fundos servientes. O aqueduto, não raras vezes, atende a vários imóveis, distribuindo água indistintamente a determinada região, sendo aberto

---

[24] TRF-3, AC 48023/SP 93.03.048023-6, rel. Des. Federal Johonsom Di Salvo, j. 29.03.2005, Primeira Turma.

[25] *Traité des servitudes ou servitudes fonciers*, cit., p. 42, § 108.

ou formado na superfície de inúmeras propriedades. Pacifici-Mazzoni tratou do assunto: "È appena da notarsi che un sol fondo può essere nello stesso luogo e alla stessa ora gravato della medesima servitù a fovore di più fondi appartenenti a diversi proprietari; come quando per lo stesso canale più contenti de un'acqua la conducano in un medesimo tempo per l'irrigazione dei loro rispettivi poderi. Del pari più servitù della stessa specie possono stabilirsi in altrettanti luoghi dello stesso fondo (art. 559); o nello stesso luogo, in tempi diversi (art. 624). Dall'altro lato più fondi possono assoggettarsi alla stessa servitù a fovore di un sol fondo; come quando un'acqua si conduca a traverso a più fondi di diversi proprietari".[26]

12. OBRIGAÇÃO DE NÃO FAZER E DE TOLERAR

É a servidão um *jus in re aliena*, que determina uma obrigação *in non faciendo*, porque, doutrina J. L. Ribeiro de Souza, limitando embora os direitos dominiais do senhor do prédio serviente: "a servidão não o obriga a praticar quaisquer atos em benefício do prédio dominante [...], pois, se as servidões positivas consistem *in faciendo*, compete sempre ao senhor do prédio dominante o *jus faciendo*, salvo se o contrário expressamente dispuser o título".[27]

A posição do prédio serviente, ou de seu titular, é de não fazer, ou de tolerar – *pati* –, dizendo Pacifici-Mazzoni: "Per essere la servitù dovuta dalla cosa e non dalla persona, quella non può mai consistere in fare, essendo la materia naturalmente inerte; ma deve invece consistere sempre nel non fare o nel tollerare. Inverso, l'esercizio della nostra proprietà può essere ristretto solamente in quelle due maniere: sia cioè per non aver noi la facoltà di fare tutto ciò che potremmo, se la servitù non sussistesse; sia per dover tollerare che altri nelle cose nostre consumi dei fatti che senza la servitù gli potremmo impedire di compiere".[28]

Daí se considerar obrigação negativa, pois não consiste a servidão em uma ação humana, o que corresponderia a um "fazer". Sabe-se que o "fazer" é um dos elementos que serve de critério para distinção entre os direitos reais e os direitos de crédito. O "fazer" é o objeto próprio das obrigações, que pode se expressar em prestar uma atividade, o que não é próprio dos direitos reais. Mais apropriadamente, não se exige uma atividade de pessoas determinadas, mas pressupõe um dever negativo de todos. O dever, nas servidões, pertence principalmente ao proprietário do prédio serviente, exteriorizando-se quando a servidão confere ao titular do prédio dominante o direito de exercer alguma faculdade sobre aquele, ou em um não fazer.

---

[26] *Codici Civile italiano commentato*. 5. ed. Florença: Cammelli, 1905. v. III, p. 14, nº 6.

[27] *Servidões*. São Paulo: Saraiva, 1931. p. 11.

[28] *Codici Civile italiano commentato*, cit., p. 4, n. 1, v. III.

13. PERPETUIDADE OU, PELO MENOS, LONGA DURAÇÃO

Necessário tenha a servidão uma causa perpétua, ou, pelo menos, de longa duração. Laurent dá a razão, ao explicar que ela é uma qualidade do fundo, devendo participar de sua natureza. Sendo o fundo estável, assim o é a servidão: "Mais c'est pour le fonds que la servitude est établie, et les fonds ne changent pas, l'intérêt du fond est donc, en général, un intérêt perpétuel: de là la perpétuité des servitudes".[29]

A jurisprudência, desde tempos antigos, tem aplicado o princípio: "A perpetuidade é a característica das servidões, dentre as quais se inclui a constituída por destinação do proprietário. Adere a servidão por destinação, perpetuamente, tanto ao prédio dominante quanto ao serviente. E como ônus do prédio adquire-o todo aquele que a título universal ou singular adquire o prédio dominante; e o suporta todo aquele que, nas mesmas condições, adquire o prédio serviente. Desnecessária a declaração expressa a seu respeito; supérfluo, seja aparente ou visível. Basta a existência".[30]

De todo proveitosa a observação feita por Dídimo da Veiga, quando sustenta não ser possível constituir uma servidão perpétua de água sobre uma fonte de pouca duração, mas unicamente sobre fontes ou águas fluviais. O mesmo ocorre em relação à servidão de caminho, localizada além de um rio que deve ser atravessado em um barco, visto que uma embarcação não é permanente, podendo ser alterada a qualquer momento.[31]

Insta, entretanto, que se analise com cautela o caráter da perpetuidade. Subsiste enquanto não ocorrer uma causa legal de extinção. A perpetuidade é no sentido de duração indefinida. Desaparecendo a necessidade, não há por que subsistir a servidão, posto que sua instituição tem razão de ser na existência da necessidade de uma utilidade. De modo que, dentro dessa exegese, é facultado ao serviente, na passagem de cano de esgoto em seu imóvel, a pretensão de remover o ônus pela circunstância da instalação de coletor público na rua fronteiriça ao prédio dominante.

14. GARANTIA DOS MEIOS PARA O EXERCÍCIO DA SERVIDÃO

A servidão compreende a garantia dos meios para o seu aproveitamento. Sempre se faz acompanhar de outras restrições à propriedade serviente. O Código Civil francês dispõe sobre a matéria, assegurando a garantia do exercício

---

[29] *Principes de droit civil français*. 3. ed. Bruxelas/Paris, 1878. t. 7°, p. 183.

[30] Apel. Cível n° 194.918, da Sexta Câm. Cível do TJSP, j. 21.12.1970, rel. Des. Dimas de Almeida, *RT* 424/108.

[31] *Servidões reais*, cit., p. 7.

dos atos indispensáveis ao aproveitamento da servidão. Destarte, o direito de retirar água na fonte de outrem importa no direito de passagem. Beudant resume nesta frase o alcance da regra: "Qui veut la fin, veut les moyens".[32]

O exercício de uma servidão, não raras vezes, demanda a imposição de obras e atos no prédio serviente. Para viabilizar o proveito, é necessária a adaptação do imóvel, ou a adequação de modo permitir a fruição visada. Assim, no caso da servidão de água, se o dono do prédio dominante tiver de passar por caminho dentro da propriedade serviente a fim de retirar a água, diz-se que decorre uma servidão acessória, ou uma *adminiculas servitutis*. Nasce, concomitantemente, outra servidão, que é a de caminho, ou o aqueduto. Tem-se um meio de acesso e realização para usufruir e exercer a servidão de água. Sem a garantia de obras acessórias e exigidas para tornar realidade a servidão, seria inútil seu reconhecimento.

Esses direitos, que são meios denominados servidões acessórias, considerados necessários para a consecução das principais, decorrem implicitamente. Inerentes às servidões principais, adquiridos conjuntamente, existem de direito, visto que, *v. g.*, não teria utilidade o aqueduto se proibido estivesse o dono do prédio dominante de proceder as reparações e os melhoramentos reclamados pelo uso, e se não estivesse autorizado a percorrer, periodicamente, ao longo da faixa por onde passa o canal.

Nessa parte, ainda no direito francês, art. 697 do Código Civil, o usuário tem o direito de "faire tous le ouvrages nécessaires pour en user et pour la conserver". Ou seja, o titular de uma servidão de passagem, a fim de exercitar o direito, reveste-se de garantias para estabelecer o caminho necessário e efetuar os trabalhos recomendados e indispensáveis à conservação do caminho. O art. 1.380 do Código Civil brasileiro conduz a tal conclusão: "O dono de uma servidão pode fazer todas as obras necessárias à sua conservação e uso, e, se a servidão pertencer a mais de um prédio, serão as despesas rateadas entre os respectivos donos".

15. NÚMERO ILIMITADO DE SERVIDÕES CONVENCIONAIS

As servidões convencionais, ou estabelecidas pelo fato do homem, contam-se em número indefinido. Desdobram-se em tantas quantas são as vantagens que podem, de alguma maneira, proporcionar ao prédio dominante. É o que faz ver F. Mackeldey.[33] Demolombe também abordou o assunto: "Aussi le nombre des servitudes qui peuvent être établies par le fait de l'homme, est-il ilimité;

---

[32] Charles Beudant. *Cours de droit civil français*. 2. ed. Paris: Rousseau, 1938. t. IV, p. 652.

[33] F. Mackeldey. *Manuel de droit romain*. Trad. J. Bewing. 3. ed. Bruxelas: Société Typographique Belge, 1846. § 321.

sans doute, il en est quelques-unes qui, par leur plus grande importance et leur utilité plus général, sont plus fréquentes dans la pratique, et doivent faire en conséquence plus spécialement l'objet de l'attention des jurisconsultes... Mais en principe, les propriétaires sont libres de créer toutes les espèces de servitudes qu'ils jugent convenables, en égard à la disposition des héritages, à leur nature ou à leur destination, ou au gré de leurs convenances, pour l'utilité ou l'agrément de leurs fonds".[34]

Para Salvat, "la creación y las formas de estas servidumbres dependen exclusivamente de las condiciones económicas de la propiedad inmueble: son estas condiciones y las necesidades que ellas hacen surgir, las causas que dan lugar al nacimiento y al desarrollo de determinadas clases de servidumbres, variables de una época a outra y de un lugar a otro. El principio es, pues, el de la liberdad de las partes para establecer todas as servidumbres que crean convenientes para sus propiedades, con tal que ellas reúnan los caracteres y las condiciones que la ley exige para esta clase de derechos".[35]

Para finalizar, a liberdade de instituir servidões não encontra óbices desde que não se verifique ofensa à ordem pública e nem sejam impostas à pessoa.

16. INALIENABILIDADE DA SERVIDÃO

O titular do imóvel dominante está impedido de alienar a servidão a outra pessoa. Quem adquire o prédio, adquire implicitamente os encargos que o gravam. Fosse o contrário, com a transferência consumar-se-ia a extinção.

Isso porque, como decorre a servidão da necessidade do prédio dominante, não se permite a cessão da servidão para um prédio diferente. Nem o proveito decorrente da servidão pode se estender em benefício de outros prédios, ainda que seja um prédio próprio, sob pena de desnaturar-se o conteúdo. Assim como o uso e a habitação têm em atenção a necessidade e as condições pessoais de quem usa ou habita, da mesma forma as várias servidões recebem um caráter especial, emanado do prédio a que prestam um serviço. Daí que o titular do direito de servidão não pode ampliar a servidão, como estendê-la a outra pessoa, ou sobre ela constituir novo direito real.

A proibição em ceder envolve a impossibilidade de penhora, hipoteca ou de separação do prédio dominante. O ônus acompanha a propriedade em suas alienações – *ambulat cum domino*.

Luiz Antônio de Aguiar e Souza apresenta a justificação: "A servidão, quer se considere como um direito, em relação ao dominante, ou quer se

---

[34] *Cours de Code de Napoléon*. Traité des servitudes. 3. ed. Paris: Auguste Durand/L. Hachette, 1863. v. XII, t. II, p. 172, n. 665.

[35] *Tratado de derecho civil argentino*. Derechos reales, cit., v. III, p. 435-436, n. 1.776.

considere como um ônus, em relação ao prédio serviente, uma vez sendo ela instituída, adere perpetuamente aos referidos prédios, acompanhando-os em todas as suas passagens".[36]

Em princípio, com os imóveis as servidões nascem, vivem e morrem.

17. O PRINCÍPIO DA INDIVISIBILIDADE

O uso da servidão na propriedade em comum se regula pelas regras do condomínio, dentre as quais sobressai o direito do consorte em usar livremente da coisa conforme o seu destino. A todos aproveitam as serventias oferecidas pelo imóvel, sem distinção ou divisão quantitativa ou qualitativa. Enquanto permanecer o regime da compossessão, ficam os condôminos autorizados a usar o bem de conformidade com o seu destino, praticando atos possessórios que não excluem os dos outros compossuidores.

Esses princípios emanam da regra do art. 1.386 do Código Civil: "As servidões prediais são indivisíveis, e subsistem, no caso de divisão dos imóveis, em benefício de cada uma das porções do prédio dominante, e continuam a gravar cada uma das do prédio serviente, salvo se, por natureza, ou destino, só se aplicarem a certa parte de um ou de outro". A origem é encontrada no direito romano: *Pro parte dominii servitutem adquiri non potest*. Ou seja, não são elas adquiridas nem se perdem, por partes.

Se, por exemplo, uma parcela do prédio dominante é vendida, as servidões ativas inerentes ao mesmo prédio aderem integralmente à região destacada, de modo que o comprador as exercerá nos mesmos termos em que o primitivo proprietário as exercia. Tal a linha de decisões:

"Quando dois imóveis resultarem do desmembramento de um imóvel pertencente a uma só pessoa, no qual havia serventia visível pela qual uma das partes da propriedade prestava utilidade à outra parte, restará constituída uma servidão no momento em que os prédios passarem a pertencer a donos diversos. O êxito da demanda indenizatória depende, exclusivamente, da comprovação dos prejuízos sofridos, não bastando que o requerente apenas demonstre a existência de um fato que, em princípio, possa causar um dano".[37]

Em contrapartida, se o prédio pertence em comum a diversos proprietários, o uso da servidão por um dos coproprietários impede a extinção dela em relação aos que permaneceram em inércia durante o prazo da prescrição.

Salvat tratou do assunto: "Las servidumbres reales tampoco pueden perderse por partes ideales. La ley considera aquí el caso de fraccionamiento de

---

[36] *Tratado das servidões urbanas e rústicas*. São Paulo: Espínola, 1914. p. 7.

[37] TJMG, 104340500139870011/MG 1.0434.05.001398-7/001(1), rel. Elias Camilo, j. 1º.02.2007, *DJ* 27.02.2007.

una heredad gravada con una servidumbre, por ejemplo: con una servidumbre de paso: esta servidumbre continúa existiendo sobre todas las partes en que la heredad ha sido dividida; en otros términos [...], cada una de las fincas nuevas formada por el fraccionamiento de la antigua queda gravada con la servidumbre que sobre ella existía. Esto es así, siempre que la servidumbre pesase sobre toda la finca antigua; pero si dentro de ésta, ella estaba limitada a una parte determinada, por ejemplo, el derecho de pasar por tal camino, la servidumbre pasa integralmente a la fracción o las fracciones dentro de las cuales queda comprendido el camino, pero no a las otras".[38]

Conforme Washington de Barros Monteiro, em texto aplicável ao novo Código, pois mantido o sentido do texto antigo, várias regras emergem da aplicação do princípio mencionado: "a) a servidão não pode ser instituída em favor da parte ideal do prédio dominante, nem pode incidir sobre parte ideal do prédio serviente; b) se o proprietário do imóvel dominante se torna condômino do serviente, ou vice-versa, mantém-se a servidão; c) defendida a servidão por um dos condôminos do prédio dominante, a todos aproveita a ação".[39]

Aguiar e Souza já havia estudado a matéria: "[...] A servidão não se demanda por parte, de modo que, se uma sentença em que for dada reconhecer a servidão em favor de um dos condôminos do prédio dominante, ela aproveita, igualmente, a todos os demais condôminos do mesmo prédio, como que se todos fossem um só autor [...]. Por outro lado, se a sentença for dada contra um dos condôminos do prédio serviente, a todos os demais condôminos ela prejudicará, como se todos fossem um só réu".[40]

A razão dessa aplicação está no princípio que marca as servidões e as distingue de outros direitos: a instituição em favor do prédio e não do ocupante. Irrelevante se uma ou várias pessoas conservam a posse. Embora apenas um ser humano utilize o caminho, os demais usuários do imóvel têm a tutela da lei para seguirem seus destinos pela mesma passagem. Prossegue José Guilherme Braga Teixeira que aderência da servidão aos prédios importa em aproveitar "a todo o prédio dominante e a cada uma das suas partes". Assim, "gravando o prédio serviente, grava-o na sua totalidade, se não constituída sobre uma de duas partes".[41]

Por isso, havendo divisão do prédio dominante, perdura a servidão em benefício de cada parcela. É o que explicam Enneccerus, Kipp e Wolff: "Si se divide el predio dominante, la servidumbre subsiste a favor de las parcelas

---

[38] *Tratado de derecho civil argentino*. Derechos reales, cit., v. III, p. 444, n. 1.82.

[39] *Curso de direito civil*. Direito das coisas. 4. ed. São Paulo: Saraiva, 1961. p. 267.

[40] *Tratado das servidões urbanas e rústicas*, cit., p. 6.

[41] *Comentários ao Código Civil brasileiro*. Da propriedade, da superfície e das servidões. Coord. Arruda Alvim e Thereza Alvim. Rio de Janeiro: Forense, 2004. v. XII, p. 325.

singulares. De una servidumbre han nacido varias. Pero en caso de duda, el ejercicio de las mismas no ha de ser más gravoso para el propietario del predio sirviente de lo que hubiera sido sin la división. Puesto que los varios propietarios dominantes se hallan situados en el mismo rango, cada uno de ellos puede exigir en interés de todos una regulación equitativa del ejercicio".[42]

---

[42] *Tratado de derecho civil*, cit. v. II, t. III, p. 42.

Capítulo III

CLASSIFICAÇÃO DAS SERVIDÕES

1. SERVIDÕES URBANAS E RURAIS

Esta classificação remonta ao direito romano. Desde o reconhecimento do instituto dividiam-se em urbanas e rurais. O Código Civil francês, no art. 687, ainda contém essa divisão. Reconhece Beudant que se trata apenas de "le vestige d'un pass juridique aboli".[1]

Para entendermos o sentido da divisão, de interesse mais acadêmico, é oportuno traçar algumas distinções entre imóvel urbano e imóvel rural. "A conceituação de prédio rústico e prédio urbano decorre de sua designação", leciona Washington de Barros Monteiro.[2] Caio Mário da Silva Pereira, nessa linha, alerta para a destinação a uma atividade rural, seja na lavoura, seja na pecuária, como marco determinante da distinção relativamente ao imóvel urbano, em se tratando de imóvel rural. Não é urbano, "independentemente da localização dentro ou fora dos limites urbanos",[3] aquele cuja utilização não envolver alguma atividade agrícola. Importa, sempre, averiguar a destinação que se dá. Configurando-se o uso agrícola, ou qualquer aproveitamento econômico rural, situe-se o prédio dentro ou fora do perímetro urbano, é ele rural. O Estatuto da Terra (Lei nº 4.504, de 30.11.1964), no art. 4º, não deixa margens a dúvidas: "O imóvel rural é o prédio rústico, de área contínua, qualquer que seja a sua localização, que se destine à exploração extrativa, agrícola, pecuária, ou agroindustrial, quer através de planos públicos de valorização, quer através da iniciativa privada". O Decreto nº 55.891, de 31.03.1965, no art. 5º, regulamentando a Lei do Estatuto da Terra, é mais

---

[1] *Cours de droit civil français.* 2. ed. Paris: Rousseau, 1938. t. IV, p. 641.

[2] *Curso de direito civil.* Direito das obrigações (segunda parte). 3. ed. São Paulo: Saraiva. 1962. p. 164.

[3] *Instituições de direito civil.* 2. ed. Rio de Janeiro: Forense, 1970. p. 207.

explícito, ao enfatizar a irrelevância da localização, pouco importando se em perímetro urbano, suburbano ou rural do município.

No entanto, não tem importância, aqui, a definição de imóvel rural e de imóvel urbano. As servidões urbanas são simplesmente aquelas que se referem a um prédio, e não porque localizadas em imóvel urbano. O critério distintivo não está na natureza do prédio dominante, tampouco na do prédio serviente, mas sim na natureza própria da servidão, ou no seu conteúdo. Pouco interessa se a edificação se ergue na cidade ou no campo.

Como rurais classificam-se aquelas que se ligam ao solo, sem relação necessária com os edifícios. As urbanas beneficiam a edificação e definem-se como um ônus real voluntariamente imposto a um prédio, chamado de serviente, em favor de outro (o dominante), em virtude do qual o proprietário do prédio serviente perde o exercício de algum de seus direitos dominiais sobre ele, ou tolera que o proprietário do prédio dominante o utilize, de modo a tornar seu prédio mais útil. Nascem da vontade dos proprietários, não se confundindo com as servidões legais que decorrem exclusivamente da lei, como os direitos de vizinhança impostos coercitivamente. Por isso, a voluntariedade é essencial à servidão.

Em José Mendes temos a exata compreensão de prédios urbanos e prédios rústicos: "Prédios urbanos são os edificados, dentro ou fora da cidade. E prédios rústicos são os terrenos não edificados, fora ou dentro da cidade".[4]

A distinção mantém-se desde Ulpiano: *Urbana praedia omnia aedificia accipimus, non solum ea, quae sunt in oppidis, sed et si forte stabula sunt, vel alia meritoria in villis et in vicis.*

A título exemplificativo, destacam-se as principais que imperavam no direito romano, dentro de cada espécie:

Quanto às urbanas:

a) Colocação de trave na parede do vizinho, ou *tigni immittendi*.

b) O direito de apoiar uma construção no prédio do vizinho. Em latim, *oneris ferendi*.

c) O direito de fazer com que as águas pluviais vertam para o prédio do vizinho, gota a gota, ou mediante calhas – *stillicidii vel fluminis recipiendi*.

d) O direito de abrir janelas na própria parede, ou na do vizinho, para obter luz, que os romanos denominavam de *servitus luminis*.

e) O dever do prédio serviente em não criar obstáculos à entrada de luz no prédio dominante, ou *servitus ne luminibus officiatur*.

---

[4] *Das servidões de caminho.* São Paulo: Duprat, 1906. p. 15.

f) O direito de vista – *servitus prospectu*.

g) O dever de não impedir, com obras ou plantações, a servidão de vista – *servitus ne prospectui officiatur*, ou a obrigação do prédio serviente de não perturbar a perspectiva desfrutada pelo dominante.

h) O dever de não edificar além de certa altura, ou *altius non tollendi*.

i) O direito de avançar cano ou sacada na propriedade vizinha.

j) O direito de lançar fumaça – *fumini immittendi*.

k) O direito de projeção, ou *servitus proiiciendi*.

Com referência às rústicas (de passagem, de pastagem e de águas), vigentes desde o direito romano, são encontradas nas *Institutas*, Livro 2º, Título 3º, sob a epígrafe *De servitutibus*, com a seguinte divisão: *Rusticorum praediorum jura sunt haec: iter, actus, via, aquaeductus*. A enumeração repetiu-se no Digesto, Livro 8º, Título 3º, em texto de Ulpiano. Em outras passagens das *Institutas*, apareceram novas espécies, como a de tirar água, a de levar o gado a beber, o direito de pastar o gado etc.

Destacam-se as mais importantes, antecipando algumas referências às três primeiras:

a) *Iter*, ou o direito conferido ao homem de passar a pé pelo prédio alheio, menos o direito de conduzir animais de carga ou veículos. Em alguns fragmentos, a permissão envolvia a passagem de liteira e a cavalo.

b) *Actus*, que equivalia ao direito concedido ao titular de conduzir animais de carga e veículos pelo prédio alheio. Em escritos esparsos, ampliou-se a passagem, incluindo rebanhos e veículos de todos os tipos.

c) *Via*, que era a servidão mais ampla e com extensão superior às demais. Compreendia os direitos anteriores, e ainda o de conduzir veículos carregados de pedras e outros produtos, como materiais destinados à construção. Comum era a deslocação de madeiras, sendo arrastadas de um ponto a outro, especialmente até as margens das águas correntes.

d) Tomada de água – *aquae hasustus*.

e) Aqueduto – *aquaeductus*.

f) Pastagem – *servitus pascendi*.

g) Condução do gado ao poço vizinho – *pectoris ad aquam ad pulsus*.

h) Escoamento natural das águas – *de aqua et aquae pluviae ascenda*.

i) Escoamento de águas estagnadas.

j) Escoamento de águas supérfluas.

k) Cozer cal – *calcis coquendae*.

l) Extrair pedra – *cretae lapidis eximendae*.

m) Tirar areia – *arenae fodiendae*.

n) Caçar na propriedade alheia – *silvae caedendae*.

Muitas outras existiam, sendo que algumas não são mais reconhecidas, em vista das transformações de usos e necessidades operadas.

2. SERVIDÕES PREDIAIS E PESSOAIS

Os romanos instituíram, no tempo de Justiniano, os dois tipos recém-mencionados. As prediais abrangiam as relativas às edificações, ou restrições que recaíam sobre os prédios. As pessoais, que resultavam em certo benefício a favor de outrem, compreendiam o uso, a habitação, o usufruto e serviços de escravos.

Essa classificação foi introduzida em nosso direito anterior, mas veio a ser abandonada pelo Código Civil de 1916 e pelo atual. Na verdade, formam tais institutos outra espécie de *jura in re aliena*. É de notar que a última servidão (*operae servorum*) apresenta hoje apenas interesse histórico, tendo em vista que as nações não mantêm mais a escravidão.

Com o Código Civil de 1916 e o de 2002, passou-se a considerar a servidão a que tem como expressão um direito real formado em benefício de um prédio e não de uma pessoa, pois, já justificava Dídimo da Veiga, "a subordinação de um objeto à fruição de uma pessoa constitui uma figura jurídica diversa da servidão".[5] Seguiu, pois, nosso direito codificando o direito romano primitivo, em que o tipo verdadeiro e originário das servidões respeitava unicamente as servidões prediais (*jura praediorum*).

3. SERVIDÕES NATURAIS, LEGAIS E CONVENCIONAIS

Costuma-se estabelecer uma classificação que estabelece três tipos de servidões: as naturais, as legais e as convencionais.

As naturais estão expressamente assinaladas pelo Código Civil francês, em seu art. 639, no que não foi seguido pelo nosso Código: "Dérive (la servitude) ou de la situation naturelle des leus, ou des obligations imposées par la loi, ou de conventions entre les propriétaires".

Existem servidões que são determinadas pela situação dos prédios, como a de aceitar que as águas corram naturalmente do prédio superior ao inferior. São as naturais, eis que a natureza impõe a sua existência.

Outra categoria adquire vida em virtude da lei e tem origem na necessidade para o aproveitamento do prédio. Nela, as servidões constam discri-

---

[5] Direito das coisas, em *Manual do Código Civil brasileiro*. Org. Paulo de Lacerda. Rio de Janeiro: Jacinto Ribeiro dos Santos, 1925. v. IX, parte segunda, p. 16, n. 388.

minadas em mandamentos legais e são disciplinadas para o atendimento de interesses comuns. São as conhecidas como legais. No seu âmbito, incluem-se as naturais. Determina o seu reconhecimento a imposição pura da lei, e são consideradas um ônus, sem precisar do consentimento do titular do prédio serviente para a constituição.

Sendo o reconhecimento por força da lei, ao que obtém o proveito não se requer demonstre a constituição, ou que apresente o título que lhe dá base. Demanda-se a proteção simplesmente porque está prevista na lei.

É o que pensa Salvat, se bem que sob o enfoque do Código Civil argentino: "Estas servidumbres tienen carácter obligatorio, en el sentido que ellas puedan ser impuestas a los fundos, siempre que concurran las condiciones que más adelante estudiaremos: ellas pueden llegar a ser, pues, legalmente obligatorias. *Prima facie*, estas servidumbres podrían ser consideradas como verdaderas servidumbres legales, pero no es ésta su naturaleza jurídica: se trata, como lo enseña el codificador, de restricciones a la propiedad, impuestas a los dueños de ciertas heredades por razones de interés general, análogas a las que hemos encontrado en el derecho de asentar la mitad de una pared en el terreno del vecino".[6] Apesar de o Código Civil argentino classificar as servidões legais como restrições civis, a natureza obrigatória permanece por motivos de interesse geral.

A fonte direta e obrigatória está na própria lei, incidindo independentemente da vontade humana. Justificam esse tipo de servidão fatores como a localização dos prédios, a exploração integral do imóvel dominante e o afastamento de conflitos entre os proprietários.

São as servidões legais inerentes ao direito de propriedade. Na visão de Serpa Lopes, nascem simultaneamente com o direito de propriedade, e representam "o regime normal da propriedade", diferentemente das servidões convencionais, que dependem de um título constitutivo autônomo, dotado de vida própria, formando um "regime de exceção, no sentido de que em virtude delas se estabelecem direitos ou obrigações que normalmente não existiriam".[7]

Exemplificam a classe das servidões legais o escoamento natural das águas, a abertura ou a construção de aqueduto, a servidão de trânsito de prédio encravado e de aproveitamento das águas de rios.

Quando surgem do consentimento humano, ou por disposição das vontades, o *nomen juris* é outro: servidões convencionais. Costuma-se dizer que são estabelecidas pelo fato do homem. A lei deixa a cargo de cada proprietário a liberdade de implantá-las, limitando-se apenas a definir seus caracteres gerais.

---

[6]   *Tratado de derecho civil argentino*. Derechos reales. 4. ed. Buenos Aires: Tipografica Editora Argentina, 1959. p. 437, n. 1.777.

[7]   *Curso de direito civil*. Direito das coisas. Rio de Janeiro: Freitas Bastos, 1996. v. VI, p. 506.

Acrescentam ao prédio dominante vantagens, como a utilidade, a beleza, a fertilidade, a amenidade, sem que tais valores signifiquem elemento essencial ou indispensável ao uso. Pardessus diz em que consiste o caráter essencial: "Leur caractère essentiel consiste dans cette volonté exprimée ou supposée par dês faits auxquels est attaché Le caractère d'une présomption légale de consentement".[8]

Traz a jurisprudência a distinção quanto às servidões legais e convencionais, conforme o seguinte aresto do STJ:

> Há de se distinguir as servidões prediais legais das convencionais. As primeiras correspondem aos direitos de vizinhança, tendo como fonte direta a própria lei, incidindo independentemente da vontade das partes. Nascem em função da localização dos prédios, para possibilitar a exploração integral do imóvel dominante ou evitar o surgimento de conflitos entre os respectivos proprietários.
>
> As servidões convencionais, por sua vez, não estão previstas em lei, decorrendo do consentimento das partes. Na espécie, é incontroverso que, após o surgimento de conflito sobre a construção de muro lindeiro, as partes celebraram acordo, homologado judicialmente, por meio do qual foram fixadas condições a serem respeitadas pelos recorridos para preservação da vista da paisagem a partir do terreno dos recorrentes. Não obstante inexista informação nos autos acerca do registro da transação na matrícula do imóvel, essa composição equipara-se a uma servidão convencional, representando, no mínimo, obrigação a ser respeitada pelos signatários do acordo e seus herdeiros. Nosso ordenamento coíbe o abuso de direito, ou seja, o desvio no exercício do direito, de modo a causar dano a outrem, nos termos do art. 187 do CC/2002.
>
> Assim, considerando a obrigação assumida, de preservação da vista da paisagem a partir do terreno dos recorrentes, verifica-se que os recorridos exerceram de forma abusiva o seu direito ao plantio de árvores, descumprindo, ainda que indiretamente, o acordo firmado, na medida em que, por via transversa, sujeitaram os recorrentes aos mesmos transtornos causados pelo antigo muro de alvenaria, o qual foi substituído por verdadeiro "muro verde", que, como antes, impede a vista panorâmica. Recurso especial conhecido e provido.[9]

A explicação está no voto da Relatora:

> [...] As servidões legais correspondem aos direitos de vizinhança, tendo como fonte direta a própria lei, incidindo independentemente da vontade das partes. Nascem em função da localização dos prédios, para possibilitar a

---

[8] *Traité des servitudes ou services fonciers.* 10. ed. Bruxelas: Société Typographique Belge, 1841. p. 210, n. 230.

[9] REsp 935.474/RJ, Terceira Turma, j. 19.08.2008, *DJe* 16.09.2008, rel. Min. Nancy Andrighi.

exploração integral do imóvel dominante ou evitar o surgimento de conflitos entre os respectivos proprietários. As servidões convencionais ou servidões propriamente ditas, por sua vez, não estão previstas em lei, decorrendo do consentimento das partes.

Conclui-se, pois, que as servidões legais são inerentes ao direito de propriedade, nascendo simultaneamente com este, representando, nas palavras de Serpa Lopes, o *"regime normal da propriedade"*; enquanto as servidões convencionais dependem de um título constitutivo autônomo, dotado de vida própria, constituindo um *"regime de exceção, no sentido de que em virtude delas se estabelecem direitos ou obrigações que normalmente não existiriam"* (*Curso de direito civil*, vol. VI: *Direito das coisas*. Rio de Janeiro: Freitas Bastos, 1996, p. 506).

Consoante já referido, o número desse tipo de servidões é ilimitado. Desdobram-se em tantas quantas são as vantagens suscetíveis de uso, proporcionadas pelo prédio serviente. Para serem admitidas, conveniente que venham comprovadas documentalmente, embora nem sempre dependam de forma pública. As não aparentes, para a defesa, requerem o registro imobiliário. Todavia, não se afasta a demonstração por todos os meios admitidos de prova.

4. SERVIDÕES APARENTES E NÃO APARENTES

No tocante à exteriorização, dividem-se as servidões em aparentes e não aparentes. Repetindo o pensamento de Beudant, essa classificação é, no direito moderno, de uma importância capital.[10]

As primeiras se manifestam exteriormente por atos visíveis, como na hipótese de aqueduto, em que as obras externas são perceptíveis por todos. Os franceses Aubry e Rau dão os contornos que as identificam: "Les servitudes apparentes sont celles qui s'annoncent par les signes extérieurs, par exemple, par une parte (une barrière fermée), une fenêtre, un aqueduc [...]".[11]

As últimas não se revelam por sinais visíveis e constituem mais um direito assegurado ao proprietário, como o de não edificar acima de certa altura, ou impedir que a água do telhado se precipite no prédio vizinho. Ainda Aubry e Rau explicam: "Les servitudes non apparentes sont celles dont l'existence ne se manifeste par aucun signe de cette nature. Telle est la prohibition de bâtir ou d'élever un bâtiment au-delà d'une hauteur determinée".[12]

---

[10]   *Cours de droit civil français*, cit., t. IV, p. 641.

[11]   *Cours de droit civil français*. 6. ed. Paris: Librairie de la Cour de Cassation, 1938. t. III, p. 97.

[12]   *Cours de droit civil français*, cit., t. III, p. 97.

Beudant ressalta idêntico conceito: "Les servitudes non apparentes sont celles qui n'ont pas de signe extérieur de leur existence, comme, par exemple, la prohibition de bâtir sur un fonds, ou de ne bâtir qu'à une hauteur déterminée. En d'autres termes, ce sont delles dont aucun signe extérieur n'annonce l'existence, celles qu'on appelait jadis les servitudes cachées ou latentes".[13]

Desde que alguns sinais externos se apresentem e a visibilidade seja permanente, ao menos para o senhor do prédio serviente, conformada está a primeira espécie. Na outra, o importante é que não ocorram os fatos prejudiciais ao melhor uso do imóvel pelo titular do prédio dominante. Como se verá no curso do trabalho, profundas são as repercussões da distinção, posto que as servidões aparentes têm a proteção possessória pelo simples fato de sua existência, enquanto a outra espécie depende, para tal tutela, do registro imobiliário.

Não será demais salientar a existência de servidões que se transformam em aparentes e passam a merecer a proteção possessória. Antes, não transpareciam sinais externos ostensivos e duradouros. Entretanto, com as modificações introduzidas, com as reformas e algumas adaptações, cujas obras se perpetuam pela durabilidade e que se incorporam ao solo onde se estende a servidão, surge um estado de coisas inalterável e perceptível por todos, daí tornando aparente o ônus e dando-lhe o caráter de durabilidade.

A jurisprudência consolidou o entendimento, como se depreende deste exemplo: "Constitui matéria sumulada pelo Supremo Tribunal Federal que as servidões de trânsito não tituladas, mas tornadas permanentes, sobretudo pela natureza das obras realizadas, consideram-se aparentes, merecendo proteção possessória. Não mais havendo, porém, interesse, porque desnecessária a servidão, responde o possuidor pelas despesas de remoção".[14]

Nem é necessário o registro imobiliário para a sua caracterização como direito real, como vem confortado pela jurisprudência:

> Janelas construídas há mais de quinze anos, sem ter havido oposição do vizinho, embora com a inobservância do recuo de metro e meio, previsto no artigo 573, CC [de 1916], geram a constituição do direito a servidão de luz e de ar, por usucapião. 2. As servidões aparentes (isto é, aquelas em que o possuidor, devido a natureza das obras realizadas, não tem como esconder os atos externos que pratica), que se tornam permanentes, caracterizam-se como um direito real sobre coisa alheia, independentemente de transcrição no registro de imóveis.[15]

---

[13] *Cours de droit civil français*, cit., t. IV, p. 642-643.
[14] REsp nº 5.330/SP, Segunda Turma do STJ, j. 18.02.1991, *DJU* 18.03.1991.
[15] TJPR, AC 796874/PR, Apelação Cível 0079687-4, rel. Accácio Cambi, j. 11.08.1999, 6ª Câmara Cível, *DJ* 30.08.1999.

5. SERVIDÕES CONTÍNUAS E DESCONTÍNUAS

As primeiras se expressam pela sua existência, independentemente de ato humano. Uma vez constituídas, não dependem da prática de atos por parte de seu titular para revelarem seu exercício. A servidão de passagem de água serve como exemplo. Pardessus afirmou: "Sont celles dont l'usage est ou peut être continuel, sans avoir besoin du fait actuel de l'homme. Tels sont les conduites d'eau, les égouts, les vues et autres droits de cette espèce".[16]

A servidão descontínua, ao contrário, para externar-se necessita da obra do homem, ou de alguma atividade construtiva. Desde que formada, o uso ou o exercício reclama a prática de atos por parte do senhorio de prédio dominante, e tais atos devem ser executados uns proximamente dos outros e repetidos de intervalo a intervalo. A tirada da água, o trânsito, entre outras hipóteses, dependem de reparos ou adaptações na fonte ou no terreno.

Em Pardessus colhe-se uma definição clara: "Les servitudes descontinues sont celles qui ont toujours besoin du fait actuel de l'homme pour être exercées; tels sont les droits de passage, puisage, pacage, de tirer du sable, de la marne, des pierres etc., dans un terrain ou une carrière, et autres droits semblables, qu'on a sur la propriété d'autrui. Leur usage n'est continuel, ni en actes, ni en puissance; et le caractère d'apparence qu'elle pourraient avoir n'en changeroit point la nature".[17]

As obras duradouras e permanentemente visíveis dão o caráter de continuidade à servidão, malgrado o pensamento em contrário do saudoso jurista gaúcho Lenine Nequete, defendendo que não é essencial a realização de obras: "Sem razão, igualmente, os que pretendem contínua (a servidão) quando, para exercitá-la, o possuidor do prédio dominante faz no serviente obras visíveis e permanentes que concretizam o seu direito de passagem, que é o que querem, entre outros, Mendes Pimentel, Noé Azevedo e Carvalho Santos [...] Uma servidão descontínua por natureza não cessa de sê-lo pelo só fato de se manifestar por sinais aparentes. É o que acontece com a servidão de passagem, quando se anuncia por uma porta, um caminho ou por trabalhos destinados a facilitar o trânsito; e do mesmo modo com a servidão de escoamento de águas domésticas ou industriais, que transpareça através de obras aparentes destinadas a transmitir as águas ao prédio vizinho. Mas, tornada aparente a servidão de trânsito, embora descontínua, goza da proteção possessória e pode, consequentemente, ser usucapida".[18]

A distinção entre uma modalidade e outra nem sempre é simples.

---

[16] *Traité des servitudes ou servitudes fonciers*, cit., p. 25-26.

[17] *Traité des servitudes ou servitudes fonciers*, cit., p. 26.

[18] *Da prescrição aquisitiva (usucapião)*. 3. ed. Porto Alegre: Ajuris, 1981. p. 111-112. Coleção Ajuris, 17.

Como critério para a diferenciação, examina-se se o exercício da servidão depende ou não da realização das obras. Se depender, obviamente apresenta-se a descontínua. No entanto, não desnatura a espécie a colocação de um registro ou o erguimento de uma eclusa na passagem de água. Da mesma forma, o fato da necessidade de ser aberta uma janela para a entrada da claridade da luz.

6. SERVIDÕES POSITIVAS E NEGATIVAS

As positivas dependem de um ato humano para se materializarem. Nomeiam-se como exemplos as servidões de passagem e de tirar água.

As negativas consistem em um direito a que os outros se abstenham de certos atos, como se verifica na obrigação de não construir. Em Beudant lemos a exata conceituação: "Consistent en certaines abstentions, auxquelles les fonds voisins sont soumis dans leur intérêt réciproque. Aussi ont-ils le droit de se contrainde respectivement à leur observation".[19] Os alemães Enneccerus, Kipp e Wolff aprofundaram o exame: "Es posible un gravamen consistente en que no puedan realizarse determinados actos sobre el predio sirviente. El propietario de éste tiene que omitir (non facere) algo que le sería lícito en virtud de su propiedad. Las servidumbres de semejante contenido son siempre negativas. A este grupo pertenecen, por ejemplo, las servidumbres de vistas, prohibiciones de edificar, prohibiciones de ejercer un oficio ruidoso, o de la venta de líquidos al copeo, que pesan sobre la finca sirviente, pero no las prohibiciones de negocios jurídicos (prohibiciones de enajenar o de dividir)".[20]

Nas positivas, ao proprietário do fundo dominante, segundo o italiano Francesco Messineo, "è consentito di avere, o di fare qual cosa nel fondo servente (es., passaggio, far pascolare el gregge, estrarre arena o pietree e similli), con la conseguenza che, ai fini dell'esercizio della servitù, è consentita l'atività del titolare, ossia che Il titolare faccia qualque cosa".[21]

7. SERVIDÕES PRINCIPAIS E ACESSÓRIAS

Para efeitos práticos, transparece alguma importância nessa especificação.

Principais denominam-se aquelas servidões visadas preferencialmente pelo interessado. Exemplificativamente, o aproveitamento da água de um açude é a utilidade pretendida, assim como o uso de um espaço do imóvel para determinadas finalidades. Entretanto, a busca da água ordena a necessidade de

---

[19] *Cours de droit civil français*, cit., t. IV, p. 592.

[20] *Tratado de derecho civil.* 1. ed. esp. Barcelona: Bosch/Casa Imperial, 1944. t. III, v. II, p. 23-24, § 106.

[21] *Le servitù.* Milano: Giuffrè, 1949. p. 113, n. 50.

passar pelo prédio onde está a fonte. E o direito de usar o caminho é uma servidão acessória, nascida para a realização da principal, conhecida como *adminicula servitutis* no direito romano. Não é ela autônoma, "ma di modalità di esercizio di altra servitù", explica Messineo, acrescentando: "Modalità che, da sola, non costituirebbe un potere sul fondo servente e che funzione strumentale, rispetto alla servitù".[22]

Beudant, referindo-se ao assunto, fez uma perfeita colocação sobre as servidões acessórias: "Les servitudes dites accessoires, c'est-à-dire celles qui sont pratiquement nécessaires pour la mise en oeuvre de la servitude principale et que par suite, celleci implique. Les servitudes acessoires n'ont pas d'existence propre et indépendante; inhérentes à la servitude principale, elles sont acquises avec elle et comme elle. L'article 696 cite, à titre d'exemple, la servitude de puisage, qui serait illusoire si le propriétaire du fonds dominant ne jouissait d'un droit de passage justqu'au puits, à l'étang ou à la source. De même, la servitude de pacage implique un droit de passage jusqu'au champ où l'on conduit le bestiaux. Voilà des servitudes accessoires. Elles existent de droit, parce qu'elles sont nécessaires. Et, puisque la nécessité les justifique, elles ne sauraient être censées accordées pour la seule commodité du propriétaire du fonds dominant".[23]

8. COMBINAÇÃO ENTRE AS SERVIDÕES

Combinam-se algumas espécies de servidões.

Uma servidão contínua pode ser aparente, como no aqueduto. Contínua porque se exerce independentemente do fato do homem; aparente por se manifestar por meio de sinais externos. No exemplo do aqueduto, uma vez aberto, o canal continuará a existir sem reclamar a ação humana para materializar-se quando usado. A aparência é caracterizada pelos sinais externos ou contornos identificadores.

Possível, outrossim, revelar-se a servidão na modalidade contínua e não aparente. Contínua, torna-se a ressaltar, por não precisar de alguma ação atual do homem para se manifestar. Não aparente pelo fato da não realização de atos concretos, que impediriam a continuidade do ônus. Utilizamos como exemplo a obrigação de não levantar o edifício acima de certa altura.

Podem se apresentar como descontínuas e aparentes. É exemplo típico a passagem aberta em um terreno. A atividade humana se impõe a fim de materializar o ônus no prédio serviente. E a manifestação por meio de sinais visíveis dá o caráter da aparência.

---

[22]   *Le servitù*, cit., p. 73.

[23]   *Cours de droit civil français*, cit., t. IV, p. 652. n. 603.

Finalmente, há o caso de serem as restrições descontínuas e não aparentes. Ou seja, de um lado reclama-se a ação humana, sem a qual não se consomem; e de outro, não se revestem de exterioridade. É o caso da servidão de tirar água sem caminho visível.[24]

---

[24] Washington de Barros Monteiro. *Curso de direito civil*. Direito das coisas. 4. ed. São Paulo: Saraiva, 1961. p. 269.

Capítulo IV

CONSTITUIÇÃO DAS SERVIDÕES

1. CONSTITUIÇÃO POR CONTRATO

Várias são as maneiras de constituição das servidões. Costumam os doutrinadores enumerá-las na seguinte ordem: por contrato, testamento, adjudicação no juízo divisório, usucapião e destinação pelo proprietário.

Quando a constituição se dá através de contrato, a causa geradora é a vontade das partes. A lei define tão somente os caracteres gerais e deixa a cada proprietário a liberdade de estabelecer, no seu prédio, tantas servidões quantos são os direitos reais, cuja formalização depende de escritura pública se acima de certo valor monetário.

Está a previsão na segunda parte do art. 1.378 do Código de 2002: "Constitui-se mediante declaração expressa dos proprietários, ou por testamento, e subsequente registro no Cartório de Registro de Imóveis".

Conforme magistério de Sílvio Rodrigues, o contrato, de caráter bilateral, é a fonte mais frequente de formação da oneração, por meio da qual o dono do prédio serviente concorda em atribuir ao dono do prédio dominante algumas vantagens que passam a gravar aquele prédio, em benefício deste.[1]

A constituição se opera de forma gravosa ou gratuita, o que é explicado por Salvat, dando como exemplo do primeiro tipo a venda, e do segundo, a doação pura, sem condições.[2]

Quem constitui a servidão deve ter o poder de disposição.

Assim, unicamente o proprietário do prédio serviente está apto a sujeitá-lo ao ônus, conquanto apenas ele está revestido do direito de alienar. Se o domínio é um fato incontroverso, a faculdade nasce sem limitações. Na

---

[1] *Direito das coisas.* São Paulo: Max Limonad, 1964. p. 292.

[2] *Tratado de derecho civil argentino.* Derechos reales. 4. ed. Buenos Aires: Tipografica Editora Argentina, 1959. v. III, p. 468.

circunstância de figurar limitado o direito dominial, quer quanto à extensão, quer quanto à duração, ou não se apresentando definitivamente consolidada e definida a propriedade, não se impede o estabelecimento do encargo, com a contingência de que, em tal situação, se extinguirá a concessão desde que se resolva a condição, ou se rescinda ou se anule o contrato.

Embora não com tamanha amplitude, outorga-se a outras pessoas a capacidade da instituição.

Era o caso do enfiteuta sobre o prédio enfitêutico, durante a enfiteuse, ou seja, durante o prazo em que se lhe atribuía o domínio útil do imóvel. O senhorio direto ficava impedido dessa faculdade, evitando, assim, a limitação do domínio útil.

Incorria na proibição, outrossim, o nu proprietário, a fim de que não restringisse o direito ao uso do prédio pelo usufrutuário. Nada impedia, porém, a constituição de certas servidões, se prejuízos não adviessem, como a de não edificar ou de limitar a altura de um prédio. O direito do usufrutuário permanece incólume. Diferentemente sucede com as servidões de aqueduto ou de passagem, que redundam em limitações no aproveitamento do imóvel.

O usufrutuário não fica autorizado a gravar o bem, visto que seu direito de usar não envolve o direito de alienar.

Na anticrese, o devedor sofre igual cerceamento, já que entrega o imóvel ao credor com o escopo de perceber, em compensação de dívida, os frutos e rendimentos.

Incluem-se na relação os possuidores de boa ou má-fé, indistintamente, posto não revestidos da titularidade do domínio. Se instituírem qualquer gravame, o proprietário tem o direito à reivindicação e à liberação do imóvel de qualquer encargo.

Acrescentam-se os imóveis prometidos à venda, porque sujeitos à rescisão do contrato e a tornarem ao domínio e à posse do promitente vendedor.

O devedor hipotecário encontra-se impedido de gravar o imóvel na hipótese de resultar uma diminuição de valor, a ponto de tornar insuficiente o bem para garantir a dívida.

Citam-se entre os que não podem estabelecer servidões o locatário, o arrendatário e o parceiro.

Uma análise mais demorada exige a hipótese do condomínio.

Em princípio, a instituição requer a anuência de todos os consortes. Ressalta Marco Aurélio S. Viana: "Em linha de princípio, sendo a propriedade comum, todos devem anuir ao ato, consentindo na constituição do gravame".[3]

---

[3] *Comentários ao Novo Código Civil (Dos direitos reais)*. Coord. Sálvio de Figueiredo Teixeira. Rio de Janeiro: Forense, 2003. v. XVI, p. 565.

No entanto, a lição de Carvalho Santos leva à exata interpretação da regra: "Não quer dizer, porém, que seja nula a servidão constituída pelo condômino, enquanto perdurar o estado de indivisão. Ela permanece em suspenso até que os condôminos, coletiva ou singularmente, tenham consentido, subsistindo a mesma, se, depois, os condôminos anuírem ou a propriedade vier a concentrar--se no concedente".[4]

Se, no entanto, a constituição definitiva não se realizou, por falta de consentimento dos demais condôminos, três hipóteses são possíveis de ocorrer, nas palavras do eminente jurista: "a) o terreno gravado com a servidão é dado em pagamento a um coproprietário, diverso daquele que a concedeu; em tal caso não subsiste a servidão, não somente porque veio a falhar a condição, com que se presumia feita a concessão, senão também porque, em face do efeito declarativo da divisão, o terreno se considera pertencer por inteiro tal como no princípio da comunhão; b) se o terreno foi dado em pagamento daquele coproprietário que fez a concessão, esta se torna definitiva, com efeito retroativo ao tempo da concessão; c) se o prédio somente em parte é atribuído àquele que concedeu a servidão, esta se entenderá ou não estabelecida, conforme possa ou não subsistir naquela parte considerada a natureza da servidão e a condição dos lugares: por exemplo, a servidão de dar pasto somente poderá subsistir se o proprietário do prédio dominante puder àquela parte conduzir seus animais; uma servidão de passagem e de aqueduto poderá subsistir somente quando o prédio dominante seja contíguo àquela parte, ou seja posto em comunicação com outras passagens ou aquedutos; uma servidão de atingir a água torna-se impossível se a fonte ou poço se encontrar no quinhão que coube a outro coproprietário; uma servidão de vista torna-se inútil se a parte contígua ao prédio dominante vier a tocar a uma pessoa diversa do concedente".[5]

Três situações merecem, ainda, ser abordadas.

A primeira relaciona-se à formação para aquele que tem a posse do imóvel a título precário. Cunha Gonçalves coloca a hipótese nos seguintes termos: "Convém frisar que a servidão só pode ser constituída por proprietários e a favor de proprietários, e nunca entre ou por locatários, nem por titulares de direitos reais, que não tenham ação direta ou direito de alienação nos prédios [...]. Mas, se o possuidor do prédio a título precário não pode adquirir servidões a seu exclusivo favor, nada impede que ele as adquira em benefício do proprietário e, portanto, do prédio dominante, na qualidade de gestor de negócios".[6]

---

[4] *Código Civil brasileiro interpretado.* 11. ed. São Paulo: Freitas Bastos, 1963. v. IX, p. 140.

[5] *Código Civil brasileiro interpretado*, cit., v. IX, p. 141-142.

[6] *Tratado de direito civil*, v. XI, p. 588 e 638, *RT* 152/203, apud julgamento transcrito por Wilson Bussada na obra *Servidões interpretadas pelos tribunais*. Rio de Janeiro: Mabri Editora, 1969, p. 73.

O possuidor precário recebe, pois, a serventia em favor do prédio dominante.

Pacifici-Mazzoni cuidou do assunto: "Finchè adunque durerà el possesso o la detenzione del fondo, profitteranno della servitù i possessori e i detentori. In seguito, il proprietario che lo rivendica o lo riprende, profitterà o no della servitù a suo peacere. Esercitandola, la conservarà; non esercitandola la farà estinguere... Se l'usufruttuario, Il detentore precario e Il possessore abbiano agito in nome del proprietario, è appena dirsi che, questi ratificando l'atto, la servitù si ha peracquista... Se poi abbiano stipulato la servitù en vista dell'acquisito che si hanno proposto di fare, della proprietà del fondo tenuto o posseduto, allora è pure da dirsi appena che si è stabilito un diritto eventuale di vera servitù reale, che diverrà definitivo al verificarsi di quella condizione".[7]

A segunda situação prende-se à possibilidade que se reconhece em favor do proprietário dominante para acionar contra os que detêm direitos reais sobre imóveis, malgrado as limitações que os impedem de instituir servidões. Está ele autorizado a mover as ações endereçadas contra o usufrutuário, o usuário, o enfiteuta e outros, se colocarem entraves ao exercício da servidão. Do mesmo modo, essas pessoas podem agir contra o proprietário do prédio dominante, desde que surja a infração a um direito. Válida a lição de Pontes de Miranda: "Tampouco a servidão é entre o dono do prédio dominante, agora, e o dono do prédio serviente, agora: a servidão estende-se no tempo, a solução jurídica real que tem por objeto o *pati* ou o *non facere* é entre sujeitos totais de direito, ativo e passivo: quem quer que seja o dono do prédio, ou o enfiteuta, o usufrutuário, ou o usuário, ou o habitador do prédio dominante, tem direito contra quem quer que seja o dono do prédio, ou o enfiteuta, ou o usufrutuário, ou o usuário, ou o habitador do prédio serviente".[8]

Em suma, está-se diante do direito à ação para a defesa da servidão.

Por último, embora a manifestação de vontade dependa da solenidade da escritura pública, não se pode deixar de admitir, como acontece em todos os contratos, a viabilidade das convenções tácitas, reveladas por atos inequívocos de transação de direitos reais sobre imóvel alheio. Naturalmente, o uso seguido, notório, público, à vista do proprietário do prédio que suporta alguma utilização, por outra pessoa, significa, é certo, consentimento na servidão que se instituiu e vai-se prolongando indefinidamente. Aí, diante da posse que se desenvolve dentro dos ditames legais, de boa-fé, pois há aquiescência, e com o ânimo de exercício de um direito real, deduz-se que as partes convolaram num mesmo propósito, que é a concessão de uma servidão.

---

[7]   *Codici Civile italiano commentato.* 5. ed. Florença: Cammelli, 1905. v. III, p. 122-123, n 63.

[8]   *Tratado de direito privado.* 3. ed. Rio de Janeiro: Borsoi, 1971. v. XVIII, p. 189, § 2.196, n . 2.

Obviamente, para a solução de um futuro litígio, ao dono do prédio dominante compete justificar a que título se encontra usufruindo da vantagem, pois, a rigor, nesta matéria, a presunção é da inexistência de ônus sobre o imóvel, favorecendo sempre o titular do prédio serviente.

2. CONSTITUIÇÃO POR TESTAMENTO

A doutrina assentou a constituição da servidão por testamento desde que dois prédios pertencentes a proprietários diversos sejam envolvidos e figure o testador como proprietário do prédio que pretende gravar com o ônus da servidão, em proveito do prédio vizinho. O testador deixa gravada ao beneficiário a constituição de uma servidão. Desnecessário dizer que não pode ele impor restrições em imóvel que não seja de sua propriedade.

Há dois modos de se efetivar a constituição da servidão por testamento: o primeiro modo é quando a deixa testamentária institui em favor de um beneficiário a titularidade de um prédio e, em função disso, o direito de exercitar servidão sobre outro; e o segundo modo se opera quando se estabelece, no testamento, uma servidão em benefício do prédio vizinho.

A mesma condição se reclama do legatário. Terá de ser proprietário do imóvel que o testador pretende favorecer com a instituição da servidão.

Dídimo da Veiga observa que a transferência se opera independentemente da do prédio, permitindo-se ao autor do testamento a prerrogativa de estabelecer a servidão em benefício de um prédio vizinho, o qual pertence a pessoa distinta da qual é legado o imóvel serviente.[9]

A forma de instituição não demanda preceitos especiais. Segue os ditames próprios do testamento em geral. Após o processo de abertura, registro e cumprimento, na esfera judicial, seguirá o procedimento do inventário ou arrolamento, com o que o legatário receberá o título.

O Código atual contemplou essa forma de constituição na segunda parte do art. 1.378: "Constitui-se mediante declaração expressa dos proprietários, ou por testamento, e subsequente registro no Cartório de Registro de Imóveis".

São os modos comuns de constituição, como reconhece a jurisprudência, que afasta o modo violento de instituição:

> O conjunto probatório produzido nos autos demonstrou que a alegada servidão foi aberta de modo violento, e sem autorização dos réus. A servidão constitui-se mediante declaração expressa dos proprietários, ou por testamento, e subsequente registro no Cartório de Registro de Imóveis. Inteligência do art. 1378 do Código Civil. Ausência de comprovação de

---

[9]   *Servidões reais.* Rio de Janeiro: Garnier, 1887. p. 31.

autorização dos proprietários para a sua constituição. Fundamentos da sentença adotados nos termos do art. 252 do Regimento Interno deste E. TJSP. Sentença mantida. Recurso desprovido.[10]

3. CONSTITUIÇÃO POR ADJUDICAÇÃO NO JUÍZO DIVISÓRIO E DEMARCATÓRIO

Transcreve-se a definição de Carvalho Santos: "Por meio da adjudicação, a servidão fica constituída sempre que, nas ações divisórias, o juiz, atendendo à comodidade da divisão, ao interesse das partes e à igualdade da partilha, a juízo de peritos, impõe uma servidão sobre o quinhão de um condômino em benefício ou utilidade do quinhão do outro".[11]

Na decisão que adjudica os quinhões aos condôminos, o juiz definirá as servidões, para que constem assinaladas nas folhas de pagamento. A concessão se restringe aos imóveis incluídos nos limites do imóvel dividendo.

A sentença homologatória do processo de divisão de imóveis coloca um fim à comunhão hereditária. Cria, em regra, uma divisão na antiga propriedade, que acarretará, após o registro imobiliário, a criação de novos direitos reais.

Antes da referida homologação, procede-se à divisão geodésica do imóvel, com a possibilidade de se estabelecerem servidões prediais, necessárias quando imprescindíveis para o melhor aproveitamento do prédio prejudicado em seu uso em virtude da composição dos quinhões.

Ao comunheiro prejudicado com o gravame será estabelecida uma indenização ou uma porção de terras, a título de compensação, após criterioso cálculo, isso se realmente a limitação trouxer sensível prejuízo a uma das partes.

O Código de Processo Civil, no art. 979, inc. II, assinala a instituição. Determina que serão instituídas as servidões que forem indispensáveis, em favor de uns quinhões sobre os outros, incluindo o respectivo valor no orçamento para que, não se tratando de servidões naturais, seja compensado o condômino aquinhoado com o prédio serviente. A sentença homologatória, portanto, perante a lei invocada, poderá, nos casos em que for indispensável, instituir servidão.

Depois de concluídos os trabalhos de agrimensura e de divisão, pelos técnicos, ouvidos os litigantes, o juiz deliberará sobre a partilha. Em cumprimento da decisão, o agrimensor, assistido pelos arbitradores, levará a efeito a demarcação dos quinhões, observando inúmeras regras, entre as quais a

---

[10] TJSP, APL: 9190139482003826/SP – 9190139-48.2003.8.26.0000, rel. Walter Fonseca, j. 24.11.2011, 11ª Câmara de Direito Privado, *DJ* 28.11.2011.

[11] *Código Civil brasileiro interpretado*, cit., v. IX, p. 158.

indicação das servidões que forem indispensáveis, em favor de uns quinhões sobre os outros. Incluirá no orçamento o respectivo valor para que, não se tratando de servidões naturais, seja compensado o condômino aquinhoado com o prédio serviente. É a lição de Hamilton de Moraes e Barros: "Admitem-se (as servidões), apenas, se forem indispensáveis. E, não se tratando de servidão natural, deve o valor dela ser também afirmado, a fim de que o quinhoeiro do prédio serviente seja compensado".[12]

4. CONSTITUIÇÃO POR USUCAPIÃO

Essa é uma das formas mais comuns, frequentemente utilizada nas ações promovidas pelo prédio serviente, a fim de ser o imóvel liberado de entraves que embaraçam o uso pleno.

A par dessa utilização, também o dono do prédio dominante pode invocar a usucapião, como expediente de formação de direito, ou seja, demonstrando a ocorrência da prescrição aquisitiva que lhe consolida a servidão, como já reconheceu o Superior Tribunal de Justiça no Recurso Especial nº 71.669/RJ, da 3ª Turma, julgado em 29.09.1999, *DJU* de 03.11.1999: "Servidão predial aparente. Portão de prédio voltado para via particular, pertencente a condomínio cujas unidades foram construídas depois. Direito à conservação do portão, utilizado há mais de cinquenta anos sem qualquer oposição. Recurso especial não conhecido".[13]

Realmente, desde que satisfeitos os requisitos, assegura-lhe a lei o direito de ingressar em juízo para obter o reconhecimento judicial da servidão. Pressuposto primeiro é que os prédios dominante e serviente não pertençam à mesma pessoa, conforme os romanos já assentavam: *Nemini res sua servit.* A servidão será constituída, então, sobre um prédio abandonado, ou sobre um imóvel sobre o qual o titular do domínio perdeu a posse.

No direito moderno, os diplomas consagram explicitamente a usucapião das servidões aparentes e contínuas. Somente podem ser adquiridas por usucapião as servidões que se revelem por sinais visíveis e permanentes. As não aparentes e descontínuas só adquirem existência legal através de título diverso que o reconhecimento por usucapião, seja qual for a duração da posse. Quem já demonstrava essa realidade era Lenine Nequete, exemplificando tal tendência com a citação de vários diplomas ainda vigentes no século XX, como o Código Civil francês – art. 690; o Código Civil do Haiti – art. 555, alínea 2; o Código Civil da Itália, anterior ao vigente – art. 629; da Espanha – art. 539; da Argentina – arts. 2.297 a 3.017, além de inúmeros outros.[14]

---

[12] *Comentários ao Código de Processo Civil.* Rio de Janeiro: Forense, v. IX, p. 138.

[13] *ADV Informativo*, n. 9, expedição de 04.03.2000, p. 154.

[14] *Da prescrição aquisitiva (usucapião).* 3. ed. Porto Alegre: Ajuris, 1981, p. 103. Coleção Ajuris, 17.

Relativamente ao direito francês, escreveram Aubri e Rau: "Les servitudes, tout a la fois continues et apparentes, sont seules susceptibles d'être adquises par prescription – art. 690. Les servitudes discontinues, quoique apparentes, et les servitudes continues, mais non apparentes, ne peuvent s'acquérir par une possession mème immeroriale – art. 691. En statuant que les servitudes, soit descontinues, soit non apparentes, ne peuvent s'acquérir par prescription, l'art. 691 pose une régle tellement absolue qu'elle ne fléchit ni dans le cas où des servitudes de cette nature ont été exercées en vertu d'un titre émané *non domino*, ni dans declui où elles l'ont été après contradiction apposée aux droits du propriétaire de l'héritage prétendument greve".[15]

No direito pátrio, anteriormente ao Código Civil de 1916, dominava o entendimento de que a prescrição aquisitiva atingia indistintamente a todas as servidões, mesmo as não aparentes, as descontínuas e as negativas. Lafayette lembrava, citado por Lenine Nequete: "O Código Civil francês e os que o imitaram só admite que se adquiram por prescrição as servidões contínuas e aparentes. Entre eles, prevalece acerca deste assunto o direito romano, segundo o qual se pode indistintamente adquirir por prescrição toda a espécie de servidões [...]. A doutrina francesa foi principalmente inspirada pela conveniência de evitar as dificuldades que há em caracterizar a quase posse das servidões não aparentes (afirmativas ou negativas). A nós parece que a teoria romana, acerca da aquisição da quase posse das servidões, corta as aludidas dificuldades. Com efeito, se se trata de servidões afirmativas não aparentes, como a de tirar água, a de trânsito sem caminho visível, a prática dos atos que constituem o exercício de tais servidões tem uma existência material suscetível de ser perfeitamente caracterizada e provada. Se a questão é relativa às negativas, a quase posse ou se adquire por título a *non domino* (caso em que este não oferece dúvida) ou pela contradição, oposta por quem pretende a servidão, à prática do ato proibido".[16]

Arrematando, acrescenta que a servidão não aparente ficaria excluída da usucapião quando os caminhos e atravessadouros não se dirigissem a fontes, pontes, locais de trabalho, ou quando não trouxessem alguma utilidade ao prédio dominante, ou não servissem para dar saída à via pública, mas não em outros casos.

Entre nós, entretanto, predomina a *ratio* de que o direito excluiu a usucapião das servidões não aparentes. Era assim na vigência do Código Civil de 1916, em razão de seu art. 697: "As servidões não aparentes só podem ser estabelecidas por meio de transcrição no Registro de Imóveis". Já em vista do Código Civil de 2002, o art. 1.379 restringe a aquisição via usucapião às

---

[15] *Cours de droit civil français*. 6. ed. Paris: Librairie de la Cour de Cassation, 1938. t. III, p. 110, § 251.

[16] Apud *Da prescrição aquisitiva (usucapião)*, cit., p. 105.

servidões aparentes: "O exercício incontestado e contínuo de uma servidão aparente, por 10 (dez) anos, nos termos do art. 1.242, autoriza o interessado a registrá-la em seu nome no Registro de Imóveis, valendo-lhe como título a sentença que julgar consumado a usucapião". (Nota-se o erro de concordância gramatical no final do texto, que deveria ser "consumada a usucapião".)

De modo que as servidões não aparentes são adquiridas unicamente por contrato levado ao Registro imobiliário, e não por usucapião.

Retira-se do art. 1.242 que as servidões não aparentes não são passíveis de aquisição por meio de causas diferentes que um título emanado da disposição de vontade de duas partes.

É como se decide:

> Somente as servidões aparentes podem ser constituídas por usucapião, não cabendo essa modalidade de aquisição para as não aparentes, porquanto as servidões não se presumem.
> Servidão de esgoto não é aparente e, por isso, não pode ser adquirida por meio de usucapião.[17]

Tratando da prescrição aquisitiva, discorre Messineo, admitindo a possibilidade de usucapião também da servidão descontínua: "Ma, quando la servitù sia apparente, non vale ad impedire la possibilità di acquistarla per usucapione, la circostanza che si tratti di servitù descontinua, per il cui esercizio – come sappiamo – è necessario il fatto dell'uomo. In altre parole, anche la servitù descontinua, purchè apparente (es., passaggio, quando vi siano opere, per renderne possible l'esercizio: ad es., un ponte su un corso d'acqua, che divide i due fondi), è suscettibile di acquisto per usucapione; ciò perchè, essendovi le opere visibili e permanenti, la servitù è suscettibile di possesso non clandestino e, se tale possesso ha gli altri caratteri, dei quali diremo, nulla osta a che esso conduca all'usucapione della corrispondente servitù discontinua".[18]

A aquisição da servidão descontínua também se opera, pois, pela usucapião. Para aclararmos perfeitamente a questão no tocante a essa espécie de servidão, urge distinguir a servidão descontínua da posse descontínua. A descontinuidade, nas duas formas, envolve significados diversos.

Servidão descontínua, já o sabemos, surge quando a atividade humana interfere na sua exteriorização. Na tirada de água em prédio alheio, o homem realiza obras para viabilizar a utilização. A vantagem resultante é decorrência dessa interferência.

---

[17] TJSP, APL 9073658942006826/SP 9073658-94.2006.8.26.0000, rel. Melo Colombi, j. 10.08.2011, 14ª Câmara de Direito Privado, *DJ* 19.08.2011.

[18] *Le servitù*. Milano: Giuffrè, 1949. p. 113, n. 50.

A posse contínua, por seu turno, se apresenta quando ela é pacífica, pública, ininterrupta e não equívoca. É descontínua se não aparecem essas qualidades. Carvalho Santos tratou do assunto: "Realmente, a posse legítima é elemento essencial na usucapião. E se é a posse que seja contínua, não interrupta, pacífica e não equívoca, claro está que a servidão não aparente não pode ser adquirida por usucapião, precisamente porque à posse da servidão não aparente falta necessariamente a publicidade.

Com relação à servidão descontínua, o mesmo já não sucede. Nem se podendo argumentar, para sustentar o contrário, que se referindo o texto supra à posse contínua de uma servidão, para se verificar a usucapião, exige necessariamente que a servidão seja contínua, mesmo porque não pode haver posse contínua da servidão descontínua. Há, em verdade, nesse modo de argumentar, visível confusão. Porque uma coisa é posse contínua e coisa diversa é servidão contínua. Nada obstando que haja posse contínua de uma servidão descontínua. A continuidade da posse, isto é, a sua conservação, resulta da existência e conservação da coisa em estado de prestar o serviço objeto da servidão, pouco importando seja ela descontínua".[19]

Em suma, para a servidão descontínua a posse deve ser contínua. É descontínua quando carece dos requisitos que a legitimam para a usucapião.

De Messineo vem a mesma inteligência: "Infatti, la discontinuità della servitù è cosa diversa dalla discontinuità del possesso ocorrente per l'usucapione; pertanto, una servitù discontinua, per il cui esercizio è necessario il fatto dell'uomo, purquè apparente, è conciliabile col possesso continuo di essa, nel senso che basta l'esercizio corrispondente al concreto contenuto della servitù, perchè si abbia possesso continuo; decisivo è che vi sia il fatto dell'uomo, sempre che la servitù sia suscettibile di esercizio: se il fatto dell'uomo vi è, si ha continuità del possesso (e possibilità di usucapione), pur se la servitù sia discontinua".[20]

As servidões contínuas e descontínuas, desde que aparentes, propiciam a aquisição mediante a usucapião. Como sabemos, duas espécies de usucapião predominam em nosso direito: a ordinária e a extraordinária. Cada uma será desenvolvida, a par de outras não tão relevantes, com destaques para aspectos conceituais próprios das servidões.

4.1. Usucapião ordinária

O art. 698 do Código Civil de 1916 estabelecia a maneira de aquisição e os requisitos: "A posse incontestada e contínua de uma servidão por dez ou

---

[19] *Código Civil brasileiro interpretado*, cit., v. IX, p. 173.
[20] *Le servitù*, cit., p. 114, n. 50.

quinze anos, nos termos do art. 551, autoriza o possuidor a transcrevê-la em seu nome no Registro de Imóveis, servindo-lhe de título a sentença que julgar consumada a usucapião".

A reprodução do art. 551 torna-se necessária: "Adquire também o domínio do imóvel aquele que, por 10 (dez) anos entre presentes, ou 15 (quinze) anos entre ausentes, o possuir como seu, contínua e incontestavelmente, com justo título e boa-fé".

Indispensável esclarecer que o parágrafo único da norma citada considerava presentes os moradores do mesmo município, e ausentes os que habitam município diverso.

O Código de 2002 trouxe norma diferente, estabelecendo um prazo único de dez anos, não mais prevendo um lapso maior para os possuidores ausentes. Outrossim, em vez de considerar a posse, passou a referir o exercício da servidão. Eis seu art. 1.379: "O exercício incontestado e contínuo de uma servidão aparente, por 10 (dez) anos, nos termos do art. 1.242, autoriza o interessado a registrá-la em seu nome no Registro de Imóveis, valendo-lhe como título a sentença que julgar consumado [sic] a usucapião". Insta observar os termos do art. 1.242: "Adquire também a propriedade do imóvel aquele que, contínua e incontestadamente, com justo título e boa-fé, o possuir por 10 (dez) anos".

A diferença mais gritante, em relação à usucapião extraordinária, é o lapso de tempo prescricional. Na ordinária, usucapião de breve tempo, nos moldes do Código Civil de 1916, o prazo era de dez ou quinze anos, conforme a posse se desenvolvesse entre presentes ou ausentes; já sob a égide do Código de 2002, esse prazo estanca-se em dez anos, pouco importando se a posse se dá entre presentes ou ausentes. Na extraordinária, o período aumenta para quinze anos. Entre seus requisitos, porém, não figuram o justo título e a boa-fé, imprescindíveis na outra modalidade. No entanto, em relação à boa-fé, em verdade nela está subsumido o *animus sibi habendi*, isto é, o ânimo de possuir como dono.

Para caracterizar cada tipo, especialmente o primeiro, estudaremos os requisitos contidos no art. 1.379, complementados pelo art. 1.242.

I – *Objeto hábil*

O imóvel deve ser daqueles que autorizam a aquisição pela prescrição. Eis como se pronunciava José Mendes, mantendo-se a atualidade do texto: "Este requisito consiste em ser o imóvel serviente daqueles cujo domínio seja suscetível de aquisição por prescrição. Por exemplo: uma praça pública é imprescritível, como o é qualquer coisa de uso público. A servidão de aqueduto sobre ela também o é. E o princípio é lógico: se fosse possível adquirir os elementos do domínio, não haveria impossibilidade de adquirir o todo".[21]

---

[21] *Das servidões de caminho.* São Paulo: Duprat, 1906. p. 128.

Mais pormenorizadamente, diremos que estão fora do direito de instituição de servidão por usucapião:

1) As coisas incorpóreas. Somente são prescritíveis os direitos reais que importam em posse dos objetos sobre que recaem, quais sejam: as coisas materiais, físicas e tangíveis. Os direitos pessoais, de família ou de crédito não são contemplados como usucapíveis pela generalidade das legislações.

2) Os bens que não se encontram individuados, nem o possam ser, visto que é impossível uma posse sobre coisa indeterminada, incerta, vaga, ou uma *incerta pars pro indiviso*. Por não se encontrar situado ou localizado o bem, faltam os elementos do poder físico de dispor e o *animus*.

3) As coisas acessórias. Citam-se, como acessórios, em geral, do solo, valendo-nos ilustrativamente da especificação dos arts. 60, 61 e 62 do Código Civil de 1916: os produtos orgânicos da superfície; os minerais ali ocultos ou à mostra; as obras de aderência permanente, acima ou abaixo da superfície; os frutos e rendimentos. O Código de 2002 não mais discrimina as coisas acessórias. No art. 95, em vista da importância econômica que podem adquirir tais bens, mais relativamente aos frutos e rendimentos, previu-se a possibilidade de serem objeto de negócio jurídico distinto.

Não se olvida, no entanto, a regra do art. 1.229, de que a propriedade do solo abrange a do espaço aéreo e subsolo correspondentes, em altura e profundidade úteis a atividades que sejam necessárias para o proveito. Assim, na servidão de aqueduto, *v. g.*, a utilização alcança as escavações no subsolo, exigíveis para a abertura da canalização por onde correm as águas, bem como o espaço aéreo, de modo a propiciar o trânsito para as obras que permitam a conservação.

4) As coisas fora do comércio. São aquelas que não podem ser apropriadas pelo homem, ou incorporadas ao seu patrimônio. Entre outras (art. 99 e parágrafo único, do Código Civil), arrolam-se as comuns a todos – *res communio omnium* –, ou os bens de uso generalizado do povo, como praças, ruas, estradas e rios navegáveis; os bens de uso especial, ou seja, os edifícios ou terrenos aplicados a serviço ou estabelecimento federal, ou seja, os edifícios ou terrenos aplicados a serviço ou estabelecimento federal, estadual ou municipal; os bens dominicais pertencentes à União, aos Estados e aos Municípios. Incluem-se os bens da titularidade ou mesmo do uso das autarquias, visto que pública é a sua personalidade jurídica.

Veja-se, por exemplo, o art. 100 do Código Civil: "Os bens públicos de uso comum do povo e os de uso especial são inalienáveis, enquanto conservarem a sua qualificação, na forma que a lei determinar".

Concernentemente às terras devolutas, são públicas, realidade que as torna imprescritíveis para efeito do prazo da usucapião, de acordo com o parágrafo único do art. 191 da Constituição Federal. É possível a transferência a particulares, quer através de vendas, de colonização, de processo de legitimação, quer através da usucapião especial, dentro das restrições da Lei nº 6.969, de 10.12.1981, desde que a área não ultrapasse a vinte e cinco hectares, que o titular da posse não seja proprietário rural nem urbano, e que o direito à usucapião tenha se realizado antes da Constituição Federal vigente.

Em consequência, não há direito ao reconhecimento de domínio sobre a servidão relativa a qualquer dos bens discriminados anteriormente, exceto quanto às terras devolutas, cujo direito tenha se perfectibilizado até a vigência da Constituição Federal.

II – A duração da posse

De conformidade com o art. 1.379, a posse deverá ser exercida pelo prazo de dez anos para ensejar o direito à usucapião ordinária. A duração exigida, no sistema do Código Civil de 1916, era de dez anos entre presentes e de quinze entre ausentes. Não mais perdura a distinção entre presentes e ausentes.

Requer-se o exercício da posse sempre de modo contínuo e pacífico, despido dos vícios da violência, clandestinidade e precariedade.

Os presentes e ausentes de que falava a lei revogada eram aqueles contra os quais se adquiria o domínio através da usucapião. Dizia-se dos interessados certos, em cujo nome se encontrava registrado o imóvel e que, por força do art. 942 do Código de Processo Civil, tinham a citação procedida pessoalmente, por mandado a ser cumprido pelo oficial de justiça. Caso não localizados, com certidão de se encontrarem em lugar incerto e desconhecido, efetiva-se a citação por meio de edital.

Na esteira do Código de 1916, se os interessados, ou um deles, constassem como ausentes, o lapso de tempo estendia-se para quinze anos. Não se interpretava a ausência dentro do contexto da ausência civil, que envolve o desaparecimento de pessoa do seu domicílio, sem que dela haja notícia. Pessoa desaparecida da qual não se conhecia notícia, sem haver deixado representante ou procurador para administrar seus bens, não acarretava o prolongamento do prazo. O sentido dado pelo então art. 551 era de presença física, estabelecida pela moradia, que se encontrava localizada no município onde se processava a usucapião e estava situado o imóvel, como ponderava Clóvis Beviláqua: "A presença e a ausência devem ser consideradas em relação ao município da situação do imóvel. Presentes são aqueles que residem no município da situação do imóvel; ausentes são os que habitam municípios onde não se acha o imóvel, ou somente um mora no município da situação".[22]

---

[22] *Código Civil dos Estados Unidos do Brasil comentado.* Rio de Janeiro: Francisco Alves, ed. de 1933. v. III, p. 551.

Interessa, com o Código de 2002, o exercício da posse por determinado período, sem importar onde se encontram residindo as pessoas em cujo nome se encontra o imóvel. Não cabe, cuidando-se de servidão, aventar as hipóteses diferenciadas de usucapião, como o especial rural ou urbano, cuja disciplina está nos arts. 1.239 e 1.240 do Código Civil, e no art. 191 da Constituição Federal, sendo que o prazo é de cinco anos. A regulamentação própria das servidões impede que se utilize a analogia para adotar princípios e mesmo a lei de institutos paralelos, mas cujo objeto é diferente.

III – *As qualidades da posse*

Exigem-se as seguintes qualidades da posse.

Em primeiro lugar, que seja contínua. Assim é quando os atos possessórios não apresentam omissões ou falhas da parte do possuidor. Deverá desenvolver--se na sucessão de atos permanentes, ou de modo a não constituírem lacunas. Não significa o requisito a impossibilidade da junção ou soma das posses, na forma do art. 1.243 do Código Civil.

Deve se apresentar, também, como pacífica ou incontestada, em atendimento aos arts. 1.379 e 1.241. Ou seja, a posse deve ter se estabelecido e deve se desenvolver desprovida de violência, quer física, quer moral. Uns sustentam que os atos através dos quais se revelou não podem ter forçado uma deposição brutal do antigo possuidor, ou o levado a abandonar a coisa. A *ratio* mais consentânea com a interpretação vigente é que, apesar de maculada na sua origem pela violência, torna-se pacífica a partir do instante da cessação do vício. É uma conclusão apoiada no art. 1.208, que preceitua: "Não induzem posse os atos de mera permissão ou tolerância assim como não autorizam a sua aquisição os atos violentos, ou clandestinos, senão depois de cessar a violência ou a clandestinidade".

Se é pacífica, decorre ser incontestada. O conteúdo desse termo abrange o daquele. A contestação tira o caráter de posse pacífica, mas desde que em situações de efetiva obstaculização ao exercício. Não equivale apenas a uma simples oposição formal e judicial. Exprime um significado mais amplo, como a oposição à utilização de uma servidão, concretizada através de atos de derrubadas de cercas, de pontes, de fechamento de caminho etc.

Cumpre não venha, outrossim, revestida dos vícios da violência, precariedade e clandestinidade. Quer significar que deve ser justa, dentro dos parâmetros do art. 1.200 da lei civil. Considera-se clandestina quando o objeto (em caso de bem móvel), *v. g.*, é furtado, fator que determina a caracterização como oculta, ilícita e indevida. Denomina-se posse violenta se conseguida mediante esbulho ou pela força. A precariedade, por seu turno, transparece nos casos de uso por empréstimo, ou a título de comodato, com a consciência da devolução dentro de certo prazo.

Por fim, em consonância com a redação dos arts. 1.242 e 1.379, insta que o possuidor tenha exercido a posse com a intenção de dono, ou com o *animus domini*, a título de proprietário da coisa ou do direito cuja aquisição se pretende seja reconhecida. Caio Mário da Silva Pereira já salientava, no que persiste a imperar, que não se cogita da posse desacompanhada da vontade e da intenção de ter a coisa para si – *animus sibi habendi* –, o que sucede, exemplificativamente, no caso da posse direta do locatário, do usufrutuário, do credor pignoratício, eis que exercida com base num título que o obriga a restituí-la de acordo com as estipulações previamente ajustadas, e não em virtude de um direito.[23] O art. 1.198 do Código Civil traça as linhas para distinguir uma posse da outra: "Considera-se detentor aquele que, achando-se em relação de dependência para com outro, conserva a posse em nome deste e em cumprimento de ordens ou instruções suas".

IV – *O justo título*

O quarto suporte está no justo título, ou seja, trará o interessado justo título, que é ato translativo ou constitutivo da propriedade ou da posse.

Justo título, para Lenine Nequete, "é todo o ato formalmente adequado a transferir o domínio ou o direito real de que trata, mas que deixa de produzir tal efeito (e aqui a enumeração é meramente exemplificativa) em virtude de não ser o transmitente senhor da coisa ou do direito, ou de faltar-lhe o poder de alienar".[24] Entretanto, como faz ver o autor, não é fácil encontrar uma definição que satisfaça plenamente. Em geral, os conceitos esquecem de esclarecer em que consiste a inabilidade do título. Há um ato jurídico escrito, público ou particular, externamente apto para transferir o domínio. Entretanto, se ressente da ausência de alguns requisitos essenciais para operar, eficazmente, a transferência. Encerra uma falha ou um defeito, que acompanha o momento da transmissão e reduz a solidez da validade.

Como exemplos mais comuns de semelhantes títulos, apontam-se: a aquisição *a non domino*; a venda feita pelo marido sem a outorga da mulher, ou vice-versa; aquela que realiza o procurador munido de instrumento falho ou mesmo falso; a alienação efetuada por relativamente incapaz, iniciando o prazo da prescrição a correr a partir da cessação da incapacidade.

O título, porém, deve criar direito amparado em lei, não valendo a escritura pública de venda de ascendente para descendente, na esteira do entendimento do STJ: "Conforme a dicção da Súmula 494 do Supremo Tribunal Federal, no caso de ação visando à anulação da venda direta de ascendente a descendente,

---

[23] *Instituições de direito civil*. 2. ed. Rio de Janeiro: Forense, 1970. v. IV, p. 111.

[24] *Da prescrição aquisitiva (usucapião)*, cit., p. 207.

sem o consentimento de herdeiros, o prazo prescricional é vintenário, conforme previsto no art. 177 do Código Civil de 1916.

A escritura pública que consolidou a venda não pode ser considerada justo título para fins de aquisição da propriedade por usucapião ordinária se sua lavratura decorreu de negócio fraudulento".[25]

Para valer, o justo título deverá ser atributivo do direito e não meramente declaratório; ou seja, deve atribuir ou transferir a propriedade. Como tais, enumeram-se: a compra e venda, a dação *in soluto*, a permuta, a doação, o dote, o legado, a carta de arrematação ou de adjudicação – formas todas relativamente a imóveis. A sucessão é um ato declaratório e não constitutivo. O herdeiro herda os vícios inerentes ou afetos ao imóvel. Se o autor da sucessão não tinha título, assim prosseguirá com o herdeiro. A abertura da sucessão não é fator de atribuição de domínio. Na divisão entre condôminos, é proferida uma sentença declaratória referente aos quinhões de cada condômino.

Importa, ademais, que seja válido o título, não eivado de uma nulidade absoluta, que torna inexistente o ato. Pontes de Miranda expõe que, sendo nulo o título, não se pode pensar em usucapião breve. Se é nulo o título, não é justo.[26] O ato nulo é juridicamente ineficaz. Entretanto, apresentando-se anulável, acrescenta o renomado civilista: "O título anulável não obsta à usucapião breve. É título eficaz posto que desconstituível. Enquanto não se lhe decreta a anulação, produz efeitos".[27]

O Direito francês, no art. 2.267 do Código Napoleônico, faz menção expressa ao ato nulo: "Le titre nul par défaut de forme ne peut servir de base a la prescription".

Outra qualidade indispensável é que se afigure certo e real, determinando especificadamente o bem, não contendo condição suspensiva, ou que fique na dependência de uma ratificação posterior.

Quais os títulos admitidos?

Primeiramente, segundo doutrina uniforme, aparecem as escrituras públicas, mesmo que desprovidas de registro imobiliário. Caio Mário da Silva Pereira explica: "Tem-se referido que o título justo deve revestir as formalidades externas e estar transcrito no registro imobiliário. Mas não nos parece se possa levar ao extremo a exigência, pois que se destina o instituto da usucapião precisamente a consolidar *tractu temporis* a aquisição fundada em título que apenas em tese era hábil de gerar a aquisição".[28] A razão é encontrada em Pontes de Miranda: "Se houve transcrição do título, operou-

---

[25] REsp nº 661.858/PR, 3ª Turma, j. 28.06.2005, *DJU* 15.08.2005.
[26] *Tratado de direito privado*. 4. ed. São Paulo: RT, 1977. v. XI, p. 140.
[27] *Tratado de direito privado*, cit., v. XI, p. 141.
[28] *Instituições de direito civil*, cit., v. IV, p. 118.

-se a transferência e, assim, patente é a superfetação da ação de usucapião: seria usucapir de si mesmo".[29]

Em verdade, se a escritura foi registrada, restou aperfeiçoada a transmissão. Desaparece toda a justificação para usucapião.

Qualquer documento que retrate uma transação efetiva e completa é considerado justo. Mesmo o compromisso de compra e venda sem registro, e até aquele assinado a rogo, incluem-se no justo título, desde que não impugnados nos elementos configuradores da transação, no que observa Benedito Silvério Ribeiro: "Por conseguinte, em face da posição que o compromisso assume hodiernamente no direito, tem-se que pode embasar pedido de usucapião ordinária, desde que dotado de características conducentes ao seu reconhecimento tal como aflorado no ordenamento jurídico".

Observa, no entanto, em seguida: "O documento em foco não pode abrigar nulidade absoluta que o contamine, como falta de outorga uxória, falso procurador, inexistência da *res* etc."[30]

Leva-se em consideração a seriedade do negócio, preponderando a transferência provada e o adimplemento da obrigação pelo comprador. O título passa a ser reconhecido como justo. A forma é de somenos importância. Se fosse perfeito, não reclamaria a sujeição aos percalços da ação de usucapião. Bastaria a adjudicação compulsória.

Releva dar o alcance da natureza do ato registrário, que consiste na atribuição, apenas, aos compromissários, do direito oponível a terceiros. Mesmo os não inscritos conferem o direito à adjudicação, desde que irretratáveis e esteja satisfeito o preço, e existente o registro da área da qual se destaca o imóvel prometido vender. O art. 5º do Decreto-lei nº 58, de 10.12.1937, atribui unicamente o efeito da oponibilidade *erga omnes*, não dizendo respeito à perfectibilidade ou não do negócio, pois reza: "A averbação atribui ao compromissário direito real oponível a terceiros [...]". Suficiente que o recibo, ou outro instrumento documental da avença, represente uma venda irretratável e irrevogável para revestir-se da qualidade de justo.

Comporta apreender o significado da palavra "justo", o que é elementar, traduzindo-se em ato conforme a justiça, a equidade, a razão, ou seja, em ato imparcial, reto, exato, legítimo. Opõe-se à tradição de uma propriedade mediante contrato injusto, injurídico, falho e fraudulento. Jamais a etimologia do termo exige a realização do registro do título, ou a celebração de um negócio perfeito em sua aparência externa. Nessa linha, deve ser entendida a definição de Pothier, que exprime o justo título como aquele que representa um contrato ou um ato capaz de transferir a propriedade, em virtude da

---

[29]   *Tratado de direito privado*, cit., v. XI, p. 143.
[30]   *Tratado de usucapião*. 2. ed. São Paulo: Saraiva, 1998. v. 2, p. 800-801.

tradição que determina, derivando a não transferência da falta de direito da pessoa que ensejou a transferência, e não por defeito do título que representou a tradição.[31]

Deriva daí que a cessão de direitos sucessórios e outros títulos viabiliza a usucapião breve, mesmo as que transferem as servidões. No entanto, obviamente, desde que se revistam da titularidade do domínio, embora de forma indireta, os transmitentes estão autorizados a vender.

V – A boa-fé

O exercício da posse virá acompanhado da boa-fé, que se define como a convicção do prescribente de que tem a legitimidade da posse sobre o objeto a ela sujeito, obtido mediante uma venda jurídica feita pelo verdadeiro proprietário.

No art. 1.201 (art. 490 do Código Civil de 1916), encontramos a ideia da convicção que deve ter o interessado: "É de boa-fé a posse, se o possuidor ignora o vício, ou o obstáculo que impede a aquisição da coisa".

Compreende-se melhor o significado ao lermos os caracteres judiciosamente discriminados por Lenine Nequete: "Em matéria de usucapião, a boa-fé, em geral, é definida como a crença em que se acha o possuidor: a) de que a coisa possuída lhe pertence; b) de que o título o tornou proprietário; c) de que o transmitente era, em virtude do título inatacável, proprietário do imóvel transmitido; d) de que a aquisição não acarretou nenhum prejuízo ao legítimo titular da coisa; e) de que adquiriu ao legítimo dono".[32]

À primeira vista, transparece a dificuldade em provar tais elementos, mas, observando-se o parágrafo único do art. 1.201 do Código (parágrafo único do art. 490 do Código Civil de 1916), deparamo-nos com a presunção em favor do possuidor: "O possuidor com justo título tem por si a presunção de boa-fé, salvo prova em contrário, ou quando a lei expressamente não admite esta presunção".

A boa-fé para originar o *jus usucapiendi* deve persistir desde o início da posse, até consumar-se o prazo da prescrição aquisitiva. A superveniência de má-fé, no decurso do prazo, invalida a posse como justa, interrompendo a contagem do tempo necessário para consumar-se o direito.[33]

Só por intermédio da usucapião extraordinária conseguirá, então, o interessado o reconhecimento do domínio da posse.

---

[31] Robert Joseph Pothier, *Oeuvres complètes*: Traité de la prescription qui résulte de la possession. Paris: P. J. Langlois/A. Durant, 1844. v. X, n. 57.

[32] *Da prescrição aquisitiva (usucapião)*, cit., p. 222.

[33] Washington de Barros Monteiro. *Curso de direito civil*. Direito das coisas. 4. ed. São Paulo: Saraiva, 1961. p. 127.

De lembrar, finalmente, uma situação especial de redução do prazo para cinco anos, prevista no parágrafo único do art. 1.242 do Código de 2002: quando, adquirido o imóvel com a transcrição do título, vier depois a ser anulado o ato, embora totalmente pago o preço ou operada a compra onerosamente, nele residindo o possuidor, ou desenvolvendo atividade de interesse social ou econômico. Eis a regra: "Será de 5 (cinco) anos o prazo previsto neste artigo se o imóvel houver sido adquirido, onerosamente, com base no registro constante do respectivo cartório, cancelado posteriormente, desde que os possuidores nele tiverem estabelecido a sua moradia, ou realizado investimentos de interesse social e econômico". Nesse caso, de acordo com o art. 2.029 do Código, eleva-se o prazo de cinco anos em mais dois anos, se iniciada a posse durante a vigência do Código anterior, qualquer que seja o tempo transcorrido, até o lapso de dois anos após a entrada em vigor do Código Civil de 2002.

4.2. Usucapião extraordinária

O art. 1.379, parágrafo único (art. 698, parágrafo único, do Código de 1916), prevê a usucapião extraordinária: "Se o possuidor não tiver título, o prazo da usucapião será de 20 (vinte) anos".

Pela singeleza do texto, se conclui que, na ausência do justo título e na ocorrência do prazo da posse por vinte anos, se oportuniza a usucapião extraordinária. Do contrário, a usucapião é ordinária. A redação literal leva a essa exegese. Nota-se do *caput* do art. 1.379 que, além do prazo de dez anos, uma série de elementos se encontra exigida, e que se desdobra em: a) exercício incontestado da servidão; b) a continuidade da posse; c) a aparência da servidão; d) o justo título e a boa-fé (dada a menção ao art. 1.242).

Depreende-se que, afora a existência de título (deve entender-se justo título, como exigido na usucapião ordinária, pois evidente que não pode ser um título falso ou fraudado) e do prazo da posse de vinte anos, os demais requisitos se revelam idênticos ao da usucapião ordinária. O diferencial, pois, está nesses dois elementos: a posse que perdura por vinte anos e não portar o possuidor o título. Não se dispensa a boa-fé, posto que o parágrafo único do art. 1.379 insere o prazo de vinte anos unicamente a quem não portar o título.

A diferença da usucapião extraordinária aqui tratada quanto à usucapião extraordinária do art. 1.238 da lei civil, estabelecido para a aquisição de imóveis, consiste na dispensa da boa-fé, no prazo e na posse com o ânimo de dono. Veja-se o texto: "Aquele que, por 15 (quinze) anos, sem interrupção, nem oposição, possuir como seu um imóvel, adquire-lhe a propriedade, independentemente de título e boa-fé; podendo requerer ao juiz que assim o declare por sentença, a qual servirá de título para o registro no Cartório de Registro de Imóveis".

Como se percebe, na modalidade recém-mencionada dispensam-se o justo título e a boa-fé, sendo suficientes o exercício da posse incontestado, sem oposição, de modo contínuo, durante o lapso de tempo assinalado (de quinze anos), e desde que a posse seja com *animus sibi habendi*, incidente no imóvel. No caso da usucapião extraordinária de servidão, não se coloca como condição o justo título, e o prazo da posse passa para vinte anos. A boa-fé, como visto, é necessária, pois não dispensada no parágrafo único do art. 1.379.

Afora o justo título, a boa-fé e o prazo de quinze anos, os demais requisitos correspondem aos da usucapião ordinária.

Quanto à boa-fé, na verdade em seu conteúdo não se insere o *animus sibi habendi*, ou o elemento "possuir como seu". Daí que, a rigor, tal elemento serve de diferencial entre uma espécie e outra de usucapião.

De modo que na usucapião extraordinária para a aquisição do domínio sobre um imóvel (art. 1.238), afora a posse por quinze anos, a não exigência da boa-fé e a necessidade do ânimo de dono, os demais requisitos se identificam com os da usucapião extraordinária de servidão. Relativamente à usucapião ordinária para o reconhecimento do domínio também sobre imóvel, não existe diferença em relação à usucapião ordinária para a declaração de dominalidade de uma servidão. Os requisitos se identificam em ambas as espécies, e consistem na continuidade ou posse sem interrupção, na falta de oposição, no prazo de duração de dez anos da posse e na existência de justo título.

4.3. Usucapião quanto ao modo do exercício da servidão

Interessa não unicamente a servidão em si, como a passagem em determinado caminho, a retirada de água em uma fonte, mas também o modo ou a amplitude do exercício. É comum configurarem-se, no título, as restrições, a extensão ou a forma. Limita-se, *v.g.*, o beneficiado a passar a pé numa estrada, ou a usá-la em certo período do dia. Em outra espécie, obriga-se a pessoa a abrir duas janelas na parede de seu prédio, com dimensões reduzidas a medidas fixadas previamente. No uso da água, o direito à retirada fica adstrito a um horário estabelecido previamente. Entretanto, se o proprietário do prédio dominante amplia a circulação pelo caminho, estendendo-o a veículos; se o morador abre uma terceira janela na parede; se a retirada de água se dá em qualquer momento do dia, de maneira notória e sem oposição, mesmo que independentemente de boa--fé, vai-se consolidando a prescrição aquisitiva, até a complementação do prazo e, então, se autoriza o pedido de reconhecimento da usucapião sobre o modo do exercício da servidão.

4.4. Usucapião da passagem forçada

Considerando a semelhança existente entre a passagem forçada e a servidão de trânsito, como se abordará adiante, útil estendermos algumas considerações sobre a usucapião de passagem forçada.

Sendo ela protegida pelas ações possessórias, é também reconhecível pela usucapião. Em Lenine Nequete encontramos a justificação: "É da tradição do nosso direito a pertinência da posse prolongada como modo de aquisição da passagem forçada. O Alvará de 9.07.1773, que mandava abolir os caminhos e atravessadouros supérfluos, ainda que deles se tivesse posse imemorial, implicitamente consentia na sua consolidação pela prescrição aquisitiva – mesmo quando a servidão não se revelasse por obras aparentes. No regime codificado, porém, a passagem forçada, à semelhança da servidão convencional do caminho enquanto não exteriorizada, manifestada por obras visíveis e permanentes, não goza da proteção possessória, e, pois, não pode ser usucapida. Tornada, no entanto, aparente, não há falar em tolerância, equívoco, precariedade ou incerteza; e a posse é, então, hábil, cumprindo acrescentar que, não havendo no direito brasileiro diferença de prazos para a prescrição da propriedade imóvel, de um lado, e das servidões, de outro, não ocorre indagar se à usucapião de passagem forçada se aplicam aqueles ou estes; alguma diferença houvesse, no entanto, e a regra, no caso, seria a da vigência dos prazos imobiliários".[34]

Cumpre, no entanto, observar que no vigente Código Civil há, sim, diferença de prazo, no pertinente à usucapião extraordinária visando a aquisição de domínio de imóveis, prazo que é de quinze anos de posse, enquanto para o reconhecimento da servidão se estende para vinte anos. Todavia, essa particularidade não retira a oportunidade da doutrina citada.

Sendo perfeitamente admissível a usucapião, importa dimensionar o seu âmbito, o que se revela importante, posto que, com ou sem usucapião, é a passagem forçada um direito instituído por lei. Daí que, quanto ao instituto em si, não demanda a necessidade da ocorrência da prescrição para o reconhecimento. O que a usucapião reconhece (e concede o título) é quanto ao caminho e ao modo de exercício. O Código Civil francês é expresso sobre o assunto, no que não foi previdente o legislador brasileiro, segundo o art. 685: "L'assiette et le mode de la servitude de passage pour cause d'enclave sont determines par trente ans d'usage continu".

Não se cuida, como se disse, de firmar o direito à passagem necessária, pois seu amparo e fundamento estão na lei, mas de direcionar o traçado e o modo como é exercida a passagem. Se ela foi praticada, durante longo período, a pé ou por animais de carga, ou por veículos, na respectiva modalidade é que

---

[34] *Da prescrição aquisitiva (usucapião)*, cit., p. 94.

será reconhecida. O direito de utilizar-se, segundo a prática desenvolvida, não mais poderá ser afastado ou posto em juízo para efeito indenizatório.

Não cabe ao interessado pretender ampliar ou alargar a área utilizada, sob o fundamento da usucapião. A lei, se for inquestionável a necessidade, concede-lhe tais pretensões, mas o proprietário do prédio dominante deverá pagar a indenização correspondente à ampliação.

4.5. Usucapião sobre terras devolutas, usucapião especial e usucapião constitucional

Para bem compreendermos o assunto, necessário mostrar a caracterização de terras devolutas e a distinção com as não devolutas.

A sua definição não significa materialmente quais sejam. Representa, apenas, uma ideia de seu conteúdo.

No antigo direito luso, o sentido da palavra "devoluto" era de coisa abandonada. Assim aparece nas Ordenações Manuelinas e também nas Afonsinas, que estabeleciam o abandono da terra para a concessão de sesmaria: "Sesmarias são propriamente as datas de terras, casais ou pardieiros, que foram ou são de alguns senhorios, e que já em outro tempo foram lavradas e aproveitadas, e agora não o são" (Ord. L. Tít. 43).

No Brasil, a concessão de sesmaria compreendia terrenos abandonados e vagos, mas não é de concluir que todas as propriedades privadas foram frutos dessas concessões. Muitas terras particulares vieram da conquista do território pelos bandeirantes. As posses, vendas e doações pelo poder público formam a origem de grande parte das terras particulares.

Os terrenos vagos ou abandonados eram, pois, devolutos.

O significado, entretanto, alcançou maior amplitude com o advento da Lei nº 601, de 18.09.1850, cujo art. 3º enumerava quais as terras se consideravam devolutas:

> São terras devolutas:
>
> § 1º As terras que não se acharem aplicadas a algum uso público nacional, provincial ou municipal.
>
> § 2º As que não se acharem no domínio particular por qualquer título legítimo, nem forem havidas por sesmarias ou outras concessões do Governo Geral ou Provincial, não incursas em comisso por falta do cumprimento das condições de medição, confirmação e cultura.
>
> § 3º As que não se acharem dadas por sesmarias, ou outras concessões do Governo que, apesar de incursas em comisso, forem revalidadas por esta Lei.
>
> § 4º As que não se acharem ocupadas por posses que, apesar de não se fundarem em título legal, forem legitimadas por lei.

Entre as espécies, constam citadas as que, concedidas, se encontram em comisso. O art. 8º da Lei em exame explica quando as terras são consideradas em comisso: "Os possuidores que deixarem de proceder à medição nos prazos marcados pelo Governo serão reputados caídos em comisso e perderão, por isso, o direito que tenham a serem preenchidos das terras concedidas por seus títulos, ou por favor da presente lei, conservando-o somente para serem mantidos na posse do terreno que ocuparem com efetiva cultura, havendo-se por devoluto o que se achar inculto".

De modo que, não cumprindo o beneficiado as condições do título, perderia as terras, retornando elas então ao poder público, como devolutas.

Paulo Garcia procura estabelecer um conceito genérico e outro em sentido restrito, sobre as terras devolutas. Quanto ao primeiro, devolutas são as terras que integram o patrimônio dos Estados, como bens dominiais. No sentido restrito "são as terras que, tendo passado ao domínio dos Estados, por força do art. 64 da Constituição de 1891, não se achavam, em 1850, no domínio particular nem haviam sido objeto de posse por qualquer do povo".[35]

Para Pontes de Miranda, "devoluta é a terra que, devolvida ao Estado, esse não exerce sobre ela direito de propriedade, ou pela destinação ao uso comum, ou especial, ou pelo conferimento de poder de uso ou posse a alguém. João de Barros disse que, fugindo os mouros, as terras ficaram devolutas. Os bens do Estado, se não receberem destino, nem exercer o Estado os direitos que tem, ficam devolutas".[36]

O agrarista Luiz de Lima Stefanini dá esta ideia: "[...] aquelas espécies de terras públicas (sentido lato) não integradas ao patrimônio particular, nem formalmente arrecadadas ao patrimônio público, que se acham indiscriminadas no rol dos bens públicos por dever histórico-político".[37]

Fernando Pereira Sodero, citando Guimarães Bessa, classifica como devolutas as terras que restaram após as ocupações do Estado e dos particulares, a que se chega por um processo de eliminação, ou que foram concedidas ou dadas por sesmaria, as que não se acham no domínio particular, as que não se aplicam ao serviço público, as que não são ocupadas por posses anteriores à data de uma lei geral ou especial e os antigos aldeamentos dos índios.[38]

Apesar dos vários conceitos, que coincidem em alguns pontos, não se encontram elementos concretos para a identificação. Cumpre acrescentar alguns esclarecimentos, a fim de evitar confusões, facilmente ocorríveis.

---

[35] *Terras devolutas.* Belo Horizonte: Oscar Nicolai, 1958. p. 156.

[36] *Tratado de direito privado.* 3. ed. Rio de Janeiro: Borsoi, 1971. v. XII, p. 441.

[37] *A propriedade no direito agrário.* São Paulo: RT, 1978. p. 64-65.

[38] *Direito agrário e reforma agrária.* São Paulo: Legislação Brasileira, 1968. p. 227.

Primeiramente, não se afirma que as terras sem dono e sem posse sejam devolutas. Pontes de Miranda já havia observado: "Se a terra não é pública não é devoluta no sentido da Lei nº 601 [...]. É terra sem dono. Terra que se adquire por usucapião de dez, ou vinte anos [...]. A concepção de que ao Príncipe toca o que, no território, não pertence a outrem, particular ou entidade de direito público, é concepção superada. As terras ou são particulares, ou do Estado, ou *nullius*. Nem todas as terras que deixam de ser de pessoas físicas ou jurídicas se devolvem ao Estado. Ao Estado vai o que foi abandonado [...]. Ao Estado foi o que, segundo legislações anteriores ao Código Civil, ao Estado se devolvia [...]. O que não foi devolvido não é devoluto. Pertence ao particular, ou ao Estado, ou a ninguém pertence. Quanto às terras que a ninguém pertencem e sobre as quais ninguém tem poder, o Estado, como qualquer outra pessoa física ou jurídica, delas pode tomar posse. Então, é possuidor sem ser dono. Não foi a essas terras que se referiu a Lei nº 601 [...]".[39]

A jurisprudência emanada do STF endossa essa posição, desde tempos antigos: "[...] Vale dizer, as terras não transcritas seriam devolutas independentemente de ações discriminatórias. Evidentemente, não se pode aprovar essa hermenêutica. Cumpre à Fazenda Pública, que alega o domínio, a prova de ser a propriedade devoluta".[40] Prosseguiu a orientação no STJ: "A ausência de transcrição no Ofício Imobiliário não induz à presunção de que o imóvel se inclui no rol das terras devolutas. O Estado deve provar essa alegação. Precedentes do Supremo Tribunal Federal e do Superior Tribunal de Justiça. Recurso Especial não conhecido".[41]

É que a inexistência de transcrição anterior, por si só, não transforma as terras em devolutas.

Realmente, ao Estado compete fazer a prova de seus domínios. Uma interpretação diferente é absurda e contrária a todos os princípios jurídicos que regem a prova judicial. Não se pode conceber domínio por omissão ou por exclusão. Quem alega ser dono está na obrigação de provar o que alega. Isso é o que mandam os princípios orientadores do direito e a tal não pode escapar o Poder Público, arremata Paulo Garcia, salientando que, fosse diferente, nem a usucapião extraordinário seria possível, já que é concebido independentemente de título e de boa-fé, a qual, em tal caso, se presume. É a própria lei civil quem garante ao cidadão requerer a usucapião extraordinário sem a necessidade de apresentação de qualquer título.[42]

---

[39] *Tratado de direito privado*, cit., v. XII, p. 441-442.

[40] Recurso Extraordinário nº 89.964/RS, 1ª Turma do STF, j. 18.03.1980, rel. Min. Soares Muñoz, *Lex – Jurisprudência do Supremo Tribunal Federal* 18/92.

[41] Recurso Especial nº 113.255, 3ª Turma, *DJ* 08.05.2000, *ADV Jurisprudência* n. 36, expedição 10.09.2000, p. 574.

[42] *Terras devolutas*, cit., p. 145.

Em conclusão, não restam bem delineadas quais são as terras devolutas no Brasil, embora tenhamos a ideia de seu significado. Há imensas áreas rurais que o governo transforma em lotes e procede o assentamento de colonos, mediante uma venda a preços baixos. O mais certo e comum é considerar nessa situação as extensões não ocupadas, por um princípio consagrado historicamente, que consiste no reconhecimento como pertencentes à União as terras desocupadas e sem dono. Contudo, isso mediante o processo de discriminação, cuja finalidade é justamente apurar o inventário das áreas devolutas, de acordo com a Lei nº 6.634, de 03.05.1979.

A partir dos Decretos nos 19.924, de 27.04.1931, e 22.785, de 31.05.1933, ficou proibida a usucapião de terras devolutas.

O art. 1º do Decreto nº 19.924 expõe: "Compete aos Estados regular a administração, concessão, exploração, uso e transmissão das terras devolutas, que lhes pertencerem, excluída sempre (Cód. Civ., arts. 66 e 67) a aquisição por usucapião e na conformidade do presente decreto e leis federáveis aplicáveis". E o art. 2º do último diploma: "Os bens públicos, seja qual for a sua natureza, não são sujeitos a usucapião". Esclarece-se que os arts. 66 e 67 referidos correspondem aos arts. 99 e 100 do Código de 2002.

Atualmente predomina, diante de tais estatutos, o princípio da imprescritibilidade das terras devolutas, a menos que tenha decorrido o prazo anteriormente aos mencionados decretos. As disposições foram acolhidas pela jurisprudência que iniciou a se formar, que destacava mais o Decreto nº 22.785: "Podem ser adquiridas por usucapião as terras devolutas, desde que fique comprovada a posse superior a trinta anos anteriormente à vigência do Decreto nº 22.785, de 1933".[43]

A imprescritibilidade foi definida, com mais rigor, na Súmula nº 340: "Desde a vigência do Código Civil, os bens dominicais, como os demais bens públicos, não podem ser adquiridos por usucapião".

A Constituição Federal arrola as terras devolutas como bens públicos: "Art. 20 – São bens da União: [...] II – as terras devolutas indispensáveis à defesa das fronteiras, das fortificações e construções militares, das vias federais de comunicação e à preservação ambiental, definidas em lei". E o art. 26: "Incluem-se entre os bens dos Estados: [...] IV – as terras devolutas não compreendidas entre as da União".

Torna-se, pois, também impossível a aquisição, pela via prescritiva, do domínio sobre a servidão que se estende em terras devolutas, por integrarem

---

[43] Recurso Extraordinário nº 71.298/GO, Primeira Turma do STF, j. 10.08.1971, rel. Min. Barros Monteiro, em *RT* 436/264. Ainda: Apel. Cível nº 8.853, Primeira Câmara Cível do TJSC, j. 26.04.1973, rel. Des. Ivo Sell, *RT* 458/196 e 218; Apel. Cível nº 73.584, do 1º Grupo de Câmaras Cíveis, do TJGB, j. 20.12.1972, rel. Des. A. P. Soares Pinho, *RT* 458/218.

estas a categoria de bens públicos, tanto que o parágrafo único do art. 191, da mesma Carta, reza: "Os imóveis públicos não serão adquiridos por usucapião".

Por último, apenas como referência, é de esclarecer a inaplicabilidade da Lei nº 6.969, de 1981, a qualquer tipo de servidão para fins de aquisição prescritiva, porquanto esse diploma se atém ao reconhecimento do domínio sobre áreas rurais não excedentes a vinte e cinco hectares, desde que a posse venha sendo exercida de forma ininterrupta, sem oposição, com *animus sibi habendi*, pelo prazo mínimo de cinco anos, por pessoa que não seja proprietária de imóvel rural ou urbano e tenha tornado a área produtiva com o seu trabalho.

Por idênticas razões, mantém-se a inaplicabilidade da usucapião constitucional rural ou urbano, introduzida nos arts. 191 e 183 da Carta Magna, e regulamentada nos arts. 1.239 e 1.240 do Código Civil de 2002. Estabelecidos os direitos nesses cânones para fins específicos, não se estendem ao reconhecimento para situações diferentes que as assinaladas.

4.6. O procedimento processual para a ação

Na ação de usucapião, em suas várias formas, o Código de Processo Civil, nos arts. 941 a 945, traça os caminhos a serem seguidos.

À usucapião de servidão estendem-se as normas, já que inexistente um sistema específico para essa forma de aquisição. Entretanto, unicamente as normas pertinentes ao instituto, e coerentes com sua natureza. Muitas das regras processuais não têm relação com o reconhecimento do domínio da servidão, levando-se em conta que não se está transferindo a titularidade do domínio de uma área de terras, mas somente buscando a declaração do direito a uma ou mais das utilidades do imóvel.

De notar que o art. 941 encerra regra de direito material, ao prever a ação de usucapião para conseguir o domínio do imóvel ou da servidão predial: "Compete a ação de usucapião ao possuidor para que se lhe declare, nos termos da lei, o domínio do imóvel ou a servidão predial". Norma com o mesmo caráter encontra-se no art. 1.241 do Código Civil em vigor: "Poderá o possuidor requerer ao juiz seja declarada adquirida, mediante usucapião, a propriedade imóvel". Complementa o parágrafo único: "A declaração obtida na forma deste artigo constituirá título hábil para o registro no Cartório de Registro de Imóveis". Justifica-se a disposição para ensejar a utilização desse instituto como meio de defesa, nas ações petitórias, impedindo a perda da posse por aquele que a exerce. Em relação à servidão, o registro imobiliário não é da transferência da propriedade, mas somente da instituição do ônus que passa a gravar o imóvel.

As diretrizes procedimentais iniciam no art. 942 do Código de Processo Civil, ordenando que "o autor, expondo na petição inicial o fundamento do pedido e juntando planta do imóvel, requererá a citação daquele em cujo nome estiver registrado o imóvel usucapiendo, bem como dos confinantes e, por edital, dos réus em lugar incerto e dos eventuais interessados, observado quanto ao prazo o disposto no inciso IV do art. 232". Naturalmente, em vista da usucapião para declarar a titularidade da servidão, a citação dirige-se ao proprietário do imóvel serviente.

Lembra-se, relativamente ao inc. IV do art. 232, de que se trata do marco inicial, constante no edital, entre vinte e sessenta dias, contados da primeira publicação, para o início do prazo de quinze dias para a contestação.

Diante do mencionado art. 942, deverá o autor descrever a servidão objeto da usucapião, inclusive os imóveis serviente e dominante, com a área total, as confrontações, o ponto de referência mais próximo, os pontos cardeais, a metragem dos flancos. Cumpre que se apensem a planta ou croqui da área e da servidão, a certidão de registro imobiliário positiva ou negativa. O requerente exporá o tempo de exercício da posse, a sua origem, a forma de uso, as características, se houve posse mansa, pacífica, ininterrupta, com ou sem oposição. Requererá a citação do proprietário ou possuidor do imóvel serviente, se existir e for conhecido, e dos confinantes.

Não têm razão de ser as intimações do art. 943, isto é, dos representantes da Fazenda Pública da União, do Estado (ou do Distrito Federal, ou do Território) e do Município. Formulará, também, a citação dos requeridos certos e conhecidos, cujas terras confrontam com a servidão.

Esclareça-se a finalidade da planta ou croqui: retratar a projeção gráfica do imóvel e da servidão, segundo sua descrição e localização. Destarte, no que se refere aos requisitos externos, não é de molde a constituir pressuposto ou requisito para a viabilidade da ação. Se outro elemento substitui (como fotografia ou até memorial descritivo) essa representação, segue a ação, dispensando-se a planta ou croqui.

Não se deve permitir a juntada de um simples desenho tosco e desproporcional, sem medida de escala e orientação cardial, que não elucide a real posição do imóvel.

Para o fim especial de ordenar a citação daquele em cujo nome se encontra registrado o imóvel, é indispensável juntar certidão do Registro de Imóveis. Assim, fica-se conhecendo a possível titularidade do imóvel.

Além do proprietário ou possuidor, se existente, citam-se os confrontantes da servidão por mandado. Não conhecido o endereço, juntamente com as pessoas incertas e desconhecidas, procede-se a citação por edital, publicado em duas oportunidades na imprensa particular e uma vez na oficial. A citação que se justifica é dos confrontantes da servidão, e não os do imóvel, porquanto não se está buscando a sua transferência.

Não mais se impondo a justificação de posse, uma vez consumadas as citações, segue-se nos atos instrutórios necessários, especialmente em vista à contestação ou às contestações apresentadas. Se não manifestada alguma oposição ao pedido, admite-se a sua apreciação direta pelo juiz, em julgamento antecipado, embora forte corrente em sentido contrário defenda sempre a necessidade de instrução, para comprovar o fato da posse usucapienda. Nesse rumo Belmiro Pedro Welter, apontando expressiva doutrina, e enumerando justificativamente várias razões, dentre as quais se destaca a presente: "A ação de usucapião reclama alguns requisitos, *verbi gratia*: posse (mansa, pacífica, ininterrupta e com ânimo de dono), tempo (cinco, dez, quinze ou vinte anos) [...].

Benedito Silvério Ribeiro,[44] após assegurar que a ação de usucapião possui natureza declaratória, e de que a propriedade, desde quando aforada a demanda, já fora adquirida pelo possuidor, ensina que "o autor, por princípio geral de direito, deverá provar os fatos por si alegados (*actori incumbit onus probandi*), cumprindo-lhe, portanto, na inicial, mencionar os meios de provas de que pretende valer-se para provar a sua pretensão deduzida em juízo".

Mais adiante,[45] o tratadista é ainda mais contundente quando reclama a presença da prova pelo autor do seu alegado direito material, porquanto a "necessidade de provar constitui um dos postulados básicos do direito processual, não só pela imperiosidade de se buscar a verdade, mas também por ser indispensável, para a garantia e segurança das relações jurídicas, a demonstração da veracidade dos fatos alegados pelas partes". E, quanto à prova do alegado direito material, mesmo não havendo contestação, o publicista julga antecipadamente a controvérsia, vez que "o fato de não ter havido contestação não dispensa o autor da obrigatoriedade de provar a sua posse, competindo-lhe comprovar a existência dos requisitos necessários à declaração do domínio que postula".[46]

O Superior Tribunal de Justiça já enunciou a possibilidade de julgamento antecipado: "Não havendo necessidade de produção de outras provas, admite-se, nas ações de usucapião, o julgamento antecipado da lide".[47]

É que, segue o mesmo Pretório, decorridos os prazos de contestação, "não havendo manifestação dos assim chamados, há que se prosseguir no feito, entendendo-se o silêncio como significando desinteresse pela demanda".[48]

---

[44] *Tratado de usucapião*, 2/935 e 991. São Paulo: Saraiva, 1992.

[45] *Tratado de usucapião*, cit., p. 1.260.

[46] Procedimento da ação de usucapião com a reforma do CPC. *Ajuris – Revista da Associação dos Juízes do RS*, n. 66, p. 196, Porto Alegre, mar. 1996.

[47] REsp nº 5.469-0/MS, 4ª Turma, j. 21.09.1993, rel. Min. Sálvio de Figueiredo Teixeira, *Revista do Superior Tribunal de Justiça* 43/227.

[48] REsp nº 26.309/AM, 3ª Turma, j. 21.09.1993, rel. Min. Eduardo Ribeiro, *Revista do Superior Tribunal de Justiça* 55/158.

De sorte que, decorridos os prazos de lei, observando-se, nesta parte, os lapsos temporais de acordo com o art. 188 do Código de Processo Civil relativamente às pessoas de direito público, comporta o julgamento imediato do feito.

Não importa a citação dos interessados incertos e desconhecidos, nem em nomeação de curador, pois não particularizado algum conflito, nem localizado em uma pessoa específica.

Na letra do art. 944, intervirá obrigatoriamente em todos os atos do processo o Ministério Público, que passa a integrar o processo, facultando-se-lhe postular qualquer diligência, inclusive perícia, requisição de documentos e produção de prova testemunhal.

Determina o art. 945 a transcrição da sentença, mediante mandado, no registro de imóveis.

5. CONSTITUIÇÃO POR DESTINAÇÃO DO PROPRIETÁRIO

Excetuada a hipótese da usucapião, o Código Civil de 1916 não regulou os modos de constituição das servidões. A doutrina e a jurisprudência, no entanto, se encarregaram de fazê-lo. Já o Código de 2002 discriminou alguns modos, o que fez no art. 1.378, depreendendo também a constituição por destinação expressa do proprietário: "[...] Constitui-se mediante declaração expressa dos proprietários, ou por testamento, e subsequente registro no Cartório de Registro de Imóveis".

Uma das formas de constituição é, pois, pela declaração expressa dos proprietários. A denominação preferida é a destinação do proprietário, que a doutrina desenvolveu largamente sob a égide do Código Civil anterior, também conhecida como servidão por destinação do *pater familiae*, ou do pai de família.

Essa servidão surge por meio do ato pelo qual o proprietário de um ou mais prédios estabelece, em qualquer deles, ou de suas partes, um ônus em proveito do imóvel dominante. Forma-se uma serventia em um prédio, ou em parte de um prédio, em benefício de outro imóvel. Washington de Barros Monteiro traz uma noção bem exata: "A destinação do proprietário constitui meio hábil para a instituição de servidões. Essa destinação vem a ser o ato pelo qual o proprietário, em caráter permanente (*perpetui usus causa*), reserva determinada serventia de prédio seu, em favor de outro. Se, futuramente, os dois imóveis passam a pertencer a proprietários diversos, a serventia vem a constituir servidão".[49]

---

[49] *Curso de direito civil*. Direito das coisas, cit., p. 270.

Prevista no art. 693 do Código Napoleônico, é conceituada por Aubry e Rau como "l'acte par lequel le propriétaire de deux héritages établit entre eux un état de choses qui constituerait une servitude s'ils appartenaient à des maîtres différents", salientando que a denifição é mais ampla da fornecida pelo art. 693, "[...] et malgré la rédaction en apparence restrictive de l'art. 693, on doit admettre l'existence de cette destination dans le cas où le propriétaire d'un seul et même fonts établet sur l'une de ses parties une charge au profit de l'autre partie, comme aussi dans celui où le propriétaire de deux fonds, dont l'un se trouvait greve d'un servitude envers l'autre avant leur réunion dans as main, a maintenu cet état de choses".[50]

O proprietário de dois prédios estabelece entre eles um estado de coisas que constitui uma servidão quando um deles for transferido.

Exemplos práticos, elaborados pela jurisprudência, bem ilustram a matéria: "Sem dúvida que o antecessor comum da autora e dos réus, ao fazer a rede de esgotos de todos os prédios através do mesmo terreno, instituiu uma servidão por destinação do proprietário, que a doutrina pátria admite".[51] "Servidão. Chaminé de lareira por meio de duto retangular, que vai da sala do apartamento dominante, situado abaixo, até o telhado do edifício, passando pela sala do apartamento serviente, situado acima, instituída por destinação do proprietário anterior, que possuía os dois apartamentos, vendidos às partes demandante e demandada. Desfazimento arbitrário, justificando a proteção jurídica da servidão aparente e contínua. Sentença de procedência parcial da ação, para reconstrução em outro lugar, e acórdão de provimento da apelação dos demandantes, para reconstrução como estava, considerando os limites da ação e da contestação. Questões acessórias de dano moral, não caracterizado, sucumbência recíproca e multa por embargos declaratórios".[52]

Para Carvalho Santos, a destinação acontece no momento em que o proprietário constitui entre dois prédios, ou sobre uma das partes de um prédio, um ônus em proveito de um dos imóveis, ou da outra parte. Esse ônus se transforma em servidão, como de passagem ou de aqueduto.[53]

Em estudo específico, Paulo Brossard de Souza Pinto desenvolveu a gênese do instituto, desde o direito romano, salientando serem numerosos os estudiosos que atribuem a Bártolo haver contemplado a formalização da presente espécie de servidão. A partir desse jurista, "a questão deixa de ser controvertida", finaliza o autor.[54]

---

[50] *Cours de droit civil français*, cit., t. III, p. 117, § 252.

[51] Ap. Cív. nº 194.918, 6ª Câm. Cível do TJSP, j. 21.12.1970, rel. Des. Dimas de Almeida, *RT* 424/108.

[52] Apelação Cível nº 70009681867, 20ª Câmara Cível, TJRS, rel. Carlos Cini Marchionatti, j. 22.09.2004, *Revista de Jurisprudência do TJ do RS* 241/356.

[53] *Código Civil brasileiro interpretado*, cit., v. IX, p. 149.

[54] Servidão por destinação do proprietário. *Ajuris – Revista da Associação dos Juízes do RS* 15, Porto Alegre, p. 10, 1979.

Mais tarde, quando o Código Napoleônico a transformou em lei, nada mais fez que reeditar preceito multicentenário, que passou pelo direito romano clássico, pelo direito justinianeu, pelo período dos glosadores ou dos comentadores. Forma, hoje, norma que domina as principais codificações, tanto as de origem romanística como as oriundas da *Common Law*.

Paulo Brossard de Souza Pinto rememora textos do nosso direito primitivo: "Dest'arte, cinquenta anos depois de promulgado o Código Civil (de 1916), pode-se dizer, como o dizem a doutrina e a jurisprudência, inclusive do Supremo Tribunal Federal, que a destinação do pai de família constitui modo de constituir servidão, embora o Código silencie a respeito, aliás, um dos raros a fazê-lo, como observa Butera no clássico tratado que a respeito das servidões escreveu com Ferrini e Pulvirenti no *Il diritto civile italiano*, publicado sob a direção de Fiore e Brugi ('Delle servitù', 1926, nº 198, III/512)".[55]

Passaremos a estudar os requisitos para a configuração da espécie.

Para a configuração, costumam-se identificar os mesmos elementos caracterizadores: a) o estado visível da coisa; b) a divisão dos dois prédios; c) a falta de declaração contrária ao estabelecimento de servidão. Uma antiga ementa da jurisprudência não discrepa: "Para a constituição da servidão por destinação do pai da família é indispensável o estado visível da coisa, a existência de obras que revelem a destinação, a separação dos dois prédios que passaram a pertencer a proprietários diversos e, finalmente, a falta de declaração contrária ao estabelecimento de servidão. Sem o concurso de tais requisitos, inadmissível se torna o reconhecimento desse tipo de servidão, não cogitada pela lei substantiva, mas pacificamente reconhecida pela doutrina e jurisprudência".[56]

A existência de obras torna visível a destinação da coisa.

Analisa-se, a seguir, cada um dos elementos:

a) *O estado visível da coisa.* Somente as servidões aparentes podem ser adquiridas por destinação do proprietário ou do pai da família, pois fala-se em estado visível da coisa, o que se tornou matéria pacífica perante os tribunais: "A constituição da servidão por destinação do proprietário ou do pai de família requer o estado visível da coisa ou a existência de obras que a revelem".[57] Desde que seja aparente, irrelevante o caráter da continuidade ou descontinuidade. A Súmula nº 415 do Supremo Tribunal Federal afastou quaisquer dúvidas: "Servidão de trânsito não titulada, mas tornada permanente,

---

[55] Servidão por destinação do proprietário, cit., p. 13.

[56] Ap. Cív. nº 30.856, 3ª Câm. Cível do TJMG, j. 26.02.1970, rel. Natal Campos, *RT* 430/236.

[57] *Jurisprudência Mineira* 49/117. Ap. Cív. nº 30.859, 1969, 3ª Câm. Cível do TJMG, j. 26.02.1970, rel. Natal Campos.

sobretudo pela natureza das obras realizadas, considera-se aparente, conferindo direito à proteção possessória".[58]

Particularmente, a servidão de trânsito, sendo constantemente usada, adquire a condição de aparente e de continuidade. Com mais razão quando exteriorizada por obras no caminho, que lhe dão a qualidade de contínua. Daí que, assumindo, embora descontínua, o aspecto de visibilidade e continuidade, por meio de obras denunciadoras de sua existência, faz por merecer a proteção possessória. "É passível de proteção possessória a servidão de trânsito tornada contínua e aparente por meio de obras visíveis e permanentes realizadas no prédio serviente para o exercício do direito de passagem. O direito real de servidão de trânsito, ao contrário do direito de vizinhança à passagem forçada, prescinde do encravamento do imóvel dominante, consistente na ausência de saída pela via pública, fonte ou porto."[59]

Paulo Brossard de Souza Pinto, aprofundando o estudo, lembra a lição de Espínola, que, por sua vez, se estriba em Picard: "É hoje ponto incontroverso que as servidões descontínuas são perfeitamente suscetíveis de uma posse contínua [...]. 'Les servitudes descontinues son parfaitement susceptibles d'une possession continue, dans le sens où l'on prend ce mot dans la théorie de l'usucapion [...]. Les auteurs modernes admettent ainsi la possibilite d'une possession continue dans un cas où les anciens la jugeaient impossible. La conception nouvelle est plus juste que l'ancienne' (Planiol, Ripert e Picard...)".[60]

Lafayette, ao definir a servidão por destinação do proprietário, ressaltava que ela aparece quando o senhor de dois prédios estabelece, sobre um deles, serventias visíveis em favor do outro, e posteriormente aliena um dos imóveis, passando ambos a donos diversos. De sorte que, interessando apenas o requisito da aparência, a servidão de caminho, que é descontínua, se revelada, pode ser instituída por destinação do pai de família. Na prática, a situação ocorre quando o titular traça um caminho no solo, dele utilizando-se para a locomoção dentro da propriedade. Vindo a transferir parte da área atingida pelo caminho, a serventia acompanha o novo proprietário e transmuda-se em servidão, se verificados os demais elementos.

b) *A divisão dos dois prédios*. Cuida-se do segundo elemento. Os dois prédios deixam de pertencer ao mesmo proprietário. No sentir de Messineo, é condição *sine qua non* que os prédios tenham pertencido a um único proprietário: "[...] i due fondi debbono aver appartenuto a un unico proprietario, così come abbiamo enunciato più sopra e che non vien meno questo primo

---

[58] No mesmo sentido, Recurso Extraordinário n° 67.908/MG, 1ª Turma do STF, j. 10.04.1973, rel. Min. Aliomar Baleeiro, *Revista Trimestral de Jurisprudência* 65/376.

[59] REsp n° 223.590/SP, 3ª Turma do STJ, j. 20.08.2001, *DJU* 17.09.2001.

[60] Servidão por destinação do proprietário, cit., p. 17.

presupposto, se l'unico proprietario non abbia avuto il possesso, purchè altri abbia posseduto per lui".[61]

Entretanto, obviamente, a servidão existirá antes do desdobramento da propriedade. O próprio significado do nome expressa a constituição quando as propriedades ainda se encontram com o mesmo dono.

A constituição se opera não só na hipótese de o proprietário ter dois prédios distintos, mas igualmente na eventualidade de possuir um só imóvel, e fizer a destinação de uma parte dele a pessoa diferente.

Carvalho Santos lembra ser indiferente a causa que originou a separação: "O efeito atribuído à destinação do pai de família é independente da causa que operou a separação dos dois prédios [...]. É indiferente, por conseguinte, que ela seja resultado de uma partilha ou de um ato de alienação, ou mesmo que esta tenha sido feita voluntária ou forçadamente [...]. Por onde se vê que mesmo no caso de um dos prédios ter sido desapropriado por necessidade ou utilidade públicas, o efeito operado pela separação dos dois prédios é sempre o mesmo [...]. Verifica-se esta condição ainda que o proprietário dos dois prédios perca um por efeito da usucapião, pois a servidão considerar-se-á constituída seja em proveito do prédio perdido, seja do que foi conservado".[62]

Não ocorre a consequência do gravame se a separação do imóvel advém de ato diverso da vontade do seu titular, em hipóteses como de resolução, revogação, rescisão ou anulação do título de aquisição. Ao devolver o prédio, nem terá ele o direito de reservar para si a porção integrada pela servidão. É que, na resolução, as coisas devem retornar ao estado em que se achavam antes da celebração do ato de vontade. Pouco interessa, de outra parte, a causa da resolução. Mesmo no caso de redução de doação não prevalece a destinação. E os efeitos da desconstituição do negócio alcançam o imóvel, embora tenha sido transferido a terceira pessoa.

Em resumo, é desfeito um contrato de transferência de imóvel, o qual, ao ser transferido, não estava onerado com a servidão.

c) *Inexistência de cláusula contrária ao estabelecimento da servidão*. Em outros termos, no momento da separação dos dois prédios não se inclui declaração vedando a instituição de servidão. Equivale ao consentimento tácito dos contratantes, admitindo a existência do gravame.

Não é suficiente, para a liberação, a cláusula inserida no instrumento de que o imóvel é vendido isento de qualquer servidão. Tal cláusula exclui a presença de toda servidão anterior ao ato da divisão, não abrangendo a constituição da servidão indicada pelo estado de coisas, e que se forma, necessariamente, com a divisão.

---

[61] *Le servitù*, cit., p. 137.

[62] *Código Civil brasileiro interpretado*, cit., v. IX, p. 153.

Sobre o assunto, Ernesto Fortunato, no *Digesto Italiano*, lembrado por Paulo Brossard de Souza Pinto, é incisivo: "La clausola generica che il fondo si vende libero e franco da ogni servitù, non impedisce che abbia vita quella nascente dala destinazione del padre di famiglia : tale servitù sorge quando i fondi passano da un solo nel dominio di proprietari diversi e non prima, poichè essendo la servitù un diritto sulla cosa altrui, nel primo momento deve aplicarsi la massima *res sua nemini servit*. Ad escludere quindi siffata servitù ocorre che le parti nella convenzione ne abbiano avuto espresso e speciale riguardo".[63]

Em suma, a serventia se converte em servidão desde que ausente cláusula expressa contrária ao seu estabelecimento. Vigora a presunção de um acordo tácito admitindo o encargo. O mero fato do silêncio do instrumento de transmissão equivale à aceitação e se transforma em condição para a sua validade e existência no mundo dos negócios.

Preenchidos tais requisitos, garantida fica a servidão. O adquirente do imóvel, nele implantando alguma utilidade, converte-se em direito permanente, sem que se admita ao transmitente rebelar-se. De idêntico modo, aquele que adquire o imóvel assim onerado é obrigado a aceitar a condição, pois, sendo a "servidão instituída pelo pai da família, ela adere aos prédios dominante e serviente; a um, como direito e, ao outro, como ônus, tornando-se condição inseparável, acompanhando-os através das divisões ou mutações que venham os prédios a sofrer".[64]

Sistemas jurídicos há que projetaram em lei o princípio. O Código Civil italiano de 1942 contempla-o no art. 1.062: "La destinazione del padre di famiglia ha luogo quando consta, mediante qualunque genere di prova (2697 e seguente), che due fondi, attualmente divisi, sono stati posseduti dallo stesso proprietario, e che questi ha posto o lasciato le cose nello stato dal quale risulta la servitù.

Se i due fondi cessarono di appartenere allo stesso proprietario, senza alcuna disposizione relativa alla servitù, questa s'intende stabilita attivamente e passivamente a favore e sopra ciascuno dei fondi separati".

Nessa linha seguiu o Código Civil português de 1966, no art. 1.549: "Se em dois prédios do mesmo dono, ou em duas frações de um só prédio houver sinal ou sinais visíveis e permanentes, postos em um ou ambos, que revelem serventia de um para com outro, serão esses sinais havidos como prova da servidão, em relação ao domínio, os dois prédios, ou as duas frações do mesmo prédio, vierem a separar-se, salvo se ao tempo da separação outra coisa se houver declarado no respectivo documento".

---

[63] Servidão por destinação do proprietário, cit., p. 23.

[64] Apel. Cível nº 3.076, 2ª Câm. Cível do Tribunal de Alçada de Minas Gerais, j. 16.06.1972, rel. Lamartine Campos, *RT* 446/258.

O Código Civil brasileiro de 2002, aprofundando a matéria já referida, imprime certeza sobre a aquisição por declaração expressa do dono, isto é, por destinação do titular do imóvel, além de contemplar a aquisição por testamento. Afora isso, traz outras duas modalidades de instituição, a usucapião ordinária e a extraordinária.

Sobre a destinação do proprietário, vem a previsão no art. 1.378: "A servidão proporciona utilidade para o prédio dominante, e grava o prédio serviente, que pertence a diverso dono, e constitui-se mediante declaração expressa dos proprietários, ou por testamento, e subsequente registro no Cartório de Registro de Imóveis".

Por sua vez, quanto à aquisição por usucapião na forma ordinária, a faculdade está no art. 1.379: "O exercício incontestado e contínuo de uma servidão aparente, por dez anos, nos termos do art. 1.242, autoriza o interessado a registrá-la em seu nome no Registro de Imóveis, valendo-lhe como título a sentença que julgar consumada a usucapião". Já a usucapião extraordinária aparece admitida no parágrafo único do art. 1.379: "Se o possuidor não tiver título, o prazo da usucapião será de vinte anos".

Para afastar quaisquer dúvidas, torna-se a afirmar que a mera existência da servidão aparente e visível e a transferência, a qualquer título, do imóvel, são os elementos integrantes da servidão. Situando-se ela no prédio que restou ao transmitente, perdurará em benefício da parte que passou ao novo titular ou possuidor. Se um portão ou uma entrada permitiam o acesso ao terreno, pela sua venda o novo dono adquire o direito de utilizar tais acessos. Uma trilha já traçada, um caminho por onde seguia o gado, uma picada para atingir um ponto íngreme, uma passagem apropriada ao trânsito de veículos, servirão ao comprador, que sem esses meios vê-se prejudicado no uso das terras adquiridas.

Os princípios estudados estendem-se ao direito sobre as águas. O art. 70 do Código de Águas dispõe que "o fluxo natural, para os prédios inferiores, de água pertencente ao dono do prédio superior, não constitui por si só servidão em favor deles". No entanto, diferente é a situação se o fluxo natural corre por terras inferiores, que foram vendidas pelo dono do imóvel superior. Antônio de Pádua Nunes sustenta a ocorrência de servidão por destinação: "[...] se o fluxo da água de nascente existir com base em instrumento público de compra (arts. 79 e 93 do Código de Águas); se o prédio inferior era beneficiado pelo fluxo, antes de desmembrar-se do superior (art. 75 do Código de Águas); se os prédios, inferior e superior, pertenciam ao mesmo dono e este mantinha o fluxo como destinação do pai de família em benefício do inferior; se o dono do prédio superior não utiliza as águas da nascente, e o dono do prédio inferior as vem usando por tempo eficaz com obras visíveis e permanentes – nesses casos ocorre o direito de servidão sobre a nascente, tornando-se o prédio inferior o dominante".[65]

---

[65] *Nascentes e águas comuns.* São Paulo: RT, 1969. p. 70.

6. POSSE E EXERCÍCIO DA SERVIDÃO

O domínio de um imóvel se manifesta pela posse. Quando esta se refere às servidões, costumam os autores identificá-la com a expressão "quase posse". A razão está em Luiz Antônio de Aguiar e Souza: "Se o poder físico do possuidor recai sobre toda a propriedade, abrangendo todos os direitos reais que nela se contêm, a posse se denomina 'plena'; se, porém, apenas recai sobre um dos seus direitos reais, como seja a servidão, dá-se, então, a esse poder físico, assim limitado, a denominação de 'quase posse', ou *juris possessio*, como diziam os romanos".[66]

O exercício do direito de propriedade constitui a verdadeira posse, de acordo com o posicionamento de Savigny, o que também é aplicável à servidão, no sentido de se traduzir como a manifestação do exercício dos poderes compreendidos neste direito. Em outras palavras, é considerado possuidor de uma servidão aquele que exercita os poderes contidos no direito da servidão.

A "quase posse" do dominante consiste no exercício do direito de restrição ao pleno domínio do serviente. Manifestando-se a posse como exteriorização da propriedade, segundo doutrina fundada em Jhering, a "quase posse" se expressa na exterioridade do direito de servidão.

Em outras palavras, é considerado possuidor de uma servidão aquele que exercita os poderes contidos no direito da servidão. A quase posse, como é denominado o poder físico do possuidor que recai sobre alguns dos direitos reais que a propriedade contém, isto é, a posse no sentido do mero uso, de retirar algum proveito, restringindo o pleno domínio sobre a propriedade, busca aproveitar algum ato de serventia, utilizar alguma utilidade ou vantagem. Exerce-se a quase posse mediante obras, ajeitamento, adaptações do terreno, aberturas de valos, nivelamentos, aterros.

Nas várias formas de servidão – positivas contínuas e descontínuas, ou negativas –, para a aquisição e conservação da quase posse é necessário que coexistam os elementos caracterizadores da posse: *corpus* e *animus sibi habendi*. Pelo primeiro, temos a prática de atos materiais que formam o objeto da servidão. Há uma detenção e um poder físico sobre a coisa, não ilimitados, mas restritos a determinados fins. Com o segundo elemento, o titular da servidão sente e manifesta o ânimo de exercer os atos recém--mencionados. Define-se como o ânimo de executar o poder físico limitado sobre o imóvel.

Mais especificamente, de que maneira ela se firma ou se estabelece?

---

[66] *Tratado das servidões urbanas e rústicas*. São Paulo: Espínola, 1914. p. 200.

De acordo com os ensinamentos de Dídimo da Veiga[67] e Carvalho Santos,[68] cumpre distinguirmos as espécies de servidões. Se a servidão é positiva (ou afirmativa) e descontínua (revelada em fatos que se reproduzem em épocas ou tempos intercalados), a "quase posse" depende da realização do ato da serventia, pelo menos uma vez, com o *animus* de exercitar a servidão, mesmo que se proceda de forma violenta, vencendo qualquer resistência do senhor do prédio. É necessário que o dono do prédio dominante tenha realizado as obras, das quais resulta o estado das coisas que faz pressupor a existência da servidão.

Cuidando-se de positiva e contínua, a aquisição se opera pela prática do ato de servidão. Conta-se a posse desde o dia da utilização da vantagem oferecida pelo prédio serviente, sem necessidade de se procederem melhorias ou obras denunciadoras da servidão, sendo que o estado de coisas existentes já é suficiente para a caracterizar.

Depois de iniciada ou conquistada, conserva-se pela prática de atos típicos e reveladores da servidão.

Com respeito às servidões negativas, sabe-se que consistem em uma proibição imposta ao serviente, por força da qual está impedido de exercitar um ato qualquer, decorrente do direito dominical. Adquire-se a quase posse em hipóteses nas quais o senhor do prédio serviente, tentando praticar um ato cuja proibição constituía a servidão, encontra oposição do senhor do prédio dominante, que o impede de levar à frente o intento. O dono do prédio serviente fica tolhido de exercer certos atos proibidos. E a quase posse nasce da reação oposta pelo dono do prédio dominante, não permitindo que aquele realize os atos. A proibição constitui exatamente a servidão.

Assim a qualifica a jurisprudência, com esteio na doutrina:

> Valho-me da lição do sempre reverenciado Hely Lopes Meirelles, a respeito da matéria, sustentado em Pontes de Miranda, nestes termos: 'É uma servidão negativa que tem por fim impedir que o prédio dominante seja devassado pelo serviente. Mas, como adverte Pontes de Miranda, não é esse, contudo, o fundamento único de se proibir a abertura próxima. A lei sopesa outros inconvenientes desta proximidade. A proibição é objetiva e independente de qualquer consideração à audibilidade ou à visão' (*Direito de construir*, RT, 4. ed., 1983, p. 43).[69]

Em síntese, nas várias formas de servidão – positivas contínuas e descontínuas, ou negativas –, para a aquisição e conservação da quase posse é necessário que coexistam os elementos caracterizadores da posse: *corpus* e *animus sibi habendi*. Pelo primeiro, temos a prática de atos materiais que for-

---

[67] *Servidões reais*, cit., p. 45.

[68] *Código Civil brasileiro interpretado*, cit., v. IX, p. 175-176.

[69] TJMG 2962694/MG 2.0000.00.296269-4/000(1), rel. Eduardo Andrade, j. 02.03.2000.

mam o objeto da servidão. Há uma detenção e um poder físico sobre a coisa, não ilimitados, mas restritos a determinados fins. Com o segundo elemento, o titular da servidão sente e manifesta o ânimo de exercer tais atos. Define--se como o ânimo de executar o poder físico limitado sobre o bem – *animus possidendi* ou *animus sibi habendi*.

Mister distinguir a quase posse da mera detenção ou atos de tolerância, quando não se configura aquele *animus*. Luiz da Cunha Gonçalves bem explica a diferença: "Nos atos de tolerância não há jamais concessão expressa, a qual é característica dos atos facultativos, como o dissemos. Tolerar é suportar, ficar numa atitude passiva e benévola, em vez de exercer o direito de impedir ou proibir. Fazer concessão expressa é autorizar; não é tolerar. De outro lado, os chamados atos de tolerância são precisamente os atos tolerados, visto que tolerância e, repetimos, é uma atitude passiva e não ativa. Um proprietário tolera que, no seu prédio, qualquer pessoa procure cogumelos, lave roupas à borda de um poço ou tanque, venha buscar água etc., porque estes atos não são assaz graves para constituírem uma usurpação, nem causam qualquer dano apreciável; seria excesso de egoísmo impedi-los pelo mero prurido de afirmar o exclusivismo de sua propriedade".[70]

Para a aquisição e conservação desse poder de disposição, importa a presença dos dois elementos anteriormente explicados. O que determina a proteção possessória, seja qual for a servidão, sempre que se verifiquem os atos de turbação, esbulho ou ameaça, é a presença dos elementos citados. Como atos de tolerância interpretam-se os simples atravessadouros, sem obras adequadas e aparentes para o trânsito, que não dão continuidade e nem aparência.

En passant, conveniente esclarecer que a perda da posse sobre as servidões positivas acontece quando o dono do imóvel serviente pratica um ato que impossibilita a continuidade do exercício da servidão, como sucede no caso de destruição de um aqueduto, de uma vala, de uma ponte (nas contínuas); ou na derrubada de árvores sobre um caminho, no erguimento de uma cerca ou na obstrução de uma fonte (nas descontínuas).

Como se verá no capítulo sobre a servidão de passagem, o exercício da posse é considerado uma forma de constituição. Não interessa que inexista uma convenção expressa, mas assume importância decisiva a constante utilização para chegar a determinado local. Conquanto seja bastante pacífico o entendimento relativamente à servidão de passagem, a existência da posse conduz à proteção no tocante às demais servidões, embora não externadas documentalmente ou desprovidas de registro imobiliário.

A posse duradoura, permanente, expressa em obras evidentes, tornada aparente e contínua, merece a proteção da lei, diante de construções da doutrina

---

[70] *Tratado de direito civil.* São Paulo: Max Limonad. v. III, t. II, p. 567.

e da jurisprudência. Malgrado as restrições quanto às servidões não aparentes, de difícil comprovação, a conclusão é no sentido da possibilidade da defesa, mesmo quando fundadas no simples estado de fato. Em relação a estas últimas, a proteção possessória é afastada pelo art. 1.213 do Código Civil: "O disposto nos artigos antecedentes não se aplica às servidões não aparentes, salvo quando os respectivos títulos provierem do possuidor do prédio serviente, ou daqueles de quem este os houve". Não se revela suficiente, *v. g.*, a alegação do direito de não altear o prédio acima de certa metragem, de modo a não afastar a vista que o titular de um prédio alega lhe favorecer pela posse. Não há esse direito, por mais extenso que seja o lapso de tempo da vista que é usufruída.

Qualquer disposição jurídica repousa na necessidade de assegurar a ordem fática, para que nada se mude sem ser dentro da paz; nada se resolva sem que se vise ao equilíbrio no relacionamento humano; e nada se estabeleça que não seja em benefício da solução dos conflitos nascidos da disposição dos bens. Prega Pontes de Miranda que a modificação dos estados de fato existentes acontece se houve desrespeito às leis e se ocasionou lesões nos direitos de terceiros, arrematando: "Se a servidão é contínua e aparente, não se exige título, basta a posse mesma; se a servidão é descontínua e não aparente, exige-se o título. Tem-se, portanto, que a servidão contínua e aparente goza da proteção possessória, que não se confunde com a tutela do direito real de servidão; bem assim a servidão descontínua e aparente".[71]

Com vista a tais princípios, vêm à colação decisões dos tribunais, em defesa da posse:

> O fato de inexistir servidão tutelada, de não possuírem os autores direito real de servidão, em nada interfere no julgamento da ação, que é possessória e só tem por objeto a reconstituição de uma situação de fato. A procedência da ação, que se funda no *jus possessionis*, em direitos oriundos da posse, não implica reconhecer ou conferir aos autores *jus possidendi*, direito à posse.[72]

> As servidões aparentes e contínuas, mesmo que não tituladas através de transcrição no Registro de imóveis, dão ensejo à proteção possessória. Posse comprovada. Exercício continuado, por longo período de tempo e de forma publicamente reconhecida. Turbação existente. Procedência da ação.[73]

Nos argumentos que fundamentaram o voto do relator, colhe-se que, "inobstante a servidão não seja titulada, por transcrição no Registro de Imóveis, não se pode olvidar que a posse, ininterrupta e mansamente exercida

---

[71] *Tratado de direito privado.* 3. ed. Rio de Janeiro: Borsoi, 1971. v. X, p. 239.

[72] Apel. Cível nº 5.598, 1ª Câm. Cível do TARS, j. 06.04.1973, rel. Oscar Gomes Nunes, *RT* 463/241.

[73] Apel. Cível nº 14.368, Câmara Cível Especial do TARS, j. 07.12.1977, rel. Donato João Sehnem, *Julgados do Tribunal de Alçada do RS* 25/240.

por longos anos, não é precária ou meramente permissiva, mas repousa numa situação fática estável, de todos conhecida e reconhecida. Traduz a posse, assim, uma servidão contínua (passagem de água), que subsiste e se exerce independentemente de ato humano, e com características de aparente (cisterna de aqueduto), manifestando-se exteriormente por atos visíveis".

As obras duradouras dão contornos de aparência e continuidade. O direito, para proteger a ordem jurídica e pública, deve, antes, amparar a ordem fática, dar segurança ao estado de coisas consolidado e transmitir garantia às situações que se formaram e persistem por certo tempo, e que inspiraram hábitos, costumes e determinaram comportamentos específicos.

Daí não ser despropositada a defesa dos estados fáticos, nascidos da posse, mediante os interditos possessórios. Para salvar possível direito do proprietário prejudicado, deverá ele valer-se da ação negatória.

7. CONSTITUIÇÃO DAS SERVIDÕES NÃO APARENTES

O Código Civil de 1916 demonstrou uma atenção maior à constituição das servidões não aparentes. Para o seu reconhecimento, as exigências eram bem mais rigorosas. Não se aceitava a presunção, assim com acontece com os outros tipos. Entretanto, por não apresentarem forma externa, admitiam-se apenas aquelas previstas expressamente, e desde que registradas no ofício imobiliário, dentro das precauções do art. 697: "As servidões não aparentes só podem ser estabelecidas por meio de transcrição no registro de imóveis".

A lei exigia o registro imobiliário.

Em princípio, todas as servidões reclamam esse ato. Ribeiro de Souza, um antigo estudioso do assunto, já dizia: "Logo, todas as servidões prediais, sendo direitos reais sobre coisas imóveis alheias, só podem ser adquiridas depois da transcrição, sem exceção alguma, pouco importando o modo por que foram adquiridas".[74]

É que, sendo elas direitos reais, devem acompanhar a regra geral: não se transfere o domínio sobre imóveis sem o ato cartorário, nem se formam os demais direitos imobiliários se ausente esse pressuposto.

No entanto, pela redação do dispositivo transcrito, em se tratando de servidões não aparentes, a exigência assumia o caráter de uma obrigatoriedade maior. Sua existência ficava dependente do registro. Clóvis afirmou: "Qualquer que seja a sua origem, só a transcrição a constitui".[75]

---

[74] *Servidões*. São Paulo: Saraiva, 1931. p. 12.
[75] *Código Civil dos Estados Unidos do Brasil comentado*, cit., v. III, p. 246.

O novo Código, todavia, não repete a regra do art. 697 do Código de 1916. Daí, para o seu reconhecimento, pelo menos como estado de fato, não se fazer necessário o registro no álbum imobiliário. Tanto que o art. 1.213 permite a sua defesa, pelo menos "quando os respectivos títulos provierem do possuidor do prédio serviente, ou daqueles de quem este o houve".

A prescrição não serve para formalizar a servidão, conforme está expresso no art. 1.379 do Código de 2002, que restringe a usucapião unicamente às servidões aparentes. Não havendo sinais visíveis de sua realidade, não incorre o dono do prédio serviente em omissão, negligência ou descuido na defesa de seus direitos. Como não se pode ver a obra ou sinal algum indicando a existência, não está apto a apresentar oposição ao exercício que possivelmente esteja se desenvolvendo.

Entretanto, filiando-nos ao pensamento de Pontes, há uma ressalva a ser feita.

Admite-se a usucapião no caso específico de se encontrar registrada a servidão, aplicando-se mais a hipótese quando necessária a retificação do nome do adquirente que consta no registro. Procura-se a retificação, por meio da usucapião, se a pessoa de quem houve o título consta do registro indevidamente: "Sendo retificável o registro (*e.g.*, não sendo o dono do prédio serviente o que figurava como tal), pode ocorrer usucapião da servidão não aparente que foi registrada [...] O registro publica, e a servidão possuída e publicada não mais se pode considerar não aparente, pelo menos para a incidência de princípios sobre usucapião. Portanto, as servidões não inscritas somente podem ser usucapidas se aparentes; as não aparentes podem ser usucapidas, se inscritas".[76]

Em última análise, o registro transforma a servidão não aparente em aparente, autorizando, por conseguinte, a usucapião. É atingida pela prescrição a posse da pessoa em nome da qual vem registrado o ônus e permitiu que outrem possuísse o prédio, em consonância com os prazos estabelecidos pela lei, tanto para a usucapião ordinária como para a extraordinária. Quem exerce a posse está usucapindo. Se alguém figura, indevidamente, no registro, como titular de servidão não aparente, por tê-la adquirido de pessoa que não era sua proprietária, o real titular sofre a prescrição e não pode alegar a não aparência da servidão que foi registrada. Surge o efeito que consiste na aquisição do direito de servidão registrada.

Entretanto, a exceção exposta não abala a regra geral.

Uma das consequências mais importantes acarretadas pela falta de registro diz respeito aos efeitos perante os interditos possessórios. Não é amparada por eles sem o registro. Desprovida de elementos concretos e visíveis, retira ao dono do prédio dominante argumentos válidos para justificá-la e provar a

---

[76] *Tratado de direito privado*, cit., v. XVIII, p. 233.

própria realidade da posse. Por tais razões, a inclinação foi em não reconhecer a possibilidade jurídica de defesa em ações de natureza possessória. Para a proteção legal, deve vir transcrita no registro de imóveis.

8. REGISTRO IMOBILIÁRIO DAS SERVIDÕES

O art. 167 da Lei dos Registros Públicos (Lei nº 6.015/1973) estabelece:

> No Registro de Imóveis, além da matrícula, serão feitos:
> I – o registro [...]
> 6) das servidões em geral.

Já no Código Civil de 1916, art. 856, inc. III, figurava a necessidade do registro:

> O registro de imóveis compreende [...]
> III – A transcrição dos títulos constitutivos de ônus reais sobre as coisas alheias.

Igualmente no art. 676 dispunha a respeito.

O Código em vigor contempla a matéria no art. 1.227, que trata da constituição de qualquer direito real: "Os direitos reais sobre imóveis constituídos, ou transmitidos por atos entre vivos, só se adquirem com o registro no Cartório de Registro de Imóveis dos referidos títulos (arts. 1.245 a 1.247), salvo os casos expressos neste Código".

Uma vez constituída a servidão, leva-se o título a registro.

As causas que a corporificam foram estudadas e discriminadas, sendo elas: o contrato, o testamento, a adjudicação no juízo divisório, a prescrição e a destinação pelo proprietário, bem como a posse e o exercício da servidão.

O contrato terá forma pública, por tratar de direitos reais relativos a imóveis, conforme o art. 108 do Código (art. 134, inc. II, do Código Civil de 1916), devendo se formar por ato de vontade. O testamento requer o processamento no juízo das sucessões, com a competente partilha, recebendo o dono do prédio dominante o respectivo formal. A destinação pelo pai de família, ou pelo proprietário, manifestada pelos sinais visíveis da coisa, pela separação dos dois imóveis ou de parte de um mesmo prédio e pela ausência de cláusula afirmando a ausência da restrição, depende de uma sentença reconhecendo o instituto. A prescrição aquisitiva necessita de uma sentença declaratória, que se efetiva através da ação de usucapião. De decisão precisa, igualmente, o reconhecimento no juízo divisório. Só após é possível o registro. O mero exercício também poderá levar ao reconhecimento, sobretudo se prevista em lei a servidão, sendo, porém, impossível o seu registro imobiliário.

Para o reconhecimento, uma hipótese especial reclamava a obrigatoriedade do ato do registro no regime do Código Civil de 1916, vindo expressa em seu art. 697, que dizia respeito às servidões não aparentes. A razão estava na necessidade de uma configuração instrumental para o exercício do direito decorrente, porquanto, no caso contrário, considerava-se viável interpretar-se a servidão pela mera tolerância do dono do prédio serviente. Ademais, sem a configuração real do *jus in re aliena*, apregoava-se que se ressentia esse direito de meios para a manifestação de oposição por quem sofresse a limitação em favor de outrem. Na linha da indispensabilidade do registro há decisões pretorianas: "Em homenagem ao princípio da boa-fé, o alegado 'bom-senso' da construtora constitui-se efetivamente em contrato verbal, apto a instituir a servidão. 'A transcrição no registro de imóveis só é exigível para o estabelecimento das servidões não aparentes (art. 697, CC).' STJ, Min. Demócrito Reinaldo".[77]

O Código de 2002 não mais condiciona o registro para a constituição, pelo menos de fato, como posse, da servidão não aparente. Sem dúvida, porém, a existência e o exercício do uso dependem da constituição por ato de vontade. Há a necessidade de uma configuração instrumental para o exercício do direito decorrente, porquanto, em caso contrário, viável interpretar a posse como mera tolerância do dono do prédio serviente. Ademais, sem a configuração real do *jus in re aliena*, se ressente esse direito de meios de manifestação de oposição por quem sofre a limitação em favor de outrem.

A rigor, o registro é importante a qualquer espécie, seja ou não aparente o ônus, máxime quando é constituído por ato *inter vivos*. Clóvis bem colocou a questão, embora não relacione todas as formas de aquisição e as ressalvas que irão expostas: "As servidões constituem-se por ato *inter vivos*, por disposição de última vontade, ou por usucapião. Constituídas por ato entre vivos, não se consideram adquiridas se não depois de transcritas. Constituídas por ato de última vontade, independem de transcrição, mas o interessado poderá mandar transcrevê-las no registro de imóveis. Aliás, como as sentenças que julgam as partilhas devem ser transcritas, constará, ordinariamente, do registro a transcrição da servidão estabelecida por ato de última vontade. E quando a servidão for não aparente, por isso mesmo não visível, quer o Código que, em todo o caso, ela seja transcrita para que tenha existência jurídica".[78]

A lição de Clóvis deve ser interpretada com a devida cautela. Não é conforme o melhor entendimento se inferir que, afora as não aparentes, é

---

[77] TJSC, AC 463035 SC 2006.046303-5, rel. Sérgio Izidoro Heil, j. 03.04.2007, 3ª Câmara de Direito Civil.

[78] *Código Civil dos Estados Unidos do Brasil comentado*, cit., v. III, p. 257.

reclamado o registro das demais servidões. As aparentes, classificadas em contínuas e descontínuas, são admitidas pela sua simples realidade existencial. O Código Civil impõe o registro obrigatório da servidão constituída por ato do proprietário do imóvel sobre o qual incide a servidão (art. 1.378 do Código Civil), para efeitos de sua validade perante terceiros, e em havendo a alienação do imóvel. Na verdade, nem para valer contra terceiros se faz necessário o registro, se legal a servidão, e máxime se aparente e contínua. Todavia, se instituída pelo proprietário do imóvel onerado, aí a sua existência resta confirmada e imbatível se registrada. No entanto, não vá se depreender que não possa a servidão, mesmo que não aparente, ser provada por meios outros que não o registro imobiliário. Não se descaracteriza a servidão fática ou a serventia se ausente o registro, desde que devidamente se faça a comprovação de sua instituição. Se na posse se encontra o beneficiado, nela se manterá, em havendo prova de sua instituição. Assim a servidão de receber luz, com a demonstração de que as partes proprietárias de imóveis lindeiros constituíram a servidão por atos inequívocos de vontade. Não existe, é verdade, um ato registrário. Todavia, se devidamente evidenciada a sua criação, ela prepondera, podendo, até, se buscar sua proteção judicialmente. Numa hipótese semelhante, havendo a instituição de um poço de iluminação, antes pertencente a um único prédio, desmembrando-se posteriormente em favor de diversos prédios, com expressa referência a escrituras a respeito até de detalhes de divisas comuns, mediante outros meios de contratação, torna-se certo que as transferências de economias têm em conta a fruição da luz, ou da iluminação, devendo impor-se o respeito nas sucessivas alienações que possam existir. O adquirente do imóvel sobre o qual incide o ônus assume a instituição preexistente.

De modo que a prova da instituição levará ao reconhecimento independentemente do registro. Pode-se incursionar, até, sobre a extensão do art. 1.379 e de seu parágrafo único do Código Civil. Não cabe, é verdade, a mera pretensão à usucapião pelo simples proveito de uma serventia não aparente. No entanto, uma vez constatada a existência de atos de vontade sobre a formação de uma convenção a respeito de uma serventia ou utilidade por titulares de imóveis, no mínimo é possível uma ação declaratória visando o reconhecimento do vínculo criado.

Afora tais discussões, conforme visto, há servidões legais e convencionais. O registro é para as últimas. As legais, por decorrerem diretamente da lei, dispensam o ato cartorário. O interessado usufrui do proveito em virtude da lei. Esta lhe dá o fundamento da pretensão e é o fator determinante do direito.

Não se pode, porém, olvidar a importância do registro, que aumenta a segurança, torna induvidosa a existência e dirime problemas relativamente a terceiros. Não se torna, todavia, condição para a validade da utilização do bem alheio.

Feitas essas considerações, passam-se a descrever os trâmites cartorários para o registro.

Primeiramente, deve existir a matrícula da área sujeita à servidão, vindo com o devido número. Não havendo a matrícula, deve ser aberta, como no caso de aquisição mediante usucapião. Nessa hipótese, na sequência, apõe-se a data, fazendo-se a completa identificação, mediante a indicação de suas características e confrontações, localização, área e denominação, se rural, ou o logradouro e número, se urbano o imóvel. Lança-se a designação cadastral, se houver. Sendo rural, cumpre se obedeça a legislação agrária, na sua identidade junto ao Instituto Nacional de Colonização e Reforma Agrária (Incra), e no fracionamento mínimo permitido para a zona em que está localizado. De preferência, a delimitação da área se procede mediante a indicação de meridianos, de rumos cardiais e outros elementos técnicos, inclusive o georreferenciamento. Para todos os prédios, toma-se como base de referência, para a localização, um ponto geográfico fixo e permanente, indicando-se, por exemplo, a distância métrica até certa esquina ou artéria pública. Havendo numeração do prédio, tal particularidade é desnecessária.

Após isso, coloca-se o nome do proprietário, qualificando-o com dados sobre o domicílio, a nacionalidade, o estado civil, a profissão, o número de inscrição no Cadastro das Pessoas Físicas do Ministério da Fazenda, ou Cadastro Nacional da Pessoa Jurídica (CNPJ) em se tratando de pessoa jurídica, e o registro geral da cédula de identidade da pessoa física, quando pessoa natural o proprietário.

Finalmente, coloca-se o número da matrícula anterior, no caso de haver.

As normas procedimentais constam discriminadas no art. 176 e incisos da Lei nº 6.015.

Se parte de um imóvel é submetida ao gravame, abre-se a matrícula para esta parte, mesmo que o todo esteja matriculado. É que uma nova realidade passa a existir.

Após o lançamento da matrícula, ou se já existente, faz-se o registro do encargo. No registro da servidão, se este vem logo após a matrícula, ou se o imóvel não houver sofrido, ainda, qualquer alteração, será aposta a designação R-1. Em seguida, vai a data e escreve-se a qualificação do favorecido (adquirente), em atendimento ao inciso III, nº 2, do art. 176. Menciona-se o título de transmissão ou criação do ônus, especificando-se a forma, a procedência e a caracterização. São referidos o valor do contrato, o prazo de duração e as demais condições e especificações relevantes.

Com respeito ao adquirente, é de lembrar que o ônus é constituído em favor do prédio e não da pessoa, matéria já analisada. Por isso, o correto é a menção do imóvel em favor do qual está constituído o encargo, isto é, coloca--se a indicação do prédio dominante.

Já quanto à forma e à procedência da aquisição, descreve-se a natureza do título (usucapião, contrato etc.). Se a procedência é decorrente de ato judicial, necessário que se coloquem os nomes do juiz que proferiu a decisão, das partes envolvidas e a natureza do processo.

Em seguida, levado a termo o registro, lavra-se uma averbação junto à matrícula do prédio dominante, ou após os registros subsequentes, noticiando a formação da servidão.

Capítulo V

SERVIDÕES E DIREITOS DE VIZINHANÇA

1. DISTINÇÃO ENTRE AS DUAS ESPÉCIES

Não é rara a confusão entre servidões e direitos de vizinhança. Ambas as espécies se identificam enquanto limitam o uso da propriedade plena. No entanto, na verdade, desponta uma diferença de origem e finalidade.

As primeiras se fixam por ato voluntário de seus titulares, e as segundas decorrem de texto expresso de lei. A par disso, o direito de vizinhança está endereçado a evitar um dano (*de damno evitando*), o qual, se verificado, impede o aproveitamento do prédio. Na servidão, não se procura atender uma necessidade imperativa. Ela visa a concessão de uma facilidade maior ao prédio dominante. Arnoldo Wald ilustra a matéria com um exemplo: "O proprietário do prédio encravado, sem acesso à via pública, pode, em virtude da lei, exigir a passagem pelo terreno alheio. É o direito de passagem forçada [...]. Emana da lei e, sem ele, seria impossível ao proprietário do prédio encravado entrar e sair livremente no seu terreno. Veremos, agora, uma situação distinta. Um terreno tem um acesso remoto ou estreito a determinada estrada secundária. O terreno vizinho é, todavia, atravessado por excelente estrada principal, à qual o proprietário do primeiro prédio desejaria ter acesso, pedindo, pois, que lhe seja concedida uma servidão. Depende tal concessão da boa vontade ou do interesse econômico do proprietário do prédio serviente que iria ser atravessado. Não é um direito emanado da lei. Poderá surgir em virtude de contrato que as partes venham a fazer, e que, para valer contra terceiros, deverá constar no Registro de Imóveis".[1]

Nessa segunda situação configura-se a servidão.

---

[1] *Curso de direito civil brasileiro*. Direito das coisas. 4. ed. São Paulo: RT, 1980. p. 165.

Mais uma distinção se ressalta, de caráter obrigacional. Nas servidões, a obrigação implica a subordinação "de uno de los fundos con relación al altro", observa Josserand.[2] Nos direitos de vizinhança, discriminam-se obrigações de ambos os prédios. Não há, de modo geral, a falada subordinação do prédio serviente ao prédio dominante. Os deveres e direitos são distribuídos de forma igual ou comum. Orlando Gomes pondera: "Os direitos de vizinhança são limitações ao direito de propriedade impostas em lei a todos os prédios, em razão de sua proximidade. São direitos recíprocos, que não supõem, portanto, diminuição de um prédio em favor de outro. As servidões privam o prédio serviente de certas utilidades, importando desvalorização patrimonial".[3]

Há uma jurisprudência que aponta para a equivalência das servidões legais aos direitos de vizinhança. Eis um exemplo, em decisão do STJ, que parte da divisão das servidões:

> Há de se distinguir as servidões prediais legais das convencionais. As primeiras correspondem aos direitos de vizinhança, tendo como fonte direta a própria lei, incidindo independentemente da vontade das partes. Nascem em função da localização dos prédios, para possibilitar a exploração integral do imóvel dominante ou evitar o surgimento de conflitos entre os respectivos proprietários.
>
> As servidões convencionais, por sua vez, não estão previstas em lei, decorrendo do consentimento das partes.[4]

Segue a relatora, em seu voto:

> As servidões legais correspondem aos direitos de vizinhança, tendo como fonte direta a própria lei, incidindo independentemente da vontade das partes. Nascem em função da localização dos prédios, para possibilitar a exploração integral do imóvel dominante ou evitar o surgimento de conflitos entre os respectivos proprietários. As servidões convencionais ou servidões propriamente ditas, por sua vez, não estão previstas em lei, decorrendo do consentimento das partes.
>
> Conclui-se, pois, que as servidões legais são inerentes ao direito de propriedade, nascendo simultaneamente com este, representando, nas palavras de Serpa Lopes, o *"regime normal da propriedade"*; enquanto as servidões convencionais dependem de um título constitutivo autônomo, dotado de vida própria, constituindo um *"regime de exceção, no sentido de que em virtude delas se estabelecem direitos ou obrigações que normalmente não*

---

[2]   *Derecho civil.* Trad. Santiago Cunchillos y Manterola. Buenos Aires: Europa-América/Bosch, 1950. v. III, t. I, p. 462.

[3]   *Direitos reais.* 3. ed. Rio de Janeiro: Forense, 1969. t. II, p. 372.

[4]   REsp nº 935.474/RJ, 3ª Turma, j. 19.08.2008, *DJe* 16.09.2008, rel. Min. Nancy Andrighi.

existiriam" (*Curso de direito civil*, vol. VI: *Direito das coisas*. Rio de Janeiro: Freitas Bastos, 1996, p. 506).

Aldemiro Rezende Dantas Júnior critica os que as equiparam, a partir de sua origem:

> Tal cotejo se mostra necessário para que se evite a confusão que pode surgir a partir da nomenclatura usada por alguns autores, que preferem denominar os direitos de vizinhança como sendo "servidões legais", ou que, pelo menos, apontam não ser incompatível com o instituto a referida denominação, também havendo legislações que igualmente a adotam, sendo, contudo, certo que a referida nomenclatura, como facilmente se demonstrará, se revela imprópria, inobstante sua utilização histórica, desde o Direito Romano, além de ser refutada pela maioria dos nossos juristas, como logo adiante se verá. Assinale-se, ainda, que no direito moderno, como bem esclarece Fábio Maria de Mattia, a confusão entre os dois institutos – direitos de vizinhança e servidões legais – foi uma decorrência direta do Código Civil francês, que denominou os primeiros de *servidões legais* e, como se sabe, foi copiado por grande parte das legislações modernas. No entanto, facilmente se demonstra que essa confusão terminológica vem de mais longe, em verdade desde o direito romano clássico. [...]
>
> As *servidões prediais convencionais* (ou *servidões propriamente ditas*), por sua vez, eram aquelas que, como a própria denominação está a indicar, não eram estabelecidas pela lei, e sim pela vontade dos donos dos prédios, ou seja, se originavam de convenção, e, portanto, podiam ou não existir, como era o caso da servidão de trânsito, ou da servidão de luz convencionalmente estipulada entre os proprietários vizinhos.[5]

Há certa coerência no pensamento, visto que os direitos de vizinhança têm um campo próprio, envolvendo relações de proximidade dos imóveis, enquanto as servidões legais nem sempre incidem sobre tais imóveis, como a de aqueduto, que se estende de um prédio a outro que pode não estar próximo.

2. SEMELHANÇA ENTRE SERVIDÕES E DIREITOS DE VIZINHANÇA

As servidões não vêm relacionadas no Código Civil. Grande parte dos códigos modernos, à exceção do alemão, disciplina cada espécie. O Código Civil francês, por exemplo, no Capítulo II do Título IV do Livro II, a começar do art. 649 até o art. 685, sob a epígrafe "Das servidões estabelecidas pela lei", enumera uma série de regulamentações referentes a servidões legais de interesse público e de interesse privado. A orientação, no entanto, sofreu

---

[5] *O direito de vizinhança*. Rio de Janeiro: Forense, 2003. p. 113 e 118.

dura crítica de Josserand, especialmente naquelas regras que tratam das relações de vizinhança entre prédios, eis que são consideradas disposições reguladoras de obrigações, de vínculos recíprocos, cada parte assumindo deveres e recebendo direitos. Não implica o regramento em subordinação de um prédio em relação a outro. As verdadeiras servidões legais de interesse privado são, para o autor, as relativas ao regime de águas e a de passagem, no caso de uma propriedade encravada.[6]

Entretanto, aqueles códigos que não cuidam da especificação regulamentam situações equivalentes, quando tomam a forma constitutiva de direitos de vizinhança.

Primitivamente, estes últimos e as servidões se identificavam e continuam a se identificar em muitas legislações. Aqueles, previstos como direitos de vizinhança pelo nosso Código, apresentam-se como servidões em outros sistemas, ou podem constituir servidões por convenção das partes. Assim acontece com algumas formas, como no direito de construir, na contingência de se obter luz por meio de aberturas que se voltam e dirigem para o prédio vizinho; nas comunicações com as estradas públicas e as fontes; no direito de passagem e saída de um prédio encravado, ou de dar curso e destino às águas perenes ou transitórias. Mesmo o anterior Código Civil, em algumas disposições, quando disciplinava o direito de vizinhança, mencionava, como que se traindo, a palavra servidão, o que se percebia no seu art. 568. Não mais persiste, todavia, essa confusão no vigente Código Civil. Em suma, parece que a orientação do vigente sistema jurídico resume-se a uma questão de técnica, dando outra denominação a algumas restrições ao direito de propriedade, consideradas mais necessárias que em relação a outras.

3. SERVIDÕES QUE PASSARAM PARA DIREITOS DE VIZINHANÇA EM NOSSO CÓDIGO CIVIL

Várias servidões legais admitidas no direito romano passaram, no direito brasileiro vigente, desde o Código Civil de 1916, para a categoria dos direitos de vizinhança.

Veremos as mais comuns:

a) A servidão natural de escoamento de águas, que obrigava o dono do prédio inferior a receber as águas que corressem naturalmente do superior. A regra está no art. 1.288 do Estatuto Civil: "O dono ou o possuidor do prédio inferior é obrigado a receber as águas que correm naturalmente do superior, não podendo realizar obras que embaracem o seu fluxo; porém a condição

---

[6] *Derecho civil*, cit., v. III. t. I, p. 461 e 462.

natural e anterior do prédio inferior não pode ser agravada por obras feitas pelo dono ou possuidor do prédio superior".

b) A servidão de aqueduto, ou seja, de canalização de águas em proveito agrícola ou industrial, das águas a que se tiver direito, através de prédios alheios, sob certas obrigações. O Código de Águas (Decreto nº 24.643, de 10.07.1934) contempla a matéria, em seu art. 117, além de constar prevista no art. 1.293 do Código Civil: "É permitido a quem quer que seja, mediante prévia indenização aos proprietários prejudicados, construir canais, através de prédios alheios, para receber as águas a que tenha direito, indispensáveis às primeiras necessidades da vida, e, desde que não cause prejuízo considerável à agricultura e à indústria, bem como para o escoamento de águas supérfluas ou acumuladas, ou a drenagem de terrenos".

c) A servidão de escoamento de águas estagnadas, que obriga o prédio serviente à abertura de valas, canais ou encanamentos destinados a escoar as águas estagnadas. Obviamente, o exercício da ação cabe ao prejudicado pela estagnação das águas. É o princípio uma aplicação do art. 1.277: "O proprietário ou o possuidor de um prédio tem o direito de fazer cessar as interferências prejudiciais à segurança, ao sossego e à saúde dos que o habitam, provocadas pela utilização de propriedade vizinha".

d) A servidão de águas supérfluas, que proíbe ao proprietário de fonte não captada, satisfeitas as necessidades de seu consumo, impedir o curso natural das águas pelos prédios inferiores. O art. 1.290 contém determinação, *sic*: "O proprietário de nascente, ou do solo onde caem águas pluviais, satisfeitas as necessidades de seu consumo, não pode impedir, ou desviar o curso natural das águas remanescentes pelos prédios inferiores".

e) A servidão de trânsito de prédio encravado, sem acesso à via pública, que confere ao dono de um imóvel nesse estado o direito de reclamar a passagem por alguma das propriedades confinantes, a fim de chegar à via pública. Reza o art. 1.285: "O dono do prédio que não tiver acesso a via pública, nascente ou porto, pode, mediante pagamento de indenização cabal, constranger o vizinho a lhe dar passagem, cujo rumo será judicialmente fixado, se necessário".

f) A servidão negativa de frestas e janelas, definida como a proibição ao dono de uma casa de abrir janelas e frestas, ou construir terraço, varanda, na parede que dá para o campo, terreno, jardim, quintal, patio ou edifício do vizinho, em obediência ao art. 1.301, com exceções em seus parágrafos quanto às janelas e aberturas para a luz ou ventilação:

> É defeso abrir janelas, ou fazer eirado, terraço ou varanda, a menos de metro e meio do terreno vizinho.
>
> § 1º As janelas cuja visão não incida sobre a linha divisória, bem como as perpendiculares, não poderão ser abertas a menos de setenta e cinco centímetros.

§ 2º As disposições deste artigo não abrangem as aberturas para luz ou ventilação, não maiores de dez centímetros de largura sobre vinte de comprimento e construídas a mais de dois metros de altura de cada piso.

g) A servidão de meter trave – *tigni immitendi* –, consistente em apoiar no prédio contíguo, se oferecer a necessária solidez ou consistência. É a expressão do disposto no art. 1.304: "Nas cidades, vilas e povoados cuja edificação estiver adstrita a alinhamento, o dono de um terreno pode nele edificar, madeirando na parede divisória do prédio contíguo, se ela suportar a nova construção; mas terá de embolsar ao vizinho metade do valor da parede e do chão correspondentes".

Alguns dos institutos elencados constam expressamente regulados em leis específicas, como no Código de Águas, o que se verá adiante, quando se abordar pormenorizadamente cada servidão.

4. SERVIDÕES, DIREITOS DE VIZINHANÇA E RESTRIÇÕES ADMINISTRATIVAS

Definidos os limites entre as servidões e os direitos de vizinhança, oportuno traçar a distinção relativamente às servidões administrativas.

Essas restrições identificam-se como aquelas normas, regulamentos ou posturas que o Poder Público estabelece e que tratam da segurança, higiene dos prédios urbanos, da polícia dos estabelecimentos industriais, do zoneamento, da arquitetura, do alinhamento, da estética, da prevenção de incêndios etc. Sobreleva, aqui, o interesse público, contrariamente ao que sucede nas outras espécies de direitos sobre coisas alheias, introduzidas pela lei civil, particularmente assinaladas nos arts. 1.282 e ss. do Código Civil.

O art. 1.299 evidencia a distinção entre direitos de vizinhança e os regramentos administrativos, ao prescrever: "O proprietário pode levantar em seu terreno as construções que lhe aprouver, salvo o direito dos vizinhos e os regulamentos administrativos".

Se faz menção expressa às duas categorias, é porque dá ou concede um tratamento diverso a cada uma, assim devendo ocorrer no relacionamento entre as pessoas. Com respeito às servidões, assume um grau mais elevado a diferença, dado o caráter convencional que as identifica.

Em verdade, os ordenamentos administrativos não se confundem com as servidões e os direitos de vizinhança, tanto que as normas relativas a esses estatutos não trazem o menor disciplinamento à ordem administrativa que deve imperar entre os cidadãos. O Código Civil, desde a edição de 1916, confinou a ação do vizinho e do proprietário ao restabelecimento dos direitos ofendidos pela infração dos dispositivos que versam sobre direitos de vizinhança e servidões. Não se admite que um particular intente a ação contra outro baseado em simples violação de regulamentos administrativos de ordem geral, transformando-os em direitos de vizinhança. Somente nos casos especificamente previstos pelo Código Civil e tidos como de direito de vizinhança ou de servidão, citando-se, a título de exemplo, as disposições legais que determinam a distância a ser observada pelas estrebarias, pocilgas ou pelos currais, no que tem pertinência aos prédios rurais, é que a doutrina e os tribunais têm acolhido a ação dos particulares diretamente de uns contra outros, para obrigar a observar a distância ordenada, conforme taxativamente constava do art. 578 do Código Civil de 1916, e, atualmente, inserem as posturas ou leis municipais.

O Código Civil argentino contém normas próprias às restrições, umas estabelecidas com o fim de interesse público e outras firmadas no interesse recíproco dos imóveis vizinhos. Salvat mostra que o art. 2.511 marca definidamente a distinção, ao dizer que "las restricciones impuestas al dominio privado sólo en el interés público son regidas por el derecho administrativo". Outro autor, Bielza, exprime com toda a segurança a distinção, ao encerrar: "Las restricciones fundadas en el interés público colocan el particular frente a la administración pública. E no a los diversos propietarios frente a si; es en interés privado y en las servidumbres en lo derecho civil".[7] Realmente, a redação do referido art. 1.511 contém a exegese dada: "Nadie puede ser privado de su propiedad sino por causa de utilidad pública, previa la desposesión y una justa indemnización. Se entiende por justa indemnización en este caso, no sólo el pago del valor real de la cosa, sino también del perjuicio directo que le venga de la privación de su propiedad".

O princípio deve ser interpretado com certa reserva. Infrações administrativas há que repercutem em prejuízos aos vizinhos. O art. 1.299 do Código Civil contém uma abrangência vastíssima. Tudo o que redunda negativamente aos vizinhos, embora ordenado por regras administrativas e contemplado apenas de modo geral pelo Código Civil, é vedado, autorizando a ação obstativa ou reparatória do mal. O ato que interfere na esfera interna do proprietário, como as imissões de fumaça ou substâncias tóxicas e de outros agentes poluidores da atmosfera; ou como a provocação de escoamento indevido de águas, de ruídos, de umidade, de odores, de calor excessivo, de trepidação, pode ser atacado, visto que constitui ato lesivo ao interesse da pessoa. Em contrapartida, se a lei apenas estatui normas gerais relativas à construção de prédios, por exemplo, disciplinando a altura ou o alinhamento, sem formar expresso direito de vizinhança, não se autoriza ao vizinho arrogar-se o exercício de uma ação em defesa da servidão de perspectiva ou de vista, valores esses que não lhe foram previamente concedidos. Em tal estado de coisas, verifica-se

---

[7] *Derecho administrativo*, v. III, p. 353, apud Wilson Bussada. *Servidões interpretadas pelos tribunais*. Rio de Janeiro: Mabri, 1969. p. 177.

unicamente a formalização de restrições à liberdade de construção, motivadas por interesse geral, e não para satisfazer a vontade particular dos vizinhos.

A perda de um prospecto, a desvalorização de um bairro diante do desnivelamento dos prédios, ou a abertura de casas comerciais não condizentes com o padrão das moradias, não ferem o interesse pessoal dos proprietários próximos, mas atacam as conveniências de ordem geral, afetas à administração pública, que foi conivente na situação criada.

Esse mero interesse não tem o condão de se transformar em direito porque compete ao Poder Público fixar a altura máxima dos prédios, em zona circunscrita, tendo em mira o benefício geral e não o de alguns proprietários. A razão está na circunstância de o direito subjetivo à observância das limitações públicas ser estabelecido a favor do Estado, no sentido lato. Em benefício dos particulares surge somente um interesse indireto, que consiste em ver observadas as prescrições ordenadas. Trata-se de um direito firmado pela lei, cujo objetivo não se dirige aos cidadãos *uti singuli*, mas busca a comunidade como complexo de cidadãos politicamente organizados.

Não está fora de cogitação, todavia, em algumas situações, a possibilidade de acionar o próprio Poder Público, que permitiu, *v. g.*, uma construção irregular. Se a alta de alinhamento entre uma morada e outra ressalta sobremaneira, com evidentes prejuízos de estética, prospecto e luminosidade, não é justo se obrigue ao proprietário permanecer inerte, sem qualquer ação para impor seu interesse, ou rebelar-se contra a irregularidade de uma ordem administrativa. Se a lei, aplicável a todos indistintamente, visou implantar harmonia nos conjuntos habitacionais, tendo os demais moradores seguido à risca os regulamentos, seria privar de garantia no cumprimento de seus ditames a privação do direito à ação contra o Poder Público, responsável pela anomalia que estabeleceu prejuízos a um ou mais titulares.

De modo semelhante, não seguindo o proprietário as determinações da autoridade, quando da construção da obra, ao vizinho interessado é reconhecida a legitimidade para exigir o cumprimento, segundo os padrões vigorantes nas posturas ou leis municipais, acionando diretamente a entidade pública.

Capítulo VI

CONSERVAÇÃO DAS SERVIDÕES

1. DIREITO À CONSERVAÇÃO

Decorrências óbvias do exercício da servidão são alguns direitos e deveres relativos à sua conservação e manutenção. O dono do prédio dominante tem a proteção jurídica para tomar quaisquer medidas inerentes à conservação. De nada valeria conceder a alguém uma servidão e negar-lhe os meios aptos e idôneos para mantê-la.

Tão importante esse direito que os franceses Baudry-Lacantinierie e Chauveau enfatizavam constituir "une faculte légale et par suíte, dans le cas même où la convention n'aurrait expressément autorisé que certains travaux, le titulaire de la servitude pourrait em exécuter d'autres, s'ils étaient redonus s'indispensables à l'exercice de la servitude".[1]

Efetivamente, mesmo que a convenção silencie quanto a esse direito, prevalece a garantia legal.

A lei ampara a atividade daquele que se utiliza do benefício trazido pelo imóvel alheio, colocando à sua disposição os meios necessários para desenvolver o direito.

O art. 699 do Código Civil revogado encerrava regra oportuna em defesa da prerrogativa da conservação, a qual vem, também, no art. 1.380 do Código de 2002, que está redigido nos seguintes termos: "O dono de uma servidão pode fazer todas as obras necessárias à sua conservação e uso, e, se a servidão pertencer a mais de um prédio, serão as despesas rateadas entre os respectivos donos".

O princípio consta, também, no art. 1.565 do Código Civil português:

Extensão da servidão.

---

[1] G. Baudry-Lacantinerie e M. Chauveau. *Traité théorique et pratique de droit civil*. 3. ed. Paris: Recueil Sirey/Journal du Palais, 1905. v. VI, p. 860, n. 1.129.

1. O direito de servidão compreende tudo que é necessário para o seu uso e conservação.

2. Em caso de dúvida quanto à extensão ou modo de exercício, entender-se-á constituída a servidão por forma a satisfazer as necessidades normais e previsíveis do prédio dominante com o menor prejuízo para o prédio serviente".

Relevante é a lição de João Luiz Alves, a respeito do dispositivo antigo, que é igual ao em vigor: "O texto é aplicação do princípio irrecusável de que, concedido um direito, estão concedidos os meios para exercê-lo.[2]

Equivale a afirmar, como o faz Washington de Barros Monteiro, que o dono do prédio dominante está munido dos meios legais necessários para que seu imóvel atinja os fins colimados com o estabelecimento da servidão.[3] A regra, segundo a qual o direito de servidão compreende tudo quanto é necessário ao seu exercício, é absoluta, aplicando-se a qualquer forma de constituição.

2. OBRAS NECESSÁRIAS PARA A CONSERVAÇÃO

Os meios necessários para a conservação formam outra espécie de servidão: a servidão acessória ou *adminicula servitutis*.

Embora omisso o título constitutivo, tem o dono do prédio dominante o direito de lançar mão dos direitos mais próprios para a consecução dos fins da servidão. O princípio aplica-se a qualquer modo de constituição, como contrato, usucapião, destinação do pai de família, disposição de última vontade e sentença no juízo divisório, que adjudica a serventia reservada para possibilitar o uso do imóvel que restou, *v.g.*, encravado. Não importa a omissão do título, ou a não referência no ato constitutivo. O direito à conservação deriva da lei.

De sorte que o titular da servidão de trânsito está autorizado a penetrar no prédio serviente, com o objetivo de recuperar o caminho, limpá-lo, levantar aterros, conservar bueiros e abrir valetas, permitindo o escoamento normal das águas.

Cuidando-se de servidão de aqueduto, permite-se ao dono do prédio dominante penetrar no interior da propriedade alheia, a fim de verificar a condução das águas, ou desobstruir os entraves que impedem a correnteza normal. Poderá desenvolver obras de melhoramento, como fortalecimento das margens, erguimento de estacas e paredes e aprofundamento do leito. Mesmo terceiras pessoas, contratadas pelo titular de direito, estão habilitadas a penetrar no prédio serviente, para a realização de trabalhos exigidos para a conservação.

---

[2] *Código Civil da República dos Estados Unidos do Brasil*. 2. ed. São Paulo: Acadêmica Saraiva. 1º v., p. 615.

[3] *Curso de direito civil*. Direito das coisas. 4. ed. São Paulo: Saraiva, 1961. p. 224.

Lendo-se as lições dos autores, sobressaem as seguintes atividades e obras, denominadas servidões acessórias:[4]

a) a passagem pelo prédio serviente, a fim de tornar possível o exercício da servidão de tirada de água;

b) a penetração no prédio serviente para fiscalizar a condução das águas, efetuar a limpeza e os reparos imprescindíveis, na servidão de aqueduto;

c) a remoção de obstáculos que dificultam o exercício da servidão, como o corte de árvores que de qualquer forma causam danos ou ofereçam perigo ao trânsito ou à correnteza das águas;

d) acesso e passagem para fazer no prédio serviente as reparações necessárias na calha, no cano etc., tratando-se de servidão de estilicídio;

e) o direito de subir no telhado da casa do vizinho, para verificar e conservar a chaminé que vai dar no muro que divide as propriedades;

f) o direito de fazer obras no prédio vizinho acarreta o de nele depositar materiais e penetrar com operários. Lafayette acrescenta o direito de "manter no prédio serviente mestres de obras e operários para serviços e consertos precisos. Conduzir por ele os materiais para as obras e reparos da servidão";[5]

g) nos casos da servidão que estabelece que um eirado, uma cornija ou outra obra avance sobre o terreno alheio, permite-se ao beneficiário ingressar no imóvel alheio para reparos.

3. LIMITES NA REALIZAÇÃO DAS OBRAS

É preciso ter presente o caráter de necessidade da obra ou atividade acessória. De sorte que não se justifica o direito de passagem quando a servidão de conduzir água está localizada, através do canal, na divisa entre os prédios dominante e serviente. Poderá o proprietário do primeiro vigiar e fazer a limpeza por meio de seu próprio terreno.

As obras secundárias que permitem o aproveitamento da servidão restringir-se-ão de acordo com sua natureza e suas condições. Tratando-se de um aqueduto, o trabalho consistirá em fazer o canal e construir o conduto. Na hipótese de servidão de passagem, a atividade paralela resume-se em abrir

---

[4] Carvalho Santos. *Código Civil brasileiro interpretado*. 11. ed. São Paulo: Freitas Bastos, 1963. v. IX, p. 186; Aubry e Rau. *Cours de droit civil français*. 6. ed. Paris: Librairie de la Cour de Cassation, 1938. t. III, p. 124; Dídimo da Veiga. *Servidões reais*. Rio de Janeiro: Garnier, 1887. p. 251; Clóvis Beviláqua. *Código Civil dos Estados Unidos do Brasil comentado*. Rio de Janeiro: Francisco Alves. Ed. de 1917, 1933 e 1950. v. III, p. 248.

[5] *Direito das coisas*. Rio de Janeiro: Freitas Bastos, 1943. p. 383.

e nivelar o caminho, e assim por diante. Não será tolerada a derrubada de matas, nem se compreendem grandes escavações ou devastações em culturas. Oportuno é lembrar o ensinamento dos autores franceses Baudry-Lacantinerie e Chauveau: "Les travaux doivent être executés de la façon la moins dammageable et la moins incommode pour l'héritag assujetti; le propriétaire de ces fonds a le droit de faire fixer l'époque et le délai de leur exécution; il importe, em tout cas, que les travaux n'aient jamais pour résultat d'aggraver la servitude".[6]

Entretanto, poderá o usuário consolidar o solo, empedrar o leito da artéria, abrir sulcos ou valetas para canalizar as águas pluviais e evitar a erosão, e até "faire paver ou macadamiser le chemin, si c'est nécessaire pour l'exercice de la servitude".[7]

4. OBRIGATORIEDADE NA REALIZAÇÃO DAS OBRAS DE REPARO

Há ocasiões em que tais reparos apresentam-se obrigatórios para o dono do prédio dominante. Transformam-se em dever relativamente ao prédio serviente. Especialmente se no título constitutivo ficou assinalado o compromisso, como a limpeza do caminho, deixando-o bem transitável e com aparência agradável. Da mesma forma, surge a incumbência quando a omissão em efetuar os trabalhos provoca danos ao imóvel que suporta o gravame. Exemplificativamente, não se canalizam as águas que correm pelo leito do caminho e penetram nas faixas laterais, conduzindo entulhos sobre as plantações. "Se a inexecução das obras ameaça de dano o prédio serviente, ao dono deste concede a lei o direito de demandar o dono do prédio dominante para manter a servidão em bom estado de conservação, como, por exemplo, perfeitamente limpo o canal condutor da água, a fim de evitar inundação, direito que lhe é assegurado a qualquer tempo", anota Carvalho Santos.[8]

A falta de reparos pode conduzir à extinção da servidão, o que já tem sido admitido:

"Inobstante a exigência legal de que a servidão deva constar de registro no Cartório de Registro de Imóveis, a ausência de referência na matrícula imobiliária não retira a eficácia da inscrição da servidão contemplada em escritura pública lavrada anteriormente à entrada em vigor da Lei n. 6.015/1973.

A servidão deve desempenhar uma utilização social. Se o decurso de tempo demonstrou, pelo não uso, sua não utilidade, a servidão não pode ser considerada existente.

---

[6] *Traité théorique et pratique de droit civil*, cit. v. VI, p. 860, n. 1.129.

[7] Baudry-Lacantinerie e Chauveau, *Traité théorique et pratique de droit civil*, cit., v. VI, p. 860, n. 1.129.

[8] *Código Civil brasileiro interpretado*, cit., v. IX, p. 191.

A inexistência de atos necessários à conservação e ao uso da servidão, que são inerentes ao exercício do direito real instituído, caracteriza o abandono da servidão".[9]

5. RESPONSABILIDADE PELA REALIZAÇÃO DAS OBRAS E PELAS DESPESAS NECESSÁRIAS À CONSERVAÇÃO

Estatui o art. 1.381 do Código de 2002 (art. 700 do Código Civil revogado): "As obras a que se refere o artigo antecedente devem ser feitas pelo dono do prédio dominante, se o contrário não dispuser expressamente o título".

O dever de conservação está incluído no conteúdo da servidão, como já se observou.

Desde o momento da instituição do gravame, nasce a obrigação de manter a utilidade, conservando-a de forma a prestar os serviços que determinaram sua origem, e a realizar a finalidade que justifica sua existência. São acordes os autores em sustentar que a obrigação pela realização das obras e pelo custeio das despesas exigidas com a manutenção, o uso e a preservação correm por conta do prédio dominante. Decidiu-se, em apoio a essa obrigação: "Construção de tapumes laterais para proteção aos usuários da passagem. Em princípio, a posição do titular do prédio serviente é de passividade, cabendo ao dono do prédio encravado o encargo das obras ligadas ao uso da serventia".[10]

O art. 1.381 é dispositivo e diz respeito a qualquer que seja a servidão de que trata, mesmo quando a reparação é imposta por um vício inerente à natureza do prédio serviente, o que é confirmado pelos franceses Aubry e Rau: "Le propriétaire de l'héritage dominant a le droit d'exécuter, sur l'héritage servant, les travaux nécessaires doit en supporter les frais; et ce, dans le cas même ou la necessite des réparations (qui lui incombent) aurait été amenée par un vice inhérent à la nature de l'héritage servant".[11]

6. RESPONSABILIDADES A CARGO DO DONO DO PRÉDIO SERVIENTE

Duas são as hipóteses em que o dono do prédio serviente fica obrigado a suportar as despesas, ou parte delas, decorrentes da realização de obras.

Primeiramente, quando a servidão traz benefícios a seu prédio. Não raramente, o aqueduto para a condução de águas ao prédio dominante é utilizado conco-

---

[9]   TJMG 200000041116200001/MG 2.0000.00.411162-0/000(1), rel. Elias Camilo, j. 12.02.2004, *DJ* 17.03.2004.

[10]   Apel. Cível nº 15.414, 1ª Câm. Cível do TJRS, j. 12.10.1971, rel. Athos Gusmão Carneiro, *Revista de Jurisprudência do TJ do RS* 32/361.

[11]   *Cours de droit civil français*, cit., t. III, p. 126, § 253.

mitantemente pelo fundo serviente. A passagem que se estende em certo imóvel a fim de beneficiar outro pode se tornar de uso comum aos dois proprietários.

Em situações tais, repartem-se as despesas ou obrigações impostas nas obras de conservação e manutenção, dividindo-se os ônus na proporção da serventia a cada imóvel.

Clóvis traz à tona a seguinte regra: "Ou se o uso da coisa na parte sujeita à servidão for comum aos proprietários do prédio dominante e do prédio serviente, porque, neste último caso, havendo comunhão, as despesas hão de ser comuns, na proporção das respectivas vantagens".[12]

Em segundo lugar, a responsabilidade é transferida ao titular do prédio serviente se constar na instituição do gravame, exonerando-se a pessoa em favor da qual foi criada a vantagem. Mister seja inserida cláusula expressa, passando a incumbência ao prédio serviente. Pontes destaca esse requisito: "De modo que é sempre preciso que se insira a cláusula expressa para que o dever do dono do prédio serviente se estabeleça. Não há, sequer, regra jurídica interpretativa: o art. 700 é dispositivo, qualquer que seja a servidão de que se trate. Só a cláusula expressa pode fazer nascerem o direito e a pretensão à *refectio* pelo dono do prédio serviente".[13] Lembra-se que o art. 700 vem reproduzido no art. 1.381 do atual Código.

A obrigação assumida pelo dono do prédio serviente é um ônus real que grava o prédio. Estende-se perpetuamente como a própria servidão. Transmite-se aos herdeiros e sucessores, pois é um ônus inerente ao imóvel. No entanto, observando-se a ressalva feita por Colin e Capitant: a obrigação "solo pasará al que reciba el fundo sirviente, o, en caso de división, al que tenga en su lote el ejercicio de la servidumbre".[14]

7. EXONERAÇÃO DA RESPONSABILIDADE PELO ABANDONO DO PRÉDIO SERVIENTE

Se ao dono do prédio serviente incumbe o dever de efetuar os reparos e pagar as despesas originadas, o abandono do imóvel tem força liberatória da obrigação. O princípio consta no art. 1.382 do Código Civil: "Quando a obrigação incumbir ao dono do prédio serviente, este poderá exonerar-se, abandonando, total ou parcialmente, a propriedade ao dono do dominante".

Sem dúvida, é uma disposição bastante difícil de ocorrer.

Quais os pressupostos para configurar a regra?

---

[12]   *Código Civil dos Estados Unidos do Brasil comentado*, cit., v. III, p. 249.

[13]   *Tratado de direito privado*. 3. ed. Rio de Janeiro: Borsoi, 1971. v. XVIII, p. 217.

[14]   *Curso elemental de derecho civil*. Madrid: Reus. Trad. esp. 1952. t. II, v. II, p. 399.

São dois, equivalentes tanto no sistema do antigo Código Civil como no novo, pois iguais as regras: a) A obrigação na realização das obras necessárias para a conservação e o uso devem constar no contrato constitutivo. João Luiz Alves ressaltava: "A obrigação imposta ao dono do prédio serviente, por este artigo, depende de cláusula expressa do título constitutivo da servidão (art. 700), e, como parte dela, constitui ônus real, que obriga a qualquer adquirente do prédio serviente".[15] b) Essa obrigação compete exclusivamente ao dono do prédio serviente. O mencionado art. 700 equivale ao art. 1.381 do Código Civil de 2002.

Em vez de realizar a obrigação, permite a lei ao dono do prédio serviente que simplesmente abandone o imóvel. Pardessus tratou do assunto: "[...] le propriétaire d'un fonds grevé d'une servitude, et en même temps obligé d'entretenir les ouvrages nécessaires pour l'exercice de ce droit, avait la faculté de se libérer par l'abandon".[16]

Colin e Capitant prosseguem: "Como el propietario del fundo sirviente solo está obligado *propter rem*, podrá siempre librarse de la carga abandonando el fundo sirviente el propietario del fundo a que se debe el servicio. Algunas veces solo tendrá que abandonar una parte del fundo sirviente. Así, en el ejemplo que hemos presentado, el propietario del fundo sometido al paso podrá librarse de su obligación de empedrar y conservar el camino, cediendo al vecino, en plena propiedad, la faja de terreno necesaria para establecer el camino".[17]

Razões muito fortes levam a essa atitude, como o elevado ônus dos encargos para a conservação ou a insignificância do valor da área onde se encontra a servidão. A lei oferece uma faculdade ao proprietário do prédio serviente. O dono do prédio dominante não pode se opor, embora isso seja um fator que lhe acarrete pesados gastos. A doutrina é uniforme nesse sentido:

Planiol e Ripert: "Ese abandono que surte efectos tanto en cuanto al pasado como en cuanto al futuro, es un acto unilateral que no necesita ser aceptado por el propietario del predio dominante".[18]

Messineo vai mais longe: "[...] Il patrimonio del proprietario del fondo servente, quando questo abbia abbandonato il fondo, no risponde più, anche si il debito sorpassa il valore del fondo abbandonato".[19]

---

[15]   *Código Civil da República dos Estados Unidos do Brasil*, cit., 1º v., p. 616.

[16]   *Traité des servitudes ou servitudes fonciers*. 10. ed. Bruxelas: Société Typographique Belge, 1841. p. 317.

[17]   *Curso elemental de derecho civil*, cit. t. II, v. II, p. 399.

[18]   *Tratado practico de derecho civil francés*. Los bienes. Havana: Cultural, 1946. t. III, p. 819, n. 979.

[19]   *Le servitù*. Milano: Giuffrè, 1949. p. 166.

Carvalho Santos referenda o entendimento: "Pelo que se conclui, para a validade do abandono, como meio de exonerar o dono do prédio serviente da obrigação de conservar as obras, é desnecessário o consentimento do dono do prédio dominante".[20]

Mesmo que se consigne cláusula contratual de renúncia ao direito de abandono do prédio serviente, a doutrina tem consagrado a prerrogativa, não prevalecendo a estipulação. Aubry e Rau se manifestaram nesta linha: "Une pareille renontiation serait ilicite, parce qu'elle transformerait en un service imposé à la personne une obligation que la loi n'admit qu'à titre de charge réelle".[21] Salvat corrobora: "La doctrina más general enseña que una renuncia anticipada no es posible, porque ella transformaría el carácter de carga real de la estipulación relativa a los gastos de conservación de la servidumbre, en una simple obligación personal. Se ha contestado que el único efecto de la renuncia es que los sucesores en la finca no podrían en adelante hacer uso de la facultad de abandono y que, en consecuencia, el carácter de carga real de la estipulación relativa a los gastos de conservación de la servidumbre, no se modifica, ni se comprometen con la renuncia, principios de orden pública".[22]

Admitindo-se o contrário, a obrigação muda a sua natureza: de real passa a pessoal.

O abandono envolve todo o prédio que suporta a servidão, ou a extensão de terreno por ela ocupada. Planiol e Ripert estabelecem os limites: "Por lo demás no siempre es necesario abandonar todo el predio sirviente, como parece suponer la ley: por ejemplo, cuando se trata de una servidumbre de paso, basta que el propietario del predio sirviente abandone el terreno ocupado por el camino para librarse de la obligación de conservalo en buen estado".[23] No entanto, não só a parte sujeita à servidão principal, como também a da acessória, impõe-se que sejam abandonadas. No caso de ser área reservada pela qual se estende a servidão de obter a água em fonte do prédio vizinho, e se o dono deste quer se exonerar do compromisso de fazer nessa fonte as obras necessárias, é indispensável que ele abandone não só a dita fonte, mas ainda a porção de terra utilizada para chegar até o local da água. Não é coerente relegar a água a terceiro e conservar a faixa que torna possível a sua utilização. Enfim, o caminho por onde se transita adere à copropriedade do prédio dominante.

Seja por força maior, ou por defeito ou vício do prédio em si, ou pelo simples uso regular da servidão, sempre é facultado ao proprietário do pré-

---

[20] *Código Civil brasileiro interpretado*, cit., v. IX, p. 201.

[21] *Cours de droit civil français*, cit., v. III, p. 126, § 253, nota n. 8.

[22] *Tratado de derecho civil argentino*. Derechos reales. 4. ed. Buenos Aires: Tipografica Editora Argentina, 1959. v. III, p. 513-514, n. 1.869.

[23] *Tratado practico de derecho civil frances*. Los bienes, cit., v. III, p. 819-820, n. 979.

dio serviente exonerar-se do encargo de realizar as obras, ou de pagar as despesas, em acontecendo o abandono. É esse um princípio de ordem geral. Há, porém, exceções, como quando a necessidade da obra é decorrente de ato culposo do dono do prédio serviente. Nessa hipótese, e em outras semelhantes, o abandono não afasta a responsabilidade, pois a ilicitude do ato é que determina a obrigação.

De outro lado, o abandono envolve apenas a liberação relativamente às despesas futuras. Isenta o dono do prédio serviente também dos gastos de conservação e manutenção havidos no passado. É Salvat quem dá a razão: "La facultad de abandono pude ejercerse tanto para el pasado, es decir, cuando los gastos de conservación se han hecho ya necesarios, como para el futuro? La solución afirmativa prevalece en doctrina, porque aun cuando se trata de cargas reales, debe tenerse siempre presente que la obligación de soportar los gastos requeridos para la conservación de la servidumbre, deriva, en realidad, de una convención especial, de la cual la ley permite librarse por el abandono: el ejercicio de esta facultad tendrá, en realidad, cuando la necesidad de gastos aparezca; antes de ella, el dueño de la heredad sirviente no tiene interés alguno en hacer el abandono".[24]

Como se leva a efeito o abandono?

Urge o encaminhamento de um ato de transferência para o dono do prédio dominante?

Pontes de Miranda se expressa dizendo que é necessária uma declaração para que o dono do prédio dominante adquira a propriedade. A servidão não ficaria extinta sem a aquisição por este último.[25]

Ao que parece, há uma confusão entre o direito real e direito pessoal. No caso em exame, trata-se de uma obrigação, bastando o ato jurídico unilateral da renúncia para desaparecer a pretensão ao *facere* contra o abandonante. Perdura a servidão, mas termina o encargo de custear as despesas ou de levar adiante os serviços.

O mais comum é que o dono do prédio dominante aceite a propriedade sobre a qual se alicerça a servidão. E a transferência perfectibiliza-se por meio do ato registrário. No caso de não haver aceitação, sejam quais forem os motivos, como por não convir o domínio, ou diante do elevado custo das obras comprometidas ou já realizadas, pendentes de pagamento, o que acontecerá?

Adotando o pensamento de Carvalho Santos, a solução mais correta é a permanência do prédio serviente em nome do mesmo proprietário, eis que sem o registro alterado não se verifica a transferência de propriedade.[26]

---

[24] *Tratado de derecho civil argentino*. Derechos reales, cit., v. III, p. 514, § 1.869.

[25] *Tratado de direito privado*, cit., v. XVIII, p. 218, § 2.203, n. 2.

[26] *Código Civil brasileiro interpretado*, cit., v. IX, p. 208.

Em outros termos, o prédio abandonado continuará pertencendo ao mesmo titular. Não se transfere à pessoa favorecida pela servidão. É que, pela luz de nosso direito, o simples abandono não importa em transferência. Cessa, contudo, o ônus da responsabilidade na realização das obras necessárias e no pagamento dos encargos, mesmo que pretéritos, o que se dá com o simples abandono. Enquanto permanecer nesse estado, não poderá o dono do prédio dominante postular a realização das obras ou reclamar a satisfação de despesas havidas.

Como se materializa ou se revela o abandono?

Basta que o proprietário deixe o que é seu, sem expor reveladamente sua intenção. A simples negligência em reclamar a coisa, ou uma atitude passiva, não importa, contudo, em abandono. Interessa que ocorra um ato positivo e voluntário, como o descaso pelo uso que outros façam do bem. Há o comportamento positivo e a voluntariedade em permitir a ocupação por estranhos, de forma efetiva, sem oposição ou intenção de retomada. É o *animus derelinquendi* que define o abandono, ou seja, o titular larga o que é seu, com a consciência e a vontade de não tê-lo mais em seu patrimônio.[27]

A espécie não depende de um tempo certo para se caracterizar.

Entretanto, urge que fique induvidoso o *animus* para satisfazer as exigências da lei.

Há, ainda, a considerar que o mero abandono não constitui instrumento de aquisição pelo titular do prédio dominante. Não autoriza o registro imobiliário. Pode, no entanto, dar fluxo ao lapso de tempo da prescrição aquisitiva, o qual, consumado, permite o ajuizamento da ação competente.

---

[27] Washington de Barros Monteiro. *Curso de direito civil.* Direito das coisas, cit., p. 164.

Capítulo VII

LIMITES AO EXERCÍCIO DAS SERVIDÕES

1. USO CONFORME A FINALIDADE E A EXTENSÃO QUE INSTITUÍRAM AS SERVIDÕES

Não é ilimitado o uso da servidão, mas restringe-se às necessidades determinadas pelo prédio dominante.

No direito francês, art. 702 do Código Napoleônico, está pronunciada a limitação à necessidade: "De son coté, celui qui a un droit de servitude ne peut en user que suivant son titre, sans pouvoir faire ni dans le fonds qui doit la servitude, ni dans le fonds à qui elle est due, de changement qui agrave la condition du premier".

A regra está no art. 1.385 do Código Civil brasileiro: "Restringir-se-á o exercício da servidão às necessidades do prédio dominante, evitando-se, quanto possível, agravar o encargo ao prédio serviente".

A exegese é dada no seguinte aresto:

> Servidão de passagem a pé instituída por escritura pública. Pretensão do titular do prédio dominante de ampliar a destinação da servidão, utilizando-a para o trânsito e o estacionamento de veículos. Inadmissibilidade. Interpretação restritiva do direito real de uso. Aplicação da norma do art. 1.385, § 2º, do CC. Situação de fato que não autoriza a ampliação da extensão do exercício da servidão, nem a incidência do entendimento consolidado na Súmula nº 415 do STF. Apelação improvida.[1]

O fundamento é este: deve-se onerar com o menor encargo possível o prédio serviente. O imóvel, em tese, se presume livre, o que leva a exigir maior respeito de parte de outrem. O titular do benefício encontra entrave

---

[1] TJSP, APL 1326966000/SP, rel. Alexandre Augusto Pinto Moreira Marcondes, j. 16.12.2008, 15.ª Câmara de Direito Privado, *DJ* 08.01.2009.

legal para a utilização em outras finalidades, dada essa presumida liberdade, que se firma como princípio inspirador dos direitos do proprietário de usar, gozar e dispor de seus bens conforme lhe aprouver.

De modo que a servidão não se amplia a outros prédios, mesmo que venham a ser adquiridos pelo dono do dominante. No entanto, não constitui "extensão abusiva a comunicação a outros prédios, enquanto essa comunicação não seja senão a consequência ou o resultado do exercício legítimo do direito que cabe ao dono do prédio dominante".[2] Exemplifica-se, para aclarar a situação, com a seguinte hipótese: o que usufrui de uma servidão de aqueduto pode dar à água, quando sai de seu prédio, uma direção favorável e útil a outras propriedades pertencentes a terceiros. Ressalta que não há extensão a outros imóveis a partir da tomada de água dentro do prédio serviente. Diferente é o caso na eventualidade de se conceder a vantagem de forma a importar em modificação, quer no prédio serviente, quer no dominante. Assim, se uma pessoa concede a uma segunda o direito de retirar água para as necessidades de sua casa, não é justo busque o líquido a fim de distribuição a habitantes da cidade, ou a vizinhos. Nada há de errado, porém, quando, chegando a água no imóvel dominante por aqueduto, é autorizado o aproveitamento por moradores próximos. Planiol e Ripert bem colocam a questão: "Aquel cuyo predio se halla gravado por una servidumbre de aguas no tiene derecho a protestar si las aguas, después de atravesar su propiedad, se emplean en regar otras fincas que no sean aquellas a que se destinaban primitivamente, si de eso cambio de destino no resulta agravación alguna para el predio sirviente".[3]

Adiante, no item 7 deste capítulo, o assunto será mais desenvolvido, quando se estudará o § 1º do art. 1.385.

2. EXERCÍCIO DE ACORDO COM AS NECESSIDADES DO PRÉDIO DOMINANTE

Trata-se de examinar o limite quanto às necessidades a serem atendidas pela servidão.

Pontes de Miranda coloca a questão da seguinte forma: "A servidão há de ser útil ao prédio e não ir além disso (*praedio utilis*). Assim, por direito romano (L. 5, § 1º, D, *de Servitutibus praediorium rusticorum*, 8, 3) e por direito do Código Civil, art. 704, como por direito inglês e alemão, o que tem servidão de tirar água até 'x' milhares de litros por dia ou de 'x' milhares de litros por semana, e não necessita de mais de metade de 'x', só tem servidão

---

[2] Carvalho Santos. *Código Civil brasileiro interpretado*. 7., 10. e 11. ed. São Paulo: Freitas Bastos, 1963. v. IX, p. 226.

[3] *Tratado practico de derecho civil frances*. Los bienes. Havana: Cultural, 1946. t. III, p. 822, n. 982.

da metade de 'x', a despeito do que se acordou e registrou... Não se pode estabelecer servidão além do que é útil".[4]

Em última instância, o fundamento é o mesmo do art. 1.385 do atual Código Civil, tanto que Pontes de Miranda, como visto anteriormente, refere-se ao art. 704 do Código anterior, que corresponde ao artigo citado.

Trata-se de uma regra de *jus cogens*. O necessário é o limite, que atenderá àquelas finalidades que tenham sido previstas no momento da formação da serventia. Dirigida a um objetivo específico, não poderá transpor seus contornos.

A necessidade está ligada à finalidade. Exemplificativamente, se a destinação está na finalidade de chegar a determinado local, a um povoado, a uma fonte, sem percorrer longuíssima distância, limita-se o uso unicamente para atravessar um imóvel que se interpõe entre o local da partida e o local onde se busca chegar, de modo a percorrer o menor percurso, e não para transportar mercadorias em veículos maiores, ou para abrir uma via a membros de comunidades vizinhas.

Em princípio, não assiste ao titular do direito à servidão ampliar o exercício para necessidades mais amplas. Uma antiga decisão do então Tribunal de Alçada de Minas Gerais exemplifica um caso de inviabilidade: "Servidão de passagem. Limite. Abuso de direito. A servidão é uma restrição que se impõe ao pleno exercício da propriedade, devendo ser utilizada nos estritos limites para os quais foi constituída. Se, na servidão de trânsito, se permitiu a passagem de pedestres, não pode ser utilizada para automóveis e muito menos pode o beneficiário arrancar cercas ou deixar abertas partes móveis destas, sob pena de configurar abuso de direito, que deve ser coibido pela ordem jurídica".[5]

Se a permissão de retirada de água é para a irrigação de um jardim, não se justifica, pois, o aproveitamento para a lavoura. A menos que a utilização em questão não provoque o agravamento ao prédio serviente, seja quanto à quantidade de água, seja quanto às obras necessárias a facilitar o acesso ao local de onde são retiradas para o emprego nas plantações.

Não há qualquer inconveniente ao emprego a outros fins, se não causar defasagens ou redução de utilidade e proveito ao prédio serviente. Ademais, em razão da situação do imóvel dominante, torna-se impossível a devolução das sobras ao prédio de onde procedem.

Diferente é a realidade quando a passagem foi estabelecida para veículos pequenos, ou de médio porte, e busca-se o uso para carros pesados ou de carga; ou se a passagem se destinava a um ou dois veículos, e aumenta-se para um número bem superior. Nessa compreensão, se no momento da instituição se visou a chegada de veículos para dois ou mais prédios erguidos em um

---

[4] *Tratado de direito privado.* 3. ed. Rio de Janeiro: Borsoi, 1971. v. XVIII, p. 220.

[5] TAMG, Ap nº 0218275-6, 2ª Câm. Cív., rel. Juiz Caetano Levi Lopes, j. 25.06.1996.

terreno, constitui abuso a permissão em se utilizar o caminho para o acesso a outros prédios que são construídos posteriormente no mesmo terreno.

3. NÃO EXTENSÃO A PROPRIEDADES VIZINHAS DO PRÉDIO DOMINANTE

A servidão não é criada para um aproveitamento geral e indeterminado. Não encontra amparo a ampliação a outros fins além do que foi ajustado.

Assim como não se admite a separação do prédio em cuja vantagem foi estabelecida, não se oferece fundamento legal para a extensão a uma propriedade vizinha. Colhe-se de Clóvis a seguinte lição: "Se o dono do prédio dominante ampliar, abusivamente, a servidão, o possuidor do serviente poderá contê-lo por ação de manutenção ou por ação negatória".[6] Pontes de Miranda segue nesta posição: "Não se pode estender *de re ad rem*, nem *de persona ad personam*, nem *de casu ad casum... servitus non extendatur ultra necessitatem rei...* Os que têm servidão para um prédio não podem ampliá-la a outro, ainda que contíguo, ou intermédio, ou que se venha a juntar a prédio dominante".[7]

Aplicações essas se justificam porque a lei não tolera o agravamento sem necessidade, além dos limites da restrição resultante da imposição avençada no ato da instituição.

4. MAIOR UTILIZAÇÃO DA SERVIDÃO

Não entra no âmbito da proibição legal o uso da passagem por um maior número de animais, todos oriundos do prédio dominante. Igualmente, na pastagem, é indiferente, para efeitos legais, se dez ou cem animais ocupam um campo. Não é, a título de exemplo, o aumento do trânsito que acarreta a agravação, mas é o aumento da servidão de trânsito, ou o alargamento do caminho. Elevando-se o número de transeuntes, fato que determina a ampliação da *servitus*, aí se onera o encargo do prédio serviente. Incide a proibição.

Aubry e Rau trazem um exemplo elucidativo: "La seule circonstance que l'héritage dominant viendrait à être habite par un plus grand nombre de personnes ne constituirait pas une agravation de la servitude de passage ou de puisage. Il en serait de même, pour la servitude de pacage, de l'augmentation des bestiaux attachés à l'explotaion du fonds dominant".[8]

---

[6] *Código Civil dos Estados Unidos do Brasil comentado*. Rio de Janeiro: Francisco Alves. Ed. de 1917, 1933 e 1950. v. III, p. 252.

[7] *Tratado de direito privado*, cit., v. XVIII, p. 374, § 2.225, n. 1.

[8] *Cours de droit civil français*. 6. ed. Paris: Librairie de la Cour de Cassation, 1938. v. III, p. 131, § 253.

De modo que a alteração de destino ou a natureza do prédio dominante não envolve agravação do encargo do prédio serviente se o aumento do uso não acarreta maior gravame. Destinada uma casa para a moradia de uma família, cujo acesso se faz por uma servidão de trânsito, a transformação do prédio em hotel não determina a agravação, se as pessoas mantêm o mesmo nível de utilização. Entretanto, adaptando-se à casa de diversões, com atendimento ao público em adiantado horário noturno, muda a situação. Crescem os incômodos. A passagem é mais frequente. O barulho, a presença contínua de pessoas, a variedade de tipos humanos, entre outros fatores, significam uma nova realidade, que não poderá agradar ao proprietário do prédio serviente, pois certamente demandará mais encargos, uma vigilância redobrada, e, quem sabe, poderá determinar uma desvalorização imobiliária. Nesse mesmo panorama, um prédio residencial para o qual se chega atravessando um terreno alheio é transformado em consultório médico, ou em hospital, com o uso intensivo por meio do permanente trânsito de pessoas, e inclusive de veículos. Há uma utilização em maior escala, causando mais transtornos, exigindo mais cuidados e retirando a tranquilidade que antes existia. Por isso, pode-se falar em aumento ou agravamento de encargos.

Há, em realidade, de se examinar caso a caso.

Aproveitando-se as palavras de um especialista italiano sobre o assunto, conclui-se que as modificações que acarretam "una innovazione che renda più gravosa la condizione del fondo serviente [...] è vietata al propreitario del fondo dominante".[9]

5. CONVENÇÕES ADMITINDO O AGRAVAMENTO

Com bastante ênfase, Giuseppe Tamburrino considera inválido um acordo admitindo o agravamento: "[...] Chè nulla vieta di concepire un accordo tra proprietario del fondo dominante e proprietario del fondo servente che aggravi durante il corso della servitù la posizione del fondo servente come è consentito alle sorti di stabilire liberamento che la servitù apporta al fondo servente, cosi non può essere loro consentito convenzionalmente di modificare in qualsiasi senso, successivamente, quella intensitá e quel grado di agravamento".[10]

Segundo a doutrina italiana, uma inovação que agrave o ônus do prédio serviente é vedada, embora haja a concordância de ambas as partes. Essa tendência revela a tese de que tudo aquilo que agrava o imóvel onerado não é permitido.

Malgrado a evidente intenção de defender o prédio serviente, que suporta limitações em favor de outro imóvel, de modo a não se agravar esse estado de

---

9   Giuseppe Tamburrino. *La servitù*. Torino: UTET, 1968. p. 337, § 58, n. 197.
10   *La servitù*, cit., p. 337, § 58, n. 197.

contingência, nada há de ilegal nas novas convenções celebradas pelas partes, que agem livremente, aumentando ou diminuindo os encargos já existentes. Se a servidão pode ser instituída a qualquer tempo, sem que a liberdade dos contratantes seja ferida, com maior razão se autorizam novas decisões dos envolvidos, alterando o estado de constrição consolidada até o momento.

6. SITUAÇÕES QUE NÃO CONSTITUEM AGRAVAMENTO

A fim de ilustrar o assunto, útil é a transcrição de alguns casos que não formam agravação, citados por Carvalho Santos:

a) A construção de um parapeito em um terraço.

b) Abrir janelas em outro local, para beneficiar o prédio dominante, desde que não prejudique o serviente.

c) A mudança da forma do telhado, na servidão de estilicídio, se tornar menos gravosa a situação do prédio serviente.

d) Colocar o titular de uma servidão de aqueduto sobre prédio de outrem, água de qualidade diversa daquela que introduzia a princípio, desde que não agrave a condição do prédio serviente.

e) Na servidão de prospecto exercida por meio de uma janela, a transformação desta em uma sacada, substituindo-se o parapeito de tijolos por uma grade de ferro.

f) Estender o cano que conduz a água a outros cômodos da casa, a não ser que prejudique o prédio serviente.

g) O acréscimo do número de pessoas que têm direito à passagem ou à água, pouco importando que a casa permaneça do mesmo tamanho ou tenha sido ampliada, estendendo-se o que ficou ressaltado no item nº 4 deste capítulo à presente hipótese.

h) Quando originariamente o prédio, a cujo proveito foi instituída a servidão, pertencia a um só proprietário e passou depois a pertencer a muitos, todos poderão usar da passagem ou tirar água, conforme a servidão, sem que nesta última sejam obrigados a gastar apenas a quantidade que gastava o primeiro proprietário.[11]

7. PROIBIÇÃO EM ESTENDER A SERVIDÃO A FINS DIVERSOS DAQUELES QUE A DETERMINARAM

Diz a lei civil no § 1º do art. 1.385 (parágrafo único do art. 704 do Código revogado): "Constituída para certo fim, a servidão não se pode ampliar a outro".

---

[11] Carvalho Santos, cit.. v. IX, p. 234.

O dispositivo expressa a síntese do princípio que domina a matéria, ou seja, a interpretação restritiva das servidões. Está no espírito da lei o cuidado em restringir seus limites às finalidades que as determinaram. Elas não se estendem a outro fim além daquele para o qual foram constituídas, a menos que se trate de uma servidão ampla de caminho, na qual se permite a circulação de veículos de toda espécie, derivando, daí, autorização para transitarem pessoas a pé, a cavalo, pois: a de maior envolve a de menor ônus, e a menor exclui a mais onerosa, segundo regra do § 2º do art. 1.385 do novo Código segundo constava no art. 705 do Código Civil de 1916.

Calha, no entanto, a observação de Marco Aurélio S. Viana: "É possível que uma servidão não seja instituída para um uso determinado. Se isso ocorre, é de se entender que ela alcança os usos indistintamente. Assim, se uma servidão de tomada de água é constituída sem limitação, admite-se a sua utilização para a irrigação, para mover uma máquina. Isso só não ocorre se no ato de constituição constar de forma específica o fim".[12]

A servidão se circunscreve às necessidades do prédio dominante, evitando, quanto possível, o agravamento do encargo do prédio serviente, bem como o seu destino, ainda quando possível a remoção de um local para outro.

A oneração só pode ser exercida segundo o título que a constituiu, ou conforme a posse que a originou. Na dúvida, consideram-se as circunstâncias do momento em que foi concebida e as necessidades do fundo dominante que a determinaram. Sempre se imputa o mínimo de restrição aos poderes reservados ao prédio serviente. Na servidão das águas, obrigando-se o dono do prédio serviente a ceder até determinada quantidade de água, não é protegida a pretensão para ampliar a uma nova necessidade, como para mover um moinho. Se o destino era satisfazer os reclamos de uma família, aumentar a quantidade a fim de irrigar uma lavoura extrapola a causa que lhe deu origem.

Planiol e Ripert ressaltaram até onde podem ir os limites: "El propietario del predio dominante puede obtener de la servidumbre cuantos provechos resulten del título o de su posesión, pero no puede ir más allá y destinarla a otros usos [...]; así, una servidumbre de saca de agua constituida para el regadío de una propiedad no puede utilizarse para el funcionamiento de una fábrica; asimismo una servidumbre de saca de agua concedida para el establecimiento de un vivero, no puede afectarse al regadío de un predio; tampoco, aquel que haya adquirido por prescripción una servidumbre de saca de agua, para destinarla exclusivamente a la moción de un molino de casca sobre un canal de la propiedad de un vicino, quien pase sobre ese canal molinos de aceite,

---

[12] *Comentários ao Novo Código Civil (Dos direitos reais)*. Coord. Sálvio de Figueiredo Teixeira. Rio de Janeiro: Forense, 2003. Vol. XVI, p. 393.

no puede, al transformar su molino de casca en molino de aceite, utilizar la saca de agua en favor de este último".[13]

Baudry-Lacantinerie e Chauveau prosseguem na mesma doutrina: "Si la servitude a été constituée pour un usage bien précis limitativement déterminé, elle ne pourra servir à un autre usage: une servitude de prise d'eau criée pour l'irrigation d'un fonds ne saurait être utilisée pour le roulement d'une usine elevée sur le fonds; celle établie pour procurer la force motrice à un moulin à tais ou à foulon ne peut servir pour un moulin à huile ou à blé, susceptible de faire concurrence ou moulin exploité sur le fonds servant; de même, la servitude de passage, reitreinte aux usages domestiques et bourgeois d'une maison édifiée sur un fonds ne s'étend pas aux besoins de l'industrie et du commerce nouvellement exploites dans la maison".[14]

Tamburrino, também já citado, nos dá a seguinte orientação: "Il giudice non deve farsi guidare nel suo giudizio dall'eventuale maggior vantaggio del fondo dominante in confronto del minor disagio del fondo servente, ma deve dare a questo prevalenza su quello, individuando le esigenze che la servitù di quel tipo è normalmente destinata a soddisfare e accertando che quelle esigenze siano soddisfatte con il minor aggravio del fondo servente".[15]

---

[13] *Tratado practico de derecho civil francés*, cit., t. III, pp. 822 e 823, nº 983.

[14] *Traité théorique et pratique du droit civil*. Paris: Recueil J. B. Sirey/Journal du Palais, 1905. v. VI, p. 867-868, n. 1.134.

[15] *Le servitù*, cit., p. 116, n. 80.

Capítulo VIII

REMOÇÃO OU MUDANÇA DE LOCAL DA SERVIDÃO

1. MUDANÇA PELO DONO DO PRÉDIO SERVIENTE

Trata-se da mudança ou remoção procedida pelo dono do prédio serviente, com apoio na lei civil, mas desde que não redunde em prejuízo relativamente ao dono do prédio dominante.

Vem a matéria disciplinada no art. 1.384 do Código Civil, em texto mais amplo que o correspondente art. 703 do Código de 1916, por estender também ao dono do prédio dominante a prerrogativa de remover de local a servidão, se arcar com o custo e se não resultar prejuízo ao titular do domínio do prédio: "A servidão pode ser removida, de um local para outro, pelo dono do prédio serviente e à sua custa, se em nada diminuir as vantagens do prédio dominante, ou pelo dono deste e à sua custa, se houver considerável incremento da utilidade e não prejudicar o prédio serviente".

João Luiz Alves comentou a regra do art. 703 do Código revogado, sob o ponto de vista da mudança levada a termo pelo dono do prédio serviente: "Ao dono do prédio dominante pode ser indiferente o uso da servidão por um ou por outro ponto do prédio serviente, e, entretanto, a este ser ela menos gravosa e menos inconveniente, por um ponto do que por outro. Em tais condições é que o Código, e como ele o direito anterior, autorizam, com justa razão, a mudança da servidão de um local para outro".[1]

Segundo alguns, em vista da previsão do Código de 1916, pelo fato de a lei prever a remoção exclusivamente a favor do prédio serviente, não cabia estender a faculdade ao dono do prédio dominante.

---

[1] *Código Civil da República dos Estados Unidos do Brasil*. 2. ed. São Paulo: Saraiva, 1935. 1º v., p. 617.

Explicava Carvalho Santos a razão: "Partindo do pressuposto de que o direito de remoção da servidão não se aufere pelo acréscimo de vantagem do dominante, mas pela redução do ônus do serviente, sem que se prejudique a atuação daquele, só a este dá o direito de remover a servidão [...]".[2] Havia, no passado, entendimentos jurisprudenciais que seguiam a restrição. Entretanto, considerando o princípio da utilidade da propriedade, o qual leva a determinar as diretrizes para obter o seu maior proveito sem que decorram prejuízos à sua integridade, evoluiu o direito para favorecer o titular do prédio dominante, a quem também se estende a faculdade de mudar a localização da servidão, se inconveniente não acarretar ao titular do prédio serviente, e se vantajosa a mudança para aquele, como se desenvolverá no item a seguir.

2. MUDANÇA PELO DONO DO PRÉDIO DOMINANTE

Nem poderia dominar uma exegese restritiva à mudança pelo titular do prédio dominante, inclusive sob o comando do art. 703 do revogado Código de 1916. Messineo já revelava as razões que permitiam a mudança no direito italiano: "Come si è già accennato, il mutamento del luogo della servitù può essere provocato dall'iniziativa del titolare della servitù. Lo prevede il terzo comma dell'art. 1.068, il quale dispone: 'Il cambiamento di luogo per l'esercizio della servitù si può del pari concedere su istanza (domanda giudiziale) del proprietario del fondo dominante, se questi prova che il cambiamento riesce per lui di notevole vantaggio e non reca danno al fondo servente'. Qui, il principio, cui s'ispira tale accezione, è davvero il vantaggio economico, ossia un'esigenza, della produzione; qui, enfatti, la legge richiede un notevole vantaggio per il propreitario del fondo dominante. In pari tempo, si deve accertare che non ne provenga danno al fondo servente".[3]

Pontes de Miranda seguia no mesmo posicionamento, embora com mais ponderação, já sendo aceitável sua manifestação: "O dono do prédio dominante não pode mudar, *sponte sua*, o lugar da servidão, porque se trataria de incursão ilícita em esfera jurídica de outrem; mas pode pedir ao juiz que constitua a transferência, depois de examinar se há conveniência para o prédio dominante e se não há inconveniência para o prédio serviente. Conveniência para o prédio serviente ou sua exploração planejada ou planejável".[4]

Sempre, para a tomada de uma posição, examina-se o ponto crucial, que é a ocorrência ou não de prejuízo para o prédio serviente. Em caso negativo,

---

[2]   *Código Civil brasileiro interpretado.* 11. ed. São Paulo: Freitas Bastos, 1963. v. IX, p. 215.

[3]   *Le servitù.* Milano: Giuffrè, 1949. p. 162, n. 80.

[4]   *Tratado de direito privado.* 3. ed. Rio de Janeiro: Borsoi, 1971. v. XVIII, p. 384, § 2.226, n. 4.

não há razões para obstaculizar a transferência, segundo a melhor intepretação que se deve dar ao art. 1.384 do Código Civil. José Guilherme Braga Teixeira indica os pressupostos para a mudança pelo dono do prédio dominante: "Primeiro, que o faça (o titular do prédio dominante) à sua custa; segundo, que a remoção confira considerável incremento de utilidade fornecida pela servidão; terceiro, que a remoção da servidão não traga nenhum prejuízo ao prédio serviente".[5]

3. REQUISITOS PARA SE AUTORIZAR A MUDANÇA

O princípio da mudança de um local para outro provém de uma velha máxima latina: *Quod tibi non nocet, et alteri prodest, faciendum est.*

Essa a compreensão que permite a mudança: "Apelação cível. Ação de usucapião de servidão de passagem. Reconvenção. Remoção da servidão. Procedência. Estrada alternativa com maior acessibilidade, visibilidade, melhor revestimento, condições de tráfego e segurança. Laudo pericial conclusivo. Negado provimento a apelação. Unânime".[6]

Para o uso da faculdade pelo dono do prédio serviente, basta demonstrar a vantagem na mudança, vantagem que consistirá na redução do ônus ao seu prédio, tornando-o mais produtivo e com menores embaraços ao aproveitamento. Não se reclama, como acontece em algumas obrigações, a prova de determinada causa, para se autorizar a mudança, o que se verificaria exemplificativamente quando a servidão viesse a impedir a realização de obras de melhoramento. Suficiente esclarecer, por meio de elementos concretos, a diminuição de ônus acarretáveis pelo encargo. Assim, todas as hipóteses ensejam a pretensão, desde que resultem na diminuição de obrigação, conforme o princípio de que se deve procurar agravar o menos possível o fundo serviente.

No direito italiano aparece uma discriminação de razões: "[...] Se l'originario esercizio [...] è divenuto più gravoso per il fondo servente, o se ù gravoso per il fondo servente, o se impedisce di fare lavori, riparazioni o miglioramenti, il proprietario di esso fondo può offrire al titolare della servitù un luogo egualmente cômodo, per l'esercizo dei suoi diritti; e questi non può ricusarlo".[7] Nesse sistema, basta ao interessado, por exemplo, provar "il bisogno di semplici riparazioni", pressuposto da transferência, o que constitui uma discriminação da causa. Nem se pede a prova do agravamento do

---

[5] *Comentários ao Código Civil brasileiro.* Da propriedade, da superfície e das servidões. Coord. Arruda Alvim e Thereza Alvim. Rio de Janeiro: Forense, 2004. v. XII, p. 322.

[6] Apelação Cível nº 70039716832, 18ª Câmara Cível do TJRS, rel. Nara Leonor Castro Garcia, j. 16.12.2010, *DJ* 10.01.2011.

[7] Francesco Messineo. *Le servitù*, cit., p. 159, n. 78.

ônus decorrente da servidão, elemento importante no direito italiano. A lei brasileira contempla duas imposições: a vantagem em favor do serviente e, como já foi lembrado, que não resulte prejuízo ao prédio dominante, se este for constrangido à remoção. Para tanto, cumpre ao prédio apresentar um local cômodo e com facilidades equivalentes ao anterior. Se o trânsito, *v.g.*, servia para a passagem de animais e veículos, a transferência a lugar diverso é possível se perdurarem as serventias anteriores.

Já no tocante ao dono do prédio dominante, a base é a mesma, importando sempre o favorecimento da utilidade e que não advenha prejuízo ao titular do imóvel serviente.

4. DESPESAS COM A REMOÇÃO

No tocante às despesas, tudo será por conta do promovente da mudança. A reconstituição de obras, como pontes, cercas, aterros, são de responsabilidade dele, não tendo o menor amparo legal a pretensão ao reembolso da quantia gasta. Não são necessárias maiores considerações para se concluir da obviedade dessa decorrência, posto que o interesse particular de uma pessoa, que será a única beneficiada, não poderá redundar em ônus a terceiros, que já sofrem os percalços e as inconveniências que sempre surgem com a modificação de um estado de coisas já consolidado, ao qual estavam habituados.

5. IMPRESCRITIBILIDADE DO DIREITO DE MUDANÇA

A faculdade de remoção é exercitável pelo interessado a qualquer tempo, ou quando lhe convier. Justamente por ser uma faculdade é que não prescreve, segundo o princípio romano *in facultativis non datur prescriptio*, aduzindo os franceses Aubry e Rau: "Cette faculté est imprescriptible; elle peut-être invoquée par celui-là même qui y a renoncé, alors du moins que le propriétaire de l'héritage dominant n'a aucun intérêt appréciable à s'approver à son exercice".[8]

6. MUDANÇA ARBITRÁRIA DA SERVIDÃO

Se agir o proprietário arbitrariamente, mesmo tratando-se de posse, assiste ao proprietário o exercício da ação possessória, a fim de fazer valer o seu direito. De sorte que, existindo uma área de terras encravada, com um caminho de acesso a ela, e verificado o esbulho através de atos do proprietário

---

[8]   *Cours de Droit Civil Français*. 6. ed. Paris: Librairie de la Cour de Cassation, 1938. v. III, p. 139, § 254.

do prédio serviente, que busca a mudança arbitrária de localização, tornando uma situação mais gravosa para o titular do prédio dominante, cabe a competente ação possessória de proteção. Unicamente se não resultar prejuízo a quem usa a passagem admitir-se-á a alteração, o que nem sempre é possível unilateralmente. A matéria demanda o enfrentamento em lide apropriada, impedindo que se resolva *a manu militari*. Mantém-se o estado *quo ante* até que se encontre uma decisão definitiva, inclusive com prova cabal da inexistência de inconveniência para aquele que desfrutava de um proveito mais vantajoso. Antes da alteração, mister a definição dos resultados que advierem para as partes.

7. MUDANÇA DO EXERCÍCIO DA SERVIDÃO

Além da mudança de um lugar para outro, é admissível o pedido de modificação do próprio exercício ou do modo de ser da servidão. A possibilidade requer seja mais cômodo o uso e se verifique a inexistência de prejuízo ao prédio dominante. Se aspectos negativos não aparecerem, falta ao titular da servidão interesse para manifestar oposição. Messineo traz o seguinte subsídio: "Modo della servitù è, come dice la stessa parola, modalità di esercizio, ossia tutto quanto serve a rendere definita, nei suoi particolari elementi, la servitù; così, si suole indicare lo spessore del tubo nella servitù di scarico, o il tipo del rubinetto nella servitù di pressa d'acqua. Ora il mutamento del modo va consentito, per identità di razione, ove ricorrano i presupposti medesimi, che sono richiesti per il mutamento del luogo della servitù".[9]

A clareza de Pontes elimina qualquer dúvida: "Quanto ao modo, nada obsta a que se substitua, por exemplo, o cano ao rego ou vala, ou a bomba a motor elétrico à bomba manual".[10]

Especialmente em vista do avanço de novas técnicas e instrumentos mais aperfeiçoados, não revela oneração ou aumento de restrições a mudança do modo de utilização de um caminho, que, em épocas anteriores, se fazia através de animais, passando a se efetuar mediante veículos, sem acarretar alargamento do espaço que vinha destinado, e muito menos intensificando a utilização.

Ao que se percebe, preponderante é para a solução do caso verificar se resulta ou não prejuízo para o titular da servidão, ou para o dono do prédio gravado com o encargo. Não se detectando prejuízos, as modificações pretendidas por qualquer pessoa devem ser atendidas. No dizer de Pontes, a regra do art. 703 do anterior Código, abrangida pelo art. 1.384 do Código em vigor, é cogente, irrenunciável, existindo ainda que o título tenha restringido o direito.

---

[9]   *Le servitù*, cit., p. 162-163, n. 81.

[10]   *Tratado de direito privado*, cit, v. XVIII, p. 385.

Sendo o dono do prédio serviente quem procura a alteração, a pretensão não se resume a simplesmente exigir, mas a autorizar, desde logo, o exercício da ação, já que está assegurado o direito subjetivo real à mudança, que confere poder para a remoção. Trata-se do exercício de um direito contido no direito de propriedade do prédio serviente. "Por ele, o ato-fato jurídico, o dono do prédio serviente muda, faticamente, a aparência do prédio, que lhe pertence, *e. g.*, abre novo caminho e fecha o velho, constrói ponte e demole outra, fecha parte do campo e oferece à pastagem outra, com os mesmos cômodos".[11]

Com base nesses pressupostos, acrescenta-se o poder de mudar quanto ao tempo, isto é, se exercida a servidão durante o dia, passa para a noite, ou muda de um turno para o outro, ou será exercida em dias diversos, desde que não advenham prejuízos ao prédio dominante nem apareçam novas despesas. Nas divergências entre os interessados, propõe-se como remédio a ação de regularização do exercício da servidão.

8. INOVAÇÃO E OBRAS QUE DIMINUEM O EXERCÍCIO DA SERVIDÃO

As obras ou inovações até aqui vistas são realizadas, em geral, pelo dono do prédio serviente, preponderando a permissão legal de se mudar uma servidão de um local para outro, ou de se modificar a forma do exercício, desde que não advenham prejuízos à outra parte.

Há alterações ou inovações que não redundam em prejuízos no uso da liberalidade oferecida pelo prédio. Nessa categoria, explica Tamburrino, "si comprenderanno tutte le modificazione non vietate e consentite al proprietario del fondo servente che non producano una effettiva diminuzione o un effettivo incomodo nell'esercizio della servitù: si tratterà di quagli atti e di quelle modifiche che, per costituendo miglioramenti e restando contemperate che exigenze del fondo dominante con quelle del fondo servente, rappresentino l'esercizio compiuto *civiliter* dal proprietario del fondo servente delle facoltà che l'esistenza della servitù non può totalmente elidere e che siano relativa al godimento dello stesso fundo servente, senza atenuare il raggiungimento della prevista *utilitas* del fondo dominante".[12]

As inovações, nessa espécie, não sofrem nenhum óbice.

No entanto, aquelas que diminuem, limitam ou dificultam a vantagem oferecida pelo prédio são proibidas, já que trazem alteração prejudicial. Não interessa que sejam necessárias mesmo para a conservação ou o beneficiamento do prédio serviente.

---

[11] Pontes de Miranda. *Tratado de direito privado*, cit., v. XVIII, p. 376, § 2.225, n. 2.

[12] *La servitù*, cit., p. 340, § 58, n. 198.

As inovações nocivas acontecem em hipóteses múltiplas, como na construção de uma obra que faz desviar as águas das chuvas para o prédio dominante; no erguimento de uma construção com telhado que impede o ingresso da luz do dia no prédio do vizinho; de um pontilhão ou qualquer obra que dificulta o trânsito de animais e mesmo de veículos; do nivelamento de um caminho de forma a ficar inundado nos períodos de chuva.

No primeiro caso, as alterações não produzem uma verdadeira diminuição ou um efetivo incômodo. No outro, importa o mesmo efeito da modificação de local da servidão, nociva aos interesses da pessoa que usufrui a serventia.

9. INSTITUIÇÃO DE NOVA SERVIDÃO SOBRE O PRÉDIO SERVIENTE JÁ GRAVADO COM SERVIDÃO

A hipótese epigrafada demanda o estudo da possibilidade de se agravar o mesmo imóvel com mais de uma servidão, em favor de prédios distintos.

Em relação a prédios dominantes, o art. 1.380 não se opõe: "O dono de uma servidão pode fazer todas as obras necessárias à sua conservação e uso, e, se a servidão pertencer a mais de um prédio, serão as despesas rateadas entre os respectivos donos".

Vê-se que a servidão poderá pertencer a mais de um prédio, mas, no caso em exame, não se infere da lei previsão de que duas servidões diferentes restrinjam o mesmo prédio.

E nem mister se faz que o diga.

Luiz da Cunha Gonçalves explica: "O proprietário de um prédio já onerado com uma servidão não fica inibido de conceder sucessivamente outras servidões iguais ou diferentes, no mesmo ou em diverso lugar, a favor do mesmo ou outros prédios dominantes, contanto que o exercício das mais modernas não prejudique o das mais antigas".[13]

O dono do prédio dominante, primeiramente favorecido, não tem o direito de recusar essa oneração, a não ser provando que lhe tenha causado embaraços ao uso de sua servidão. Por conseguinte, duas ou mais utilidades presta o imóvel a terceiros, mesmo que sejam do mesmo tipo.

Em antigos anais pretorianos encontram-se exemplos de decisões sobre a existência de nova servidão sobre prédio já gravado com servidão anterior:

> Admite-se a instituição de nova servidão pelo prédio serviente quando ela não traga prejuízo ao exercício de servidão já existente em favor de outro imóvel.[14]

---

[13] *Tratado de direito civil*. São Paulo: Max Limonad, v. III, t. II, p. 696.

[14] Apel. Cível nº 198.564, 2ª Câm. Cível do TJSP, j. 14.09.1971, rel. Lair Loureiro, *RT* 439/86.

Não se caracteriza embaraço ao uso de servidão a sua concomitante utilização pelo dono do prédio serviente, ou a instituição de outra servidão, desde que não prejudique as necessidades do prédio dominante.[15]

---

[15] Apel. Cível nº 39.813, da 2ª Câm. Cível do TARJ, j. 13.09.1979, rel. Aureo Carneiro, *Revista de Jurisprudência – Arquivos do Tribunal de Alçada do Rio de Janeiro* 24/175, Rio de Janeiro: Lex.

Capítulo IX

AMPLIAÇÃO DAS SERVIDÕES

1. AMPLIAÇÃO E NOVAS NECESSIDADES DO PRÉDIO DOMINANTE

No art. 706 da lei civil revogada constava: "Se as necessidades da cultura do prédio dominante impuserem à servidão maior largueza, o dono do serviente é obrigado a sofrê-la; mas tem direito a ser indenizado pelo excesso".

O Código de 2002, no § 3º do art. 1.385, amplia o direito para as necessidades da indústria: "Se as necessidades da cultura, ou da indústria, do prédio dominante impuserem à servidão maior largueza, o dono do serviente é obrigado a sofrê-la; mas tem direito a ser indenizado pelo excesso".

Largueza de servidão equivale aqui a uma extensão maior.

A disposição é uma ressalva ao art. 1.385 do novo diploma (art. 704 do Código Civil de 1916), que restringe o uso às necessidades do prédio dominante, previstas no ato da instituição. É possível que uma necessidade, após formalizada a servidão, venha a reclamar maior amplitude, como resulta "da mudança operada no modo de cultura do prédio dominante ou, mesmo, da amplitude na sua extensão, nada obstando que venha a resultar também da mudança da qualidade da cultura".[1]

Em princípio, a constituição da servidão é feita de acordo com as necessidades do prédio dominante. No entanto, assegura a lei a pretensão do alargamento, exercitável judicialmente, nascendo ao dono do prédio serviente direito a ser indenizado pelo excesso. Por isso, a medida expressa no título nem sempre é o limite até onde pode ser utilizada ou aproveitada a utilidade. Predomina o princípio de que o limite é o da necessidade, que, variando, determina maior ou menor ampliação ou largueza. Não bem coadunável com o espírito da lei esta passagem de Pontes de Miranda: "A medida fixada no

---

[1] Carvalho Santos, *Código Civil brasileiro interpretado*. 7., 10. e 11. ed. São Paulo: Freitas Bastos, 1963. v. IX, p. 239.

título é o limite máximo, ainda que maior já fosse a necessidade do prédio, ao tempo da constituição, ou ainda que tenha crescido com o tempo. Se não houve fixação, o limite é o da necessidade".[2]

O direito à ampliação é garantido sempre que não ocorram mudanças de natureza ou de finalidade. Dessa sorte, se no título constar a servidão da água para a irrigação, não se converte em servidão para uma fábrica, um hotel, ou um edifício de apartamentos, sob pena de se tipificar uma nova finalidade. A ampliação seria em decorrência de outro uso. Não haveria amparo no § 3º do art. 1.385 do atual Código.

Daí que, embora havendo fixação, o limite é a necessidade, variando a cada momento, segundo ela crescer ou decrescer. Sendo o destino da água para uma fábrica, aumenta a quantidade de acordo com o crescimento do número de operários ou de máquinas, pois não há alteração de natureza.

O dono do prédio serviente deve contentar-se com a indenização. Não o ampara a alegação de que está ocorrendo uma violação ao disposto no ato constitutivo. Tanto é assim que Carvalho Santos vê a razão do ressarcimento justamente no fato de o prédio serviente "ser utilizado de modo diferente do estabelecido na convenção celebrada entre as partes. Não sendo justo que, para favorecer a agricultura, o que, indiretamente, beneficia também o dono do prédio dominante, se possa tolerar qualquer dano ao serviente, com a agravação da servidão".[3]

Por último, entende-se que o dispositivo aplica-se indistintamente às servidões rurais e às urbanas. Os autores, no tempo do Código Civil anterior, o restringiam às primeiras, diante da redação do então art. 706. Diante, porém, do vigente § 3º do art. 1.385, não há mais dúvidas. Até porque favorece os prédios onde haja cultura, que poderá ser rural ou industrial, sendo que esta normalmente se considera urbana.

2. AMPLIAÇÃO DA SERVIDÃO COM MUDANÇA NA MANEIRA DE EXERCÍCIO

No parágrafo único do art. 706 do Código Civil de 1916, vinha proibida a mudança na maneira de se exercer a servidão: "Se, porém, esse acréscimo de encargo for devido à mudança na maneira de exercer a servidão, como no caso de se pretender edificar em terreno até então destinado à cultura, poderá impedi-lo o dono do prédio serviente". O atual Código omitiu regra a respeito, a qual se justificava plenamente.

---

[2] *Tratado de direito privado.* 3. ed. Rio de Janeiro: Borsoi, 1971. v. XVIII, p. 221, § 2.202, n. 4.

[3] *Código Civil brasileiro interpretado*, cit., v. IX, p. 240.

E se justificava porque as necessidades que levaram à instituição podem não ser as mesmas que surgiram posteriormente e reclamam o aumento do ônus. Afigura-se possível que uma nova causa acarrete o agravamento, que é a maneira de exercer a servidão. Assim se evidencia, *v. g.*, na modificação de uma servidão que beneficia uma lavoura de milho para irrigar outra de arroz. A finalidade é bem diversa. A extensão do encargo se agrava consideravelmente. Incide a norma proibitiva, assim como na situação em que o trânsito usado pelos integrantes de uma família passa a ser exercitado pelos operários de uma fábrica.

Por isso se proclama a importância da regra que outrora constava do direito positivo.

As situações práticas é que revelam quando uma destinação específica determina a formação da servidão para diversas finalidades ou não. Se estabelecida de modo geral, pode ser utilizada nas mais diversas necessidades do prédio dominante, como demonstravam Planiol e Ripert: "Cuando la servidumbre ha sido constituida de modo general, sin ninguna destinación precisa, puede ser utilizada en todas las necesidades del predio dominante, y el propietario puede, en principio, afectarla a tal o cual necesidad nueva que resulte de modificaciones habidas en el predio mismo. Así, quien adquiere una servidumbre de paso en favor de su finca, sin limitaciones a tal o cual uso puede utilizarla para satisfacer nuevas necesidades resultantes de una modificación de los modos de cultivo o de la construcción de nuevos edificios. Así mismo, una servidumbre de vistas, establecida sin restricciones en provecho de una casa de vivienda, puede utilizarse libremente, aun después de la afectación de esa casa a una explotación comercial".[4]

Entretanto, havendo mudança no modo de exercer uma servidão, erigida para atender uma finalidade específica, desvirtuando a sua natureza, é peremptória a vedação em se ampliar ou alterar a maneira do exercício. Segundo expõem os Mazeaud, "el propietario del predio sirviente no deja entonces de aducir que existe agravación de la servidumbre", mas sem esquecer que "es indispensable no impedir, por una interpretación restrictiva, la modernización de los procedimientos de cultivo. Con razón, la Corte de Casación (Cam. Civ. I, 17 de noviembre de 1953; *Gaz. Pal.*, 1954. 1.106) casó una resolución que consideraba, como agravante de una servidumbre de paso, el hecho de utilizar tractores en lugar de 'coches de caballos'".[5]

---

[4] *Tratado practico de derecho civil francés*. Los bienes. Havana: Cultural, 1946. t. III, p. 823-824, n. 983.

[5] Henri, Léon e Jean Mazeaud. *Lecciones de derecho civil*: Parte segunda. Buenos Aires: Europa-América, 1960. v. IV, p. 439, n. 1.723.

Capítulo X

EXTINÇÃO DAS SERVIDÕES

1. EXTINÇÃO E CANCELAMENTO NO REGISTRO DE IMÓVEIS

Consta no art. 1.387 do Código de 2002, que reproduz regra constante do art. 708 do Código anterior: "Salvo nas desapropriações, a servidão, uma vez registrada, só se extingue, com respeito a terceiros, quando cancelada".

De modo que o cancelamento é uma necessidade para levar a termo a extinção. Embora no fundo fático não mais exista a gravação, ela poderá ser reconstituída se não procedida a averbação de sua cessação no Registro Imobiliário. A jurisprudência formada anteriormente ao vigente Código interpretava desta forma a lei: "Embora extinta de fato, a servidão subsiste como direito, enquanto não cancelada a sua inscrição no Registro de Imóveis".[1]

2. CANCELAMENTO NO REGISTRO DE IMÓVEIS POR INICIATIVA DO INTERESSADO OU POR SENTENÇA JUDICIAL

O cancelamento pode proceder-se ou mediante iniciativa do interessado, que é o dono de prédio serviente, ou por sentença, que ordena a expedição do mandado.

Quando se faz por uma ou outra forma, esclarece a leitura dos arts. 1.388 e 1.389 do Código atual (arts. 709, 710 e 711 do Código Civil revogado).

Diz o art. 1.388:

> O dono do prédio serviente tem direito, pelos meios judiciais, ao cancelamento do registro, embora o dono do prédio dominante lho impugne:
> I – quando o titular houver renunciado a sua servidão;
> II – quando tiver cessado, para o prédio dominante, a utilidade ou a comodidade, que determinou a constituição da servidão;

---

[1] Ap. Cív. nº 241.117, 6ª Câm. Cível do TJSP, j. 16.04.1975, rel. Souza Lima, *RT* 513/139.

III – quando o dono do prédio serviente resgatar a servidão".

Por sua vez, temos no art. 1.389: "Também se extingue a servidão, ficando ao dono do prédio serviente a faculdade de fazê-la cancelar, mediante a prova da extinção:

I – pela reunião dos dois prédios no domínio da mesma pessoa;

II – pela supressão das respectivas obras por efeito de contrato, ou de outro título expresso;

III – pelo não uso, durante 10 (dez) anos contínuos.

O art. 1.388 revela um conteúdo mandamental-declaratório. O interessado obtém uma determinação judicial, declarando extinta a servidão e ordenando o cancelamento, que se procede mediante mandado. Se fundada a ordem no inc. III do preceito anterior, em concordância com Pontes de Miranda, continuando aplicável o ensinamento, pois a redação do dispositivo equivale ao do regime antigo, a decisão será constitutiva-negativa, com forte dose de mandamentalidade.[2]

No caso de renúncia, expressa ou tácita, impõe-se o socorro à prestação jurisdicional para o cancelamento, se não houver o consentimento do dono do prédio dominante. Procura-se a desconstituição do registro, e não a extinção da servidão, que já se operou na ordem fora do registro ou na esfera do direito civil material. A sentença apenas declara, daí desconstituindo o registro e mandando efetuar o cancelamento.

Quanto às modalidades do art. 1.389 do Código de 2002, não se carece de uma ação mandamental. A prova das causas de extinção que arrola é suficiente para a extinção.

Equivale a dizer que o cancelamento não está na dependência de uma sentença mandamental. A extinção se efetiva com a ocorrência de uma das causas do art. 1.389, mas o cancelamento está subordinado a um ato do titular do prédio serviente. O interessado não precisa da tutela jurídica. Ele vai ao cartório para providenciar a averbação do cancelamento.

Cita-se um exemplo da modalidade do art. 1.389, I: "A servidão entre os prédios dos réus extinguiu-se pela reunião nas mesmas pessoas do domínio (art. 710, I, do Código Civil de 1916, repetido pelo art. 1.389, I, do Código Civil de 2002). O cancelamento da servidão se registrada, é providência de caráter administrativo, que pode ser requerida a qualquer tempo. Ação ordinária de reivindicação de imóvel rural procedente. Recurso improvido".[3]

---

[2] *Tratado de direito privado*. 3. ed. Rio de Janeiro: Borsoi, 1971. v. XVIII, p. 401, § 2.228, n. 4.

[3] TJSP, CR 5643044600/SP, rel. Paulo Razuk, j. 09.12.2008, 1ª Câmara de Direito Privado, *DJ* 22.01.2009.

A extinção pelo não uso, entrementes, é mais complexa. Embora, em princípio, não dependa de ordem judicial para o cancelamento, ela pode decorrer de uma decisão judicial, em processo não ajuizado necessariamente para essa finalidade. É o entendimento dos pretórios: "A extinção da servidão pelo não uso prescinde do prévio cancelamento, podendo ser validamente arguida em defesa, visto que o não uso é modo peculiar de extinção da servidão, justificado pelo próprio fundamento do direito real, pois o encargo imposto a um prédio encontra razão de ser na utilidade que a outro proporciona. Não usado, e pelo prazo que a lei civil marca, presume-se a sua inutilidade".[4]

Outras hipóteses de extinção, além das enumeradas, há que possibilitam o cancelamento: I – pela destruição do prédio dominante, como a invasão das águas do mar, ou a inundação definitiva em virtude do erguimento de uma barragem; II – pela destruição do prédio serviente, nos mesmos casos do inciso anterior; III – por se ter realizado a condição ou por se ter chegado ao termo que se marcou, ao se constituir; IV – pela preclusão do direito da servidão, em virtude de atos opostos; V – por decisão judicial, como na hipótese de desapropriação; VI – e pela resolução do domínio do prédio serviente.

Desde que conste o registro, para o cancelamento, se o título da extinção não for expresso, não se dispensa a tutela judicial. Envolvendo interesses de um terceiro, e não restando bem definida a sua posição e clara a conformidade com a extinção, o cancelamento se faz por mandado, com força em decisão declaratória e mandamental.

Deixando de existir o bem, pela destruição, a extinção é decorrência lógica. Torna-se sem efeito o registro, mesmo quanto a terceiros, pois não é mais possível o aproveitamento ou a reconstituição.

Passa-se a tratar as várias hipóteses de extinção – as especificadas pela lei civil e as construídas pela doutrina e pela jurisprudência, com apoio em princípios gerais do direito.

3. EXTINÇÃO PELA RENÚNCIA À SERVIDÃO

Por essa forma, há a anuência do dono do prédio dominante para que o dono do prédio serviente elimine a servidão. Beudant caracteriza a figura como a abdicação do direito de servidão pelo titular do prédio dominante, sem exigir alguma contraprestação do proprietário do fundo serviente, que fica, destarte, liberado do encargo.[5]

---

[4]   Apel. Cível nº 131.812, da 6ª Câm. Cível do TJSP, j. 25.09.1969, rel. Dimas de Almeida, *RT* 367/79.

[5]   *Cours de droit civil français.* 2. ed. Paris: Rousseau, 1938. t. IV, p. 661, n. 611.

Surgindo posteriormente impugnação do que usufruía da vantagem, o interessado deverá valer-se da prestação jurisdicional.

Para surgir eficácia real, reclama-se o ato da averbação.

Mesmo o titular do imóvel dominante está legitimado a encaminhar o cancelamento, pois é a renúncia um ato unilateral, o que habilita a qualquer das partes envolvidas a tomar a iniciativa para a formalização no cartório. Baudry-Lacantinerie e Chauveau observam que a extinção "n'a pas besoin d'être acceptée par le propriétáire du fond servant", mas devendo emanar de uma pessoa que tenha capacidade plena, ou que pode dispor de seus imóveis".[6] Beudant acrescenta: "Une condition, pourtant, est nécessaire. Il faut que le propriétaire ait la capacité exigée pour disposer d'un immeuble, car la servitude est un droit immeuble et, en y renoçant, on en dispose, ou l'aliène".[7]

No caso de ser tácita a renúncia, é indispensável a prova judicial, para que o juiz possa declará-la e mandar cancelar o registro. Conforme Baudry-Lacantinerie e Chauveau, "la renonciation tacite resulte d'un fait impliquant nécessairement l'intention de faire abandon du droit; il faut que ce fait ne puisse recevoir d'autre interprétation, car les renonciations ne se présument pas".[8]

4. CESSAÇÃO DA UTILIDADE DA SERVIDÃO

Muito comum é a substituição de uma servidão por uma obra pública, que retira a finalidade que a exigia para o prédio dominante (art. 709, inc. II, do Código Civil de 1916, que trazia uma situação exemplificativa, e art. 1.388, inc. II, do Código atual). Não raramente, os locais destinados ao escoamento de águas, ou à passagem de pessoas, perdem a utilidade em virtude de esgotos e estradas que o Poder Público constrói. Pode decorrer a cessação da utilidade também pela mudança de estado dos lugares, ou seja, os fundos serviente e dominante mudam de localização. Exemplifica Maria Helena Diniz: "A cessação de utilidade ou comodidade que determinou a constituição do ônus real, quando, exemplificativamente, a servidão for de retirada de água e o dono do prédio dominante vem a abrir poço artesiano, possibilitando a captação de água; ou, se for de passagem, fazendo abertura de via pública, acessível ao prédio dominante (CC, art. 1.388, II; *RT* 728:252, 672:125)".[9]

---

[6] *Traité théorique et pratique de droit civil*. Paris: Recueil J. B. Sirey/Journal du Palais, 1905. v. VI, p. 912, n. 1.172.

[7] *Cours de droit civil français*, cit. t. IV, p. 662, n. 611.

[8] *Traité théorique et pratique de droit civil*, cit., v. VI, p. 912, n. 1.173.

[9] *Curso de direito civil brasileiro*. Direito das coisas. 25. ed. São Paulo: Saraiva, 2010. v. 4, p. 425.

A continuação da servidão, por capricho de uma pessoa, é desarrazoada e injustificável. Veja-se o seguinte exemplo de desnecessidade:

> Possessória. Interdito proibitório. Construção de muro impedindo a passagem para o imóvel dos fundos pelo corredor lateral. Admissibilidade. Possibilidade de cancelamento da servidão de passagem aparente diante da cessação da sua utilidade e comodidade. Art. 1.388, II, do CC. Aquisição pelos autores de novos lotes que possibilitam saída para a mesma rua com a mesma comodidade anterior. Ausência de justificativa fática e legal para a manutenção da limitação da propriedade do imóvel serviente. Extinção determinada. Proteção possessória afastada. Recurso provido para esse fim.[10]

Tem-se entendido, entretanto, que não se dá a extinção, mesmo que já exista uma obra que torne dispensável a servidão, se concedida pelo proprietário do imóvel serviente, e se a instituição visou uma maior utilidade para o imóvel dominante. É o que se colhe da lição de José Guilherme Braga Teixeira: "Contudo, se tiver sido concedida pelo proprietário servidão sobre seu imóvel em prol de imóvel vizinho, cujo proprietário já tinha a seu favor um direito de vizinhança (uma passagem forçada, por exemplo), para suprir sua necessidade de acesso à via pública, não se extinguirá a servidão de passagem em razão do simples desencravamento do imóvel dominante, pelo simples motivo de que a desnecessidade do acesso implicará a cessação da passagem forçada (por não continuar esta a ser imprescindível), porém a servidão não se extinguirá em razão do desencravamento, já que visa tão somente a fornecer apenas uma utilidade ao prédio dominante, e a abertura de nova via pública acessível ao mesmo prédio poderá tornar ainda mais útil a servidão".[11]

Para o cancelamento, se a parte que era favorecida não endossar o pedido, não se dispensa o procedimento judicial. Não basta o mero ato do titular do prédio serviente. É o entendimento que emana ainda dos tribunais na vigência do Código de 1916: "Só em ação negatória poderia o dono do prédio serviente pleitear a extinção, visto que a negatória é outorgada ao dono do prédio serviente para defender seus direitos contra aquele que, sem título, pretende ter servidão sobre o imóvel, ou então aquele que almeja ampliar direitos existentes".[12]

Sempre que o Poder Público implantar obras equivalentes à utilidade que presta o prédio serviente, fica este, todavia, gravado desnecessariamente, ferindo o princípio que determina a permanência do gravame só em casos

---

[10] TJSP, APL 9117266402009826/SP 9117266-40.2009.8.26.0000, rel. Rubens Cury, j. 1º.03.2011, 18ª Câmara de Direito Privado, *DJ* 25.03.2011.

[11] *Comentários ao Código Civil brasileiro. Da propriedade, da superfície e das servidões.* Coord. Arruda Alvim e Thereza Alvim. Rio de Janeiro: Forense, 2004. v. XII, p. 309.

[12] Apel. Cível nº 2.600, da 2ª Câm. Cível do TARS, j. 4.04.1972, rel. Peri Rodrigues Condessa, *Julgados do Tribunal de Alçada do RS* 2/274.

extremos. Desaparecendo a utilidade, não se justifica a permanência da restrição, porquanto domina o princípio de que se sujeita o prédio serviente ao gravame quando é indispensável a utilidade, tal não se verificando se a função cumprida pela servidão passou a ser desempenhada pela obra pública.

Importante levar em conta, em outra dimensão, que a cessação de uma atividade, por si só, não conduz à extinção da servidão. Se um caminho era utilizado para atender o fornecimento de matéria-prima a uma olaria, a interrupção dos trabalhos de fabricação de tijolos não equivale à perda da finalidade do caminho, visto tornar-se possível a utilização para outros objetivos. A fim de surtir o efeito da extinção, mister fique o caminho sem o menor uso, operando-se o direito à liberação não por cessação da utilidade, mas pelo não uso durante o espaço de tempo de dez anos. É que a olaria poderá reabrir, ou, em seu lugar, surgir outra atividade. O que poderá haver é uma interrupção temporária do exercício do direito. Não se opera a perda da utilidade diante do aparecimento de uma obra pública, mas pela suspensão do uso.

O próprio titular do direito enseja, às vezes, a extinção. A situação do imóvel obriga a manter a servidão até o momento do aparecimento de uma nova saída, como quando é adquirida uma área que se estende dos limites do terreno sem saída ao ponto por onde passa um caminho.

5. EXTINÇÃO PELO RESGATE

O resgate vinha assinalado no inciso III do art. 709 do Código Civil de 1916 e consta no inciso III do art. 1.388 do Código atual. Não é renúncia ou ato unilateral do dono do prédio dominante. O sentido indica a possibilidade de o dono do prédio serviente resgatar a servidão. E resgatar significa readquirir, liberar, remir, pagar, recuperar, livrar. Vem a ser, na exata colocação de Marco Aurélio S. Viana, "a faculdade que se assegura ao dono do prédio serviente de afastar o ônus que grava o imóvel, mediante o pagamento de uma indenização".[13] O imóvel é liberado da servidão, que não mais pode ser reclamada. Beudant define a espécie como a operação pela qual o proprietário do prédio dominante exerce a renúncia, mas a título oneroso: "Il vend, en réalité, son droit au propriétaire du fonds servant", que tem, assim, liberado o seu imóvel.[14]

Como se procede à liberação?

O dono do prédio serviente terá de ajuizar a ação do resgate, se não houver concordância no preço, oferecendo determinada soma pela desoneração do

---

[13] *Comentários ao Novo Código Civil (Dos direitos reais)*. Coord. Sálvio de Figueiredo Teixeira. Rio de Janeiro: Forense, 2003. v. XVI, p. 605.

[14] *Cours de droit civil français*, cit., t. IV, p. 662.

imóvel. Evidentemente, se depois de instaurado o litígio não houver acordo no preço, procede-se à avaliação.

Isso desde que haja concordância no resgate, ou se no ato de constituição foi inserida cláusula admitindo tal caráter. "Le consentiment du propriétaire du fonds dominant est indispensable", acentua Beudant.[15]

Se os que utilizam a servidão não aceitarem o resgate, o processo é arquivado. Nem sempre é a faculdade possível, explica Pontes, como quando se afigure a servidão insubstituível e necessária, ou porque se haja constituído como tal. Nessas circunstâncias, prevalece o pacto da irresgatabilidade.[16]

6. EXTINÇÃO PELA REUNIÃO DOS DOIS PRÉDIOS NO DOMÍNIO DA MESMA PESSOA OU PELA CONFUSÃO

A confusão significa a reunião dos dois prédios no domínio de uma mesma pessoa (art. 1.389, inc. I, do Código atual, e art. 710, inc. I, do Código anterior), ou, segundo Aubry e Rau, "c'est-à-dire par la réunion, dans la même main, de l'héritage dominant et de l'héritage servant, quelle que soit d'ailleurs la cause qui ait amené cette réunion".[17]

Os Mazeaud prosseguem: "Esta situación es susceptible de producirse no sólo como resultado de una compraventa, de una donación, de un legado, de una sucesión intestada etc., sino también cuando el propietario del predio sirviente abandona su finca al dueño del predio dominante, para no tener que seguir soportando la servidumbre y las obligaciones accesorias que resultarían del título".[18]

A extinção acontece com fulcro na máxima latina: *res sua nemini servit*. Ou, acrescenta Demolombe, "nul ne peut avoir de servitude sur sa prope chose".[19]

Os dois prédios ficam no domínio da mesma pessoa. Ainda que um deles continue a prestar serviços ao outro, extingue-se a oneração, pois o dono dos prédios passa a gozar dos benefícios na qualidade de proprietário.

Constitui condição precípua para a confusão o fato de pertencerem os prédios a proprietários diferentes. Só então pode "le propriétaire du fonds dominant acquière le fonds servent, ou le propriétaire du fonds servant

---

[15] *Cours de droit civil français*, cit., t. IV, p. 663.

[16] *Tratado de direito privado*, cit., v. XVIII, p. 405.

[17] *Cours de droit civil français*. 6. ed. Paris: Librairie de la Cour de Cassation, 1938. v. III, p. 144.

[18] *Lecciones de derecho civil*: Parte segunda. Buenos Aires: Europa-América, 1960. v. IV, p. 274.

[19] *Cours de Code de Napoléon*. Traité des servitudes, cit., v. XII, t. II, p. 523, n. 981.

acquière le fonds dominant, ou un tiers devienne acquéreur de l'un e de l'autre, il importe peu".[20]

Carvalho Santos explica especificamente os requisitos para se operar a confusão:[21]

a) A consolidação da propriedade dos prédios dominante e serviente nas mãos de uma só pessoa de forma completa e na sua totalidade. Se a parte do prédio onde está situada a servidão não foi alienada, ela perdura. No entanto, se foi adquirida apenas a área onde ela se localiza, consuma-se a extinção. Se várias pessoas titulares do prédio dominante compram o prédio serviente, não ocorre a extinção desde que variável a área titulada a cada parte. Porque um tem mais que o outro, não é viável uma igualdade na divisão da servidão. O proprietário contemplado com um quinhão maior pode exigir do prédio serviente uma utilização maior que os demais.

Da mesma forma, se o dono do prédio dominante adquire somente uma parte do fundo serviente, que é comum a outros senhores; ou se, com mais indivíduos, consegue o domínio não da totalidade do prédio serviente, persiste o gravame.

b) A confusão há de ser definitiva, ou que a aquisição provenha de um título translativo irrevogável da propriedade. Se a compra se tornar anulada ou rescindida, revive a restrição. É considerada não extinta.

Se a causa da reunião cessa devido a um fato novo, como a venda do imóvel adquirido ou do já existente originariamente, não renasce a servidão. No entanto, nada impede que se institua nova limitação. A venda posterior, entretanto, não tem a força de reconvalidar a vantagem já morta.

Finalmente, anota Pontes que "não há pensar-se em extinção se o dono do prédio serviente, ou do prédio dominante, adquire a enfiteuse, o uso, ou a habitação do outro prédio".[22]

7. SUPRESSÃO DAS OBRAS DA SERVIDÃO POR EFEITO DE CONTRATO OU DE OUTRO TÍTULO EXPRESSO

Vale dizer, a supressão das obras, desde que haja contrato ou qualquer manifestação expressa, tem o condão de extinguir a servidão (art. 1.389, inc. II, do Código atual, e art. 710, inc. II, do Código anterior).

---

[20] Demolombe, *Cours de Code de Napoléon*. Traité des Servitudes. 3. ed. Paris: Auguste Durand/L. Hachette, 1863. v. XII, t. II, n. 982, p. 523.

[21] *Código Civil brasileiro interpretado*. 7., 10. e 11. ed. São Paulo: Freitas Bastos, 1963. v. IX, p. 263 e 266.

[22] *Tratado de direito privado*, cit., v. XVIII, p. 407, § 2.229, n. 5.

Exige-se um acordo dos senhores dos prédios dominante e serviente, ou um título de remissão, no qual o titular do prédio dominante declara que dispensa o dono do serviente a prestação da serventia a que este era obrigado e que constituía a servidão; ou um título de resgate do serviente; ou uma cláusula testamentária doando o prédio, ou liberando o serviente do encargo de prestar a utilidade consistente nos atos de servidão.

Na ausência de contrato ou outro título, o estado de servidão é mantido, embora a supressão de uma obra impeça o exercício momentâneo. É Carvalho Santos quem garante: "O exercício da servidão é que fica suspenso logo que se verifique a sua impossibilidade material, como, por exemplo, a deterioração da coisa objeto da servidão, para ser restabelecido quando as coisas voltarem ao seu estado primitivo".[23]

No entanto, em certas ocasiões, é impossível o restabelecimento. Se uma estrada desaparece com a invasão de um rio próximo, cujo álveo foi mudado, passando a correr sobre ela, no álveo abandonado admite-se ressurja o exercício da servida. Se, no entanto, o álveo abandonado estender-se em terreno de outrem, onde não há lugar ou condições que viabilizem a substituição, provoca tal estado de coisas o desaparecimento da servidão.

8. NÃO USO PELO PRAZO DE DEZ ANOS

Pelo não uso durante dez anos se extinguem as servidões contínuas e descontínuas, aparentes e não aparentes, afirmativas e negativas (art. 1.389, inc. III, do Código atual, e art. 710, inc. III, do Código anterior). De lembrar que no Código Civil português o prazo é de vinte anos, conforme seu art. 1569º, 2, letra "b".

A extinção se dá em qualquer espécie de servidão. Trata-se de uma prescrição liberatória, por efeito da qual o fundo que devia a servidão fica desobrigado, como já salientava Demolombe, para quem a espécie caracteriza uma presunção de abandono por parte do prédio dominante. A extinção por esse motivo é até "une sorte de peine infligée à sa négligence".[24]

Cuida-se de modo especial de extinção, muito comum em qualquer direito real, em que a falta de uso, ou mais propriamente do exercício da posse, do proveito, conduz à sua extinção, se bem que, em contrapartida, o direito desaparece porque se forma uma propriedade plena em favor daquele que sofria a restrição.

Com a servidão, é o não uso modo peculiar de extinção pela própria natureza do direito real de servidão, posto que se justifica o encargo em

---

[23] *Código Civil brasileiro interpretado*, cit., v. IX, p. 267.

[24] *Cours de Code de Napoléon*. Traité des servitudes, cit., v. XII, t. II, p. 532.

um prédio pela razão da utilidade que proporciona. A falta de uso durante o prazo que a lei marca faz presumir a sua inutilidade, não comportando a permanência de uma limitação sem finalidade.

Lembra-se de que a extinção da servidão principal conduz à extinção da servidão acessória, como exemplifica Marco Aurélio S. Viana: "Se há servidão de tirar água da fonte de outrem, temos outra acessória, que é a servidão de caminho para se chegar à fonte. Se o titular da servidão transita pelo caminho, mas deixa de tirar a água por dez anos, vem a extinção da servidão principal (de tirar água), e com esta a extinção da acessória, que é a de caminho".[25]

Esmiuçando a matéria, passam-se a examinar alguns aspectos concernentes ao prazo.

a) *A contagem do prazo*

O prazo inicia, nas servidões afirmativas e contínuas, desde o momento em que cessou o exercício, o que se pode verificar em exemplos como o da queda de um aqueduto, do fechamento de uma passagem e da interrupção de retirada de água da fonte. Nas servidões negativas e contínuas, inicia a partir do dia em que o dono do prédio serviente pratica o ato a que estava impedido. Convém recordar que o conteúdo do direito de servidão se exaure em um *non facere* do proprietário do prédio serviente. A continuação em inércia é posse de servidão. Efetuando-se o ato proibido, começa a correr o prazo de dez anos de preclusão.

Quanto às servidões descontínuas ou intermitentes, conta-se o prazo do instante em que o favorecido deveria praticar o último ato e não o praticou. Pacifici-Mazzoni lembra um exemplo claro. O prazo começa quando cessa a busca de água na fonte de outrem, ou se interrompe a condução do gado que vai beber e pastar no fundo de outro proprietário. Não importa que permaneçam os sinais aparentes da servidão, como a porteira numa passagem. Consistindo o exercício da servidão no fato atual do homem, é claro que ela não se realiza a contar do dia da cessação de tal fato.[26]

b) *Interrupção do prazo prescritivo*

O não uso acarreta a preclusão do direito, defende Pontes de Miranda.[27]

Outros falam em prescrição, como Carvalho Santos.

Sobreleva notar que, com preclusão ou prescrição, pode ser interrompido o prazo de dez anos.

Verifica-se a hipótese, *v.g.*, na servidão de passagem, abandonada pelo titular do prédio dominante. Se, antes do decurso de dez anos, "uma só vez

---

[25] *Comentários ao Novo Código Civil*, cit., v. XVI, p. 609.

[26] *Codice Civile Italiano Commentato*. 5. ed. Florença: Cammelli, 1905, v. III, p. 394-395.

[27] *Tratado de direito privado*, cit., v. XVIII, n. 8, p. 419, § 2.229.

o proprietário do prédio dominante, por exemplo, passa pela estrada, o prazo da prescrição da servidão de passagem começa a correr de novo a partir dessa data. Convindo lembrar que, para esses efeitos, como já ficou explicado, basta que tenha passado qualquer pessoa que esteja na posse do prédio dominante ou que ali vá ter em razão de se achar no prédio o seu possuidor, como, por exemplo, a visita etc.".[28]

Em resumo, o uso da servidão interrompe o lapso de tempo da prescrição, podendo, no entanto, haver novo reinício quando a atividade humana cessar o exercício que retomara.

Os casos do art. 202 do Código Civil – "a interrupção da prescrição, que somente poderá ocorrer uma vez, dar-se-á: I – por despacho do juiz, mesmo incompetente, que ordenar a citação, se o interessado a promover no prazo e na forma da lei processual; II – por protesto, nas condições do inciso antecedente; III – por protesto cambial; IV – pela apresentação do título de crédito em juízo de inventário ou em concurso de credores; V – por qualquer ato judicial que constitua em mora o devedor; VI – por qualquer ato inequívoco, ainda que extrajudicial, que importe reconhecimento do direito pelo devedor" – pouco significam, na espécie, se uma atividade humana não iniciar, pondo em ação a servidão, ou se não for intentada uma demanda judicial. Nesse caso, sendo condenatória, a lide instaurada tem efeito desde a citação. A partir daquele momento incide a interrupção da preclusão, segundo Pontes, ou da prescrição, no pensamento de outros. "Quanto às ações de condenação, ou com eficácia imediata de condenação, a interrupção de não uso somente corre a partir da propositura, se a sentença condena, com força ou eficácia imediata de condenação, e sobrevém a execução."[29]

Entretanto, não iniciando a execução, e sobrevindo o decurso do prazo do art. 1.389, III, entende-se que se dá a interrupção, apesar de entendimento contrário de Pontes de Miranda.[30] Muitos fatores podem levar a impedir a execução. Alguns independem da vontade do dono do prédio dominante. Injusto prejudicá-lo, portanto, se manifestou o ânimo do uso e teve de valer-se de meios próprios para servir-se do direito, única alternativa que se lhe ofereceu.

Apresentando-se indivisível a servidão, o uso por um dos coproprietários do prédio dominante impede a prescrição relativamente a todos, aos quais aproveita a interrupção. Alguns autores vão mais longe e sustentam que, sendo menor ou incapaz um dos condôminos, não fluindo contra ele a prescrição (art. 198, I, do Código Civil), aos demais beneficia o favor legal. É correto o raciocínio, posto que a servidão recai sobre o imóvel. Se não é localizável tal

---

[28] Carvalho Santos, *Código Civil brasileiro interpretado*, cit., v. IX, p. 274.

[29] Pontes de Miranda. *Tratado de direito privado*, cit., v. XVIII, p. 419, § 2.229, n. 8.

[30] *Tratado de direito privado*, cit., v. XVIII, n. 8, p. 420, § 2.229.

servidão em algum local do prédio, todo ele resta gravado, não interessando quem desfrutava da vantagem.

A prova do não uso se faz mediante um ato declaratório, como a sentença em ação negatória, ou em qualquer outra na qual tenha sido decidida extinta a servidão. Inclusive pela ação confessória, quando o titular do prédio serviente argui a prescrição pelo não uso, o que importa na liberação do encargo e na definitiva paralisação do direito real. O ato, para tornar pública a extinção, será levado ao registro imobiliário, onde se averbará o cancelamento.

c) *Extinção pelo prazo de dez anos quanto ao modo de uso*

A extinção, pelo decurso de dez anos, se opera igualmente quanto ao modo do exercício da servidão contrário ao que está convencionado no título da constituição. O modo de ser, ou, segundo Demolombe, "la manière d'en user telle qu'elle est determinée par la cause de son établissement", vem estabelecido de maneira determinada. Assim, por exemplo, "le droit de passage peut être exercé, avec bien des modes différens, à piède, ou à cheval, ou en voiture; ou à telle ou telle heure, soit de jour, soit de nuit etc".[31] No entanto, a pessoa modifica a forma instituída, passando o exercício a manifestar-se de outra maneira, o que leva a extinguir-se a servidão primitiva, conforme Dídimo da Veiga[32] e Aguiar e Souza.[33] O Código Civil francês contém norma específica a respeito:

A alteração se expressa de quatro maneiras:

I – Mudança de local. O titular, em vez de usar o local especificado e constante no ato formativo, toma outra posição do prédio.

II – Exercício em tempo e horário diferentes do combinado. O titular, devendo servir-se da água em determinadas horas e durante certo lapso de tempo, abusa de seu direito, alterando o horário contumazmente.

III – O uso parcial da servidão. Se a permissão era para a passagem a pé, a cavalo e por veículo, e pelo espaço superior a dez anos nunca utilizou do caminho a não ser a pé, desaparece o direito de passar com veículo ou a cavalo. E no caso de estar autorizado a abrir quatro janelas em uma casa, mas abrindo a pessoa apenas duas, decorrido o lapso de tempo da lei, que é de dez anos, perde o direito de abrir as outras duas, por efeito da extinção pelo não uso.

IV – A substituição de uma servidão por outra. Extingue-se a primitiva. É o caso da pessoa que, em vez de usar da servidão de água constante no título, vem a exercer outra, como de aqueduto.

---

[31] *Cours de Code de Napoléon.* Traité des servitudes, cit., t. II, p. 580.

[32] *Servidões reais.* Rio de Janeiro: Garnier, 1887. p. 133.

[33] *Tratado das servidões urbanas e rústicas.* São Paulo: Espínola, 1914. p. 197.

Em todos os casos de extinção por motivo de uso diverso daquele que é inserido no título, surgirá o direito à outra servidão desde que se tenha operado o prazo legal para a prescrição aquisitiva.

9. DESTRUIÇÃO DO PRÉDIO DOMINANTE OU DO PRÉDIO SERVIENTE

Com a destruição do prédio dominante ou serviente, fica vazia de qualquer conteúdo a servidão, redundando na ineficácia do registro.

Os autores franceses Mazeaud se exprimem desta maneira: "La servidumbre desaparece cuando desaparece su objeto. Una servidumbre de saca de agua se extingue cuando se agota el manantial o se seca el pozo".[34]

Mais apropriada e comumente, pode ocorrer o desaparecimento da utilidade que constituía a servidão, como no caso de secar a fonte de onde a água era retirada, ou de ruir o prédio onde se escorava o prédio dominante.

Contudo, volvendo o imóvel ou a utilidade à existência, como no desaparecimento de uma inundação, ou no ressurgimento de um veio de água, torna a viver e se plenifica a servidão.

A doutrina antiga firmou-se em tal entendimento. Assim, Pontes de Miranda: "Se o prédio volver a existir, a servidão reinstala-se (a destruição do prédio foi temporária, portanto a servidão não deixou de ser), salvo se o não uso a extinguiu (Borges Carneiro, *Direito civil*, IV, p. 276). Uma coisa é a destruição total do predito (*interitus rei*) e outra a mudança de estado do lugar, que apenas impossibilita o exercício temporariamente ou enquanto não se remover a servidão. A destruição do edifício não é destruição do fundo. Com a reconstrução, a servidão passa a poder ser exercida".[35]

Lafayette preconizava igual compreensão: "As servidões acabam [...] pela destruição do prédio dominante ou do serviente, ou por acidente que torne impossível o exercício da servidão. Se o prédio é reposto no seu antigo estado, ou se cessa o impedimento, revivem as servidões, salvo se no intervalo se extinguiram pelo não uso".[36] Essa a conclusão também de Trigo Loureiro: "[...] Revive, porém, a servidão extinta, quando o prédio for reedificado, se lhe não obstar a prescrição".[37]

Gluck tem o mesmo magistério: "As servidões reais podem cessar por várias razões: 1º) por total extinção do fundo serviente ou domi-

---

[34] *Lecciones de derecho civil*, cit., v. IV, p. 441.

[35] *Tratado de direito privado*, cit., v. XVIII, p. 403, § 2.229, n. 2.

[36] *Direito das coisas*. Rio de Janeiro: Freitas Bastos, 1943. v. IV, p. 438, § 134, n. 3/4.

[37] *Instituições de direito civil brasileiro*. 5. ed. Rio de Janeiro: Garnier, 1884. p. 79, n. 504.

nante. Se, não obstante, o fundo é restabelecido, a servidão torna ainda a existir [...]".[38]

A jurisprudência inclina-se no mesmo entendimento:

> Sendo destruído o imóvel serviente, nem por isso resta extinta a servidão de passagem titulada no Registro Imobiliário, por inocorrência de qualquer causa extintiva prevista nos arts. 709 e 710 do CCB. Reconstruído o prédio serviente, deve ser restabelecida a servidão de trânsito, ainda que com maior largura, a teor do art. 706 do CCB, salvaguardado ao proprietário do prédio serviente a devida separação nos termos do parágrafo único deste dispositivo, sendo inadmissível a alegativa de esbulho possessório, por força do restabelecimento da servidão, exceto induvidosa prova em contrário que ateste o abuso no aludido restabelecimento.[39]

O direito francês, como se pode ver por meio de Berriat-Saints-Prix, não diverge: "La servitude renait-elle lorsque son exercice, après être devenu impossible, redevient ensuite possible? Elles revivent si les choses sont rétablies de manière qu'on puisse en user; à moins qu'il est dit à article 706: 'Revivent [...] les choses se passent comme si la servitude était constituée de nouveau [...]'. L'impossibilité d'exercer la servitude étant la seule cause qui en ait interrompu l'usage, lorsque cette impossibilite vient à cesser, l'usage est aussi legitime qu'auparavant".[40] Frédéric Mourlon prossegue: "Cessent [...] revivent. Ces expréssions ne sont pas exactes. Lorsque l'état deslieux devient tel que l'usage des servitudes est impossible, la servitude ne cesse pas pour cela d'exister: il y interruption dans l'exercice du droit, mais le droit subsiste. Si donc la nécessité de fait qui est venue en entraver, en paralyser l'exercice, vient à son tour à cesser, la servitude ne revivra point puis qu'le n'a été éteinte, mais elle reparaitra, elle reprenda son cours".[41]

Nessa ordem, se um prédio se utilizava de uma servidão, vindo a ser destruído, admite-se que se utilize a servidão, como a de caminho, para o novo prédio que for erguido no lugar do anterior. Realmente, assiste ao proprietário do prédio dominante que demolir o prédio atual e erigir outro em seu lugar usar da mesma servidão, contanto que o faça antes de decorridos dez anos contínuos, e desde que não abra janelas e portas em maior número que as existentes no tempo do prédio demolido, se de luz a servidão. Necessário, ainda, que, com a edificação nova, não se agravem as obrigações ou os ônus do prédio serviente. Mantém-se, de igual modo, o direito de passagem. Devem

---

[38] Comentário alle Pandette. Trad. it. [1900]. Publicação na *Revista Forense*, n. 248, p. 243.

[39] TJSC, AC 88.3888/SC 1988.088388-8, rel. Anselmo Cerello, j. 30.06.1999, 2ª Câmara de Direito Civil.

[40] *Notes elémentaires sur le Code Civil*. Paris: Videcoq, 1845. p. 471-472, n. 2.399-2.401.

[41] *Répétitions écrites sur le Code Napoléon*. Paris: Marescq, 1869. t. II, p. 874, n. 1.850.

ser observadas, porém, para a construção, as posturas municipais atinentes às obras particulares.

Na hipótese de o objeto da servidão se limitar em parte individuada e destacada do prédio que não se reergueu, permanece extinta a vantagem que prestava. Nem há possibilidade de remoção.

10. REALIZAÇÃO DA CONDIÇÃO QUE INSTITUIU A SERVIDÃO OU EXTINÇÃO PELA EXPIRAÇÃO DO TEMPO DETERMINADO PARA A SUA DURAÇÃO

Baudry-Lacantinerie e Chauveau, estudando a espécie de extinção, fazem essa colocação: "L'arrivée du terme fixé par les parties, lorsque la servitude a été constituée pour un certain temps seulement, ce qui es rare".[42]

As servidões não são perpétuas. Acabam quando terminada a utilidade que as determinou. Sobrevém uma causa de extinção, como no caso em que o dono do prédio dominante demole o edifício a que era destinada uma passagem. Estabelece-se, *v.g.*, a vigência durante um período de tempo especificado, ou enquanto é realizada uma obra que necessita da utilidade do prédio serviente. Pontes de Miranda dá a razão, expondo que "as servidões não são perpétuas: acabam quando se lhes acaba a utilidade, ou quando alguma outra causa de extinção sobrevém, inclusive o advento do termo, ou a realização da condição. Por exemplo: a servidão de luz enquanto não se construiu a edificação de apartamentos, ou enquanto o dono do prédio dominante não o demoliu. Tal extinção independe de cancelamento do registro porque consta do registro o termo; idem, se a realização da condição é notória. Se a servidão era de passagem e se tornou desnecessária, dá-se a extinção, como se daria se tivesse havido simples exercício de direito de vizinhança".[43]

Não há necessidade de especificação expressa do termo ou da condição. A servidão de passagem termina só pelo fato de se tornar desnecessária. Da mesma forma com as outras espécies. A função da necessidade limita a duração.

11. EXTINÇÃO PELA PRECLUSÃO EM VIRTUDE DE ATOS OPOSTOS PELO DONO DO PRÉDIO SERVIENTE

A prática de atos incompatíveis com a servidão, pelo dono do prédio serviente, transforma tais atos em antijurídicos, provocando o direito às ações petitórias e possessórias. No entanto, se o proprietário do prédio dominante anui, mesmo que tacitamente, não opondo discordância, ou não movimenta as

---

[42] *Cours théorique et pratique de droit civil*, cit., v. VI, p. 911-912, n. 1.173.

[43] *Tratado de direito privado*, cit., v. XVIII, p. 414-415, § 2.229, n. 6.

ações respectivas, prescrevendo o seu direito, há a renúncia velada ou indireta de sua parte, extinguindo-se o direito. A consequência é a cessação do direito, em virtude da prescrição.

12. EXTINÇÃO PELA DESAPROPRIAÇÃO

A desapropriação é causa de extinção. O Estado transfere a si o domínio por ato de autoridade. O proprietário do prédio dominante receberá indenização, calculada de acordo com o valor da utilidade que usufruía.

Entretanto, a regra não se aplica se o imóvel é transferido ao Poder Público por meio de compra e venda. Não há uma utilidade pública, ou uma razão especial, obrigando a passagem para o Estado. Não transparece, pois, a necessidade da extinção.

O art. 1.387 (art. 708 do Código revogado) dispensa o cancelamento do registro da servidão quando há desapropriação. A publicidade do ato, conseguida pelos editais do decreto declaratório da utilidade pública para fins de desapropriação, mostra-se suficiente para valer contra terceiros. A sentença final, que será levada ao Registro de Imóveis, provocará automaticamente o cancelamento do ônus, se está oficializado.

13. RESOLUÇÃO DO DOMÍNIO DO PRÉDIO SERVIENTE

Tal fato provoca a extinção. No direito romano dizia-se: *Resoluto jure concedentis, resolvitur jus concessum.*

Revogado o direito de propriedade, revogados ficam todos os direitos reais em que ela se decompõe. Dídimo da Veiga completa, para o caso das servidões: "A revogação do direito de propriedade, no qual se funda o de conceder direitos reais, que são desagregações do domínio, acarreta a revogação dos desmembramentos concedidos sobre a mesma propriedade".[44]

É preciso explicar desde quando se inicia a revogação.

Se do ato constitutivo do domínio vem a possibilidade de revogação, consuma-se a resolução *ex tunc*, isto é, desde a instituição. A revogação acarreta o desaparecimento de todos os direitos reais originados de um domínio revogável, em razão do efeito retroativo que faz voltar a resolução à época da constituição do domínio. Constatam-se exemplos na venda com pactos de retrovenda e comissório, nas doações com a condição de serem resolvidas na circunstância de aparecerem filhos; nos casos de convenção sinalagmática, em que uma das partes não cumpre os deveres assumidos.

---

[44] *Servidões reais*, cit., p. 120, n. 178.

Não cumprida a condição, ou o dever, restando inadimplente uma das partes, fica resolvido o contrato. Como decorrência normal, as servidões igualmente se desconstituem.

No entanto, se a resolução do domínio se operar *ex nunc*, ou seja, se o domínio, sendo irrevogável no ato de sua constituição, torna-se depois revogável, em virtude de atos posteriores, a conclusão é de que as servidões impostas antes do desaparecimento da causa que deu lugar à revogação continuarão a prevalecer, fato constatável na revogação de doação por ingratidão. É o ponto de vista de Carvalho Santos.[45] Seria injusto derrogar a servidão. Não havia previsibilidade inicial de revogação do negócio.

Em resumo, sempre quando vem inserida cláusula resolutiva do domínio no contrato, a extinção das servidões que se instituíram é *ex tunc*, ou com efeito retroativo ao tempo de constituição do domínio.

Em caso contrário, inexistindo previsão de revogação, subsistirão os gravames.

14. PRESCRIÇÃO EXTINTIVA, REMISSÃO E ABANDONO

A doutrina antiga e anterior ao direito codificado considerava outras causas de extinção. Nas obras de Aguiar e Souza, José Mendes e Dídimo da Veiga, *v.g.*, encontramos as seguintes causas que, na verdade, não foram relegadas, mas aparecem englobadas em novas fórmulas:

a) *Prescrição extintiva*. Para se consumar, reclamava a configuração de três elementos, que eram o não uso, o lapso de tempo e a continuidade do não uso.

O não uso traduzia-se pela cessação do uso, ou a suspensão do exercício dos atos constitutivos da servidão. Adotava-se o princípio de Paulo, mais tarde confirmado nas *Institutas*, § 3º, Livro 2º, Título 4º: *Servitus non utendo pereunt*.

O lapso de tempo envolvia um período de não exercício de dez anos entre presentes e vinte anos entre ausentes. A exigência seguia regra de Justiniano.

A continuidade do não uso equivalia à não interrupção. Se começasse o uso, partia-se para novo período prescricional.

A espécie está substituída pela figura da extinção por não uso durante dez anos.

b) *Remissão*. Era aplicável quando o senhor do prédio dominante dispensava do senhor do prédio serviente a prestação da serventia. Nenhuma outra observação é necessária, posto que se confunde com a renúncia, assunto que já foi estudado.

---

[45] *Código Civil brasileiro interpretado*, cit., v. IX, p. 281.

c) *Abandono*. Apresentava-se como abandono da servidão a manifestação, por atos propositais e evidentes, do não uso de parte do dono do prédio dominante, com o intuito de liberar o serviente do encargo. Os autores confundiam a figura com a remissão, em tudo igualando-as. No entanto, a semelhança é maior com a extinção em decorrência do decurso de dez anos sem qualquer utilização.

Os mestres franceses Mazeaud anotam que "es un acto unilateral que no exige el consentimiento del titular de la servidumbre".[46]

15. EXTINÇÃO DA SERVIDÃO QUANDO INCIDE HIPOTECA NO PRÉDIO DOMINANTE

Reza o parágrafo único do art. 1.387, com o mesmo texto que vinha no art. 712 do Código Civil anterior: "Se o prédio dominante estiver hipotecado, e a servidão se mencionar no título hipotecário, será também preciso, para cancelar, o consentimento do credor".

A matéria também está contemplada no art. 256 da Lei nº 6.015/1973, a qual trata dos registros públicos, e que expressa: "O cancelamento da servidão, quando o prédio dominante estiver hipotecado, só poderá ser feito com aquiescência do credor, expressamente manifestada".

Nota-se que no Código Civil o consentimento do credor hipotecário afigura-se indispensável no caso da servidão vir mencionada por escrito no título constitutivo da garantia. Já pela Lei dos Registros Públicos, é requisito necessário a aquiescência do credor, haja ou não referência do ônus no instrumento gerador da dívida. É que, havendo registro da servidão no cartório imobiliário, o conhecimento do credor é presumido, justifica Walter Ceneviva.[47] Parece mais coerente com a realidade a disposição da Lei nº 6.015.

Com a hipoteca, permanece a servidão, que passa a fazer parte do gravame. É ela um bem acessório. Acompanha a coisa principal nas onerações que sofre.

Evidentemente, aumenta o valor do imóvel dominante. Seguramente permite uma utilização mais rendosa e um aproveitamento facilitado. Afirma José Guilherme Braga Teixeira: "Sendo a servidão uma qualidade útil ao prédio dominante, aumenta-lhe o valor, por isso que, como coisa acessória, vinculada ao ônus hipotecário, depende da vontade do credor permitir que ela seja cancelada".[48]

---

[46] *Lecciones de derecho civil*: Parte segunda, cit., v. IV, p. 441, n. 1.727.

[47] *Lei dos Registros Públicos comentada*. São Paulo: Saraiva, 1979. p. 545.

[48] *Comentários ao Código Civil brasileiro*, cit., v. XII, p. 328.

O Código, segundo restou analisado, arrola muitos fatores que levam à extinção da servidão.

Com a hipoteca, a presença do credor, a favor de quem foi instituída, é inafastável, para dar o consentimento, sem o que o cancelamento não se efetuará. Na renúncia levada a efeito pelo titular do prédio dominante, a fim de surtir valor, tal elemento de vontade é requisito que o oficial do cartório terá de exigir.

A anuência é obrigatória em outras formas de extinção, como na decorrente de supressão das obras de servidão, em virtude de contrato ou de qualquer acerto antecedente; de reunião dos dois prédios em nome de um só dono; e de abertura de estrada principal.

Na hipótese de reunião dos prédios em mãos de uma só pessoa, surgindo maiores vantagens ao credor, não decorre daí a extinção. Uma propriedade é transferida ao titular de outra. Entretanto, permanecendo a dívida, mantém-se a servidão. É possível que não haja o pagamento, o que ocasiona a execução da hipoteca sobre o imóvel. A servidão, continuando, influirá para a obtenção de um maior preço na venda judicial.

Na abertura de estrada pública ou de acesso novo ao imóvel perdura a obrigatoriedade do consentimento, pela justa razão de que a obra aberta ou implantada poderá não preencher os mesmos fins que a servidão.

Na extinção pelo não uso durante dez anos, a citação do credor hipotecário é requisito exigível. Fatalmente, ou ele concorda com o cancelamento, não apresentando defesa, ou contesta o pedido. No entanto, se nunca houve uso durante o prazo prescritivo, evidente a possibilidade de cancelamento. No entanto, a presença do titular da garantia é pressuposto processual para a regularidade da lide.

Em resumo, sob o ponto de vista de Clóvis, ao comentar o art. 712 do Código Civil de 1916, que corresponde ao parágrafo único do art. 1.387 do Código de 2002, depende da vontade do credor permitir que se cancele a servidão, ainda quando se dê um dos fatos extintivos destacados nos arts. 709, 710 e 711 do Código Civil anterior, dispositivos esses reproduzidos nos arts. 1.388 e 1.389 do Código em vigor: "A servidão é uma qualidade útil do prédio dominante, aumentando-lhe o valor, e no caráter de coisa acessória está, com o prédio, vinculada ao ônus hipotecário. Por isso, depende da vontade do credor permitir que ela se cancele, ainda quando se dê um dos fatores extintivos destacados nos artigos 709 e 710. Se, porém, a servidão não estiver mencionada no título hipotecário, não se entenderá que ela está excluída da garantia, porém, sim, que o credor não tem direito de impedir a sua extinção".[49]

Mais causas de extinção das servidões existem, relativas à extinção das obrigações em geral, sendo predominantes as nomeadas.

---

[49] *Código Civil dos Estados Unidos do Brasil comentado*. Rio de Janeiro: Francisco Alves. Ed. de 1917, 1933 e 1950. v. III, p. 261.

Capítulo XI

AÇÕES RELATIVAS ÀS SERVIDÕES

1. AÇÃO CONFESSÓRIA

As servidões se estabelecem em juízo por ação confessória, negam-se por ação negatória e defendem-se por ação possessória.

A ação confessória equivale à reivindicatória relativamente à propriedade, explicando-a Washington de Barros Monteiro como "de natureza real, exercitável *adversus omnes*, tendo por finalidade a retomada da coisa do poder de quem quer que injustamente a detenha".[1]

Essa é a natureza da ação: "A ação confessória busca afirmar judicialmente um direito real sobre coisa alheia, direito esse a cujo exercício se oponha o proprietário ou possuidor do prédio onerado. É via vocacionada, assim, a assegurar o exercício de prerrogativa real contra quem a injustamente obstrua ou embarace, constituindo meio apto à tutela da servidão de passagem".[2]

Existe a ação para proteger a servidão, que é um dos direitos reais, desmembrado da propriedade. Conhecida como *vindicatio*, ou *petitio servitutis*, é para as servidões o que a reivindicatória é para o direito de propriedade. Vem definida como a ação real, que assiste ao titular de uma servidão, para obter, com o reconhecimento desta, a cessação da lesão, que lhe suprime totalmente, ou pelo menos lhe perturba o respectivo exercício.[3]

Defende a servidão, juntamente com as possessórias, sendo seu objeto o ônus instituído, sem perda ou moléstia da posse.

Tendo por finalidade afirmar a existência da servidão, quando negada ou contestada, deve ser intentada pelo titular do direito, que é o proprietário

---

[1] *Curso de direito civil*. Direito das coisas. 4. ed. São Paulo: Saraiva, 1961. p. 92.

[2] TJSC, AI 401977/SC 2005.040197-7, rel. Maria do Rocio Luz Santa Ritta, j. 06.06.2007, 1ª Câmara de Direito Civil.

[3] José Mendes. *Das servidões de caminho*. São Paulo: Duprat, 1906. p. 153.

do prédio dominante. Estende-se o direito do uso aos que têm o domínio útil, quais sejam: o enfiteuta, que está autorizado pelo senhorio direto, ou proprietário, a usar, gozar e dispor da coisa mediante o pagamento de uma retribuição anual, chamada pensão; o usufrutuário, embora alguns coloquem dúvidas, em virtude de que a este se atribui o poder de usar de uma coisa e de perceber-lhe os frutos, durante certo período de tempo.

Encontrando-se *pro indiviso* o imóvel, qualquer dos condôminos tem a faculdade de intentar a ação, em defesa da servidão em sua totalidade, visto ser ela indivisível.

É promovida contra aquele que lesa o direito, mesmo que não seja proprietário do prédio serviente e ainda que apareça como um terceiro, possuidor desse prédio. Pertencendo o imóvel que sofre o encargo a vários condôminos, contra cada um deles é endereçada a demanda, razão da indivisibilidade.

Havendo prejuízos, a indenização pelos danos sofridos pelo prédio dominante será suportada apenas pelos causadores.

Duas são as condições para a propositura da ação:

a) O direito da servidão, em favor do autor, ou a existência da servidão em seu favor, provando-a com a exibição do título, ou demonstrando-a com elementos que traduzam a destinação do pai de família, ou com os requisitos da prescrição aquisitiva, dentro dos prazos respectivos previstos na lei.

b) A lesão que está sofrendo a servidão, ou o fato que atenta ou obstaculiza o exercício do direito, caracterizando-o e determinando-o concretamente.

Através da demanda, visa o autor reconhecer a existência da servidão e a reposição das coisas de forma a tornar plenamente exercitável o direito. Pode exigir a destruição da obra cuja construção constituiu a lesão, tornando o bem a seu estado anterior, caso tenha sido mudado com dano para a utilidade que usufruía. Procurará, outrossim, a remoção de todo e qualquer obstáculo oposto ao aproveitamento da servidão.

É que, assinalam Planiol e Ripert, o proprietário do fundo serviente deve, "según el caso, abstenerse de aquellos actos que la servidumbre tiene como finalidad impedir, como en materia de servidumbres de *non aedificandi, non tollendi* [...], o permitir al propietario del predio dominante realizar los actos constitutivos de la servidumbre, como en materia de servidumbre de paso, de pasto o de saca de agua".[4]

---

[4] *Tratado practico de derecho civil francés.* Los bienes. Havana: Cultural, 1946. t. III, p. 829.

Completando, Aubry e Rau escrevem que, sendo negativa a servidão, o dono do prédio serviente tem o dever de "s'abstenir des actes de disposition ou de jouissance qu'elle a pour objet d'empêcher"; e no caso de positiva ou afirmativa, "il est tenu de souffrir, de la part du propriétaire de l'héritage dominant, tout ce qu'elle autorise ce dernier à faire".[5]

O escopo principal da ação, máxime se houver dúvida, é a postulação do reconhecimento da existência da servidão, obrigando-se o réu a cessar o ato lesivo, a pagar os prejuízos causados, ou que vier a provocar, bem como as despesas exigidas com a reposição ou a reconstrução de obras necessárias.

A demanda promovida por um condômino aproveita a todos os demais que usufruem da servidão, desde que o uso seja comum.

Em matéria de defesa, cabe ao réu alegar tudo quanto em direito for permitido, como a perda da utilização do bem pelo autor diante do não uso pelo prazo da prescrição; a perda porque se extinguiu pela confusão, o que se dá quando há a compra do imóvel dominante, ou a venda do serviente, por um ou por outro; a remissão expressa ou tácita feita pelo autor da servidão; a inexistência da servidão etc.

2. AÇÃO NEGATÓRIA

> É a ação real, que tem por fim vindicar a liberdade da coisa, isto é, fazer cessar o exercício de um suposto direito de servidão, invocado por terceiro.[6]

Dídimo da Veiga estabelece os limites relativamente às partes: "Deve ser intentada pelo proprietário do prédio a que se pretende impor a servidão [...], contra aquele que pretende exercitar sobre o referido prédio qualquer servidão, ou dar maior ampliação à que se achar constituída".[7]

Assiste a faculdade do exercício à demanda ao proprietário porque se encontra turbado no gozo de sua propriedade, objetivando se declare estar livre de gravame o prédio. O fundamento está na existência da propriedade livre e na lesão, que impede ao autor exercer o domínio pleno. O art. 1.228 do Código de 2002 contém a sua razão maior: o direito assegurado ao proprietário de usar, gozar e dispor da coisa, e de reavê-los de quem quer que injustamente a possua ou detenha.

---

[5] *Cours de droit civil français*. 6. ed. Paris: Librairie de la Cour de Cassation, 1938. v. III, p. 135, § 254.

[6] Carvalho Santos. *Código Civil brasileiro interpretado*. 7., 10. e 11. ed. São Paulo: Freitas Bastos, 1963. v. IX, p. 182.

[7] *Servidões reais*. Rio de Janeiro: Garnier, 1887. p. 87, n. 129.

Impõem-se as seguintes condições para a propositura da lide:

a) ter o autor propriedade sobre a coisa a que se pretende impor a servidão;

b) encontrar-se o imóvel gravado com uma servidão indevida, que turba o gozo pacífico da propriedade.

Justifica-se o ajuizamento, ainda, quando se constata o uso indevido, ou excedente dos limites do ônus instituído em favor do dono do prédio dominante, "uma vez que, além desses limites, fixados no título ou pela destinação do pai de família, ou pela prescrição, o prédio gravado de servidão é livre".[8]

Aguiar e Souza é claro: "O fim desta ação é declarar o prédio livre da servidão pretendida, ou livre da ampliação que o dono do prédio dominante pretende fazer; e, por conseguinte a reintegração do autor, no uso e gozo de todos os direitos que nele se contêm, ficando o réu condenado a jamais usar de tal servidão, sob certas penas que lhe serão cominadas; e bem assim, a pagar os danos causados com seu ato".[9]

Uma questão deveras discutível consiste na alegação de muitos autores, no sentido de que compete ao proprietário unicamente a prova do domínio. Não lhe incumbe a prova da não existência de servidão. E provada a propriedade, essa prova inclui e abrange a de sua liberdade. Igualmente demonstrado fica o poder de praticar, no imóvel, todos os atos de disposição e de gozo que bem entender e de excluir todos os atos que lhe perturbem o exercício desse seu direito. Daí se chegar a que provado resta o seu direito de fazer e não tolerar que outrem faça, o que importa, em última, análise, no direito de excluir a servidão.[10] Nessa linha, numa exemplificação prática, não necessita o titular do prédio serviente provar que seu prédio é livre, posto que isso se presume; basta provar que o dono do prédio dominante não tem a servidão, ficando neste a obrigação de provar que a servidão está legitimamente constituída.

Malgrado os respeitáveis argumentos, não se pode olvidar a regra do art. 333 do Código de Processo Civil, de que ao autor incumbe o ônus da prova quanto ao fato constitutivo de seu direito, o qual, segundo os intérpretes, significa o fato de que a eficácia jurídica de dar vida, de fazer nascer e constituir a relação jurídica. Por isso, Carnelutti formulou a regra segundo a qual quem

---

[8] Carvalho Santos. *Código Civil brasileiro interpretado*, cit., v. IX, p. 182.

[9] *Tratado das servidões urbanas e rústicas*. São Paulo: Espínola, 1914. p. 210, § 348.

[10] Carvalho Santos, *Código Civil brasileiro interpretado*, cit., v. IX, p. 183. Aguiar e Souza, *Tratado das Servidões Urbanas e Rústicas*, cit., p. 210, § 348. Dídimo da Veiga, *Servidões reais*, cit., p. 87, n. 129. Planiol e Ripert, *Tratado practico de derecho civil frances*. Los bienes, cit., t. III, p. 832, n. 990.

expõe uma pretensão em juízo deve provar os fatos que a sustentam. Quem aciona deve provar o fato ou os fatos constitutivos.[11] Daí ser coerente a afirmação de José Mendes, defendendo que o autor provará, além do domínio da coisa, o fato da servidão indevida ou demasiadamente onerosa.[12] Se o encargo é incabível, evidenciará as razões que justificam o direito, trazendo as provas que o amparam, da mesma forma que ocorre com o credor, que precisa trazer a juízo o título que garante a dívida, para receber o crédito.

3. AÇÕES POSSESSÓRIAS

Antes de entrarmos especificamente no assunto das ações possessórias, convém traçarmos algumas linhas sobre os direitos e deveres que envolvem as partes, pois as infrações, se envolverem a posse, provocam o direito ao exercício dos mencionados remédios. Realmente, a ofensa ao exercício da servidão importa na faculdade de utilização dos interditos possessórios, em especial quanto ao titular do prédio dominante, sem afastar, a toda a evidência, igual direito em favor do titular do prédio serviente, se excedido o exercício da servidão. Embora já abordados os direitos e deveres decorrentes da servidão, tanto para o titular de quem a aproveita como de quem suporta o gravame, a matéria aqui concentra-se no pertinente aos atos atentatórios à posse, ou ao abuso praticado por aquele que usufrui do benefício.

a) *Direitos e deveres relativamente ao dono do prédio serviente e ao dono do prédio dominante*

Lemos no art. 1.383 do Código Civil: "O dono do prédio serviente não poderá embaraçar de modo algum o exercício legítimo da servidão".

A norma diz respeito à obrigação de abster-se o dono do prédio serviente de atos que perturbem ou embaracem o uso legítimo da servidão. Tratando-se de servidão negativa, consistente, a título de exemplo, em não elevar o edifício além de certa altura (*altius non tollendi*), a ofensa concerne à prática de toda e qualquer atividade que vulnere o exercício da prerrogativa de receber luminosidade ou desfrutar uma ampla visibilidade da natureza.

Estabelecida uma servidão afirmativa, o dono do prédio serviente está obrigado a suportar os percalços inerentes, *v.g.*, à passagem em um terreno para se alcançar uma fonte, ou uma via pública. Perturbará o aproveitamento da utilidade se diminuir a faixa da passagem ou produzir incômodos ao trânsito de pessoas, mediante a colocação de cercas, de atravessadouros impróprios, ou se fizer escoar as águas pelo leito do caminho. Planiol e Ripert

---

[11] *Sistema del diritto processuale civile*, 1936, 1º v., n. 162, em Moacyr Amaral Santos. *Comentários ao Código de Processo Civil*. 2. ed. Rio de Janeiro: Forense, 1977. v. IV, p. 34.

[12] *Das servidões de caminho*, cit., p. 160, § 72, n. 7.

esclarecem a situação: "El propietario del predio sirviente, en principio, no está sujeto, más que por una obligación puramente pasiva: debe, según el caso, abstenerse de aquellos actos que la servidumbre tiene como finalidad impedir, como en materia de servidumbre de *non aedificandi*, o permitir al propietario del predio dominante realizar los actos constitutivos de la servidumbre, como en materia de servidumbre de paso, de pasto o de saca de agua. Ninguna prestación positiva le incumbe".[13]

Diante das garantias asseguradas ao dono do prédio, se impedido está ele de fruir das vantagens decorrentes do *jus in re aliena*, ou de realizar obras de conservação ou limpeza, tem a prerrogativa de recorrer às ações possessórias, para a defesa de seus direitos.

O direito do dono do prédio dominante não é absoluto. Carvalho Santos enumera as ressalvas admitidas em favor do prédio serviente, salientando as seguintes: a) o proprietário do prédio gravado com servidão de passagem conserva a faculdade de fechá-la, de maneira a não prejudicar o exercício da servidão; b) esse direito é suficientemente respeitado quando o titular do fundo serviente, colocando à entrada de uma propriedade uma porteira, conserva esta aberta durante o dia, só a fechando pela noite com chave ou cadeado, tendo, entretanto, oferecido ao titular do direito meios para o uso em qualquer momento, como entregando-lhe uma cópia da chave, ou colocando uma campainha que permita chamar o responsável sempre que necessária a passagem pela dita porteira. De sorte que a colocação de uma porteira em um caminho não significa impedimento ao livre trânsito. Pelo contrário, constitui fator de segurança e organização para o local, pois impede a penetração de animais e pessoas inconvenientes. De igual modo, não é cabível ter como a configuração de esbulho à servidão de água o fato de manter o proprietário da fonte ou da corrente de água cercada a propriedade, desde que venha a água a ser conduzida por mangueira ou outro meio de canalização.

Sobressaem, ainda, as seguintes restrições, em seguimento à ordem anterior: c) a posse de uma servidão de esgoto não constitui um ato de posse sobre o próprio solo que recebe a água, podendo, por consequência, o proprietário do solo cultivá-lo, plantá-lo ou levantar nele qualquer construção, com a condição de não prejudicar com isso o exercício da servidão; d) uma servidão *non altius tollendi*, que foi estabelecida por título e que recai apenas sobre uma porção do terreno, no qual se encontram algumas construções que a predita servidão visa a impedir sejam elevadas, não é obstáculo a que o proprietário do prédio serviente eleve ou construa edifícios sobre outras porções do seu terreno, que não são visadas pela servidão, salvo a observância da instância legal e o respeito de um direito de passagem; e) poderá o dono do terreno

---

[13] *Tratado practico de derecho civil francés. Los bienes*, cit., t. III, p. 829, n. 988.

onerado com uma servidão de passagem fazer construções neste terreno, desde que deixe altura, largura, luz e ar necessários ao seu exercício.[14]

Por último, a servidão em favor de alguém não retira ao dono do imóvel o direito de servir-se da mesma utilidade. Se outorga a passagem em sua área, ou consente no uso do pasto, ele próprio tem garantida a utilização de tais vantagens. Aubri e Rau imprimem certeza sobre o assunto: "Il y a mieux, de propriétaire du fons assujetti ne perd pas, à moins de convention contraire, le droit de faire servir ce fond aux mêmes usages qu'à ceux qui fâ ceux qui forment l'objet de la servitude. C'est ansi que celui dont le fonds est greve d'une servitude de passage ou de pacage, conserve en general, la faculte d'y passer leui-même ou d'y faire paître ses bestiaux (et même d'en ceder l'usage à un tiers), et que celui dont le puits est soumir à une servitude de puisage, conserve la faculté d'y puiser l'eau qui lui est nécessaire".[15]

Acrescenta-se a seguinte observação: o proprietário do prédio serviente é chamado a contribuir, dentro da medida do aproveitamento que faz, para as despesas de conservação, necessárias ao uso. São os autores mencionados que afirmam: "Seulement, le propriétaire de l'héritage servant doit-il, en pareil cas, contribuer dans la proportion de as fuissance aux frais des réparations que nécessiterait cette communauté d'usage".[16]

Em resumo, se uma das partes não tiver liberdade para fazer prevalecer os direitos recém-mencionados, tem a faculdade de propor a ação possessória, que determinará, de outro lado, a obediência aos deveres que vêm em conco-mitância com os direitos.

b) *Ações de manutenção e reintegração de posse*

O estado de fato e a posse das servidões têm a proteção das ações possessórias. Os tribunais e a doutrina adotam o princípio de que, uma vez comprovada a posse pelo uso contínuo, *v. g.*, de um corredor, na área rural, urbana ou suburbana, pode o proprietário defendê-la pelos interditos.

As ações mais comuns são a manutenção e a reintegração de posse. O art. 1.210 aponta para o objeto de uma e outra espécie, com referência também ao interdito proibitório, cuja análise se fará adiante: "O possuidor tem direito a ser mantido na posse em caso de turbação, restituído no de esbulho, e segurado de violência iminente, se tiver justo receio de ser molestado".

A primeira, conhecida no direito romano como *interdicto uti possidetis*, é o remédio jurídico que compete ao possuidor, contra aquele que o perturba na posse do objeto. A segunda tem por finalidade a recuperação da posse perdida ou esbulhada.

---

[14]   Carvalho Santos. *Código Civil brasileiro interpretado*, cit., v. IX, p. 213.

[15]   *Cours de droit civil français*, cit., v. III, p. 138, § 254.

[16]   *Cours de droit civil français*, cit., v. III, p. 138, § 254.

Ressaltam os elementos da turbação e do esbulho para enquadrar o cabimento das ações. A turbação se materializa em atos que agridem e prejudicam o exercício pleno e pacífico da posse, sem que seu titular venha a ser privado dela, de modo que permanece com os bens em seu poder. O esbulho, ou a espoliação, acontece quando a posse é invadida e retirada do poder da pessoa, de forma violenta, ou clandestinamente ou por mero abuso de confiança.

Para ajuizar a ação, cumpre ao autor comprovar os seguintes requisitos:

a) a posse da servidão;

b) a turbação, ou o esbulho (a espoliação) praticado pelo réu;

c) que o ato turbativo, ou de esbulho, date de menos de ano e dia, para viabilizar a concessão da medida liminar, diante do art. 924 do Código de Processo Civil, com a seguinte redação: "Regem o procedimento de manutenção e de reintegração de posse as normas da seção seguinte, quando intentado dentro de ano e dia da turbação ou do esbulho; passado esse prazo, será ordinário, não perdendo, contudo, o caráter possessório".

A referida seção seguinte se ocupa da concessão da medida liminarmente, isto é, *initio litis*, ou *in limine litis*. De sorte que, se de "força nova" as ações, como se dizia no passado, ou propostas dentro do prazo de ano e dia a contar da turbação ou do esbulho, insere-se no procedimento, "em sua fase inicial, uma série de atos estranhos a esse rito (ordinário), destinada a possibilitar uma decisão prévia sobre a reintegração ou manutenção *in limine litis*".[17]

Aforando o pedido após o referido prazo, isto é, a outrora conhecida ação de "força velha", o procedimento será ordinário, sem viabilidade de medida liminar, mas que não afasta a possibilidade da antecipação da tutela, se atendidos os requisitos para tanto necessários.

d) O autor continua na posse da coisa, malgrado a turbação, no caso de manutenção; ou a perda da posse ocorre em virtude de esbulho, na hipótese da reintegração.

c) *Prevalência da ação de manutenção*

Vexata quaestio se verifica na doutrina relativamente à posição dos que sustentam, em se tratando de servidões, como unicamente cabível a manutenção de posse, embora tenha ocorrido verdadeira perda dela.

É que a ação reintegratória supõe uma perda do próprio imóvel. Presume o desapossamento consumado mediante uma agressão à pessoa ou à coisa. Quem desenvolve o desfrute de uma servidão não detém materialmente o prédio serviente, sobre o qual foram concretizados os atos de violência.

---

[17] Adroaldo Furtado Fabrício. *Comentários ao Código de Processo Civil*. Rio de Janeiro: Forense, 1980. v. VIII, t. III, p. 525.

Esse o pensamento de tratadistas do peso de Planiol e Ripert[18] e de Dídimo da Veiga, que tece sérias críticas aos que entendem o contrário. A servidão é uma quase posse, podendo unicamente ser turbada e não esbulhada, o que se daria se houvesse a perda da posse do prédio.[19]

Há os que sustentam ponto de vista contrário, argumentando existir um verdadeiro esbulho da quase posse, considerada esta separada da posse do prédio dominante.

Dizem outros que a reintegratória é o remédio correto nas situações em que a quase posse da servidão coincide com a posse do imóvel.

A discussão não revela maior importância. O art. 920 do Código de Processo Civil, regulando a material, permite a transformação de uma ação por outra, mesmo no curso do processo: "A propositura de uma ação possessória em vez de outra não obstará a que o juiz conheça do pedido e outorgue a proteção legal correspondente àquela, cujos requisitos estejam provados". Nessa dimensão, se verificada for a violência em uma servidão no curso de um processo, e tiver a ação como fachada o interdito proibitório, desde logo converte-se automaticamente em ação de manutenção ou de esbulho, de conformidade com as circunstâncias ou o ato atentatório à posse.

Mesmo assim, segundo a inteligência preponderante, aconselha-se o uso da ação de manutenção, embora pareça mais apropriada a reintegração quando o titular do prédio dominante perde a servidão, exemplificando-se os casos de trancamento de uma porteira, devastação de um campo onde o gado pastava, entupimento de um conduto de água, colocação de cerca em uma estrada, desvio de um córrego.

A possessória, em uma ou outra espécie, pode ser invocada mais em hipóteses como estas:

a) Quando alguém, usufruindo a servidão com boa-fé e sendo justa a posse, for impedido ou embaraçado na continuidade de seu exercício.

b) No caso de turbação ou impedimento na servidão de aqueduto, a qual vem perdurando de boa-fé e revelar-se justa a posse.

c) Nas proibições de uma pessoa em retirar água do interior de uma fonte ou cisterna alheia, situada em imóvel de outrem, ou de até lá conduzir animais para beber.

Na servidão de retirar água em poço alheio, desenrola-se a turbação da quase posse de várias maneiras, como se o turbador afastar a corrente do poço, ou sujar a água de lodo, ou tampar a fonte, ou impedir o acesso até o local.

Veja-se o seguinte exemplo de decisão: "Agravo de instrumento. Servidão de aqueduto aparente. Reintegração de posse. A existência do canal de água,

---

[18] *Tratado practico de derecho civil francés.* Los bienes, cit., t. III, p. 823, n. 987.

[19] *Servidões reais*, cit., p. 54, n. 63.

utilizado há muitos anos, e a evidência de que o aterro feito foi por arbítrio ou unilateralidade das partes agravadas, constituem razão para o deferimento de medida para o desfazimento do aterro, às expensas das partes agravadas. Além disso, o dono do prédio serviente não pode embaraçar a servidão do prédio dominante, sem prejuízo de ação cabível para regular, reconhecer, negar ou extinguir a servidão, existente ou não".[20]

A manutenção compreenderá a proteção a todos os acessórios necessários para o exercício da servidão.

d) *Interdito proibitório*

Admite-se, outrossim, o interdito proibitório, que também é um remédio judicial voltado para a proteção possessória, e consta previsto no art. 932 da lei adjetiva civil, com o seguinte texto: "O possuidor direto ou indireto, que tenha justo receio de ser molestado na posse, poderá impetrar ao juiz que o segure da turbação ou esbulho iminente, mediante mandado proibitório, em que se comine ao réu determinada pena pecuniária, caso transgrida o preceito". O Código Civil contempla a espécie no art. 1.210, recém-transcrito, em conjunto com as ações de manutenção e de reintegração de posse. No Código de 1916, existia regra própria, no art. 501.

Visa o interdito proibitório à proteção preventiva da posse, na iminência ou sob ameaça de ser molestada. Não é seu objetivo fazer cessar os efeitos de um ataque à posse, já consumado materialmente, mas, antes, impedir que seja desencadeado. Daí que não se confunde com a manutenção e a reintegração, que pressupõem, no mínimo, certo grau de violência. Distingue-se, igualmente, por ser o interdito de força iminente, ou de força futura. Seu emprego não se justifica senão enquanto durar a ameaça, conforme mostra Pontes de Miranda.[21] Aprofundando a explicitação, aduz-se que seu objeto consiste na defesa preventiva da posse, no que se distingue dos outros dois interditos, já que se destinam à defesa efetiva da posse, e exigindo, para o cabimento da correspondente ação, a violação da posse. No interdito proibitório, não existe a violação material da posse. A iminência do ataque, entrementes, suscita um justo receio de que, não sendo obstado, venha a tornar-se efetivo.

Ainda prevalecem os requisitos descritos por Serpa Lopes, para a propositura do interdito: I – a posse; II – a ameaça de turbação ou de esbulho por parte do réu; III – o justo receio.[22]

---

[20] Agravo de Instrumento nº 70009970005, 20ª Câmara Cível, TJRS, rel. Carlos Cini Marchionatti, j. 15.12.2004.

[21] *Comentários ao Código de Processo Civil*. Rio de Janeiro: Forense, 1976. t. XIII, p. 309.

[22] *Curso de direito civil*. Direito das coisas. 2. ed. Rio de Janeiro: Freitas Bastos, 1996. v. VI, p. 205.

Mesmo tratando-se de servidão, o interdito é aplicável. Se o titular do prédio dominante tem justo receio de perder a utilidade, ou de sofrer alguma turbação, legitima-se para o ajuizamento da ação. Presente o receio do possuidor em ser molestado no bem que se encontra na sua posse, que está sendo exercida efetivamente, não fica desamparado do direito. A atitude de inércia, aguardando que se consuma a violência para então agir, não pode ser exigência da lei. Tão logo sejam percebidos atos tendentes a ofender a posse, como a colocação de entulhos em um caminho, ou que se façam escavações que turvem uma vertente, ou a colocação de material que venha a trazer o fechamento paulatino de um canal por onde fluem as águas pluviais ou nascentes, está a pessoa amparada a prevenir e a evitar o dano maior, que se avizinha e provoca intranquilidade. Não se encontra ela, ainda, privada da servidão, nem talvez venham a ocorrer as limitações ao uso, mas, pelos atos sucessivos que estão se perpetrando, depreende-se o resultado nefasto, se providências acauteladoras não forem tomadas.

4. NUNCIAÇÃO DE OBRA NOVA

Há previsão expressa da ação de nunciação de obra nova para a proteção das servidões. Reza o art. 934, I, do Código de Processo Civil que compete a ação "ao proprietário ou possuidor, a fim de impedir que a edificação de obra nova em imóvel vizinho lhe prejudique o prédio, suas servidões ou fins a que é destinado". A nunciação ou embargo de obra nova compete a quem entende como nociva a seu domínio ou posse obra nova que está sendo construída no imóvel ou prédio vizinho. O objetivo é evitar a consumação do prejuízo pelo prosseguimento ou ultimação da obra.

Veremos destacadamente os requisitos e outros aspectos primordiais da referida ação.

a) *Pressupostos e requisitos*

Pressuposto para o ajuizamento da ação, no entender dos estudiosos, é o erguimento de construção no prédio do nunciado (réu titular do prédio serviente), resultando ao prédio do nunciante (autor titular do prédio dominante) prejuízos no uso de uma servidão. Supõe-se a existência de dois prédios contíguos, sendo um deles afetado ou prejudicado pelo outro.

A obra, para figurar como nova, deve estar sendo erguida, ou sofrendo reedificação, ou modificação, ou reforma, ou ampliação. O caráter de inovação é de substancial importância. Não é aceita a lide após a conclusão, já que não há mais como impedir algo que já atingiu o seu término.

Nesse sentido, unicamente se a obra está inacabada, no sentido de que a sua continuação agravará os danos, mostra-se compatível a ação de nunciação, para se obter o efeito desejado e contemplado no sistema jurídico, aplicável contra o proprietário de prédio serviente, como quando alguém, ao executar obras na sua propriedade, impede ou dificulta o normal escoamento das águas para o local onde escorriam antes, mas fazendo-as convergir para a propriedade vizinha.

É considerada já pronta a obra se, para a sua conclusão, só faltam arremates, pinturas ou acabamentos internos. Torna-se impossível, então, a nunciação porque importaria em demolição. O prejuízo ao prédio vizinho está consumado, embora, esporadicamente, surjam posições contrárias a esse entendimento, mormente em obras de menor significação, sendo exemplo a abertura de uma janela a menos de metro e meio da linha divisória. Admite-se a propositura de ação quando falta o acabamento interno e externo ao prédio, posto que não importará a procedência em demolir o prédio todo, mas somente no fechamento da janela, isto é, na alteração de pequena repercussão na obra.

b) Utilidades que constituem servidão

Para ser a ação aplicada corretamente, deve-se ter em conta quais as utilidades que constituem servidões. Se há ofensa à substância e integridade do prédio, como a edificação em terreno contíguo com invasão parcial do lote lindeiro; se a demolição ameaça destruir a casa do vizinho, ou parte dela, a lide é nunciatória, mas não relativa a servidões. As construções nocivas são aquelas que prejudicam as servidões que beneficiam o prédio ou os fins a que ele se destina. Prejudicial à servidão é a obra que lhe restrinja ou impossibilite o exercício. Pode consistir em construção (*v.g.*, de muro que feche o caminho), em demolição (como a da ponte sem a qual a passagem se torna impossível), ou em simples modificação (tal o estreitamento da passagem). Os fins a que se destina o prédio, e relativamente aos quais ele pode ser prejudicado, envolvem a ideia do uso normal que dele faça o dono ou possuidor, e que resultaria impedido ou dificultado pela obra nova.

De sorte que, resultando da obra o estreitamento de um caminho; a modificação natural de um terreno, fazendo com que o escoamento das águas pluviais ultrapasse a passagem e invada o terreno fronteiro; o formato especial do prédio, impedindo a ventilação necessária, entre outras hipóteses, autorizada está a pessoa a usar da *nunciatio novi operis*.

As situações práticas, suscetíveis de ocorrer, servem de casuística para a admissibilidade da ação. Assim, no caso de parede erguida junto à do vizinho que contorna poço de luz e ar de antiga edificação dividida pelo seu proprietário em duas unidades, vendidas sucessivamente a donos diversos, decorrendo a obstrução de iluminação e ventilação de todo o piso inferior e de parte do piso superior. Encontrando-se o nunciante no gozo de uma serventia, ou servidão de fato, de ar e luz, relativamente a essa dependência, em razão do longo período de utilização como da própria destinação que lhe foi dada originariamente pelo proprietário de todo o imóvel, não pode tal situação ver-se alterada unilateralmente, a despeito de inexistir servidão legalmente constituída e inscrita. Consideram-se as janelas indevidamente fechadas pela referida parede erguida pelo nunciado, titular do prédio serviente.

De igual modo, no caso de muro, portão ou outra qualquer obra que se construa, vindo a prejudicar ou embaraçar o direito de servidão, torna-se suscetível de demolição, figurando como apropriada a ação de nunciação se a obra for nova, mas que não afasta, também, o exercício de outra ação, como a de demolição.

c) Embargo extrajudicial ou pessoal e aspectos processuais

Quanto à parte processual, várias as considerações e as regras a serem observadas.

No art. 935 do diploma processual civil está previsto o embargo extrajudicial, que é inovação instituída pelo direito português. Possibilita-se ao próprio prejudicado proceder pessoalmente o embargo. Em caso de urgência, a ele assegura-se embargar extrajudicialmente a obra, notificando o proprietário ou o executante para que não a continue. Estabelece o dispositivo mencionado que a notificação será verbal, impondo-se que se efetive perante duas testemunhas. Eis o texto: "Ao prejudicado também é lícito, se o caso for urgente, fazer o embargo extrajudicial, notificando verbalmente, perante duas testemunhas, o proprietário ou, em sua falta, o construtor, para não continuar a obra".

Dirige-se o ato ao proprietário da obra. Na sua falta, isto é, não se encontrando no local da obra, notifica-se o construtor. Mesmo os que executam o trabalho ficarão intimados, ou avisados, se aquele não se achar presente.

Determina o parágrafo único do art. 935 que o nunciante requererá, dentro de três dias, a ratificação em juízo da providência que tomou, sob pena de cessar o efeito: "Dentro de 3 (três) dias requererá o nunciante a ratificação em juízo, sob pena de cessar o efeito do embargo".

Constitui o embargo pessoal uma antecipação da tutela jurisdicional, destinado a receber a chancela judicial. O requerimento de ratificação há de integrar a petição inicial de nunciação de obra nova, em que o autor requererá, além do estipulado no art. 936, a confirmação da medida já efetuada, constante em relato minucioso e circunstanciado. Eis o texto:

> Na petição inicial, elaborada com observância dos requisitos do art. 282, requererá o nunciante:
> I – o embargo para que fique suspensa a obra e se mande afinal reconstituir, modificar ou demolir o que estiver feito em seu detrimento;
> II – a cominação de pena para o caso de inobservância do preceito;
> III – a condenação em perdas e danos.

Naturalmente, a convalidação pressupõe o ajuizamento do pedido de medida liminar, junto com a nunciação de obra nova, cuja concessão poderá depender de justificação prévia. Sua finalidade está vinculada à urgência de obter uma solução imediata quanto à obra que ofende a servidão.

Ao ingressar com a ação, o dono do prédio dominante, mesmo que não tenha procedido ao embargo extrajudicial, tem a faculdade de pretender a tutela liminar, e também a antecipação da tutela, nos termos do art. 273 e seus parágrafos do Código de Processo Civil. Concedida a liminar, antes ou depois da justificação prévia, e mesmo a antecipação da tutela, o oficial de justiça lavrará termo circunstanciado, descrevendo o estado em que se encontra a obra, e intimando o proprietário, ou o construtor, ou os empregados, a não dar prosseguimento nos trabalhos.

O réu será citado para contestar a ação no lapso temporal de cinco dias, em obediência ao art. 938. Aplicando-se à ação o disposto no art. 803, que estabelece a presunção de que admite o demandado como verdadeiros os fatos alegados pelo requerente, se não houver contestação. Julgará, então, o juiz de imediato o feito, se convencer-se do direito e não houver a necessidade de instrução ou esclarecimentos. Havendo contestação, instaura-se o juízo instrutório, até mesmo com a realização de perícia e a designação de audiência, se necessária.

Nos arts. 939 e 940, enseja-se a possibilidade de prosseguimento da obra, caso oferecida e aceita caução idônea, e decorrer prejuízo grave da suspensão da obra. Todavia, não terá lugar o prosseguimento de obra nova contra determinação de regulamentos administrativos.

d) Obra já concluída

Se a obra já estiver concluída, como agirá o interessado? Carvalho Santos aponta a solução, que consiste na ação denominada "demolitória". Sempre que o exercício de uma servidão, explica, seja embaraçado ou impedido por uma obra já levada a efeito à força, ou clandestinamente, o autor pede a demolição da construção, na parte prejudicial, e o consequente restabelecimento da servidão.

Embora faça a restrição do cabimento para os casos do erguimento clandestino ou à força, razões não se apresentam a impedir o ajuizamento em qualquer hipótese, mesmo quando a atividade de obstrução se realize às claras, e não sugerir motivos para suspeitar de que impedirá o uso da servidão.

Entretanto, se o senhor do prédio dominante mantinha a posse e vem a perdê-la por uma obra recente, não tendo exercitado sua oposição mediante a nunciatória, deduz-se que perdeu a posse a partir do momento em que ficou impedido de servir-se da utilidade. Quem tem a posse e se vê impossibilitado de exercitá-la deve valer-se das possessórias para restabelecer o direito. Nada o proíbe de buscar socorro judicial por meio de tais remédios. Existe uma posse anterior, fundada nos princípios da lei, a qual, em dado momento, é cercada ou eliminada. Sem uma razão jurídica a amparar o ato atentatório, ao lesado assegura-se o exercício das medidas possessórias. Há de se considerar que a posse é, acima de tudo, um fato. A oposição ontológica e irredutível entre violência e direito, por si só, dá suporte filosófico suficiente à proteção possessória. A perturbação da posse atenta contra a ordem jurídica e a isso o direito não pode ficar indiferente, de acordo com a linha de pensamento traçada por Ihering.

De modo que as ações possessórias constituem remédio jurídico apto a restaurar o direito lesado por atos de violência, de turbação ou esbulho. Mesmo que, para tanto, seja indispensável desfazer a obra. E na circunstância de se tornar oneroso em demasia o retorno à situação anterior, a solução delineada por Adroaldo Furtado Fabrício é correta:

> Se a obra nova ocupa parte pouco expressiva do terreno vizinho, de tal sorte que o prejuízo econômico representado pela interdição ou demolição seria desproporcionalmente superior ao sofrido pelo autor, é iníqua a opção pela alternativa mais onerosa. Assim, tem-se julgado que o infrator indenizará ao vizinho o prejuízo causado pela invasão, mantendo-se e concluindo-se a obra. Em certos casos, tem-se recorrido a essa solução também quando a obra é pública, caso em que se consuma verdadeira desapropriação indireta.[23]

Em resumo, duas as conclusões:

a) Encara-se a construção de obra impeditiva de uso da servidão como ato atentatório à sua existência. Em decorrência, em vez da ação demolitória, não contemplada especificamente para o caso, viável o uso da demanda possessória, com todas as decorrências inerentes, inclusive demolindo-se a parte do prédio causadora do cerceamento do direito à servidão.

b) Constatando-se que a demolição é desproporcionalmente onerosa em relação ao benefício trazido ao usurpador e ao prejuízo acarretado ao dono do prédio dominante, nada impede que se transforme em indenização a reparação do mal causado pelo primeiro.

5. AÇÃO PUBLICIANA

Essa ação era conhecida no direito romano.

Admitiam-na os tratadistas anteriores à vigência do Código Civil de 1916.

A sua natureza confundia-se com a ação possessória.

---

[23] *Comentários ao Código de Processo Civil*. Rio de Janeiro: Forense, 1980. v. VIII, t. III, p. 591.

Aguiar e Souza explica a finalidade que a determinava: "Se for difícil ao autor provar o domínio sobre o seu pedido, poderá ele, em vez da ação negatória, socorrer-se da ação publiciana, desde que tenha, sobre o dito prédio, a posse acompanhada dos requisitos legais, para se operar sobre ele a prescrição aquisitiva".[24]

José Mendes estendia a aplicação tanto ao dono do prédio serviente como ao dono do prédio dominante, em substituição às ações negatória e confessória. Servia para proteger a servidão e a liberdade da propriedade:

"No primeiro caso, supre a falta de ação confessória. No segundo, supre a falta de ação negatória. Quem não pode provar que tem o *jus servitutis*, não pode intentar a ação confessória: socorre-o a publiciana, que se contenta com a prova da aquisição da quase posse da servidão revestida dos requisitos que levam à prescrição da mesma servidão. Por outro lado, quem não pode provar que tem a propriedade da coisa, não pode intentar a ação negatória: socorre-o a publiciana, que se contenta com a prova da aquisição da posse, revestida dos requisitos que levam à prescrição da propriedade [...]. A ação publiciana, que assim se denomina do nome de seu criador, Publicio, funda-se na ficção consistente em se considerar antecipadamente, como proprietário ou como titular da servidão, quem está em via de adquirir, por meio da prescrição, a propriedade ou a servidão".[25]

Segundo os autores antigos (Lafayette, Lacerda de Almeida, Correa Telles, Mayenz, este lembrado por Aguiar e Souza), o autor não precisava provar o domínio pleno ou inconcusso, mas tão unicamente que adquiriu a servidão ou a propriedade de boa-fé e *ex justa causa*. O bem se encontra no curso do prazo prescricional aquisitivo.

De outro lado, o réu, na ação equivalente à confessória ou negatória, estaria agindo de má-fé, com dolo, pretendendo se opor ao direito injustamente.

Em resumo, a posse determinaria o *jus possidendi* e socorreria a quem não possuísse o domínio pleno da propriedade ou a servidão constituída legalmente.

Na verdade, a ação, que não mais é utilizada, pode ser considerada possessória. Baseando-se na posse o direito, converte-se em possessória. Com a manutenção ou a reintegração, procurará o autor reaver a servidão, se for o dono do prédio dominante; ou buscará liberar o imóvel do encargo, se figurar como titular do prédio serviente.

---

[24] *Tratado das servidões urbanas e rústicas*, cit., p. 210, § 350.

[25] *Das servidões de caminho*, cit., p. 163 e 169.

Não importa o fato de a posse estar em via de prescrição aquisitiva, com as qualidades exigidas para a usucapião. A circunstância de se fundar na ficção consistente em se considerar, antecipadamente, proprietário ou titular da servidão quem se encontra a caminho de adquirir, por meio da prescrição, a propriedade ou a servidão, retira da ação o caráter da posse, impondo-se os remédios instituídos para sua proteção.

6. A PROTEÇÃO POSSESSÓRIA NAS SERVIDÕES NÃO APARENTES

As servidões não aparentes não gozam da proteção possessória, a não ser quando se fundarem em títulos provenientes do possuidor do prédio serviente, ou daqueles de quem esse possuidor os tenha havido. Lembra-se que não aparentes são aquelas servidões que não se revelam por sinais visíveis, e constituem mais de um direito assegurado ao proprietário, como o de não edificar um prédio acima de certa altura, ou de não impedir que as águas das chuvas corram pelo terreno, despejando-se no imóvel do vizinho, imóvel que será, então, o prédio serviente. Igualmente quando se estabeleceu que as águas caídas no telhado possam se precipitar sobre o terreno vizinho; ou quando se convenciona com proprietários laterais que não obstruam os pátios com muros, de modo a permitir a entrada do sol no terreno.

O amparo legal está no art. 1.213 do Código Civil: "O disposto nos artigos antecedentes não se aplica às servidões não aparentes, salvo quando os respectivos títulos provierem do possuidor do prédio serviente, ou daqueles de quem este o houver". O correspondente art. 509 do Código Civil de 1916 restringia a exceção da não proteção às servidões contínuas não aparentes e estendia-a às servidões descontínuas.

As contínuas não aparentes são as que surgem por ato da natureza, não por engenho humano, e não se manifestam exteriormente por atos visíveis. É a servidão que se forma pelo decurso do tempo, que independe de obras visíveis, como a de receber claridade do sol.

Já as descontínuas, aparentes ou não, necessitam da ação humana para aparecerem, se manterem e terem existência, como o direito de passagem, de tirada de água, que carecem de reparos ou adaptações na fonte ou no terreno.

A proteção possessória, como regra geral, encontra-se contemplada nos arts. 1.210, 1.211 e 1.212 do Código Civil, prevalecendo em importância o primeiro, que assegura ao possuidor o direito a ser mantido na posse em caso de turbação, restituído no de esbulho, e segurado de violência iminente, se tiver justo receio de ser molestado.

De forma que a proteção possessória, na previsão do art. 509 do Código Civil revogado, se limitava às aparentes e contínuas, que são as que se manifestam por sinais exteriores, ou por obras destinadas a permitir-lhes ou facilitar-lhes o exercício, o que acontece no aqueduto, na abertura de uma via ou na realização de bueiros, pontes, aterros etc.

Assim, pois, nas servidões contínuas não aparentes e nas descontínuas não havia o amparo das possessórias. É que nessas espécies não se infere a presença ou não de um direito ou de uma simples atitude de tolerância. Os atos que podem ser considerados tradutores da posse não raras vezes se confundem com os de mera tolerância. A falta de sinais exteriores incessantes conduz a uma verdadeira situação de insegurança. Então, para a lei, a posse de tais servidões é pacífica, confundida com a simples tolerância. Daí o perigo em conceder a proteção possessória.

Já quanto ao art. 1.213 do diploma civil vigente, unicamente as não aparentes carecem de título proveniente do possuidor do prédio serviente, ou daqueles de quem este o houve, para admitir a defesa possessória. Se descontínuas, sempre se protege a posse, mesmo que desprovida de título.

A defesa, seja na ordem do Código Civil revogado ou do atual, é possível se fundada em título, o que exclui qualquer ideia de tolerância ou precariedade. O título deve provir:

a) ou do possuidor do prédio serviente;
b) ou daquele de quem o possuidor houve o prédio serviente.

Diz Pontes no que se estende também ao sistema do Código em vigor: "O art. 509, segunda parte, permite a tutela possessória se o título de quem se diz sujeito do direito de servidão provém do dono do prédio serviente ou da pessoa de quem o dono do prédio serviente houve o direito de propriedade. Se é contra o dono do prédio serviente que a pessoa que se crê titular do direito de servidão quer a proteção possessória, tem o demandado a objeção do art. 509, primeira parte (o título não procede dele, nem de qualquer antecessor na história de sua propriedade). Se é contra terceiro, o demandado não tem a objeção do art. 509, primeira parte: apenas pode nomear à autoria".[26]

De notar, porém, como pensa Carvalho Santos, que o título pode emanar de outras fontes e manter-se a proteção possessória. Autoriza-se a proteção possessória às servidões convencionais quando nascem com o assentimento do possuidor ou de seus antecessores. No entanto, há outras hipóteses de constituição, embora contra a vontade do possuidor ou proprietário do prédio serviente. O título poderá provir de uma sentença, que dá causa ao gravame. No surgimento de servidão em virtude da divisão de terras, o título não decorre do possuidor, mas do juiz. "Abrange o texto, pois, a sentença hábil a

---

[26] *Tratado de direito privado*. 3. ed. Rio de Janeiro: Borsoi, 1971. v. XVIII, p. 216.

valer entre as partes e como tal equiparada ao título emanado do possuidor, para todos os efeitos."[27]

De modo que vários são os títulos que figuram como geradores da servidão:

a) os atos entre vivos, uma vez feito o registro;

b) a sentença que declara a usucapião, que não é reconhecida em servidão não aparente;

c) a sentença de adjudicação no juízo divisório;

d) as disposições de última vontade, necessitando-se do ato registrário, apesar de não ser condição para a admissão da servidão.

A matéria reclama uma visão mais aprofundada.

A limitação do então art. 509, mantida em menor extensão pelo art. 1.213 do Código em vigor, não encontra coerência. Se servidões não aparentes e descontínuas existem por força de outros fatores que a vontade do possuidor ou de seu antecessor; se o possuidor, consequentemente, não intervém, e assim mesmo há a servidão; se ela se apresenta no mundo jurídico, com eficácia entre as partes, originando direitos e deveres, então firma-se, seguramente, que não prescinde da tutela possessória. Não há coerência permitir a lei a criação de servidões e, ao mesmo tempo, sonegar a proteção para a permanência existencial.

Aliás, em abono a esse ponto de vista, oportuno recordar que o outrora art. 509 não tinha precedente na tradição jurídica brasileira. Foi inspirado no Código Civil português. O motivo da adoção estava no fato de que, não se manifestando as servidões descontínuas e as não aparentes por sinais visíveis, podiam confundir-se com os atos de mera tolerância e não realizarem as condições da posse, que é fato correspondente ao exercício do direito real.[28]

Podemos ir mais longe.

Mesmo não titulada, mas fundada na posse, a servidão merece a proteção. Suponha-se a situação de um caminho aberto em prédio alheio pelo proprietário de outro imóvel, o qual realiza obras de aterro, construindo pontilhões, abrindo bueiros, desenvolvendo, enfim, a posse durante longo lapso de tempo, continuadamente, sem qualquer oposição, a ponto de ir se formando a prescrição aquisitiva. Terá ele o direito de opor-se contra a moléstia causada pelo dono do prédio serviente? Ou deverá calar-se porque a servidão é descontínua e não está fundada em título?

---

[27] *Código Civil brasileiro interpretado*, cit., v. VII, p. 188.

[28] Clóvis Beviláqua, *Código Civil dos Estados Unidos do Brasil comentado*. Rio de Janeiro: Francisco Alves, 1933. v. III, p. 39.

Ora, se a lei – art. 1.379, parágrafo único, do Código Civil – assegura a usucapião à servidão descontínua (pois a servidão descontínua pode ser aparente), não é juridicamente compreensível negar os meios para tutelar a posse exercida com atributos de justa, mansa e ininterrupta. Pensar diferente seria imputar ao Código uma contradição que repugna a qualquer sensibilidade jurídica. Realmente, embora descontínua, é defensável a servidão de trânsito pelos interditos possessórios quando tornada aparente por sinais visíveis. Realmente, havendo obras que lhe atestam a existência, a servidão deve ser considerada aparente, mesmo que descontínua.

Se é incontestável que a posse jurídica constitui a base fundamental da prescrição aquisitiva, não se evidencia sensato recusar a proteção a um estado de fato reconhecido e justo. A um só tempo, se afirmaria e se negaria o mesmo direito. Consagrando a lei a prescrição aquisitiva, obviamente, para tornar viável o instituto, deve admitir os meios de proteção. Em suma, o Código não exclui a defesa possessória na existência de obras visíveis e permanentes.

Tais os argumentos que consagram a tutela jurídica, pelo menos às servidões descontínuas, embora a origem não seja o título vindo do possuidor do prédio serviente, ou de seu antecessor. Quanto às não aparentes, desde que transpareçam em alguma forma instrumental, merecem a aplicação dos mesmos princípios.

Capítulo XII

SERVIDÕES RELATIVAS A PRÉDIOS

1. O CÓDIGO CIVIL E AS SERVIDÕES EM ESPÉCIE

O Código Civil de 2002 não tratou das servidões em espécie. Na verdade, fez a menção unicamente à servidão de trânsito, no art. 1.385, em seu § 2º, estabelecendo que, "nas servidões de trânsito, a de maior inclui a de menor ônus, e a menor exclui a mais onerosa"; e à servidão reclamada para a cultura ou a indústria, no mesmo artigo, em seu § 3º, prevendo a obrigação do titular do prédio serviente em aceitar a maior largueza, mediante indenização, se o impuser a necessidade. Ocorre que todos os encargos instituídos sobre imóveis, em favor de outros imóveis, enquadram-se como direitos de vizinhança. Mesmo envolvendo direitos de vizinhança, oportuno que se faça o estudo, posto que, a partir dos princípios ou regras constantes na lei, faculta-se a criação de servidão, inclusive com disposições próprias.

Fixou o Código Civil regras comuns a qualquer classe. Em poucos casos, encontram-se regras comuns que se dirigem a determinado tipo de servidões, como se vê nos parágrafos 2º e 3º do art. 1.385.

Outrossim, constata-se que a maior parte dos regramentos impõe uma atitude passiva do dono do prédio serviente, ou que tolere algo (*pati*), ou que não faça certa coisa (*non facere*). Daí a dicotomia em servidões afirmativas ou negativas.

De modo que as servidões são geralmente convencionadas pelos proprietários ou titulares da posse, do que é exemplo a que provém por destinação do titular de um imóvel, ou criadas através do exercício da posse, como no caso da usucapião, firmando-se diversas espécies, tendo-se implantado algumas que se tornaram mais comuns e se consolidaram no mundo jurídico, merecendo a proteção mediante vários dispositivos da lei, as quais são tratadas pela doutrina e oficializadas pela jurisprudência, e analisadas e desenvolvidas a seguir.

2. SERVIDÃO NEGATIVA DE ABRIR JANELAS, FRESTAS E DE CONSTRUIR TERRAÇOS

A chamada servidão negativa de abrir janelas, frestas e de construir terraços não é propriamente uma servidão. Integra os direitos de vizinhança, o que não impede a sua instituição por ato de vontade. Num sentido mais amplo, as partes podem contratar e dispor diferentemente daquilo que se encontra disciplinado pelo Código Civil.

Estudar-se-á a modalidade dentro do enfoque dado pela lei e de acordo com os princípios constitutivos de sua natureza.

A figura em questão visa, basicamente, proibir o dono do prédio serviente de abrir janelas, frestas e de construir terraços em parede que dê para o campo, jardim, quintal, pátio ou edifício alheio. A finalidade é assegurar proteção e resguardo ao recesso do lar doméstico.

O impedimento atinge as paredes que confrontam com os prédios vizinhos.

No direito brasileiro atual, a matéria vem contemplada entre as modalidades do direito de construir, regulada pelo art. 1.301.

Eis o seu texto: "É defeso abrir janelas, ou fazer eirado, terraço ou varanda, a menos de metro e meio do terreno vizinho". Diferente a regra equivalente, que constava do art. 573 do Código Civil de 1916, eis que mais ampla, envolvendo outras matérias: "O proprietário pode embargar a construção do prédio que invada a área do seu, ou sobre este deite goteiras, bem como a daquele, em que, a menos de metro e meio do seu, se abra janela, ou se faça eirado, terraço, ou varanda".

Nota-se do art. 1.301 do Código em vigor que nada se previu sobre a invasão de área alheia, como vinha no art. 573 do Código anterior, em sua primeira parte. E com razão, eis que a matéria pertine a posse ou domínio, sem ligação com o direito de vizinhança. Também não tratou do gotejamento no prédio vizinho, embora a questão diga respeito ao direito de vizinhança; todavia, no caso, nem careceria que o dispositivo versasse sobre o assunto, já que a norma reguladora está no art. 1.300: "O proprietário construirá de maneira que o seu prédio não despeje águas, diretamente, sobre o prédio vizinho".

Outrossim, se a janela não abre para a divisa ou o prédio para quem olha de frente para a janela, encontrando-se numa posição lateral ou perpendicular, a distância a ser observada é de setenta e cinco centímetros, na previsão do § 1º do art. 1.301 do Código de 2002, no que não encontra similar no Código Civil de 1916: "As janelas cuja visão não incida sobre a linha divisória, bem como as perpendiculares, não poderão ser abertas a menos de setenta e cinco centímetros".

Na previsão do art. 573 do Código Civil anterior, em sua primeira parte, delineava-se o remédio do embargo da construção, que surtiria efeito quando

Cap. XII • SERVIDÕES RELATIVAS A PRÉDIOS | 169

levado a termo judicialmente, enquanto o art. 1.300 do Código de 2002 deixa em aberto a espécie de lide.

Entendeu o Superior Tribunal de Justiça que, enquanto em construção a obra, a ação será de nunciação de obra nova; após a conclusão, busca-se o desfazimento por meio da ação demolitória: "Contra a construção de terraço a menos de metro e meio do terreno vizinho (art. 573 do CC), cabia a ação de nunciação de obra nova até o momento de sua conclusão, entendendo-se como tal aquela a que falta apenas trabalhos secundários. Uma vez concluída a obra (faltava apenas a pintura), cabível é a ação demolitória, com prazo decadencial de ano e dia (art. 576 do C. Civil), que se iniciou a partir da conclusão e não se interrompeu com a notificação administrativa".[1]

Quanto à proibição de deitar goteiras sobre o prédio alheio, é plenamente coerente o direito de proibir ou opor-se, pois, lembra Carvalho Santos, "não só redundaria o fato em prejuízo ou dano para o dono do prédio vizinho, porque, em última análise, o direito de deitar goteiras sobre o prédio vizinho é uma servidão, que somente com a vontade ou paciência do proprietário poderia ser constituída".[2]

É proibida a abertura de janela, ou não se permite a construção de eirado, terraço ou varanda, a menos de metro e meio do prédio vizinho. A distância conta-se a começar da linha divisória dos imóveis, e não da janela do prédio adjacente. Interpreta-se restritivamente o ditame, diz Washington de Barros Monteiro[3] em lição que perdura na previsão do Código Civil de 2002, dada a redação similar de seu art. 1.301 ao art. 573 do Código anterior. Uma vez que a referência é expressa a janela, eirado, terraço ou varanda, não aludindo a portas, tem-se entendido poderem estas ser abertas a menos de metro e meio. Igualmente, não se vedam aberturas para a luz, com distância inferior, desde que não propiciem devassamento nem prejudiquem o vizinho ou acarretem dano irremediável, a ponto de obstar a construção de nova elevação na divisa. A norma proibitiva não alcança a colocação de caixilhos sem movimento e sem aberturas, se providos de vidros opacos. É que conservam a privacidade do prédio limítrofe. Tal a orientação dos tribunais: "Servidão. Prédio vizinho. Terraço em pavimento superior. Distância legal não observada. Devassamento do prédio. Código Civil, art. 573. O objetivo do art. 573 do Código Civil é evitar o devassamento do prédio vizinho. Isso não ocorrerá se entre os dois prédios for erguido um muro alto". Na fundamentação do voto, deparamo--nos com a seguinte passagem: "O fim do art. 573 do CC é evitar sejam as propriedades contíguas devassadas ou que com facilidade sobre elas se deitem

---

[1]   Recurso Especial nº 311.507, 4ª Turma, j. 11.09.2001, *DJU* 05.11.2001.

[2]   *Código Civil brasileiro interpretado*. 11. ed. São Paulo: Freitas Bastos, 1963. v. VIII, p. 135.

[3]   *Curso de direito civil*. Direito das coisas. 4. ed. São Paulo: Saraiva, 1961. p. 154.

objetos. É uma servidão negativa, ensina Lafayette (*O direito das coisas*, § 126), ou tem por fim impedir que o prédio dominante seja devassado pelo prédio serviente. Se não houver perigo de devassamento, cessa a obrigação de observar a distância legal. Di-lo Clóvis em seu comentário ao art. 574: 'Também não se aplicam estas disposições do artigo anterior, se entre os dois prédios existir muro que exceda a altura das janelas ou terraço.' Lafayette igualmente ensina que se dispensa a distância legal quando sejam 'os terraços cercados de paredes tão altas que tornem impossível o devassamento do quintal ou edifício vizinho' (*Repertório de Jurisprudência do Código Civil*, 'Direito das coisas', vol. 1/451, ed. 1951)".[4]

Aduz-se que o art. 574 não ficou mantido no Código de 2002. No entanto, relativamente ao texto anteriormente transcrito, observa-se que as janelas ou aberturas que não ficam de frente para a linha divisória não poderão estar em uma distância inferior a setenta e cinco centímetros do prédio vizinho – ao lado, acima ou abaixo –, por ordem do § 1º do art. 1.301 do Código de 2002.

De notar a ressalva que vinha no § 1º do art. 573 do Código anterior, isto é, a permissão da existência de frestas, seteiras ou óculos de luz, não maiores de dez centímetros de largura sobre vinte de comprimento. O § 2º do art. 1.301 do Código da Lei nº 10.406 simplesmente refere tais vãos como aberturas, mantendo o seu tamanho, e impondo, porém, uma novidade, que consiste em se encontrarem a mais de dois metros de altura de cada piso: "As disposições deste artigo não abrangem as aberturas para luz ou ventilação, não maiores de 10 (dez) centímetros de largura sobre 20 (vinte) de comprimento e construídas a mais de 2 (dois) metros de altura de cada piso". Se esses vãos tiverem dimensões maiores, consideram-se janelas. Incide o direito à impugnação. É o que se confere em Pontes de Miranda: "Janela, no sentido do art. 573, terceira parte, é qualquer abertura de vão de mais de dez centímetros de largura ou de mais de vinte centímetros de comprimento. O que caracteriza, aí, a janela é, portanto, a dimensão e não a destinação".[5] Por sua vez, o § 2º do art. 573 do Código Civil anterior afastava a prescrição em vãos ou aberturas para a luz, encerrando: "Os vãos, ou aberturas para luz não prescrevem contra o vizinho, que, a todo o tempo, levantará, querendo, a sua casa, ou contramuro, ainda que lhes vede a claridade". O Código de 2002, no parágrafo único do art. 1.302, embora omitindo a não ocorrência de prescrição, mantém o direito do vizinho em construir casa ou contramuro, mesmo que prejudique a claridade: "Em se tratando de vãos, ou aberturas para luz, seja qual for a quantidade, altura e disposição, o vizinho poderá, a todo tempo, levantar a sua edificação, ou contramuro, ainda que lhes vede a claridade". Ou seja, embora

---

[4]   Apel. Cível nº 240.993, 2ª Câm. Cível do TJSP, j. 25.05.1976, em *Jurisprudência Brasileira* n. 49, Curitiba: Juruá, 1981. p. 268-269.

[5]   *Tratado de direito privado*. 3. ed. Rio de Janeiro: Borsoi, 1971. v. XVIII, p. 390.

o proprietário tenha aberto frestas, seteiras ou óculos de luz na parede de seu prédio, nada impede ao vizinho o direito de construir em seu terreno, mesmo que esse fato provoque a vedação da luz que penetrava pelas aberturas.

De observar que o fato de a abertura trazer grade não a transforma de janela em seteira, pois, em verdade, a proximidade e multiplicidade de pequenas aberturas transformam-nas em verdadeiras janelas gradeadas. Fosse o contrário, a circunstância de uma grade trazer pequenas aberturas, com dimensões inferiores a dez centímetros de largura e vinte centímetros de comprimento, seria decisiva para não incidir na proibição do art. 573 do Código Civil anterior e nos arts. 1.300 e 1.301 do atual Código.

Segundo o art. 574 do Código anterior, que não encontra regra similar no atual, todas as regras vistas não se aplicam a prédios separados por estradas, caminhos, ruas ou qualquer outra passagem pública. O Superior Tribunal de Justiça, por sua 3ª Turma, enfatizou a regra: "O art. 574 do Código Civil supõe que entre os prédios exista estrada, caminho, rua ou qualquer outra passagem pública, assim entendidos os que sejam de uso comum do povo". Na fundamentação do voto, faz-se entender, com amparo em Pontes de Miranda, a aplicabilidade da regra restritamente ao espaço intercalado público: "A regra, escreveu Pontes de Miranda, 'somente exclui a incidência no caso de espaço intercalar público. Se a estrada, caminho, rua ou qualquer outra passagem não é pública, embora não haja contiguidade dos prédios em causa, o art. 573 incide e há o direito de vizinhança' (*Tratado de direito privado*. Rio de Janeiro: Borsoi, 1971. t. XIII, p. 384)".[6]

A razão é evidente, e daí por que o atual Código não reproduziu a regra, pois não haveria qualquer devassamento do prédio vizinho, não advindo prejuízo com sacadas, eirado, terraço, ou varanda, nem as goteiras se precipitariam no terreno alheio, na intercalação de espaço público, enquanto no espaço particular sempre emerge a possibilidade de erguimento de prédio, e sofrer a ação de tais obras, por força da natureza e da interferência humana.

3. JANELAS E OUTRAS ABERTURAS A MENOS DE METRO E MEIO DO PRÉDIO VIZINHO

Estabelecia o art. 576 do Código anterior: "O proprietário que anuir em janela, sacada, terraço, ou goteiras sobre o seu prédio, só até o lapso de ano e dia após a conclusão da obra poderá exigir que se desfaça". O art. 1.302 do Código Civil de 2002 contém disposição sobre o assunto em redação diferente, e acrescenta importante adendo: proíbe que o proprietário, decorrido o lapso temporal de ano e dia, construa a menos de metro e meio de seu imóvel, ou

---

[6] Recurso Especial nº 237.341, j. 07.12.1999, *DJU* 14.02.2000.

impeça ou dificulte o escoamento das águas caídas das goteiras: "O proprietário pode, no lapso de ano e dia após a conclusão da obra, exigir que se desfaça janela, sacada, terraço ou goteira sobre o seu prédio; escoado o prazo, não poderá, por sua vez, edificar sem atender ao disposto no artigo antecedente nem impedir, ou dificultar, o escoamento das águas da goteira, com prejuízo para o prédio vizinho".

O prazo é computado a partir da conclusão da obra e não da abertura da janela, ou da construção de sacada, terraço ou varanda.

Se o dono, durante o referido lapso de tempo, fica inerte, firma-se o direito do vizinho, que se transforma em verdadeira servidão de continuar com a janela no estado em que a colocou. A jurisprudência, formada no tempo do Código de 1916, endossa o princípio: "Ultrapassado o prazo decadencial previsto no art. 576 do CC, não pode o proprietário lindeiro fechar as aberturas do prédio vizinho, necessárias para a ventilação e a iluminação das dependências por elas servidas. Embora controvertido na doutrina e na jurisprudência, o melhor entendimento do referido art. 576 do CC é o de que, na inércia do vizinho quanto à abertura com infringência do art. 573 do CC, se enseja servidão adquirida pela posse e decurso do ano e dia".[7] Os arts. 576 e 573 apontados no aresto equivalem aos arts. 1.302 e 1.301 do Código de 2002.

A lei discrimina prazos e sobre o caminho para a oposição à constrição judicial. A consequência é o surgimento de uma servidão na hipótese de se prolongar o silêncio durante o interregno especificado. A lição já era pregada por Clóvis: "Passado o prazo de ano e dia, depois de concluída a obra, está definitivamente adquirido o direito de a ter, onde se acha, e o dono dela poderá segurá-la pela ação confessória, ou defendê-la pelos interditos ou exceções competentes. Esse direito é uma verdadeira servidão, adquirida pela posse e o decurso do tempo, e cujo título é a confissão presumida do vizinho (usucapião)".[8]

Dídimo da Veiga entendia que a criação da servidão estava na dependência de usucapião, embora não negasse a impossibilidade de desfazer as obras após o interregno de ano e dia da conclusão: "Quando, porém, a janela, o eirado, o terraço ou a varanda tiverem sido, aquela aberta e estes construídos sem guardar o espaço de metro e meio do prédio vizinho, e o proprietário deste não embargar, pela ação de obra nova, essas obras de abertura de janela e construção de terraço, eirado ou varanda, e permanecer a situação por trinta anos (atualmente vinte), poderá o proprietário do prédio intentar a ação confessória, para ser julgada estabelecida a servidão, por prescrição aquisitiva,

---

[7] Apel. Cível nº 24.197, 2ª Câm. Cível do TARS, j. 16.12.1980, *Julgados do Tribunal de Alçada do RS* 38/407.

[8] *Código Civil dos Estados Unidos do Brasil comentado*. Rio de Janeiro: Francisco Alves. Ed. de 1933, v. III, p. 104-105.

e a sentença, que declarar consumada a usucapião, poderá ser transcrita no registro de imóveis, ficando assim definitivamente constituída a servidão".[9]

Ribeiro de Souza dispensava a necessidade de usucapião: "Cabe ao proprietário embargar a construção da obra ou exigir o fechamento da janela que devassa o seu prédio e ao governo municipal não conceder licença para a construção ou mandar demoli-la se feita em desacordo com as posturas municipais. Se, porém, nisso consentirem, permanecendo inativos ano e dia, o proprietário terá adquirido o direito (servidão) de conservar suas janelas ou varandas a menos de metro e meio do prédio vizinho".[10]

Salienta-se que o Superior Tribunal de Justiça firmou a impossibilidade de impedir o proprietário do prédio vizinho em edificar, embora a existência de janela a menos de metro e meio: "Não se opondo o proprietário, no prazo de ano e dia, à abertura de janela sobre seu prédio, ficará impossibilitado de exigir o desfazimento da obra, mas daí não resulta seja obrigado ao recuo de metro e meio ao edificar nos limites de sua propriedade".[11]

Igualmente o Tribunal de Justiça do RGS imprimiu tal exegese:

> Declaratória de servidão. Demolitória. Muro construído na divisa de imóveis lindeiros. Servidão de luz. Inexistência.
>
> Abertura de janelas a menos de metro e meio da divisa do terreno. Autorização pelo proprietário do imóvel vizinho. Ausência de oposição, no prazo de ano e dia, que não inibe o proprietário de edificar nos limites de sua propriedade. Interpretação dos arts. 573, § 2º, e 576, CCB/1916. Precedentes. Negaram provimento. [12]

Entrementes, essa maneira de interpretar vai contra o disposto no art. 1.302 do Código de 2002.

Fique claro que a anuência, para efeitos do preceito em tela, se concretiza com o simples silêncio durante o lapso de tempo da lei. A partir daí, aperfeiçoa-se a concessão presumida do vizinho. A posse é o fundamento para a aquisição do direito. Se dentro do interregno optar pelo desfazimento, duas viabilidades se oferecem ao prédio serviente: ou pela ação demolitória, ou pela negatória.

A nunciação de obra nova é entendida como via judicial correta para colimar um desses fins. Certamente, quem, ao construir, abre janela, sacada,

---

[9] Direito das coisas, em *Manual do Código Civil brasileiro*. Org. Paulo de Lacerda. Rio de Janeiro: Jacinto Ribeiro dos Santos, 1925. v. IX. Parte segunda, p. 499-500.

[10] *Servidões*. São Paulo: Saraiva, 1931. p. 59-60.

[11] Recurso Especial nº 229.164/MA, 3ª Turma, *DJU* 06.12.1999, *ADV Jurisprudência* n. 6, expedição de 13.02.2000, p. 95.

[12] Apelação Cível nº 70040369662, 19ª Câmara Cível, TJRS, rel. Carlos Rafael dos Santos Júnior, j. 31.01.2012, *DJ* 08.02.2012.

terraço, ou varanda a menos de um metro e meio do terreno vizinho, pode ser compelido judicialmente a fechá-los ou desfazê-los se o vizinho prejudicado embargar a obra (nunciação) no prazo de ano e dia.

Se, no entanto, possível o reparo sem destruir a obra, não será demolida, em linha orientada pelo Superior Tribunal de Justiça: "Lícito se determine que, em lugar de ser a obra demolida, se proceda aos reparos para eliminar o que contravenha às normas que regulam as relações de vizinhança".[13]

Tendo decorrido o prazo, ao dono do prédio beneficiado cabe a defesa da posse, mediante as ações possessórias e a confessória.

A construção a menos de metro e meio pode, no entanto, ter como amparo a convenção das partes, constituindo-se em uma servidão. Nessa eventualidade, a proteção reside não em direito de vizinhança, mas firma--se em uma servidão. Então, não cabe a desconstituição, pois não se aplica o prazo do art. 1.302 do Código Civil atual, nem se aplicava o art. 576 do Código revogado.

Amolda-se, aqui, o seguinte aresto do STJ: "A servidão foi constituída por ato jurídico voluntário, do então proprietário do prédio serviente, devidamente transcrito no registro de imóveis competente, por isso é válida e eficaz".[14]

A justificação estende-se no voto do Relator:

> É que os recorrentes embasam o recurso especial no art. 576 do Código Civil de 1916, dispositivo vocacionado para a solução de controvérsias relativas aos direitos de vizinhança, que, ressalte-se, até mesmo topograficamente, situa-se na Parte Especial, Livro II, Título II, Capítulo II, Seção V, expressamente intitulada, *verbis:* "Dos direitos de vizinhança".
>
> Com efeito, o prazo de ano e dia, para exigência de desfazimento, após a conclusão de obra, previsto no art. 576 do Código Civil revogado, não se aplica às servidões prediais. Nesse sentido, já se posicionou o egr. STF, em precedente relatado pelo e. Ministro Moreira Alves, assim ementado:
>
> 'Servidão de luz. Constituição de servidão por destinação do proprietário. Embora sem empregar a denominação técnica, o acórdão recorrido admitiu, no caso, a constituição de servidão de luz por destinação do proprietário, matéria controvertida em face do Código Civil Brasileiro, mas que não é discutível com base nos artigos 572 e 576 do mesmo Código, dispositivos que não lhe são pertinentes. Inexistência, pelo mesmo motivo, de dissídio de jurisprudência. Recurso extraordinário não conhecido' (RE 99957, Rel. Min. Moreira Alves, Segunda Turma, j. 28.06.1983, *DJ* 23.09.1983, p. 14502, Ement. 01309-03, p. 0651, *RTJ* 00107-03, p. 01281). No mencionado precedente, Sua Excelência dispôs:

---

[13]   Recurso Especial nº 85.806/MG, 3ª Turma, j. 25.05.200, *DJU* 05.03.2001.

[14]   REsp nº 207.738/SP, 4ª Turma, j. 05.04.2011, *DJe* 29.04.2011, rel. Min. Luiz Felipe Salomão.

"Portanto, o acórdão recorrido admitiu que, tendo sido os dois prédios construídos pelo mesmo proprietário, nas condições que atualmente se apresentam (ou seja, com basculante para iluminação, aberto a menos de metro e meio do outro), e, assim, sem infringência ao art. 576 do Código Civil, que pressupõe relação de vizinhança" [...].

4. CONSTRUÇÃO DE PRÉDIO A MENOS DE METRO E MEIO DA JANELA, OU ABERTURA, OU SACADA, OU TERRAÇO DO PRÉDIO VIZINHO

E se a janela, ou sacada, ou terraço, forem abertos ou construídos a menos de metro e meio do terreno adjacente, o proprietário desse prédio adjacente tem a ação para impedir o erguimento de edifício, a menos de metro e meio daquelas obras que foram abertas indevidamente?

A questão deu margem a discussões que remontam às Ordenações Filipinas, de um texto do Livro I, Título LXVIII, § 25: "E tendo alguém feito janela, fresta, ou eirado com peitoril, em caso que não podia fazer, depois de ser passado ano e dia, se a parte era presente ao lugar onde se fez, já o não poderá obrigar a desfazê-la, posto que se queira levantar".

Lobão, com vistas a essa norma, escreveu: "[...] Tendo o vizinho umas casas com janelas abertas para o átrio, quintal ou campo do vizinho, recebendo por elas luzes para a sua casa, e por mais tempo que um ano, fica constituída em seu favor a servidão *luminis recipiendi et ne luminibus officiatur* por disposição de nossa lei. E o vizinho não pode edificar na frente dessas janelas e sem deixar o interstício de vara e quarta de medir. De forma que, constituída assim pela lei esta servidão *luminis* e *ne luminibus officiatur*, passado o ano, não pode o vizinho fazer alguma casa em frente das janelas lucernais, e com que lhe escureça a luz, sem deixar o intervalo de vara e quarta de terreno seu próprio entre a nova parede fronteira e as janelas do vizinho; porque passado o ano tem adquirido aquela legal servidão [...]".[15]

De sorte que o vizinho teria de respeitar a distância de um metro e meio ao erguer o prédio, se o outro confinante já erguera o seu, com janelas a menos daquela distância da divisa.

A *Consolidação* de Teixeira de Freitas seguiu o texto do Livro I, Título LXVIII, § 25, das Ordenações Filipinas, e a doutrina de Lobão defendeu que das aberturas advinham as servidões de luz e de proibir o erguimento de obras que prejudicassem a entrada de luz.

Os exegetas do Código Civil, como Coelho Rodrigues e Clóvis Beviláqua, atentos aos pensamentos de reinícolas que combatiam a tese de Lobão, intro-

---

[15] Manuel de Almeida e Souza de Lobão. *Tratado histórico, enciclopédico, crítico, prático sobre todos os direitos relativos a casas*. Lisboa: Imprensa Nacional, 1981. p. 36-37, §§ 62-63.

duziram dispositivos que denotavam a intenção de esclarecer a constituição de servidão. Transparece essa ideia no art. 663 do Projeto de Clóvis, modificado, posteriormente, na redação final da norma que se converteu, em seu mesmo Projeto, no art. 673: "Aquele que consentir na abertura de janela, ou na colocação de sacada ou goteira, ou sobre o seu terreno, só poderá exigir o tapamento daquela, ou a remoção destas, até um ano depois de concluída a nova construção. Passando este prazo, o dono desta poderá propor ao vizinho a ação confessória daquelas servidões e defendê-las pelos interditos ou exceções competentes".

Do princípio estatuído daquelas regras, se vislumbrava que a abertura de janela e a colocação de sacada a menos de certa distância, decorrido o lapso de um ano e dia das obras, induziam o reconhecimento automático da servidão de manter as janelas, a sacada, o terraço e a goteira, sendo que sustentavam alguns, também, a decorrência da servidão negativa de impedir ao confinante a construção de prédio numa distância inferior a metro e meio do outro prédio; nessa hipótese, defendia-se que se viabiliza a propositura de uma ação específica para assegurar a servidão, que poderá ser de recebimento de luz ou de vista. Essa tese encontrou eco na jurisprudência: "Decorrido o prazo de ano e dia, o dono do prédio confinante, que a tolerou neste período, não mais pode exigir que seja obstruída, não lhe sendo lícito, outrossim, construir de modo a prejudicar a servidão de luz e ar do prédio vizinho, como já decidia o Tribunal Administrativo do Distrito Federal, em 1941, segundo se vê no Repertório de Alckmin, *Direito das coisas*, vol. I, p. 438, nº 1.129. Há que respeitar, naturalmente, a distância de metro e meio entre os prédios, antes que lhe seja reconhecido o direito de impedir o uso da servidão antiga".[16]

Cumpre seja dado o exato alcance ao então discutido art. 576, e, assim ao art. 1.302 do Código de 2002, transcritos no item anterior. E para isso valemo-nos de Pontes de Miranda, para quem, "passado o lapso de ano e dia, preclui a pretensão ao desfazimento, que pode ser a pretensão à demolição. O conteúdo do direito de propriedade sofreu limitação. Não nasce, com isso, servidão. O vizinho perdeu a pretensão que poderia ter exercido, nunciativamente, ou até ano e dia após a conclusão das obras. Se foi aberta janela a menos de metro e meio no terreno de B, e A não nunciou a obra, nem exerceu a pretensão ao desfazimento no prazo do art. 576, perdeu a pretensão contra tal janela, porém não se lhe criou dever de não construir no seu terreno com distância menor do que metro e meio".[17]

Em vista do Código Civil de 1916, pela concatenação de vários dispositivos, entendia-se que havia a servidão de manter a janela ou sacada, ou

---

[16] Apel. Cível nº 52.008, 1ª Câm. Cível do TJMG, j. 04.02.1980, *Jurisprudência Mineira* 77/68.
[17] *Tratado de direito privado*, cit., v. XIII, p. 398-399.

qualquer obra, numa distância inferior a metro e meio da divisa, o que passa a entender-se quanto ao art. 1.302 do vigente Código. Refere-se servidão porque, embora temporariamente, a finalidade consiste no recebimento de luz, ou porque proporciona meios de se ter vista da natureza. Vencido, assim, o prazo do art. 1.302 do Código (art. 576 do Código Civil anterior), o confinante não poderá exigir que a parte adversa desfaça a janela, mas não está ele impedido de construir junto à divisa. Esse ditame é claro no sentido de que, para quem construiu, surge uma exceção que pode contrapor ao ataque do vizinho. A lei não diz, porém, que nasce para aquele qualquer servidão que impeça a este de se utilizar amplamente de seu terreno, mas apenas lhe confere o poder de evitar que o outro o compila, judicialmente, a desfazer a obra. O § 2º do art. 573 do Código Civil anterior rezava: "Os vãos ou abertura para a luz não prescrevem contra o vizinho, que, a todo tempo, levantará, querendo, a sua casa, ou contramuro, ainda que lhes vede a claridade". O parágrafo único do art. 1.302 do Código em vigor, ao disciplinar a matéria, omite a afirmativa de que não prescrevem os vãos ou aberturas para a luz, sendo indiferentes a quantidade, a altura e a disposição. E com razão, pois, se afirma que a todo o tempo autorizam-se as obras, redunda em afastar, para o reconhecimento do direito, algum lapso temporal. Eis seus termos: "Em se tratando de vãos, ou aberturas para luz, seja qual for a quantidade, altura e disposição, o vizinho poderá, a todo tempo, levantar a sua edificação, ou contramuro, ainda que lhes vede a claridade".

Ora, se as simples aberturas para a luz, que são permitidas, não prescrevem e não tolhem o vizinho de erguer a sua casa ou contramuros, não há razão de se proibir o confinante de levantar seu prédio, mesmo desrespeitando a distância regulamentar de um metro e meio, não obedecida primeiramente pelo outro confinante, e que desrespeitou o ditame legal.

Alguns entendiam que, após o lapso de ano e dia, surgia a servidão por prescrição aquisitiva, contrariando a lei, que discriminava prazos diversos: de dez anos entre presentes se a posse fosse de boa-fé, ou de quinze anos entre ausentes; se era de má-fé, elevava-se o tempo para vinte anos. O Código Civil de 2002 não mais faz a distinção entre presentes e ausentes para efeito do prazo exigido, que será sempre de dez anos. Inexistindo, porém, título, amplia-se para vinte anos o lapso de tempo (parágrafo único do art. 1.379).

O Código não afastaria, então, o princípio geral do lapso de tempo previsto para a usucapião ordinária ou extraordinária, dando um tratamento especial ao presente caso.

O vizinho que bondosamente permitiu aberturas sobre o seu prédio, enquanto ainda não construído, no dizer de Sílvio Rodrigues,[18] passaria a sofrer a

---

[18] *Direito civil*, cit., v. V, p. 160.

enorme restrição de não mais poder construir, por se haver constituído servidão sobre seu imóvel, pois estaria obrigado a respeitar a distância de um metro e meio da janela do outro, o que reduz em muitas situações, exageradamente, a largura do terreno, inutilizando-o.

Finalizando, destacamos que essa *ratio legis* não é isolada. Vem sendo confortada pela jurisprudência de outrora: "Escoado o prazo de ano e dia a que alude o art. 576 do Código Civil, o proprietário do prédio vizinho ao em que se construiu a janela, sacada ou terraço sobre o seu, não poderá exigir do dono deste que os desfaça; não nasce, porém, para este servidão de luz por usucapião a prazo reduzido, razão por que aquele poderá construir junto à divisa, nos termos do § 2º do art. 573 do mesmo Código, ainda que a construção vede a claridade".[19]

Como já se viu, o § 2º do art. 573 corresponde ao parágrafo único do art. 1.302 do Código de 2002.

Na fundamentação do voto, destaca-se o seguinte tópico, relativamente ao art. 576, que equivale ao art. 1.302 do Código em vigor: "É ele claro no sentido de que, para quem construiu, surge uma exceção que pode contrapor ao ataque do vizinho. A lei não diz que nasce para aquele qualquer servidão que impeça a este de se utilizar amplamente de seu terreno, mas apenas lhe confere o poder de evitar que o outro o compila. Não se pode transformar uma exceção em direito de servidão, sem texto expresso". E em passagem seguinte: "Esse entendimento (o de que não há servidão) é o que melhor se coaduna com o texto do art. 573, cujo *caput* proíbe a abertura de janelas a menos de metro e meio da divisa, e cujo § 1º permite a abertura de simples vãos, frestas ou seteiras, ainda que não observada aquela distância. Ora, se as simples aberturas para a luz, que são permitidas, não prescrevem contra o vizinho (§ 2º do art. 573), com maior razão não deverá ocorrer a usucapião de servidão no prazo de ano e dia, quando se trata de abertura de janela, que é proibida. De outro lado, o curto prazo de ano e dia para a usucapião de servidão estaria em desacordo com o sistema do Código que, para esse efeito, estabelece prazos maiores (art. 698)". O referido art. 698 do Código Civil corresponde ao art. 1.379 do Código de 2002.

O Superior Tribunal de Justiça, sobre a permanência do direito de construir junto ao lado do prédio que desrespeitou a distância regulamentar, assim ponderou: "Nunciação de obra nova. Direito de vizinhança. A abertura de janela no prédio vizinho, construído na divisa há mais de quarenta anos, mas sem obediência ao necessário afastamento não constitui servidão aparente

---

[19] *Revista Trimestral de Jurisprudência* 83/559, RE nº 86.054, j. 05.05.1977, rel. Min. Moreira Alves.

capaz de obrigar o recuo de metro e meio do prédio nunciado, edificado nos limites do respectivo lote".[20]

5. COLOCAÇÃO DE TRAVE OU MADEIRAMENTO NO PRÉDIO VIZINHO

Era a servidão conhecida no direito romano como *tigni immittendi*.

Trata-se de um direito que permite a alguém meter traves, ou madeiras na parede, muro ou pilar do vizinho. Em princípio, é autorizada a utilização da parede para colocar um suporte, reforço ou trave do prédio que se ergue.

Integra os direitos de vizinhança, mas não se impedindo a constituição mediante a servidão. O fundamento é encontrado no art. 1.304 do Código de 2002 (art. 579 do Código Civil revogado): "Nas cidades, vilas e povoados, cuja edificação estiver adstrita a alinhamento, o dono de um terreno pode nele edificar, madeirando na parede divisória do prédio contíguo, se ela suportar a nova construção; mas terá de embolsar ao vizinho metade do valor da parede e do chão correspondentes".

A primeira condição para colocar a trave está na resistência da parede, de modo a suportar o travejamento. É o que endossa a jurisprudência, perfeitamente atualizada, eis que a disciplina da matéria é idêntica no Código revogado e no atual: "Um dos requisitos fundamentais para que se possa usufruir da servidão legal de madeiramento, na acertada opinião de Lafayette, é a resistência da parede para sofrer o travejamento".[21]

Outro requisito é que o terreno esteja vago, ou seja, sem construção. Por terreno vago não se entende somente qualquer outro que já tivera construção, passando a não mais ter, em razão de sua demolição.

O art. 1.305 (art. 580 do Código revogado) permite ao confinante assentar a parede divisória até a metade da espessura no terreno contíguo, conservando sempre o direito de haver metade do valor, se o vizinho colocar a trave na parede: "O confinante, que primeiro construir, pode assentar a parede divisória até meia espessura no terreno contíguo, sem perder por isso o direito a haver meio valor dela se o vizinho a travejar, caso em que o primeiro fixará a largura e a profundidade do alicerce".

E caso o vizinho construa parte da parede em terreno contíguo, não se autoriza, contra ele, a ação possessória, para recuperar o espaço ocupado. Decidiu-se, com base no art. 580 do Código antigo, que se mantém no art. 1.305 do atual: "Possessória. Reintegração de posse. Demolição de muro

---

[20] Recurso Especial nº 1.749/ES, j. 03.04.1990, *DJU* 28.05.1990, da 3ª Turma do STJ.
[21] Apel. Cível nº 251.033, da 4ª Câm. Cível do TJSP, j. 06.05.1976, em Servidões. *Jurisprudência Brasileira*. Curitiba: Juruá, n. 49, p. 280.

divisório que adentra poucos centímetros o terreno vizinho. Meio inidôneo. Faculdade conferida ao confinante pelo art. 580 do CC. Exercício de direito subjetivo que, apesar de redundar em privação da posse, não configura esbulho a autorizar o ajuizamento da possessória. Hipótese de relação de direito de vizinhança". No voto, lê-se esta passagem: "Era descabida a ação possessória para a finalidade de demolição do muro divisório que invadira a propriedade dos ali requerentes em menos de um metro quadrado. Adentrar o terreno contíguo apenas oito centímetros, com a parede divisória, é faculdade conferida ao confinante pelo art. 580 do CC. Quem exerce direito subjetivo, como o desta norma jurídica, na prática esbulha. Não é qualquer ato que, embora redundando na privação da posse, confere o direito do ajuizamento da ação. Há situações, portanto, em que o possuidor perde a posse por ato de outrem, mas fica inibido de reintegração de posse. São aqueles casos em que o esbulho é considerado lícito, e que ocorrem quando a privação da posse acontece por ato praticado no exercício de um direito".[22]

A metade da espessura da parede, portanto, poderá ser assentada no terreno do vizinho. E, se este travejar, deverá reembolsar aquele com o correspondente a meio valor do preço da construção. Quem levantou a parede fixará a largura dos alicerces, assim como a profundidade, se o terreno não for de rocha.

Em ambos os casos, o direito de meter traves depende de adquirir a meação da parede na qual se vai travejar. A imissão da trave é, pois, exercício de propriedade, e não, na prática, de uma servidão. Ninguém poderá colocar uma trave em parede se não tiver parte nela, já constava das Ordenações. A não ser que pague metade do que custou ao que ergueu, e mais metade do valor do chão correspondente, caso não tenha envolvido parte do terreno do interessado. Não sendo assim, ou "se a parede divisória pertencer a um dos vizinhos, e não tiver capacidade para ser travejada pelo outro, não poderá este fazer-lhe alicerce ao pé sem prestar caução àquele, pelo risco a que expõe a construção anterior" (parágrafo único do art. 1.305 do Código de 2002). Percebe-se que a caução deve ser prestada pelo risco a que se expõe a construção anterior em si, não se falando se deriva de sua insuficiência. A matéria, no regime do Código anterior, constava no parágrafo único do art. 580.

Expunha Dídimo da Veiga que a faculdade de meter traves em um prédio pode assentar em uma convenção que estabeleça tal faculdade, como um direito real, em favor do *immittendi*, e um ônus real contra o proprietário da parede: é o caso da servidão *tigni immittendi* e *oneris ferendi*, que alguns denominam convencional e os modernos civilistas dão como oriunda do fato humano.[23]

---

[22] Ação Rescisória nº 277.671, do 2º Grupo de Câmaras, do 1º Tribunal de Alçada Civil de São Paulo, j. 03.02.1988, *RT* 637/97.

[23] *Direito das coisas*, cit., p. 507.

Na servidão, o que se ergue depende expressamente de convenção, ajustada por escritura pública ou estabelecida por outra forma, como por testamento, arremata Carvalho Santos.[24]

Ao se contratar, fixam os interessados o número de traves permitido ao dono do prédio dominante colocar na parede, no muro ou pilar do vizinho. Em geral, a quantidade mede-se de acordo com a necessidade para a construção da obra. Importa considerar as dimensões do madeiramento ou das traves, e as possibilidades da parede em suportar ou não o peso.

Finalmente, escorada a parede no prédio vizinho, ou nele colocado o madeiramento, não tem o dono desse prédio liberdade para a demolição, se prejuízos advierem ao prédio dominante. É ele livre para demolir qualquer obra, desde que não prejudique os vizinhos.

6. UTILIZAÇÃO DE PAREDE COMUM

Construída em comum a parede, ou indenizada meia espessura por um dos vizinhos, a utilização é regulada pelo art. 1.306 (art. 581 do Código revogado): "O condômino da parede-meia pode utilizá-la até ao meio da espessura, não pondo em risco a segurança ou a separação dos dois prédios, e avisando previamente o outro condômino das obras que ali tenciona fazer; não pode, sem consentimento do outro, fazer na parede-meia armários ou obras semelhantes, correspondendo a outras, da mesma natureza, já feitas do lado oposto".

Nada impede a sua constituição por vontade dos vizinhos, passando então a formar uma servidão.

Por parede-meia se entende aquela que foi erguida por ambos os vizinhos, incidindo meia espessura em cada terreno confinante, ou que o vizinho indenizou por metade. De acordo com a norma, é permitida a utilização pelos dois proprietários, até meia espessura, seja qual for a finalidade, mas desde que não se coloque em risco a segurança do prédio, e cada confinante seja avisado das obras que o outro pretenda construir.

Está proibida, no entanto, a utilização para fixação ou embutimento de armários e outras obras semelhantes se não há o prévio consentimento do vizinho.

A utilização será para o madeiramento ou travejamento.

Lembra Humberto Theodoro Júnior: "Mesmo quando um dos confrontantes edifica na divisa, mas sem avançar a parede-meia, o outro pode construir em seu terreno contíguo, madeirando na parede divisória já existente, se esta suportar a nova construção. Terá, todavia, de embolsar ao vizinho meio valor

---

[24] *Código Civil brasileiro interpretado*, cit., 11. ed., v. IX, 1963, p. 289.

da parede e do chão correspondente (CC, art. 579)".[25] A menção ao art. 579 equivale ao art. 1.304 do Código de 2002.

O direito de utilizar a parede-meia é reconhecido pela jurisprudência:

> Direito de vizinhança. Ação de nunciação de obra nova, cumulada com pedido de reparação de danos decorrentes de obra em prédio urbano. Construção em parede-meia. Aplicação dos arts. 1.304 e 1.305 do CC. Tratando-se de casas geminadas, regularidade da construção, mediante indenização aos vizinhos pelo uso da parede comum, em valor equivalente à área ocupada pela metade da espessura da parede, invadida pelos nunciados. Reparação de danos materiais devida. Responsabilidade objetiva fundada em relações de vizinhança. Relação de causalidade comprovada entre as avarias no imóvel dos autores e a nova obra dos réus. Apuração da indenização em liquidação por arbitramento. Dano moral não demonstrado. Recurso dos autores desprovido. Recurso dos réus parcialmente provido.[26]

No art. 1.307, autoriza o Código que se eleve a parede divisória, arcando o confinante com os custos, inexistindo regra parecida no Código Civil anterior: "Qualquer dos confinantes pode altear a parede divisória, se necessário reconstruindo-a, para suportar o alteamento; arcará com todas as despesas, inclusive de conservação, ou com metade, se o vizinho adquirir meação também na parte aumentada". É autorizada inclusive a reconstrução se o alteamento exigir uma base mais sólida, ou se outros fatores assim determinarem.

7. SERVIDÃO DE APOIAR PRÉDIO EM PARTE DO PRÉDIO DO VIZINHO

Existia no direito romano com o nome de *oneris ferendi*.

Utiliza-se, contrariamente a de meter trave ou de madeiramento, apenas parte da parede, ou da pilastra, ou do muro do vizinho. Sendo convencional, depende da constituição por alguma das formas admitidas.

Pontes de Miranda exemplifica hipóteses em que ela pode se apresentar: "É servidão *oneris ferendi* a de armar tendas, ou palanques, em cobertura de edifícios, a de colocar caixa em teto, ou pilastra de outro prédio. O que importa é que a consista em se construir, ou instalar, sobre ou aproveitando outra construção, ou instalação".[27]

Dídimo da Veiga, partindo das fontes romanas e analisando os autores portugueses do século XIX, via a distinção relativamente à *tigni immittendi*, na circunstância de a *oneris ferendi* significar assentamento das construções

---

[25] *Terras particulares, demarcação, divisão, tapumes.* 2. ed. São Paulo: Saraiva, 1986. p. 503.

[26] TJSP, APL nº 132692520098260606/SP 0013269-25.2009.8.26.0606, rel. Edgard Rosa, j. 16.01.2013, 25ª Câmara de Direito Privado.

[27] *Tratado de direito privado*, cit., v. XVIII, p. 277-278.

em prédio do confinante, e da outra se caracterizar como "meter traves"; ou, naquela, o ônus real de manter ou reparar o muro ou o prédio competiria ao dono do prédio serviente. O dono do prédio dominante poderia exigir do prédio serviente as obras de conservação do muro ou das pilastras. Entendemos, entretanto, que a distinção entre uma e outra servidão se faz por sutilezas que não levam a nenhum resultado prático eficaz.

Cabe uma observação quanto aos muros divisórios, destacada por Hely Lopes Meirelles: "Os muros divisórios, diversamente das paredes divisórias, não admitem madeiramento ou travejamento pelo vizinho, pela razão já exposta de que não são elementos de sustentação, mas somente de vedação. A juris-prudência tem admitido erroneamente a utilização de muros divisórios para sustentar construções do vizinho, mas isso constitui uma ilegalidade e uma aberração técnica, porque a lei não os autoriza, nem as normas de construção aconselham que se aproveitem muros para a função de paredes. Note-se, ainda, que, se as paredes divisórias podem ser construídas até meia espessura sobre o terreno do vizinho, os muros jamais poderão ultrapassar a linha divisória. Nenhuma lei permite esta invasão do muro sobre a propriedade confinante. O que se permite é a utilização comum do muro, pelos vizinhos, na sua função específica de vedação. E compreende-se que, se já existe um muro, não há necessidade de o vizinho construir outro, ao lado, para vedar a propriedade já cercada pelo confinante".[28]

8. SERVIDÃO DE AVANÇAR EXTREMIDADE DO PRÉDIO DOMINANTE SOBRE O FUNDO DO VIZINHO

Servitus projiciendi ou *protegendi*, para os romanos, traduz-se como servidão de projeção, pela qual se convenciona o direito de avançar a extremidade, ou alguma outra peça, como balcão, beiral, sacada, terra-ço, adornos, ou emblema, ou cano de goteiras de telhado, sobre o fundo vizinho, sem que se coloque em alguma peça, ou se apoie de qualquer maneira. A imissão no prédio alheio é em espaço vazio. Isso, mesmo que a extremidade penetre no interior do prédio vizinho. Classifica-se como convencional. É que, justifica Carvalho Santos, "como se sabe, a proprie-dade do solo abrange também o espaço aéreo correspondente, nada se podendo fazer nesse espaço do domínio de outrem sem ser por meio de uma servidão, adquirindo-se tal direito ou mediante o consentimento do proprietário do prédio vizinho, ou mediante usucapião, ou ainda mediante destinação do pai de família".[29]

---

[28] *Direito de construir*. 4. ed. São Paulo: RT, 1983. p. 283.
[29] *Código Civil brasileiro interpretado*, cit., v. IX, p. 314.

Os romanos a denominavam *servitus protegendi* quando abrangia também uma utilidade, o que se continha um cano para as goteiras.

Não existe disposição na lei civil disciplinando a matéria.

Da aplicação provêm algumas regras práticas, explicadas pelos mestres. Se estabelecido que o avançamento consiste na construção de uma sacada, o proprietário serviente não poderá edificar alguma obra que lhe tolha a vista. Daí que não se admite a sacada sem a vista, mesmo que não prevista no contrato.

Se a sacada que se projeta sobre o terreno alheio tem a finalidade de fazer um jardim, permite-se sejam colocadas caixas, vasos ou camadas de terra nela, sendo o proprietário do prédio serviente obrigado a aceitar que se reguem as flores e a receber o escoamento das águas provenientes da rega. Advindo prejuízos, como infiltração nas paredes, ou umidade e desgaste na pintura, é devida uma indenização proporcional ao dano sofrido. No entanto, se os prejuízos são permanentes, viável é a liberação do encargo, pois não se pode exigir um sacrifício que ponha em risco o prédio, ou comprometa a sua comodidade.

Na hipótese de se fazer mister um ponto de apoio para suportar a projeção da obra, há o concurso de mais uma servidão – a de *oneris ferendi*, sendo cada uma constituída autonomamente. Criada a de projeção, não importa na admissão automática da outra.

9. SERVIDÃO DE CONSTRUIR OU ALTEAR A CASA ACIMA DO PERMITIDO

Conhecida como *altius tollendi*, consiste no poder de altear a casa ou outra construção acima do que seria permitido.

De modo geral, as leis e posturas municipais tornam inócua a servidão, pois disciplinam as alturas dos prédios.

Entretanto, as disposições das partes possuem força para deliberar sobre a possibilidade de erguer mais alto um prédio, mesmo que prejudique a visão do que está atrás, e se não houver impedimento de lei local. Especialmente quando um proprietário adquire a faculdade de construir uma parede ou um muro com o fim de abrigar-se quer contra um vento forte e frigidíssimo, quer contra o calor ardente do sol do meio dia, ou "mesmo com o fim de se colocar qualquer cômodo do seu edifício ao abrigo das vistas indiscretas, ou, ainda, com o fim de evitar a passagem de alguma exalação maligna e infeta".[30]

---

[30] Aguiar e Souza. *Tratado das servidões urbanas e rústicas*. São Paulo: Espínola, 1914. p. 114, § 178.

10. SERVIDÃO DE NÃO ELEVAR UM EDIFÍCIO ALÉM DE CERTA ALTURA

A servidão negativa e não aparente *altius non tollendi* visa, por meio de convenção, a obrigação de impor ao vizinho não elevar seu edifício além de certa altura, ou acima do prédio dominante. Cumpre esclarecer que ela pode ser instituída se inexiste lei determinando a proibição do erguimento além de metragem regulamentada. "Se foi a lei de direito público que fixou a altura, não há pensar-se em servidão, salvo se a lei é dispositiva ou faz a sua incidência depender de não haver consentido o vizinho", acentua Pontes.[31]

A finalidade é assegurar a visão de paisagem ou ponto característico, ou a claridade da luz solar. Usando as palavras de Pacifici-Mazzoni, o escopo "di conservare al fondo dominante luce, veduta e prospetto".[32]

Procura "principalmente evitar que seja embaraçada ou prejudicada a luz de que se deve gozar o prédio dominante; é incontestável que não é este o seu único objeto, mas é, certamente, o mais importante, conquanto a servidão possa ter também por fim evitar que o prédio dominante fique privado da criação que o refrigere, da vista de que goza etc.".[33]

É própria a convenção em conjuntos habitacionais promovidos por condomínios horizontais, buscando dar uniformidade ao plano das construções. A cláusula é geralmente frequente, segundo a qual os proprietários vizinhos, no ato da divisão dos terrenos e da formação do condomínio, fixam que os tapumes, as cercas ou os muros de seus prédios serão de certa altura, dentro de um padrão condizente com a classe das moradias.

No tocante à extensão, própria é a anotação de Pacifici-Mazzoni, quando fala também sobre a servidão *non aedificandi*: "Se il titolo non determina l'estenzione del terreno che viene assoggettato alla servitù *non aedificandi*, o qual parte di edifizio venga sottomessa a quella *altius non tollendi*, deve per regola riternersi che sai stato assoggettato tutte il terreno e tutto l'edifizio. In conseguenza, in veruna parte potrà essere edificato o fatto alzamento: salvo volontà contraria che potrà essere desunta anche dai fatti e dalle loro circostanze, per esempio, dall'essere il terreno servente disposto in gran pendio".[34]

Idêntica a posição de Carvalho Santos: "Se o título não menciona a extensão que fica sujeita à servidão *non aedificandi*, ou qual a parte do edifício submetida à *altius non tollendi*, deve em regra se entender que a servidão abrange todo o terreno ou todo o edifício".[35]

---

[31] *Tratado de direito privado*, cit., v. XVIII, p. 281.

[32] *Codici Civile italiano commentato*. 5. ed. Florença: Cammelli, 1905. v. III, p. 338.

[33] Dídimo da Veiga, *Servidões reais*, cit., p. 199.

[34] *Codici Civile italiano commentato*, cit., v. III, p. 340-341, n. 211.

[35] *Código Civil brasileiro interpretado*, cit., v. IX, p. 312.

Em derradeiro, é de lembrar que o compromisso aceito torna-se obrigatório. As pessoas prejudicadas, e aí figuram os condôminos, os vizinhos, o loteador, assumem legitimidade para exigir o cumprimento das cláusulas restritivas. É que se cuida de restrições legitimamente aceitas pelas partes, seja qual for o contrato, como no de compra e venda. O inadimplemento das cláusulas respectivas, como em qualquer contrato, permite a ação judicial para compelir a parte faltosa à sua observância. É que as restrições gerais de vizinhança, de caráter contratual, são de ordem urbanística, interessando não apenas aos indivíduos envolvidos, mas a todos os moradores do local ou do bairro, o que leva a reconhecer o caráter público. Equiparam-se às estipulações em favor de terceiro, nas quais tanto os estipulantes como os beneficiários estão aptos a exigir o cumprimento do que foi estipulado.

11. SERVIDÃO DE NÃO DEMOLIR O PRÉDIO

Aqui se trata de uma servidão negativa e não aparente. Portanto, não se adquire pela prescrição. Tem a finalidade de impedir a demolição de um prédio para atender conveniências de outro, que podem consistir em resguardá-lo dos ventos ou dos raios solares, ou de uma visão desagradável. Não só para um edifício é estabelecida. Propícia se apresenta se convencionada para proteger um jardim, uma horta ou mesmo um simples terreno.

Por conta do prédio dominante são as despesas de uso e de conservação. Exemplifica Carvalho Santos: "De forma que, se for necessário manter branca a frente do muro, deverá ele custear a pintura. Ainda mais: se o edifício ameaça ruína, fica ele obrigado a fazer as reparações, se tem interesse em conservar a vantagem da servidão, não podendo obrigar o dono do edifício a concorrer para as despesas, senão na medida do proveito que obtiver".[36]

12. ESCOAMENTO DAS ÁGUAS QUE CAEM SOBRE O TELHADO

Em regra, anota Luiz Antônio de Aguiar e Souza, "cada proprietário de um edifício é obrigado a construir o seu telhado de maneira que as águas pluviais que sobre ele caírem corram para o seu próprio terreno ou para a via pública, de conformidade com as leis e regulamentos que as câmaras municipais das respectivas localidades houverem decretado a este respeito".[37]

No entanto, há a servidão mencionada, instituída para modificar a disposição legal.

---

[36] *Código Civil brasileiro interpretado*, cit., v. IX, p. 313.
[37] *Tratado das servidões urbanas e rústicas*, cit., p. 93.

A *servitus stillicidii vel fluminis recipiendi*, assim denominada pelos romanos, consiste no direito que tem o proprietário de fazer escoar as águas pluviais que caem sobre o seu telhado pelo telhado ou terreno do outro proprietário, seu vizinho.

A palavra latina *stillicidium* traduz-se como gota, podendo, então, o escoamento dar-se gota a gota. E a palavra *flúmen* é empregada no significado de cano, tubo ou calha, o que permite estabelecer a saída da água por meio de tais condutos.

No pertinente à queda de águas das chuvas sobre telhados, tínhamos a regra do art. 575 do Código Civil revogado: "O proprietário edificará de maneira que o beiral de seu telhado não despeje sobre o prédio vizinho, deixando, entre este e o beiral, quando por outro modo não o possa evitar, um intervalo de dez centímetros pelo menos". O Código Civil aprovado pela Lei nº 10.406, no art. 1.300, simplesmente exige que a edificação se faça de modo a não despejar águas sobre o prédio vizinho, sequer impondo uma distância específica entre o beiral e o prédio vizinho: "O proprietário construirá de maneira que o seu prédio não despeje águas, diretamente, sobre o prédio vizinho".

A regra do art. 575 do Código Civil anterior também se encontra consubstanciada no art. 105 do Código de Águas.

Não importa que o fundo do vizinho seja terreno ou edifício. Nem cessa a proibição ainda quando o prédio do vizinho se situe em local inferior, pois a obrigação é de suportar o fluxo das águas correntes e não a queda das águas, salienta Pacifici Mazzoni.[38]

Explica, no entanto, Pontes não ser impossível a constituição "de servidão de se deixar o beiral, de que cai a água".[39]

De modo geral, a convenção das partes diz respeito ao recebimento, pelo prédio serviente, da água que vem em canaletas, ou escorre, indo cair gota a gota. Firmam, outrossim, o compromisso de tolerar que as águas do prédio dominante gotejem ou caiam sobre o telhado ou terreno vizinho. Normalmente, as águas vão gotejar na linha entre o beiral e o prédio. Daí a servidão ser de receber o gotejamento, ou a precipitação da água que é lançada por meio de encanamento ou canaletas.

A extensão e o modo de exercício da *servitus* são regulados pelo contrato, ou pela sentença judicial, que julgou a prescrição, ou por outra forma de criação. Discriminam-se quais as águas serão recebidas. Se a servidão tratou de goteiras, não se autorizará o uso posterior de canos, tubos ou calhas. Na circunstância, porém, de levantar o dono do prédio dominante o telhado de seu edifício, não há gravação de encargo, pois com tal obra as gotas tornam-se

---

[38] *Codici Civile italiano commentato*, cit., v. II, p. 479.

[39] *Tratado de direito privado*, cit., v. XVIII, p. 283.

mais finas e menos pesadas, o que suaviza o exercício da servidão. No entanto, não lhe é facultado baixar o telhado, pois assim procedendo as goteiras tornar-se-ão mais condensadas e pesadas, agravando a oneração para o dono do prédio serviente.

Não pode o dono do prédio dominante, uma vez materializada a servidão, aumentar a largura ou o comprimento da beira do telhado, posto que tal fato demandará uma quantidade mais elevada de goteiras e de fluxo de água. Pela mesma razão, para impedir a precipitação de volume de água superior ao avençado, é proibido ampliar as dimensões dos canos, calhas ou tubos.

A destinação é unicamente às águas pluviais. Daí ficar excluída a precipitação ou o lançamento, para o prédio limítrofe, das águas provenientes dos usos domésticos, ou aquelas que estão corrompidas ou carregadas de detritos.

13. SERVIDÃO DE COLOCAÇÃO DE CHAMINÉ E FOGÃO

É a servidão que tem por objeto a colocação de chaminé, ou fogão, e seus acessórios, "na espessura da parede ou do muro sujeito à servidão, ou fazendo-se o seu apoio no dito muro ou parede".[40]

Necessário não confundi-la com a de lançar fumaça. Visa a colocação de chaminé ou fogão na parede ou no muro que separa dois prédios, e que pertence a prédio alheio.

É convencional a servidão. O título constitutivo dirá a forma da colocação e das adaptações permitidas na parede ou no muro alheio. O Código Civil, quando trata do direito de construir, traz normas regulando a matéria. Estabelece a proibição, com o que é assegurada a ação competente se a colocação acarreta prováveis prejuízos, na previsão do art. 1.308 (art. 583 do Código Civil revogado): "Não é lícito encostar à parede divisória chaminés, fogões, fornos ou quaisquer aparelhos ou depósitos suscetíveis de produzir infiltrações ou interferências prejudiciais ao vizinho".

14. SERVIDÃO DE LANÇAR FUMAÇA NO PRÉDIO VIZINHO

Define-se como a servidão pela qual se permite ao dono do prédio dominante lançar a fumaça que escapa ou é expelida da chaminé ou do fogão de sua casa.

Dizia-se *servitus fumi immittendi*, pois seu objetivo era autorizar a saída de fumaça para o prédio vizinho. Este tinha que tolerar, daí ser conhecido também como servidão *recipiendi*.

---

[40] Aguiar e Souza, *Tratado das servidões urbanas e rústicas*, cit., p. 118.

De certa importância essa limitação ao direito de propriedade, pois cada pessoa tem o direito de ter em sua casa chaminé proveniente de um fogão, fornalha ou lareira. Importa que seja colocada sobre o telhado, em nível superior aos prédios vizinhos, para facilitar a dissipação da fumaça no espaço, e não penetre em moradias ou pátios, levando fuligem e enegrecendo objetos e roupas estendidas nos varais.

O lançamento, compreendido dentro dos verdadeiros limites da lei, consistirá em verdadeira servidão natural se o prédio de onde é expelida não prejudica os vizinhos. As posturas municipais e os regulamentos de higiene estabelecem que as construções capazes de incomodar ou prejudicar a vizinhança guardarão a distância necessária a evitar o dano. Os arts. 1.277 e 1.308 (arts. 554 e 583 do Código revogado), por seu turno, colocam restrições à colocação de chaminés, de fogões ou fornos que trouxerem possíveis prejuízos. Entretanto, a emissão de fumaça em si não se considera passível de prejuízo, visto que, se assim o fosse, automaticamente se proibiria o agente emissor.

Desde que, por conseguinte, respeitados os direitos do vizinho, a emissão de fumaça torna-se uma servidão. Com mais razão, na hipótese do parágrafo único do art. 1.308 (parágrafo único do art. 583 do Código Civil de 1916), assim redigido: "A disposição anterior não abrange as chaminés ordinárias e os fogões de cozinha". Há restrições quando se cuida de fumaça abundante, muito incomodativa, proveniente de um fogo exagerado, como o de fogões de restaurantes sitos na parte inferior de um edifício residencial.

15. SERVIDÃO DE FAZER CORRER AS ÁGUAS DA COZINHA E DE USO DOMÉSTICO

Vem a ser o direito concedido a uma pessoa no sentido de fazer passar, por meio de esgotos, através do prédio vizinho, as águas de sua cozinha e de uso doméstico em geral. Não envolve as águas cloacais, posto que estas constam disciplinadas no direito de vizinhança e em leis municipais.

Acertam os titulares dos prédios contíguos a passagem de águas, mas não se inclui a abertura de fossa, pois outra seria a servidão. Da mesma forma, não subentende a formação de acumulações. É própria a instituição em locais não servidos por sistema público de canalização de esgoto. Assemelha-se à servidão de esgoto, mas com menores resultados prejudiciais.

O Código atual, no art. 1.286, contempla a hipótese de colocação de condutos ou encanamentos subterrâneos em terreno do vizinho, desde que se indenize o proprietário e não se viabilize outra solução: "Mediante recebimento de indenização que atenda, também, à desvalorização da área remanescente, o proprietário é obrigado a tolerar a passagem, através de seu imóvel, de cabos, tubulações e outros condutos subterrâneos de serviços de utilidade pública, em proveito de proprietários vizinhos, quando de outro modo for impossível ou excessivamente onerosa".

Sobre o direito à servidão, cita-se o seguinte aresto:

> O proprietário de imóvel inferior deve tolerar a passagem de cabos, tubulações e outros condutos subterrâneos de serviços de utilidade pública, em proveito de proprietários vizinhos. Exegese do art. 1.286 do CC. Sentença de procedência reformada. Apelação provida. Unânime.[41]

16. SERVIDÃO DE ESGOTO

Conceitua-se como o direito que alguém tem de fazer passar o cano através do fundo do prédio vizinho. O esgoto refere-se a detritos ou águas cloacais.

Como se observa, a figura é limitada à passagem. Não compreende a abertura de um fosso, onde seriam depositados os detritos cloacais. Aliás, nessa parte, havia disposição do Código Civil de 1916, regulando a matéria, por meio do art. 583: "Não é lícito encostar à parede-meia, ou à parede do vizinho, sem permissão sua, fornalhas, fornos de forja ou de fundição, aparelhos higiênicos, fossos, cano de esgoto, depósito de sal, ou de quaisquer substâncias corrosivas, ou suscetíveis de produzir infiltrações daninhas". Em termos mais genéricos, a mesma previsão está incluída no art. 1.308 do Código de 2002: "Não é lícito encostar à parede divisória chaminés, fogões, fornos ou quaisquer aparelhos ou depósitos suscetíveis de produzir infiltrações ou interferências prejudiciais ao vizinho".

De onde se deduz que as fossas sépticas deverão ser construídas nos terrenos dos proprietários dos respectivos aparelhos higiênicos ou sanitários. Não se impede, porém, aos donos dos terrenos estabelecer diversamente, por meio de servidão. Para a proteção possessória e o reconhecimento legal, a convenção deve ser clara. Pela circunstância dos incômodos que traz ou do perigo de rupturas sempre possíveis, não se concede a proteção na inexistência de título. Realmente, à falta de prova material da servidão contratada ou admitida, documental ou judicialmente, inconcebível passar o esgoto no prédio vizinho, pouco importando que haja somente a passagem, e que se conduzam os detritos para local distante. Mesmo a circunstância do prédio serviente se localizar em nível inferior não serve de justificativa para impor a passagem, em inexistindo a servidão.

O art. 69 do Código de Águas instituiu a servidão do escoamento natural de águas, pelo qual os prédios inferiores são obrigados a receber as águas que correm naturalmente dos prédios superiores. O princípio já era consagrado

---

[41] Apelação Cível nº 70024248395, 18ª Câmara Cível do TJRS, rel. Cláudio Augusto Rosa Lopes Nunes, j. 17.02.2011, *DJ* 02.03.2011.

pelo Código Civil de 1916, no art. 563, e está mantido no art. 1.288 do Código atual. Temos, pois, uma servidão legal, ou, no mínimo, um direito de vizinhança, impondo ao prédio inferior o recebimento das águas que fluem, em geral, dos terrenos mais elevados.

No entanto, essa regra, conforme o princípio instituído pela jurisprudência e pela doutrina, não tem aplicação a cloacas. Laurent demonstra a universalidade do entendimento, assentando que se as águas forem corrompidas, prejudicando o prédio inferior, não há o direito de escoamento.[42]

Há decisões da jurisprudência no mesmo sentido:

> Ação cominatória. Direito de vizinhança. Escoamento de esgoto. Servidão. Inexistência. Inadmissibilidade. Inteligência do art. 563 do Código Civil.
>
> Tratando-se de passagem de esgoto, não há falar em direito de servidão. As servidões não aparentes só podem ser estabelecidas mediante transcrição no registro de imóveis (art. 697 do CC). Conforme dispõe o art. 563 do Código Civil, cabe ao proprietário do imóvel inferior suportar as águas naturais advindas do imóvel superior, no entanto, não é obrigado a tolerar rede de esgoto.[43]

Os arts. 563 e 697 são do Código Civil de 1916, e correspondem respectivamente o primeiro ao art. 1.288 e o segundo, ao art. 1.378.

Antônio de Pádua Nunes traduz o pensamento atual, o mesmo que era defendido por Coelho da Rocha, Trigo de Loureiro, Teixeira de Freitas e Clóvis Bevilágua, traçando os limites do uso do prédio pelo proprietário. Segundo as posturas municipais e o dispositivo do art. 1.277 do Código Civil de 2002 (art. 554 da lei civil anterior), o uso da propriedade não poderá acarretar prejuízos aos outros. Evidentemente, o depósito de detritos de águas fétidas em seu imóvel configura um mau uso do prédio. E se tem o dever legal de evitar o depósito nocivo aos vizinhos, poderá gozar do direito amplo de fazer escoar, para o terreno confrontante, águas pútridas ou detritos? Obviamente, irrompe, sem a menor dúvida, a impossibilidade.[44]

17. IMPOSSIBILIDADE DE INSTITUIÇÃO DE SERVIDÃO DE RECEBIMENTO DE ÁGUAS IMPURAS E DE DETRITOS

A questão de águas impuras é um problema regulado pelas leis e posturas municipais. O art. 138 do Código de Águas (Decreto nº 24.643, de 10.07.1934) encerra a presente norma: "As servidões urbanas de aqueduto, canais, fontes, esgotos sanitários e pluviais, estabelecidos para serviço público e privado das

---

[42] *Principes de droit civil français*. 3. ed. Bruxelas/Paris, 1878. t. 7º, p. 434-435.

[43] Processo nº 200000038470940003/MG 2.0000.00.384709-4/000(3), TJMG, j. 22.10.2003, *DJ* 17.05.2004, rel. Alvimar de Ávila.

[44] *Nascentes e águas comuns*. São Paulo: RT, 1969. p. 107.

populações, edifícios, jardins e fábricas, reger-se-ão pelo que dispuserem os regulamentos de higiene da União ou dos Estados e as posturas municipais". A tais regramentos deve o proprietário subordinar os poderes que tem sobre o uso e a disposição do prédio. Ele não possui o arbítrio de fazer livremente o escoamento das águas impuras, ou de decidir sobre o seu destino. Há normas elaboradas pelos órgãos administrativos, às quais se submetem os planos de construção de prédios e importa sejam observadas no ato da concessão do hábitat. Surgindo no futuro infrações, a autoridade competente intervirá, pondo em prática dispositivos disciplinares e ordenando medidas saneadoras.

Daí se chega a que o proprietário não se reveste de disponibilidade para autorizar o escoamento daquelas águas em seu prédio: "Desde que nenhum dono de prédio tem o arbítrio de fazer o escoamento de águas pútridas dentro mesmo de seu imóvel, conclui-se que ele não perderia nenhum direito a favor do vizinho, naquele tocante".[45]

Impossível, destarte, a formação de servidão, quando o ato praticado pelo dono do prédio dominante não se inclui como parcela do domínio do serviente. O escoamento das águas impuras e dos resíduos de cloacas não se apresenta como direito livre do proprietário, mas como atribuição da autoridade sanitária. É assunto de interesse público, o que determina não se permitir a constituição de servidão de águas impuras por destinação do pai de família, ou por contrato. O interesse público não pode ser afastado pelo interesse particular.[46]

18. ESCOAMENTO DE ÁGUAS IMPURAS

Não se opera a prescrição aquisitiva do direito de escoamento pelo prédio vizinho. Inexiste posse ou quase posse justa de praticar atos ilegais. Se o objeto da posse é ilícito, o decurso do tempo não tem efeito prescritivo. Segundo Hely Lopes Meirelles, nos imóveis urbanos incide a legislação municipal, que disciplina a limpeza e a higiene: "O controle sanitário abrange a limpeza das vias e logradouros públicos, a remoção domiciliar, a rede de água e esgotos, a inspeção de gêneros alimentícios, o tratamento de água potável, a fiscalização dos recintos franqueados ao público, as edificações urbanas, os veículos de transporte coletivo, o estado dos quintais das residências particulares e tudo mais que possa constituir veículo ou foco de moléstias e doenças, ou desfavorecer a saúde da população urbana ou rural".[47]

---

[45]   Antônio de Pádua Nunes. *Nascentes e águas comuns*, cit., p. 107.

[46]   Pontes de Miranda. *Tratado de direito privado*, cit., v. XVIII, p. 286, § 2.209, n. 15.

[47]   *Direito municipal brasileiro*. São Paulo: RT, 1964. v. I, p. 179.

A própria Lei de Saneamento Básico (Lei nº 11.445, de 5.01.2007) ordena a obrigatoriedade da ligação de toda construção considerada habitável à rede pública de abastecimento de água e de esgotamento sanitário disponível. No art. 3º, letra 'b', dá a definição de esgotamento: "Esgotamento sanitário: constituído pelas atividades, infraestruturas e instalações operacionais de coleta, transporte, tratamento e disposição final adequados dos esgotos sanitários, desde as ligações prediais até o seu lançamento final no meio ambiente".

O art. 45 ordena a ligação das edificações à rede pública de abastecimento de água e de esgotamento sanitário: "Ressalvadas as disposições em contrário das normas do titular, da entidade de regulação e de meio ambiente, toda edificação permanente urbana será conectada às redes públicas de abastecimento de água e de esgotamento sanitário disponíveis e sujeita ao pagamento das tarifas e de outros preços públicos decorrentes da conexão e do uso desses serviços".

Na ausência de rede pública de saneamento, aceitam-se outras soluções, na previsão do § 1º, o que não importa em exigir o escoamento em outros imóveis: "Na ausência de redes públicas de saneamento básico, serão admitidas soluções individuais de abastecimento de água e de afastamento e destinação final dos esgotos sanitários, observadas as normas editadas pela entidade reguladora e pelos órgãos responsáveis pelas políticas ambiental, sanitária e de recursos hídricos".

Em princípio, a lei obriga a instalação de equipamentos sanitários para a recepção do esgoto, o que se revela suficiente para depreender que não há, na matéria, livre disposição da parte para o exercício de uma servidão, cujo objeto (escoamento das águas impuras e dejetos no prédio inferior) está proibido pelas normas sobre saúde e higiene. Nem mesmo por convenção entre os proprietários de dois prédios poderia ser estabelecido o processo de afastamento de águas imundas de um dos imóveis, se não houver a aprovação da autoridade sanitária. Com maior razão, a servidão não poderá ser atingida por meio da prescrição aquisitiva.

Capítulo XIII

SERVIDÃO DE TRÂNSITO

1. CONCEITO E EXTENSÃO

A servidão de trânsito tem por finalidade estabelecer um prédio em comunicação com outro, ou com a via pública, através de prédios intermediários.[1] Compreende uma extensão de área em imóvel alheio, destinada a servir de passagem a outro imóvel. A sua delimitação configura o caminho que é, no conceito de Pardessus, "un espace de terrain servant à la communication d'un lieu à un autre, quelle que soit sa longueur ou sa larguer, et indépendamment de ce qu'il est plus ou moins fréquenté".[2]

Está enunciada a previsão no art. 1.385, § 2º (art. 705 do Código anterior): "Nas servidões de trânsito, a de maior inclui a de menor ônus, e a menor exclui a mais onerosa". Não vem consignada uma definição. Apenas é delimitada a sua extensão. Sendo servidão, permite-se a sua instituição por ato de vontade, como por destinação do proprietário do imóvel, sujeitando-se, quanto à extensão, aos alcances da regra mencionada.

E para entendermos a extensão, devemos nos reportar às espécies romanas: *iter, actus* e *via*, ou *servitus itineris, servitus actus* e *servitus viae*.

Eis o conceito de cada uma:

Iter: O direito conferido ao homem de passar a pé pelo prédio alheio, menos o direito de conduzir animais de carga nem veículos. Em alguns fragmentos encontrados no direito romano, abrangia a passagem de liteira e a cavalo. Em princípio, serve como ilustração a faixa reservada pelo instituidor com a finalidade de possibilitar o ingresso no prédio dominante sem saída para a via pública. Destinando-se servidão a assegurar a passagem de pessoas a pé, não pode o titular ampliá-la, utilizando-a como entrada de automóvel.

---

[1]   Lafayette. *Direito das coisas*. 5. ed. Rio de Janeiro: Freitas Bastos, 1943. p. 420.

[2]   *Traité des servitudes ou servitudes fonciers*. 10. ed. Bruxelas: Société Typographique Belge, 1841. p. 193.

Actus: Era o direito concedido ao titular de conduzir animais de carga e veículos pelo prédio alheio. Em geral, estendia-se aos rebanhos e veículos de qualquer espécie.

Via: Constituía a servidão mais ampla e extensa de todas as espécies. Compreendia as anteriores e se estendia à condução de veículos carregados de pedras e de outros materiais destinados à construção. Era propriamente o direito de transportar pelo prédio alheio. Em Pontes de Miranda encontramos o significado, expresso nesta oração latina: "Quid iter habet, actum non habet; qui actum habet, et iter habet, iter et actum via in se continet".[3]

O direito atual não se interessa por essas formas, mas, como Clóvis Beviláqua já reconhecia, levando em consideração que a regra do velho direito do Código de 1916 se mantém no atual, "o Código ainda consagra o princípio característico das servidões de trânsito, por ser racional: a de maior ônus inclui a de menor, a de menor exclui a de maior. *Non debet, cui licet, quod summus est, non licere*".[4]

Vale afirmar: aquele que tem direito de transportar materiais em veículos pelo prédio serviente pode passar de carro, a cavalo ou a pé. Aquele, porém, que apenas pode transitar a pé não está autorizado a introduzir carros ou carroças no prédio alheio.

Com a evolução dos tempos, no entanto, esses princípios são relativos. A necessidade impõe a extensão da servidão. O princípio da interpretação restrita nem sempre é coerente. A pessoa autorizada a passar a pé terá ampliada a forma de utilização do caminho uma vez que as circunstâncias ordenem. Se não advier prejuízo, se a distância é grande, nada justifica que não possa transitar com veículo, desde que seja para o titular do prédio serviente, e não para outros proprietários ou para a generalidade das pessoas.

O uso terá em vista a utilidade do prédio dominante, observando-se que, se de uma parte nunca se deve procurar o agravamento do prédio serviente, de outra não se pode estabelecer a diminuição do valor da exploração do prédio dominante.

Tendo sido o encargo implantado em favor de um terreno pelo qual é buscada a extração de lenha ou produtos agrícolas, entende-se a concessão para a passagem de veículos, que é um meio próprio para o transporte. Ainda, se a utilização for em benefício de um prédio pertencente a pessoas abastadas, que possuem veículos, não se afirme que se instituíra uma servidão de trânsito a pé.

A largura corresponderá à dimensão exigida pelo tipo de veículo, ou pela modalidade de trânsito prevista. Na hipótese de o uso, dentro dessas carac-

---

[3] *Tratado de direito privado*. 3. ed. Rio de Janeiro: Borsoi, 1971. v. XVIII, p. 271.

[4] *Código Civil dos Estados Unidos do Brasil comentado*. Rio de Janeiro: Francisco Alves. Ed. de 1933. v. III, p. 253.

terísticas impostas, ser impedido pelo dono do prédio serviente, ao titular da servidão ou dono do prédio dominante se concede a ação para a determinação da largura, a qual concerne ao seu conteúdo.

De outro lado, do exercício decorrem os atos necessários para a conservação e o uso. Ao dono da servidão, ensina Clóvis, é autorizada a realização dos seguintes atos, entre outros: o corte de árvores para abrir o caminho; a construção de aterros e pontes; a introdução no prédio serviente de pessoas para executar obras e manter em bom estado o leito da passagem.[5] Carvalho Santos endossa a lição: "Poderá fazer escavações e os serviços imprescindíveis para o melhoramento da estrada, encascalhá-la, derrubar as árvores que prejudiquem o trânsito, podendo mesmo ocupar outros lugares se se fizer preciso para a execução de tais obras, contanto que a sua duração e o modo produzam o menor incômodo possível ao dono do prédio serviente".[6]

É a servidão aparente, diante da fixação de uma faixa de terreno por onde se efetua a passagem. Considerada descontínua, visto que se exerce pela ação do homem, que atravessa o prédio serviente, conduzindo o veículo ou animais. Está ligada ao solo diretamente, o que já vinha afirmado no direito romano: *in solo consistunt*.

2. SERVIDÃO DE TRÂNSITO E PASSAGEM FORÇADA

Lembra-se, primeiramente, que a passagem forçada do Código Civil brasileiro equivale à servidão de trânsito do Código de Napoleão, a teor do seu art. 682: "Le propriétaire, dont les fonds sont enclaves, et qui n'a aucune issue sur la voie publique, peut réclamer un passage sur les fonds de ses voisins, pour l'exploitation de son héritage, à la charge d'une indemnité proportionnée au dommage qu'il peut occasionner".

A passagem forçada, na lição de Hely Lopes Meirelles, destina-se a propiciar judicialmente saída para a via pública, fonte ou porto, quando a propriedade do autor não a tem ou vem a perdê-la.[7]

Conforme o conceito do art. 1.285 (art. 559 do Código Civil de 1916), a passagem forçada, no direito antigo denominada servidão legal de trânsito, é direito de vizinhança que corresponde a dar ao prédio, que não a tenha, uma saída para a via pública, nascente ou porto, enquanto a servidão convencional de passagem (que deve ser instituída) não supõe aquela necessidade, podendo assentar no útil, no cômodo e até mesmo no supérfluo. Mister frisar claramente

---

[5] *Código Civil dos Estados Unidos do Brasil comentado*, cit., v. III, p. 254.

[6] *Código Civil Brasileiro interpretado*. 7., 10. e 11. ed. São Paulo: Freitas Bastos, 1963. v. IX, p. 323.

[7] *Direito de construir*. 4. ed. São Paulo: RT, 1983. p. 285.

a diferença. A primeira pressupõe um prédio encravado, com indispensável necessidade de saída para a via ou local de caráter público, assegurando a lei ao proprietário o direito de consegui-la sobre prédios alheios. Funda-se, assim, na necessidade e na indispensabilidade. Já a servidão se coloca no cômodo e até no supérfluo, havendo a imposição de que venha convencionada.

Salienta-se que a diferença entre o art. 559 do Código Civil de 1916 e o art. 1.285 do Código atual está mais nos termos, eis que o prédio sem acesso ou saída para a via pública, nascente ou porto, normalmente se encontra encravado. O interesse geral da sociedade no sentido de os prédios não permanecerem inexplorados e estéreis, em virtude da falta de acesso a vias e locais ou públicos, marca a passagem forçada. Oportuna é a lição de Demolombe: "Il est d'ailleurs évident aussi que l'intérêt général de la société n'exige pas moins que l'intérêt privé du propriétaire, que les fonds enclavés ne demeurent pas inexploités et stériles; et, sous ce rapport, on peut dire que cette servitude est en même temps d'utilité publique".[8]

Para haver encravamento ou falta de acesso, impõe-se que o prédio se apresente na seguinte situação: "Não tenha saída para ela (a via pública) nem possa buscar-se uma, ou, podendo, somente a conseguiria mediante uma excessiva despesa; ou a saída de que disponha (direta, indireta, convencional ou mesmo necessária) seja insuficiente e não se possa adaptá-la ou ampliá-la – ou porque isto é impossível, ou porque os reparos (com que se obtivesse uma saída não excessivamente incômoda) requereriam por igual despesas desproporcionadas".[9]

Em Josserand também encontramos o significado de encravamento: "El enclavamiento es la situación de un fundo que no tiene salida a la vía pública o que tiene una salida insuficiente para su utilización; se dice en tal caso que ese fundo está enclavado; su situación es intolerable y le quita todo o casi todo su valor si no interviene el legislador para majorarla, para hacer cesar el embotellamiento que sufre; y esto precisamente es lo que se ha hecho al instituir la servidumbre de paso en caso de enclavamiento: el propietario del fundo enclavado podrá exigir, mediante indemnización, del propietario o de los propietarios de los fundos enclavantes aun cuando formen parte del dominio público, un paso suficiente hasta la vía pública".[10]

O encravamento, pois, para tipificar a espécie, não precisa ser absoluto. Não se exige que o fundo não disponha de nenhuma saída para a via pública. Se uma passagem penosa, longa, estreita, perigosa ou incompatível existir,

---

[8] *Cours de Code de Napoléon.* Traité des servitudes. 3. ed. Paris: Auguste Durand/L. Hachette, 1863. v. XII. t. II, p. 86, n. 598.

[9] Lenine Nequete. *Passagem forçada.* São Paulo: Saraiva, 1978. p. 5.

[10] *Derecho civil.* Trad. Santiago Cunchillos y Manterola. Buenos Aires: Europa-América/Bosch, 1950. t. I, v. III., p. 462-463, n. 1980.

não fica afastado o direito a outra comunicação. A finalidade da lei é tornar possível a exploração ou o conveniente uso dos prédios, de sorte que o titular do domínio com uma saída insuficiente, e que para melhorá-la ou ampliá-la se impõe um dispêndio excessivo, tem direito ao acesso, pois o prédio não deixa de ser encravado. Foi o que já se deixou dito anteriormente, em vista de que a ideia de encravamento é relativa.

É como está decidindo o STJ:

> Civil. Direitos de vizinhança. Passagem forçada (CC/1916, art. 559). Imóvel encravado. Numa era em que a técnica da engenharia dominou a natureza, a noção de imóvel encravado já não existe em termos absolutos e deve ser inspirada pela motivação do instituto da passagem forçada, que deita raízes na supremacia do interesse público; juridicamente, encravado é o imóvel cujo acesso por meios terrestres exige do respectivo proprietário despesas excessivas para que cumpra a função social sem inutilizar o terreno do vizinho, que em qualquer caso será indenizado pela só limitação do domínio.[11]

De lembrar, pois, que a passagem é insuficiente quando resultante de forte declive, de acesso estreito e inseguro. Não é no caso de aparecerem incômodos e dificuldades para o trânsito, como um caminho longo e sinuoso. A maior comodidade e economia de tempo não justificam a ação possessória ou de reconhecimento. Se o prédio possui passagem, mesmo angustiosa, para a via pública, não será ele encravado no sentido legal. Desde que, porém, não passe o caminho por peraus, ou fortes ribanceiras, nem tenha que percorrer longas distâncias para chegar ao acesso pretendido. Há de se ponderar que, embora o local onde se busca chegar tenha acesso por outras sendas, inclusive através de áreas da titularidade do beneficiado, não cabe impor tamanho sacrifício a ponto de se duplicar o período de tempo, ou de tornar o percurso extremamente cansativo e doloroso.

O dispêndio excessivo de tempo, de esforço e despesas é configurado nas hipóteses em que o prédio encravado está separado da via pública por um curso de água sem ponte ou barca, e que a travessia obriga a efetuar pesados gastos, desproporcionais inteiramente ao valor do imóvel.

Na servidão de trânsito, as causas de instituição são diversas e podem assentar na utilidade ou mera facilidade. Tanto que, na maioria das vezes, é estabelecida convencionalmente. Não requer a inexistência de outro caminho para atingir um prédio distinto ou a via pública.

A distinção é bem explicitada na presente ementa, em decisão do STJ:

> Apesar de apresentarem naturezas jurídicas distintas, tanto a passagem forçada, regulada pelos direitos de vizinhança, quanto a servidão de passagem, direito real, originam-se em razão da necessidade/utilidade de trânsito, de

---

[11] REsp 316.336/MS, 3ª Turma, j. 18.08.2005, *DJU* 19.09.2005, rel. Min. Ari Pargendler.

acesso. Não identificada, no caso dos autos, hipótese de passagem forçada ou servidão de passagem, inviável a proteção possessória pleiteada com base no alegado direito.[12]

A matéria é desenvolvida no voto do Relator:

A passagem forçada é regulada pelos direitos de vizinhança e tem sua previsão nos artigos 559 a 562 do Código Civil de 1916.

Trata-se de uma restrição legal ao direito de propriedade que se destina a propiciar saída para a via pública ou para outro local dotado de serventia e pressupõe, portanto, o isolamento ou a insuficiência de acesso do imóvel que pretende o direito à passagem forçada.

A servidão de passagem, também denominada servidão de trânsito, por sua vez, constitui espécie do gênero servidão predial e, como toda servidão, é um direito real (artigo 674, inciso II, do Código Civil de 1916), constituindo uma restrição voluntária ao direito de propriedade.

Destina-se a servir de passagem para outro imóvel distinto dotado de utilidade para o prédio dominante ou para a via pública.

A servidão, por expressa disposição legal (art. 696 do Código Civil de 1916), não se presume, podendo ser constituída por ato voluntário das partes interessadas ou, ainda, por usucapião.

Além disso, tendo em vista a sua eficácia *erga omnes*, pressupõe registro no Cartório de Registro de Imóveis.

A ausência de registro, contudo, não impede a proteção possessória na hipótese de servidão de trânsito, nos exatos termos da Súmula nº 415 do Supremo Tribunal Federal:

"Servidão de trânsito não titulada, mas tornada permanente, sobretudo pela natureza das obras realizadas, considera-se aparente, conferindo direito à proteção possessória."

Vale colacionar, porquanto bastante elucidativo, exemplo doutrinário que evidencia a diferença entre os dois institutos:

"(...)

Um exemplo ilustrará a diferença. O proprietário do prédio encravado, sem acesso à via pública, pode, em virtude de lei, exigir a passagem pelo terreno alheio.

É o direito de passagem forçada, ao qual já aludimos ao estudar os direitos de vizinhança. Emana da lei, e, sem ele, seria impossível ao proprietário do prédio encravado entrar e sair livremente do seu terreno. Vejamos agora uma situação distinta. Um terreno tem um acesso remoto ou estreito a determinada estrada secundária. O terreno vizinho é, todavia, atravessado por excelente estrada principal, à qual o proprietário do primeiro terreno desejaria ter acesso, pedindo, pois que lhe seja concedida uma servidão. Depende tal concessão da boa vontade ou do interesse econômico do proprietário do prédio serviente que iria ser atravessado. Não é um direito

---

[12] REsp 316.045/SP, 3ª Turma, j. 23.10.2012, *DJe* 29.10.2012, rel. Min. Ricardo Villas Bôas Cueva.

emanado da lei. Poderá surgir em virtude de contrato que as partes venham a fazer e que, para valer contra terceiros, deverá constar no Registro de Imóveis" (Wald, Arnoldo. *Direito civil*: direito das coisas. 13. ed. São Paulo: Saraiva, 2011. p. 263).

Em qualquer caso, não se pode perder de vista que tanto a passagem forçada quanto a servidão de passagem existem em função da necessidade/utilidade de trânsito, de acesso.

Os dispositivos citados têm a seguinte correspondência ao Código Civil de 2002: o art. 559 ao art. 1.285; o art. 562 não tem dispositivo correspondente; o art. 674, II, ao art. 1.225, III; o art. 696 não possui dispositivo correspondente.

3. AQUISIÇÃO DA SERVIDÃO DE TRÂNSITO PELA POSSE

A posse continuada da servidão de trânsito constitui uma forma de seu reconhecimento como direito, defensável pelos meios jurídicos previstos para a tutela das servidões, conforme a prática reiteradamente vem impondo. Na hipótese de ser visível o uso, perceptível ao longo do imóvel, aplicáveis os interditos possessórios. Estando materializada no solo, visível e permanente, deve ser mantida a posse da servidão. Naturalmente, não está ela titulada, pois aí não caberia discussão. Tornada permanente, desenvolvendo o dono do prédio que dela se utiliza atos sucessivos de aproveitamento, transitando no imóvel para chegar ao seu prédio, e vindo manifestada através de sinais evidentes, como sulcos, moirões, buracos, trilhas, porteiras, desaparecimento de grama, existência de valetas, merece a tutela da lei, que a mantém e a conserva, mesmo que não consumado o lapso de tempo da prescrição aquisitiva. É que desponta como princípio nesse campo do direito a possibilidade de ter a posse da servidão antes de se ter direito dela. As decisões dos pretórios nesse sentido consolidaram o entendimento de forma indiscrepante, tornando-o princípio de direito erigido na Súmula nº 415 do STF, aprovada em julgamento com a data de 1º.06.1964, nestes termos: "Servidão de trânsito não titulada, mas tornada permanente, sobretudo pela natureza das obras realizadas, considera-se aparente, conferindo direito à proteção possessória".

Lafayette Rodrigues Pereira mostrava que o direito romano previa já para algumas das servidões descontínuas interditos possessórios especiais, acrescentando que a jurisprudência de seu tempo acompanhava a tendência do direito que ele chamava de moderno, ao adotar as possessórias como suficientes, por si sós, para proteger a quase posse das servidões, quaisquer que fossem a natureza e a espécie, isto é, de caráter contínuo ou descontínuo, afirmativo ou negativo.[13]

O extinto Tribunal de Alçada de Minas Gerais assentou: "Na doutrina e na jurisprudência tornou-se incontroverso que a servidão de trânsito, desde que se mostre visível e permanente, pela natureza das obras realizadas, é passível de proteção possessória. Na esteira desse entendimento é que o egrégio Tribunal de Justiça de Minas Gerais [...] assentou, com muito acerto, que é suscetível de servidão de trânsito, e o seu uso defensável por via de interditos, a estrada que se não revela apenas eventualmente à passagem do viandante, mas que se manifesta visivelmente na forma de aterros, estivamentos, cercas e porteiras, solenizando-se, assim, por sinais objetivos e ostensivos (v. *Jurisprudência Mineira*, vol. V, fascículos 5 e 6, p. 957). Também o egrégio Supremo Tribunal Federal, depois de decidir que as servidões de trânsito podem se tornar aparentes, pelos sinais evidentes que se apresentarem, e contínuos, e que nessa hipótese são prestigiadas pela lei civil (*Minas Forense* 2/707), acabou por assentar na Súmula nº 415 que servidão de trânsito não titulada, mas tornada permanente, sobretudo pela natureza das obras realizadas, considera-se aparente, conferindo direito à proteção possessória".[14]

O Tribunal de Justiça de São Paulo, entre outras oportunidades, em época antiga, seguiu idêntica tese, como se vê na fundamentação da Apelação Cível nº 203.163: "Tratando-se de mera posse de servidão de trânsito, havendo obras visíveis, como porteiras, cercas e corredor de gado, tornando-a contínua e aparente, goza de proteção possessória, sem necessidade de título e prova dominial".[15]

Em síntese, quando estabelecida com obras que lhe atestam a existência, a servidão deve ser considerada aparente e não descontínua, gozando, portanto, da proteção dos interditos possessórios.

Deve, no entanto, existir uma razão forte e séria, que evidencie a real necessidade, para admitir a servidão de trânsito por meio da posse.

Nesse sentido, há certa identificação com a passagem forçada, que reclama um razoável encravamento do prédio a fim de ser concedida. Se, embora, evidente a posse, o pretendente busca uma comodidade maior apenas, ou um encurtamento de distâncias, tendo outra via de acesso à sua propriedade ou ao caminho público, ou à fonte, pelos mesmos princípios que regem a passagem forçada não se restabelece a servidão ou o uso do caminho. Acontece que

---

[13] *Direito das coisas*, cit., v. IV, p. 292.

[14] Apel. Cível nº 2.362, 2ª Câm. Cível do TAMG, j. 21.11.1969, rel. Lamartine Campos, em *RT* 412/404.

[15] Apel. Cível nº 203.163, da 5.ª Câm. Cível do TJSP, j. 19.05.1972, rel. Geraldo Pinheiro, *RT* 444/88; ainda, Embargos Infringentes nº 220.195, do 2º Grupo de Câmaras Cíveis do TJSP, j. 25.03.1975, rel. Dias Filho, *RT* 493/53.

domina o princípio de que não se deve onerar a propriedade lindeira com servidão de passagem, se o vizinho dispõe de outra alternativa para o mesmo fim, ainda que tenha de percorrer maior distância ao se servir de estrada municipal para atingir sua propriedade.

Sempre, em qualquer situação, requer-se que a servidão seja aparente e também contínua, a exemplo do seguinte aresto: "A servidão de passagem, para demandar proteção possessória, necessita ser ostensiva e aparente, pois implica restrição do direito de propriedade do titular do prédio serviente. Prova dos autos que não permite tal conclusão, a sugerir hipótese de mera tolerância do proprietário. Não incidência da súmula 415 do STF no caso concreto. Ação improcedente. Apelo desprovido".[16]

A servidão de passagem existe em função da necessidade de trânsito, e não para servir de conveniência pessoal do interessado, cuja propriedade não se acha encravada. Inconcebível que se reconheça maior direito no caso da posse de uma servidão relativamente à passagem forçada, em inexistindo a constituição por meio de contrato ou outra forma documental. Dominando o princípio de se onerar o menos possível o imóvel alheio, a servidão pelo mero exercício da posse se permite somente quando o determinam fortes exigências fáticas.

Na constituição por ato convencional das partes, é aceitável o simples exercício da posse. Tratando-se, entretanto, da posse como fato gerador, o gravame não pode se desvirtuar da passagem forçada, embora não com a mesma rigidez de requisitos, razão que torna irrelevante a posse se desacompanhada da necessidade do caminho. Nessa visão, se a abertura de estrada pública extingue a servidão regularmente registrada, por força do art. 1.388, II, do Código Civil, é coerente que, não existindo a formalização pelo registro imobiliário, resta inadmissível que se reconheça uma servidão de passagem malgrado seu uso pela posse, quando surge uma estrada pública, acessível ao prédio dominante. Não justificam razões de mero favorecimento ou conveniência, como o fato de o traçado da estrada pública ser mais longo. Ao possuidor não se reconhecem vantagens no uso de terras alheias, se dispõe de meio para atingir o mesmo objetivo sem onerar o proprietário vizinho.

4. SERVIDÃO DE TRÂNSITO E PRETENSÃO À EXIGÊNCIA TRIBUTÁRIA

Não incide a exigência do Imposto sobre a Propriedade Territorial Urbana (IPTU) na servidão de passagem, já que recai no imóvel, dela não podendo

---

[16] Apelação Cível nº 70014298368, da 20ª Câmara Cível, TJRS, rel. Des. José Aquino Flôres de Camargo, j. 08.03.2006, *DJ* 15.03.2006.

seu titular dispor da servidão, para finalidades de sua transmissão. A questão vem dirimida em tal linha pelo STJ:

"O possuidor da servidão de passagem, embora detenha o direito de usar e gozar da propriedade, dela não pode dispor, razão pela qual não se insere no rol de contribuintes de IPTU previsto no art. 34 do CTN.

A solidariedade passiva tributária não se presume, devendo advir de previsão legal".[17]

O voto da Relatora bem elucida a matéria:

> O art. 34 do CTN, ao dispor sobre o sujeito passivo do IPTU, estabelece que 'contribuinte do imposto é o proprietário do imóvel, o titular do seu domínio útil, ou o seu possuidor a qualquer título'.
>
> Entretanto, não é qualquer posse que dá ensejo à cobrança do IPTU. Em verdade, o tributo municipal somente incide quando se tratar de posse *ad usucapionem*, cuja característica é a exteriorização do domínio com o ânimo de proprietário.
>
> A doutrina afirma que 'quando o Código Tributário Nacional fala em possuidor a qualquer título, entendemos que a expressão volta-se apenas para as situações em que há posse *ad usucapionem* (cf. Martins, Ives Gandra da Silva; Barreto, Aires Fernandino. *Manual do Imposto sobre a Propriedade Predial e Territorial Urbana*. São Paulo: RT, 1985. p. 107).
>
> Assim, o possuidor da servidão de passagem detém o direito de usar e gozar da propriedade, mas não pode dela dispor, sequer por solidariedade, conforme pontuado na sentença, ao destacar lição de Aliomar Baleeiro, pois a solidariedade passiva tributária não se presume, mas advém de lei.
>
> Nesta convicção, reafirmo o mesmo entendimento expresso em antigo voto da minha relatoria, o REsp n. 601.129/SP, conforme ementa a seguir reproduzida:
>
> 'Tributário. Imposto sobre a Propriedade Territorial Urbana. Servidão de passagem.
>
> Os arts. 32 e 34 do CTN definem, respectivamente, o fato gerador e o contribuinte do IPTU, contemplando a propriedade, a posse e o domínio útil.
>
> Não há base legal para cobrança do IPTU de quem apenas se utiliza de servidão de passagem de imóvel alheio.
>
> Recurso especial não provido' (REsp 601.129/SP, Rel. Min. Eliana Calmon, Segunda Turma, j. 09.03.2004, *DJ* 24.05.2004, p. 253).

---

[17] REsp 1.115.599/SP, 2ª Turma, j. 04.05.2010, *DJe* 13.05.2010, rel. Min. Eliana Calmon.

Capítulo XIV

SERVIDÕES RELATIVAS A ÁGUAS

1. A EXTENSÃO DAS SERVIDÕES DE ÁGUA

Várias as servidões que podem se formar relativamente às águas. Em princípio, a utilização da água diz com o direito de vizinhança em alguns setores, como a obrigação do dono do prédio inferior em receber as águas que provierem naturalmente do prédio superior; a obrigação em desviar as águas levadas artificialmente ao prédio superior e que sobrarem; o direito às águas que correm do prédio vizinho oriundas de nascentes ou das chuvas e que sobrarem; o dever em não poluir as águas que correm para o prédio inferior; o aqueduto. Todavia, se formou uma nova legislação sobre as águas, como a Lei nº 9.433, de 08.01.1997, que instituiu a Política Nacional de Recursos Hídricos e estabeleceu como um de seus instrumentos a outorga de direito de uso de recursos hídricos; e muito dispositivos prevalecem diante do Código de Águas; e a Lei nº 9.984, de 17.07.2000, dispondo sobre a criação da Agência Nacional de Águas (ANA), entidade federal de implementação da Política Nacional de Recursos Hídricos, e regulamentando alguns pontos em relação à outorga de direito de uso de recursos hídricos de domínio da União.

Na análise que se passa a fazer, impossível desvincular a matéria da disciplina inserida no Código Civil sobre os direitos de vizinhança e mesmo de outros estatutos paralelos. No que diz com as servidões, existe a vontade humana na sua formação, e mesmo reconhecem-se outras formas de constituição, como a prescrição aquisitiva. Todavia, não é admissível a adoção de convenções que contrariem a lei, até porque se trata de assunto de ordem pública, que se sobrepõe às disposições das vontades.

2. A LEI APLICÁVEL EM MATÉRIA DE ÁGUAS

A utilização das águas no direito agrário tem fundamental importância não apenas para a irrigação, mas também para as mais diversas utilidades e finalidades inerentes às necessidades humanas e à atividade agropecuária. Assim, limitado o direito ao uso exclusivo das águas mesmo que particulares, tendo relevância, na matéria, a função social que deve desempenhar o trato da água.

No Código Civil de 1916, vinha a disciplina nos arts. 563 a 568; no Código atual, aprovado pela Lei nº 10.406, de 10.01.2002, está nos arts. 1.288 a 1.296, que, ao lado de outros diplomas, tratam das controvérsias que envolvem as águas. Entre os outros diplomas, há o Código de Águas (Decreto nº 24.643, de 10.07.1934), posterior ao Código Civil de 1916, e que passou a regular aquelas situações sobre as quais este último diploma estabelecia regras diferentes. Seguia-se a Lei de Introdução às Normas do Direito Brasileiro, por meio do art. 2º, § 1º, que estabelece normas sobre a aplicação da lei no tempo: "A lei posterior revoga a anterior quando expressamente o declare, quando seja com ela incompatível ou quando regule inteiramente a matéria de que tratava a lei anterior".

Pode-se dizer que, presentemente, mantém-se o Código de Águas naquilo que o Código Civil de 2002 não disciplinou.

Sobre a aplicação do Código de Águas perante o então Código Civil de 1916, ponderava Antônio de Pádua Nunes: "Se o Decreto nº 24.643, de 10 de julho de 1934, regulou inteiramente as normas sobre ilhas, aluvião, álveo e águas; se os dispositivos do Código Civil se mostravam em desacordo com as necessidades e interesses da coletividade nacional; se o Código de Águas veio para adotar o País de uma legislação adequada, é impossível reconhecer a vigência das regras do Código Civil que têm o mesmo objeto do Código de Águas, promulgado para substituí-las".[1]

O autor, prosseguindo, fez um confronto entre os dois estatutos, destacando os artigos que abordam o mesmo assunto e ressaltando as divergências de disciplinamento, de sorte que as discrepâncias estabeleceram a revogação dos ditames da lei civil anterior. Presentemente, se os cânones do Código Civil de 2002 e do Código de Águas tratam de idêntico assunto diversamente, os do primeiro prevalecem.

De ressaltar, também, que existem, dentre outros diplomas, a Lei nº 9.433, de 8.01.1997, que instituiu a Política Nacional de Recursos Hídricos e estabeleceu como um de seus instrumentos a outorga de direito de uso de recursos hídricos, e muitos dispositivos prevalecem em relação ao Código de Águas; e a Lei nº 9.984, de 17.07.2000, dispondo sobre a criação da Agência Nacional de Águas (ANA), entidade federal de implementação da Política Nacional de Recursos Hídricos, e regulamentando alguns pontos em relação à outorga de direito de uso de recursos hídricos de domínio da União.

---

[1] *Nascentes e águas comuns.* São Paulo: RT, 1969. p. 101.

Diversos os usos das águas, sobressaindo o abastecimento humano, a dessedentação animal, a irrigação, a indústria, a geração de energia elétrica, a aquicultura, a preservação ambiental, o paisagismo, o lazer.

3. SERVIDÃO DE AQUEDUTO OU CANALIZAÇÃO DE ÁGUAS

Sem dúvida, a condução de águas de um local ao outro constitui uma realidade de assídua frequência, e que sempre tem gerado controvérsias.

É o aqueduto mais propriamente uma servidão legal, constando disciplinado no Código Civil brasileiro dentro do capítulo que trata dos direitos de vizinhança. Seja a denominação direito de vizinhança ou servidão legal (havendo uma tendência preferindo a designação servidão legal), importa que existe uma regulamentação, e as disposições das partes, em se instituindo a servidão convencional, devem ater-se ao que se encontra regulamentado na lei.

Os romanos conheciam-na como *ducendae* ou *educendae aquae*. Para M. I. Carvalho de Mendonça, a definição revela-se simples: "Servidão de aqueduto é a faculdade que tem alguém de conduzir água por prédio alheio, ou de prédio alheio".[2] Tendo a natureza de servidão, a condução das águas é para o prédio dominante, completa J. L. Ribeiro de Souza.[3] É classificada como servidão aparente, dados os sinais externos que a representam, e como contínua, posto que depois de constituída independe de fato humano para seu exercício. A passagem de água opera-se naturalmente, sem precisar de ato de parte do prédio dominante. Não a desfigura a circunstância de existir uma eclusa ou um registro.

Importante considerar a classificação direito de vizinhança ou servidão legal, posto que garantida pela lei. Quem necessita de águas para o seu prédio tem garantida a passagem ou condução pelo imóvel que se interpõe entre o local da fonte ou do manancial e o imóvel onde deve chegar a água.

O italiano Alessandro Sacchi justifica a sua instituição: "Ogni proprietário è tenuto a dar passaggio per i suoi fondi alle acque di ogni specie che vogliano condursi da chi abbia permanentemente od anche solo temporaneamente il diritto di servirse ne per le necessità della vita o casi od industrial".[4]

Como se vê, a servidão compõe-se do uso de água e do uso de um conduto. No antigo direito luso, Lobão escreveu: "Duas coisas há de se considerar nesta servidão: a água e o rego ou o caminho por onde ela se conduz, e sendo uma coisa diversa da outra, são necessárias ambas para constituir esta servidão".[5]

---

[2]   *Rios e águas correntes*. Rio de Janeiro: Freitas Bastos, 1939. p. 334-335.

[3]   *Servidões*. São Paulo: Saraiva, 1931. p. 52.

[4]   *Tratatto teorico-pratico sulle servitù prediali*. Torino: UTET, 1904. v. II, p. 169.

[5]   Manuel de Almeida e Souza de Lobão. *Tratado prático e compendiário das águas*. Lisboa: Imprensa Nacional, 1861. p. 38.

3.1. Caracterização e incidência do Código Civil e do Código de Águas

Abre-se, entre os prédios vizinhos, um canal por onde corre a água até o imóvel dominante. Compreende a condução de águas provindas de rios navegáveis ou não navegáveis, temporários ou duradouros, ou de águas de nascentes, banhados, açudes, represas, poços e fontes.

Também denominada servidão de passagem de água na metrópole lusa pelo Alvará de 27 de novembro de 1804, e mandada aplicar no Brasil em 1819, para atender os interesses da lavoura e gerar o movimento de engenhos. O emprego, aos poucos, se generalizou para a indústria em geral. O Código Civil de 1916 introduziu o instituto no art. 567, enquanto o Código de 2002, alterando o conteúdo da regra que vigorava, dispôs no art. 1.293, que os canais podem ser abertos entre quaisquer prédios, e não somente entre os rústicos; estabelece mais que o proveito das águas; passa a envolver toda necessidade da vida, e não apenas para a agricultura e a indústria; assinala que o direito à utilização vai até onde não causar prejuízo à agricultura e à indústria; assegura a abertura de canais também para o escoamento de águas supérfluas e acumuladas, ou a drenagem do terreno. Eis o dispositivo: "É permitido a quem quer que seja, mediante prévia indenização aos proprietários prejudicados, construir canais, através de prédios alheios, para receber as águas a que tenha direito, indispensáveis às primeiras necessidades da vida, e, desde que não cause prejuízo considerável à agricultura e à indústria, bem como para o escoamento de águas supérfluas ou acumuladas, ou a drenagem de terrenos".

O mesmo Código delineia as formas de aqueduto, ou canalização das águas. No art. 1.294, ao dizer que "aplica-se ao direito de aqueduto o disposto nos arts. 1.286 e 1.287", adota as formas e disposições que se encontram nesses dispositivos. Reza o texto do art. 1.286: "Mediante recebimento de indenização que atenda, também, à desvalorização da área remanescente, o proprietário é obrigado a tolerar a passagem, através de seu imóvel, de cabos, tubulações e outros condutos subterrâneos de serviços de utilidade pública, em proveito de proprietários vizinhos, quando de outro modo for impossível ou excessivamente onerosa". Significa que, sempre mediante indenização, permite-se a condução através de cabos, tubulações e encanamentos.

O parágrafo único garante a instalação pelo modo menos gravoso possível ao proprietário, ao mesmo tempo que lhe faculta, à sua custa, a remoção para outro ponto do imóvel.

Já o art. 1.287 dá o direito de exigir obras de segurança se as instalações oferecerem risco de prejuízos à saúde e integridade física de pessoas e bens: "Se as instalações oferecerem grave risco, será facultado ao proprietário do prédio onerado exigir a realização de obras de segurança".

A indenização abrange qualquer prejuízo que decorra do uso ou da canalização das águas, na extensão do § 1º do art. 1.293 do Código Civil atual: "Ao proprietário prejudicado, em tal caso, também assiste direito a ressarcimento pelos danos que de futuro lhe advenham da infiltração ou irrupção das águas, bem como da deterioração das obras destinadas a canalizá-las". No § 2º, em um avanço relativamente ao sistema antes vigente, assegura-se ao proprietário prejudicado a alternativa de impor a canalização subterrânea, justificável mormente se estender-se em pátios de prédios, ou em caminhos, ou se destoar com o ambiente: "O proprietário prejudicado poderá exigir que seja subterrânea a canalização que atravessa áreas edificadas, pátios, hortas, jardins ou quintais".

Deve sempre imperar o primado do menor prejuízo, exigido no § 3º do art. 1.293: "O aqueduto será construído de maneira que cause o menor prejuízo aos proprietários dos imóveis vizinhos, e a expensas do seu dono, a quem incumbem também as despesas de conservação".

As normas do Código de Águas que tratam da matéria são as seguintes, sendo mais amplas que as do Código Civil de 1916, mas sem o alcance das preconizadas pelo Código Civil da Lei nº 10.406, que passam a valer sobre as demais, naquilo que disciplinam:

> Art. 117. A todos é permitido canalizar pelo prédio de outrem as águas a que tenham direito, mediante prévia indenização ao dono deste prédio:
> a) para as primeiras necessidades da vida;
> b) para os serviços da agricultura ou da indústria;
> c) para o escoamento das águas superabundantes;
> d) para o enxugo ou bonificação dos terrenos.

O art. 119 assegura o direito de fazer as respectivas represas ou açudes junto ou ao longo, ou intermitentemente, da servidão. Mais ampla está a disposição no art. 1.292 do Código Civil de 2002: "O proprietário tem direito de construir barragens, açudes ou outras obras para represamento de água em seu prédio; se as águas represadas invadirem prédio alheio, será o seu proprietário indenizado pelo dano sofrido, deduzido o valor do benefício obtido".

Das várias finalidades visadas pela servidão destacam-se as relativas à agricultura e à indústria. No entanto, tem realce o interesse da agricultura, como lembrava Sacchi: "Evidentemente, i bisogni dell'agricoltura per l'irrigazione dei fondi furono le prime cause che resero necessario l'acquedotto legale, considerandosi appunto l'acqua come un dono di natura del quale non dovesse essere lecito di fare sperpero impunemente".[6] É o que, também, ressalta Laurent:

---

[6]   *Tratatto teorico-pratico sulle servitù prediali*, cit., v. II, p. 1.667.

"Tout propriétaire qui voudrà se servir, pour l'irrigation de ses propriétés, des eaux naturelles ou artificielles dont il a le droit de disposer, pourra obtenir le passage de ces eaux sur les fonds intermédiaires, à la chage d'une juste et préalable indemnité".[7]

Há, de outro lado, o uso industrial quando a água impulsiona os motores, ou movimenta as máquinas de um moinho, exemplificativamente, produzindo a força motriz ou a energia necessária para o funcionamento do mecanismo. O uso industrial, todavia, deve ter destino agrícola. A regulamentação do Código de Águas revela essa limitação. Não disciplina o aqueduto urbano.

O art. 138 do Código de Águas transfere a competência ao Município e aos regulamentos editados pela União e pelos Estados para fins de higiene, quando for urbano o imóvel: "As servidões urbanas de aqueduto, canais, fontes, esgotos sanitários e pluviais, estabelecidos para serviço público e privado das populações, edifícios, jardins e fábricas, reger-se-ão pelo que dispuserem os regulamentos de higiene da União ou dos Estados e as posturas municipais". É que os interesses e as necessidades são diferentes. Em geral, há implantação pública de sistemas de condução de água e de recolhimento de esgoto. Na existência desses sistemas, a autoridade sanitária competente indicará as medidas adequadas a serem executadas. É obrigação do proprietário do imóvel a execução de adequadas instalações domiciliares de abastecimento de água potável e de remoção de dejetos, cabendo ao ocupante do imóvel a necessária conservação.

Além de tais finalidades, permite o art. 117 do Código de Águas a canalização para o atendimento das primeiras necessidades da vida, como para usos domésticos, e para o escoamento das águas superabundantes e o enxugo ou bonificação dos terrenos. A ampliação se afeiçoou ao art. 1.293 do Código Civil, que conserva tais finalidades, embora em termos diferentes.

No art. 118 há exceções: "Não são passíveis desta servidão as casas de habitação e os pátios, jardins, alamedas, ou quintais, contíguos às casas". No entanto, o atual Código Civil não mais contempla tais exclusões. Daí, pois, que a abertura da canalização impõe-se sempre que reclamada a água para as necessidades da vida, sejam quais forem.

3.2. Requisitos para o reconhecimento do aqueduto e constituição

Passaremos a ver os pressupostos e requisitos para a concessão do direito ao aqueduto, o qual, na realidade, equivale a uma servidão.

---

[7]   *Principes de droit civil français*. 3. ed. Bruxelas/Paris. t. 7º, 1878. p. 440, n. 375.

Elemento básico é que o pretendente já deve ter o direito ao uso das águas que tenciona conduzir ao seu prédio. Não se busca o uso ou o aproveitamento delas. Essa questão terá de estar decidida em favor do prédio dominante. É o que pensava Laurent, no direito francês: "Pour que le propriété puisse demander le passage des eaux par le fonds intermédiaires, il faut naturellement qu'il ait le droit de disposer les eaux. Les lois française e belge le disent".[8] Pontes de Miranda, no mesmo sentido, reforça que a água deve ser do autor da ação de aqueduto, ou é preciso que ele tenha servidão de água alhures: "O que está em causa é a aquedução. Quem pede a constituição da servidão tem que alegar e provar que é dono das águas, por domínio, ou por outro direito real. Quem tem direito à água, diz o Decreto nº 24.643, art. 117; portanto, o proprietário do outro prédio, o enfiteuta, o usufrutuário, o usuário, o habitador, o dono da empresa de cujo fundo de empresa faz parte o prédio. A servidão de aqueduto somente pode ser pedida se a água pertence ao dono do prédio necessitante. Não, se a água pertence a outro prédio, Se a água é *res communis*, está satisfeito o pressuposto".[9]

Questão importante é quanto à constituição da servidão.

O art. 120 do Código de Águas reza que "será decretada pelo Governo, no caso de aproveitamento das águas, em virtude de concessão por utilidade pública; e pelo juiz em outros casos".

Entende-se que, afora a concessão por utilidade pública, por ser legal a servidão, dispensa a decretação pelo juiz, porquanto já vem consagrada e autorizada por mandamento legal. Na realidade, ao assim dispor, está dizendo o dispositivo que não decorre diretamente de lei a servidão de caráter privado. A interpretação que se deve dar é que a via judicial será o momento para o exame dos requisitos necessários ao reconhecimento e não à decretação. Busca-se afirmar a tutela judicial na hipótese de haver oposição do proprietário confinante ou do prédio serviente na formação da passagem de águas.

Examina-se, a seguir, quem possui titularidade ao aqueduto.

Clóvis Beviláqua defendia que está assegurado "o direito de aqueduto ao proprietário pleno, ao enfiteuta, ao usufrutuário e, ainda, ao arrendatário".[10] No entanto, empregando o art. 597 do Código Civil revogado e o art. 1.293 do Código Civil de 2002 a frase "a quem quer que seja", até o possuidor está em condições de exigir o aqueduto. A faculdade legal se estende a todos os

---

[8] *Principes de droit civil français*, cit. t. 7º, p. 442.

[9] *Tratado de direito privado*. 3. ed. Rio de Janeiro: Borsoi, 1971. v. XVIII., p. 290, 299, 300 e 301.

[10] *Código Civil dos Estados Unidos do Brasil comentado*. Rio de Janeiro: Francisco Alves, 1950. v. III, p. 97.

necessitados. Trata-se de uma expressão ampla, alargando seu alcance indistintamente a uma população ou a uma coletividade.

Mesmo ao prédio serviente se autoriza o uso das águas. O Código de Águas afirma o princípio, estendendo-o, inclusive, a outros interessados no art. 134 e parágrafos:

> Se houver águas sobejas no aqueduto, e outro proprietário quiser ter parte nas mesmas, esta lhe será concedida, mediante prévia indenização, e pagando, além disso, a quota proporcional à despesa feita com a condução delas até ao ponto de onde se pretendem derivar.
>
> § 1º Concorrendo diversos pretendentes, serão preferidos os donos dos prédios servientes.
>
> § 2º Para as primeiras necessidades da vida, o dono do prédio serviente poderá usar gratuitamente das águas do aqueduto.

O Código Civil em vigor reproduz os princípios recém-mencionados. No art. 1.295, não deixa margens a dúvidas. Além de permitir que os proprietários cerquem o imóvel e construam sobre ele, autoriza-os a aproveitarem as águas para as primeiras necessidades da vida: "O aqueduto não impedirá que os proprietários cerquem os imóveis e construam sobre ele, sem prejuízo para a sua segurança e conservação; os proprietários dos imóveis poderão usar das águas do aqueduto para as primeiras necessidades da vida".

As primeiras necessidades da vida não se resumem naquelas que discrimina o art. 1º, inc. III, da Lei nº 9.433, de 08.01.1997, e que correspondem ao consumo humano e à dessedentação dos animais. É que essa lei disciplina as primeiras necessidades mais no sentido de uso prioritário, a ser imposto quando da escassez do produto. Nessa eventualidade, o consumo humano restringe-se às necessidades mínimas que envolvem a satisfação da sede, o uso na alimentação, na higiene e na dessedentação dos animais. O conteúdo mencionado de "primeiras necessidades" se estende para todos os campos, como a irrigação e o lazer.

Havendo águas supérfluas, outros poderão aproveitá-las, indenizando o proprietário do imóvel e o dono do aqueduto proporcionalmente às despesas que teriam para conduzir as águas do ponto em que as apanham até o seu local de uso, na forma do art. 1.296 do mesmo Código de 2002: "Havendo no aqueduto águas supérfluas, outros poderão canalizá-las, para os fins previstos no art. 1.293, mediante pagamento de indenização aos proprietários prejudicados e ao dono do aqueduto, de importância equivalente às despesas que então seriam necessárias para a condução das águas até o ponto de derivação". Ao proprietário a indenização restringe-se aos prejuízos que decorreram a este.

Se os proprietários do imóvel onde passa o canal necessitarem das águas supérfluas, a eles reconhece o parágrafo único a preferência para o proveito: "Têm preferência os proprietários dos imóveis atravessados pelo aqueduto".

Cap. XIV · SERVIDÕES RELATIVAS A ÁGUAS | **213**

Não pode constituir a servidão quem não tem o domínio. Aos proprietários assiste o poder de gravar seu imóvel, e não por derivação ou transmissão de outrem, por meio de contrato. A servidão passiva, mostra Antônio de Pádua Nunes, diminui o valor do prédio serviente. É uma espécie de alienação de bens. Daí a razão que impede a imposição do gravame por quem não está revestido da titularidade do domínio: "Segue-se que só pode constituir servidão passiva do aqueduto ou semelhante aquele que tiver o domínio irrevogável do prédio serviente".[11]

De sorte que não se faculta ao possuidor, ao enfiteuta, ao condômino, ao cônjuge sem o consentimento do outro, ao usufrutuário, ao nu proprietário, ao menor e ao fideicomissário a gravação do imóvel que não é de sua propriedade.

Necessário referir que, para tornar possível a servidão de aqueduto, concede-se a de caminho até a fonte ou o local de onde promana a água, mas a passagem deve ficar localizada ao longo do córrego aberto ou da canalização posta. Lobão dizia: "Na servidão do aqueduto vem a servidão do caminho para ele, uma vez que sem este a água não pode chegar ao seu destino".[12]

Esclarecia, em época antiga, João Luiz Alves: "A servidão é essencialmente estabelecida em utilidade da coisa; a extensão dela se fixa e se determina pelas necessidades do prédio dominante".[13]

Em outros termos, da servidão de aqueduto decorre uma série de direitos, como refazer e recompor o aqueduto, conduzir os materiais necessários à obra, construir reservatórios, erguer a barragem ou acondicionar a represa. Já que compete ao dono do prédio dominante o dever da conservação, tem ele a faculdade de caminhar ao longo da obra para os trabalhos de limpeza e retirar o limo ou os depósitos que se vão formando no leito.

A lei revela-se incisiva sobre a matéria.

Primeiramente o art. 127 do Código de Águas, a respeito do direito de trânsito ao longo dos dutos: "É inerente a servidão de aqueduto o direito de trânsito por suas margens para seu exclusivo serviço".

Já o art. 119 assegura o direito de fazer as respectivas represas ou açudes junto, ou ao longo, ou intermitentemente, da servidão: "O direito de derivar águas nos termos dos artigos antecedentes compreende também o de fazer as respectivas presas ou açudes".

Possuir o direito à água é o primeiro passo. Para a canalização, reclamam-se várias obras ou benfeitorias, em especial a adequação da fonte ou da corrente

---

[11] *Código de Águas*. 2. ed. São Paulo: RT, 1980. v. I, p. 441.

[12] Manuel de Almeida e Souza de Lobão. *Tratado prático e compendiário das águas*, cit., p. 52-53, n. 111.

[13] *Código Civil da República dos Estados Unidos do Brasil*. 2. ed. São Paulo: Acadêmica Saraiva, 1935. 1º v., p. 504.

de água de modo a possibilitar a captação, com o erguimento de barragem, o escavamento de presa ou de açude, com amplo espaço para a circulação e a realização de obras de conservação, de segurança, e especialmente a colocação de encanamentos ou dutos que se estendem desde o ponto de captação até o lugar onde a água é depositada.

Em verdade, o Código de Águas trouxe as seguintes garantias:

- fazer as represas ou açudes necessários à derivação das águas (art. 119);
- ocupar temporariamente os terrenos indispensáveis para o depósito de materiais, mediante caução pelos prejuízos que disso possam resultar, se o proprietário do prédio serviente o exigir (art. 126, parágrafo único);
- transitar pelas margens do aqueduto para seu exclusivo serviço (art. 127);
- consolidar suas margens com relvas, estacadas, paredes de pedras soltas (art. 128);
- mudar o aqueduto para outro local do mesmo prédio, desde que não haja prejuízo para o titular do prédio serviente (art. 132).

Lembra-se, outrossim, da norma do art. 131 do Código de Águas, segundo a qual "o dono do prédio serviente poderá exigir, a todo o momento, a mudança do aqueduto para outro local do mesmo prédio, se essa mudança lhe for conveniente e não houver prejuízo para o dono do aqueduto. A despesa respectiva correrá por conta do prédio serviente".

3.3. Servidão legal de aqueduto em favor dos imóveis inferiores se a água provém de prédio superior, do qual ficaram separados

Reconhece-se o direito à servidão de aqueduto em favor imóveis regadios que se individuaram ou ficaram separados de outro imóvel que recebe água, ou em cuja extensão existe uma fonte ou nascente. O direito ao aqueduto é sobre o prédio do qual existe, ou corre, ou provém a água. A instituição emana do art. 136 do Código de Águas: "Quando um terreno regadio, que recebe a água por um só ponto, se divida por herança, venda ou outro título, entre dois ou mais donos, os da parte superior ficam obrigados a dar passagem à água, como servidão de aqueduto, para a rega dos inferiores, sem poder exigir por ele indenização alguma, salvo ajuste em contrário".

Para o reconhecimento do direito, vários os requisitos.

Num primeiro passo, conveniente esclarecer que a restrição incide em terrenos nos quais existem águas para a irrigação, ou que disponham de água para a rega, beneficiando os imóveis que necessitem de irrigação ou rega. Em outro requisito, mister que tenha existido um único imóvel, no qual havia e persiste a haver o recebimento de água, ou nascente, ou corrente. Seguindo, é condição a divisão ou a partilha do imóvel em dois ou mais, seja através de partilha, ou de venda, ou de outro título de transmissão imobiliária. Por último, insta que os imóveis destacados se destinem à cultura econômica, e que necessitem de rego ou irrigação, ou, mais precisamente, que a exploração econômica dependa de irrigação através da água que promana do prédio superior. Presentes tais elementos, advém o direito à implantação da servidão de aqueduto no imóvel do qual se operou a partilha ou a divisão. Ao prédio superior recai a obrigação de dar passagem à água, que se desloca para as partes do terreno que se destacaram do imóvel superior. Condição de tal obrigação consiste na destinação que se deu aos terrenos separados, que deve ser de exploração rural ou pecuária, e desde que as culturas careçam de rega.

Configurados tais elementos, fica reconhecida e instituída a servidão de se efetuarem as obras reclamadas para a condução das águas aos terrenos que resultaram da divisão por herança, venda, doação ou qualquer forma de transmissão.

No caso, não assiste ao titular do prédio superior (serviente) direito à indenização diante das restrições resultantes da implantação da servidão. E isso porque o direito ao uso da água, e, assim, à servidão, existia antes da separação do imóvel, quando era comum, isto é, abrangendo todo o imóvel.

Na verdade, a presente servidão é mais ampla que a servidão comum de aqueduto, pois abrange o direito à utilização das águas cuja fonte ou nascente está no prédio superior, de que se separaram os imóveis inferiores, e o direito a manter a servidão, através de canais e obras, no imóvel de onde provêm as águas.

4. SERVIDÃO DE ÁGUAS SUPÉRFLUAS DAS CORRENTES COMUNS E DAS NASCENTES

Importante sobretudo para o produtor rural o direito à utilização das águas, como no caso das sobras da vertente ou fonte que se encontra em um prédio vizinho, no que se encontra ampara no art. 90 do Código de Águas: "O dono do prédio onde houver alguma nascente, satisfeitas as necessidades de seu consumo, não pode impedir o curso natural das águas pelos prédios inferiores".

É a chamada servidão das águas supérfluas, pela qual, explica J. L. Ribeiro de Souza, o prédio inferior pode adquirir "sobre as sobras uma perfeita servidão das águas, destinada para usos domésticos, bebedouro de gado e, sobretudo, para finalidades agrícolas e industriais".[14]

No Código Civil de 2002, está expresso o direito no art. 1.290: "O proprietário de nascente, ou do solo onde caem águas pluviais, satisfeitas as necessidades de seu consumo, não pode impedir, ou desviar o curso natural das águas remanescentes pelos prédios inferiores". Nota-se que estão abrangidas não somente as águas não captadas, mas também as nascentes em geral e as pluviais. Todas as águas não aproveitadas, ou remanescentes, seja qual for a origem, não podem ser desviadas nem ter seu uso impedido pelos prédios inferiores. Aliás, o direito luso vai mais além, assegurando o uso independentemente de correrem ou não as águas para o prédio inferior. Eis o texto do art. 1.558 do Código Civil português:

> 1. O proprietário que não tiver nem puder obter, sem excessivo incómodo ou dispêndio, água suficiente para a irrigação do seu prédio, tem a faculdade de aproveitar as águas dos prédios vizinhos, que estejam sem utilização, pagando o seu justo valor.
>
> 2. O disposto no número anterior não é aplicável às águas provenientes de concessão nem faculta a exploração de águas subterrâneas em prédio alheio.

Trata-se mais de um direito de vizinhança. Dispõe-se sobre o proveito de uma riqueza natural. É consagrado não como servidão, mas dentro da ordem estabelecida em proteção ao uso das águas. Mesmo no Código de Águas não se fala em servidão. Todavia, não deixa de se encaixar, também, dentro do conceito de servidão legal.

O princípio vem desde os primórdios do direito luso. O Digesto português firmava a servidão legal sobre as águas que sobravam. Existindo sobras, os proprietários inferiores têm o direito a elas, instituindo-se, então, uma servidão legal sobre elas. A jurisprudência do Superior Tribunal de Justiça consolida o princípio: "Não contraria os arts. 69, 70 e 109 do Código de Águas o acórdão que veda ao proprietário a retenção de água corrente, em detrimento de seu vizinho, a jusante". Expondo princípios, colhe-se no voto do relator: "As águas correm naturalmente da montanha para a jusante. Este é seu ciclo inexorável, *ratio legis* da regra consagrada no art. 69 do Código de Águas, reprodução do enunciado contido no art. 563 do Código Civil. É ver no REsp nº 53.114/MG, assim ementado: 'Civil. Águas. Utilização. Não contraria os arts. 36, 43 e 46 do Código de Águas o acórdão que veda ao proprietário a retenção e desvio de água corrente, em detrimento de seu vizinho a jusante.'"[15]

---

[14] *Servidões*, cit., p. 49.

[15] Recurso Especial nº 100.419/RJ, da 3ª Turma, j. 11.11.1996, *DJU* 03.02.1997, rel. Min. Waldemar Zveiter.

Tanto quanto não é permitido impedir fluxo das águas para o prédio inferior, o titular do prédio superior não está autorizado a impedir o fluxo normal das águas, de modo que sejam aproveitadas as sobras por outros proprietários: "Ação de servidão natural de águas. Ônus da prova. Os atos que ultrapassam os limites do uso normal às necessidades de consumo das águas pelo prédio superior devem ser repelidos, sob pena de prejuízo ao proprietário do prédio inferior, que tem o direito ao uso das sobras. 'Como disse acima, o proprietário do prédio inferior, ao mesmo tempo que tem a obrigação de receber as águas que fluem naturalmente do prédio superior, tem o direito aos sobejos. Pois, o dono da fonte não captada, satisfeitas as necessidades de seu consumo, não pode impedir o curso natural das águas pelos prédios inferiores (Cód. Civ., art. 565). Trata-se da antiga servidão legal de águas supérfluas, segundo a qual o prédio inferior tem direito às mesmas.' A regra que impera mesmo em processo é a de que 'quem alega o fato deve prová-lo'. O fato será constitutivo, impeditivo, modificativo ou extintivo do direito, não importando a posição das partes no processo. Desde que haja a afirmação da existência ou inexistência de fato, de onde se extrai situação, circunstância ou direito a favorecer a quem alega, dele é o ônus da prova".[16]

Não é admissível impedir o curso natural pelos prédios inferiores. O dono da nascente é obrigado a tolerar tal estado. Assim, a construção de obra no prédio superior com o objetivo de criar direito sobre a nascente, ou dificultar o seu aproveitamento, é um atentado contra a lei e constitui turbação à posse que vinha sendo mantida. De igual modo, desviar o leito natural para formar outro álveo: "O possuidor, à jusante, se turbado pelo dono da propriedade superior do qual fluem as águas, pode pedir a manutenção sobre estas, para mantê-las dentro dos limites da sua propriedade, para a qual fluem com o concurso de manufaturas e obras".[17]

Apropriada a visão de Eduardo Coral Viegas, a respeito da matéria: "[...] É perfeitamente possível assumirmos a posição de que *nascente* é o local onde se verifica o aparecimento de água subterrânea, e que o proprietário dessa área – independentemente do tamanho físico que tenha –, satisfeitas as necessidades de seu consumo, não pode impedir ou desviar o curso natural das águas remanescentes pelos prédios inferiores".[18]

A primazia no uso, entretanto, é do prédio superior, o que reconhece a jurisprudência desde tempos antigos: "Água. Proprietário do prédio superior em sua propriedade, sem que o dono do prédio inferior possa se opor. Imprescritibilidade desse direito. Inteligência e aplicação dos arts. 565 do CC, 79 e 90 do Código de Águas (Decreto-lei nº 852, de 11 de novembro de 1938).

---

[16]   TAMG, Ap. Cív. nº 0357226-3. 1ª C.Cív., rel. Juiz Gouvêa Rios, j. 30.04.2002.

[17]   Antônio de Pádua Nunes, *Nascentes e águas comuns*, cit., p. 51.

[18]   *Visão jurídica da água*. Porto Alegre: Livraria do Advogado, 2005. p. 87.

O proprietário do prédio superior é dono das águas enquanto permanecem em sua propriedade, sendo livre de lhes dar a aplicação que entender conveniente, sem que o proprietário do prédio inferior possa se opor. É um direito inteiramente imprescritível, ainda que *ad imemorabili* a água tenha corrido para o prédio inferior".[19]

O art. 565 invocado equivale ao art. 1.290 do Código Civil de 2002.

O princípio é basilar no direito universal, notando Pacifici-Mazzoni que "la sorgente à parte del fondo in cui nasce, e perciò appartiene esclusivamente al proprietário di questo, tanto se scaturisca per opera della natura, quanto per fatto dell'uomo".[20]

Acrescenta que o titular do prédio onde brota a água pode gozar e dispor da maneira mais absoluta, fazendo o aproveitamento que lhe aprouver, por exemplo, para produzir a força motriz da máquina de sua oficina, para manter o nível da água em um viveiro de peixes e para a satisfação das necessidades recreativas. Precisando, nada impede a retenção de toda a água em seu prédio, privando o fundo inferior. Para alguns, isso envolve o arbítrio de efetivar a cessão a um título gratuito ou oneroso a quem pretende adquiri-la. No entanto, se o vizinho já utiliza as sobras, a cessão a terceiros não é admitida, ainda mais se a água flui por canalização ou qualquer obra humana que a encaminhe até sua propriedade.

O uso prolongado das águas, pelo imóvel inferior, manifestado por obras que facilitam o escoamento, transforma-se em direito de servidão, como se argumentará a seguir.

Comparando o art. 565 do Código Civil de 1916 com o art. 1.290 do Código Civil de 2002 e o art. 90 do Código de Águas, percebe-se que estes últimos não mais falam em águas não captadas. Interessa se há sobras. A razão que justifica o uso não exclusivo do prédio superior nos é dada por Clóvis, mostrando-se ainda atual: "Assim, como a solidariedade humana e o interesse geral exigem que o prédio inferior receba as águas que correm do superior, também reclamam que o dono do prédio superior não impeça que as águas da sua fonte, depois de satisfeitas as necessidades do seu consumo, desçam para os prédios inferiores. É uma espécie de uso comum das águas, com direito preferencial do senhor da fonte, que não pode, igualmente, corromper as águas que têm de servir aos proprietários a jusante".[21]

Diz o autor que a proibição está também em não corromper as águas, o que equivale a não poluí-las ou estragá-las. Nessa parte, contém o Código

---

[19] Embargos Infringentes nº 116.776, 1º Grupo de Câmaras Cíveis do TJSP, j. 30.07.1963, rel. Almeida Bicudo, *RT* 355/154.

[20] *Codice Civile italiano commentato*. Trattato delle servitù prediali. 5. ed. Florença: Cammelli, 1905. v. II, p. 51.

[21] *Código Civil dos Estados Unidos do Brasil comentado*, cit., v. III, p. 95.

Civil atual norma expressa no art. 1.291: "O possuidor do imóvel superior não poderá poluir as águas indispensáveis às primeiras necessidades da vida dos possuidores dos imóveis inferiores; as demais, que poluir, deverá recuperar, ressarcindo os danos que estes sofrerem, se não for possível a recuperação ou o desvio do curso artificial das águas". Efetivamente, mais que pelo princípio da solidariedade, por questão de interesse público há de se manter a pureza e a salubridade das águas, já que indispensáveis para a própria vida daqueles que delas carecem. Mesmo aquelas que não se destinam a atender às primeiras necessidades devem ser recuperadas, ou desviadas. Se for isso impossível, cabe a indenização.

Há, pois, o direito sobre as águas correntes provindas das nascentes e sobre as águas correntes formadas pelas chuvas.

Como entender, então, o disposto no art. 70 do Código de Águas?

Eis sua redação: "O fluxo natural, para os prédios inferiores, de água pertencente ao dono do prédio superior, não constitui por si só servidão em favor deles".

Nota-se uma aparente contradição.

A correta interpretação é dada por Antônio de Pádua Nunes: "Ao dizer que o fluxo natural para os prédios inferiores, de águas pertencentes ao dono do prédio superior, não constitui por si só servidão em favor deles, o art. 70 é claro em permitir a servidão. Desde que o fluxo não é natural, mas em rego aberto, mantido e conservado pelo dono do imóvel a jusante, ou desde que haja manufatura dirigindo o fluxo, é evidente que essas circunstâncias podem gerar servidão em termos da lei civil e do art. 70 citado".[22]

O que isso quer dizer?

A resposta só pode ser a seguinte: o uso durante o lapso de tempo da prescrição aquisitiva resulta em direito à permanência definitiva do uso. O dono do prédio serviente não mais poderá privar o imóvel inferior das águas tidas como supérfluas durante o prazo de prescrição.

Quando inicia a contar-se o prazo da prescrição? Pacifici-Mazzoni explica que deve computar-se "dal giorno in cui il proprietario del fondo inferiore ha fatto e terminato nel fondo superiore opere visibili e permanenti, destinate a facilitare il declivio ed il corso delle acque nel proprio fondo". Destaca, quanto aos requisitos da posse: "Per acquistare mediante la prescrizione, è necessario un possesso legitimo (art. 2.106), ed legitimo è quando sai continuo, non interrotto, pacifico, publico, non equivoco e con animo di tenere la cosa come propria".[23]

---

[22] *Nascentes e águas comuns*, cit., p. 91.

[23] *Codice Civile italiano commentato*. Trattato delle servitù prediali, cit., v. II, p. 54, n. 75.

O direito francês não é diferente. Além de admitir a servidão, estende a aplicação às águas pluviais que fluem para o prédio inferior, vindas do prédio superior onde caíram. No direito brasileiro, entretanto, apenas as águas pluviais que correm por lugares públicos podem ser utilizadas por qualquer proprietário dos terrenos por onde passam, em consonância com o Código de Águas, arts. 107 e 108. Reza o primeiro: "São de domínio público de uso comum as águas pluviais que caírem em lugares ou terrenos públicos de uso comum". E o segundo: "A todos é lícito apanhar estas águas". Adverte o parágrafo único deste último: "Não se poderão, porém, construir nestes lugares ou terrenos, reservatórios para o aproveitamento das mesmas águas sem licença da administração".

O que interessa observar é que a utilização das águas vindas do prédio superior pode resultar em servidão, alcançável pela prescrição aquisitiva, obrigando-se o titular do domínio a respeitar o uso desenvolvido ao longo do prazo da usucapião. Eis como Laurent coloca a questão: "Comment les propriétaires inférieures peuvent-ils acquérir cette servitude sur le fonds de où tombent les eaux pleuviales? L'article 641 répond: par titre ou par prescription. Il y faut ajouter la destination du père de famille, comme nous l'avons fait pour les sources".[24]

Em verdade, se o prédio inferior recebe continuadamente as águas, pelo interregno estabelecido em lei, não é justo depois que se proceda ao cancelamento do fluxo, desde que não sejam pluviais, as quais são imprescritíveis (art. 106 do Código de Águas) se não forem sobras. Relativamente a estas, o parágrafo único, no item 1º do art. 103, proíbe o desperdício pelo dono do prédio onde caem, se outros prédios necessitarem, bem como o desvio do curso natural sem o consentimento expresso daqueles para onde elas se dirigiam.

Diante do ponto de vista defendido, outra dúvida aparece, ao lermos os arts. 79 e 93 do Código de Águas. Costa do primeiro: "É imprescritível o direito de uso sobre as águas das correntes, o qual só poderá ser alienado por título ou instrumento público, permitida não sendo, entretanto, a alienação em benefício de prédios não marginais, nem com prejuízo de outros prédios, aos quais pelos artigos anteriores é atribuída a preferência no uso das mesmas águas". Reza o segundo: "Aplica-se as nascentes o disposto na primeira parte do art. 79".

A ressalva atinge as águas das correntes e das nascentes ou fontes. Não alcança as pluviais nem os aquedutos.

Pelos termos empregados, as normas mencionadas autorizam, aparentemente, o reconhecimento da usucapião diante do não uso pelo proprietário. Possível que o dono da nascente deixe de usar uma corrente, não importando durante quanto tempo. Esse fato não redunda em prescrição aquisitiva a favor

---

[24] *Principes de droit civil français*, cit., t. 7º, p. 278-279, n. 230.

do prédio inferior: "Não se pode falar em prescrição aquisitiva do dono do prédio inferior só porque o dono do prédio superior não usou as águas da nascente deixando-as correr para o prédio inferior [...]. O proprietário marginal, pois, ainda que abandone durante séculos o uso das águas correntes, nunca perde pela prescrição o seu direito, que é imprescritível, porque deriva da natureza".[25] Argumenta nos seguintes termos Carvalho de Mendonça: "É um direito imprescritível, pois que, sendo facultativo, não constitui posse, que é a base da prescrição. Não se extingue pelo não uso ainda que imemorial. O não uso em tal caso não implica a renúncia voluntária, pois que o próprio não uso constitui o exercício de um direito. Ainda que outro ribeirinho haja ocupado toda a água desde tempo imemorial, não se elimina uma linha na extensão do direito do utente que não o exerceu. A água é sempre comum entre eles e o não uso de um jamais importa renúncia do direito".[26]

Tais razões não afastam, entrementes, o direito do proprietário inferior em ter reconhecido a usucapião, se efetivou obras para facilitar ou dirigir o escoamento. Apenas, concomitantemente, permanece a garantia ao proprietário do prédio superior no aproveitamento das águas necessárias. Quanto às excedentes, é que se opera o direito pela prescrição aquisitiva em favor do confinante que as vem utilizando. Consumado o lapso de tempo exigido pela lei, consubstancia-se a garantia de sempre usar tais águas, ao mesmo tempo que se consolida o limite de águas tidas como necessárias ao prédio superior. A imprescritibilidade às águas necessárias é o que a lei disciplina.

5. SERVIDÃO DO FLUXO DAS ÁGUAS PELO PRÉDIO INFERIOR OU DO ESCOAMENTO NATURAL DAS ÁGUAS

O prédio inferior é obrigado a receber as águas que correm naturalmente do prédio superior. É um princípio geral admitido por todas as legislações. No Código de Napoleão, está a regra no art. 640. Laurent já afirmava que "les fonds inférieurs sont assujettis, envers ceux qui sont plus eleves, à recevoir les eaux qui en découlent naturellement". São águas que "découlent des fonds supérieurs par suite du mouvement que le nature leur a suprimé, sans distinguer si ce eaux pluviales, des eaux de source ou des eaux provenant de la fonte des neiges".[27]

Pacifici-Mazzoni, que muito bem desenvolve o assunto, refere-se a essa servidão com o sugestivo título: "Delle servitù che derivano dalla situazione dei luoghi". Ressalta a razão que a determina: "La natura dispone i luoghi si

---

[25] Antônio de Pádua Nunes. *Código de Águas*, cit., v. I, p. 191.
[26] *Rios e águas correntes*, cit., p. 212.
[27] *Principes de droit civil français*, cit. t. 7º, p. 475, n. 358.

che l'uno sai inferiore o più basso dell'altro, e la natura stessa fa scolare da questo a quello le acue. L'esser duque il fondo inferiore soggetto a ricevere le acque che dal superiore scolano è opera di natura".[28]

Alessandro Sacchi é outro autor italiano que bem esclarece o fundamento: "Tutte le legislazioni concordano nell'idea che si debba lasciare piena liberta all'opera della naturam perquè altrimenti, costringendo o mutando comunique l'opera della natura, si generebbero delle perturbazioni gravissime per le conseguense che necessariamente verrebbero a derivarne".[29]

Carvalho de Mendonça ressalta a ordem natural dos prédios como a razão da servidão: "A situação natural de um prédio em relação a outro o obriga a receber as águas que deste decorram, uma vez que fluam naturalmente, sem nenhuma obra artificial tendente a tal fim".[30]

O art. 69 do Código de Águas traça a regra sobre o escoamento: "Os prédios inferiores são obrigados a receber as águas que correm naturalmente dos prédios superiores". Foi mantida, no cerne, a norma do art. 563 do Código Civil de 1916, que vinha com extensão no concernente às obras que eventualmente fizer o proprietário do prédio superior. Já o Código Civil de 2002, no art. 1.288, também com o mesmo núcleo da obrigação de aceitar o curso natural das águas, e da proibição de obras que agravem a situação do prédio inferior, estende o dever ao possuidor: "O dono ou o possuidor do prédio inferior é obrigado a receber as águas que correm naturalmente do superior, não podendo realizar obras que embaracem o seu fluxo; porém a condição natural e anterior do prédio inferior não pode ser agravada por obras feitas pelo dono ou possuidor do prédio superior".

O recebimento das águas que emanam do prédio superior, desde que não ocorra o agravamento do prédio inferior, é confirmado pela jurisprudência:

> Direito civil e processual civil. Vizinhança. Escoamento de águas de prédio superior a inferior [...]. Dever de receber as águas que correm do prédio superior. Art. 1.288 do CC/2002. Sentença mantida. Apelo improvido. Inocorrendo o agravamento da condição natural de escoamento, deve o prédio inferior receber as águas que advém do prédio superior, nos termos do art. 1.288 do CC/2002.[31]

Na verdade, trata-se de um direito de vizinhança, ou de servidão legal, o que não impede a formação por meio de servidão. Temos um córrego que segue por dois prédios. O inferior é obrigado a receber as águas que vêm na-

---

[28]   *Codice Civile italiano commentato.* Trattato delle servitù prediali, cit., v. II., p. 7, n. 7.

[29]   *Tratatto teorico-pratico sulle servitù prediali,* cit., v. II, p. 85.

[30]   *Rios e águas correntes,* cit., p. 323.

[31]   TJSC, AC 20090681089/SC 2009.068108-9 (Acórdão), rel. Monteiro Rocha, j. 05.09.2012, 5ª Câmara de Direito Civil.

turalmente do superior. E está obrigado porque é inerente à índole do direito de propriedade a limitação, e não por constituir esse encargo um direito real de gozo pertencente a outrem. As regras do direito positivo, que disciplinam a matéria, consagram édito da natureza e formam princípio universalmente aceito.

Tal inteligência é aplicável ao art. 1.289 do vigente Código Civil, cuja norma se refere não somente às águas levadas ao prédio superior, mas também às aí colhidas: "Quando as águas, artificialmente levadas ao prédio superior, ou aí colhidas, correrem dele para o inferior, poderá o dono deste reclamar que se desviem, ou se lhe indenize o prejuízo que sofrer". No caso de indenização, acrescenta o parágrafo único que se deduza o valor do benefício obtido: "Da indenização será deduzido o valor do benefício obtido". No entanto, o art. 92 do Código de Águas parece obrigar o dono do prédio inferior a receber as águas artificiais: "Mediante indenização, os donos dos prédios inferiores, de acordo com as normas da servidão legal de escoamento, são obrigados a receber as águas das nascentes artificiais".

Não se concebe que o dono do prédio inferior, seja qual for a indenização, fique obrigado a receber as águas do prédio superior. Seria obrigar a pessoa a receber águas poluídas e utilizadas por estabelecimentos comerciais e industriais.

Antônio de Pádua Nunes discrimina quais são as águas que o prédio inferior está obrigado a receber: as águas de chuva e as que brotam naturalmente do solo. Servindo-se das palavras de Sá Pereira, define as que brotam do solo como as nascentes. Excluem-se as provenientes de poços, cisternas e reservatórios, as expelidas por fábricas, usinas e oficinas industriais; as defluentes de áreas inclinadas para o fundo inferior; as que escorrem do teto e as vindas de um açude formado pelo proprietário superior.[32]

Depreende-se que a obrigação imposta ao proprietário do prédio inferior se restringe apenas à fluência natural.

Desde que intervenha a ação humana para melhorar, com obras, o escoamento, resultando prejuízos às condições naturais e anteriores do imóvel serviente, desaparece a obrigação. Nesse sentido o parágrafo único do art. 69 do Código de Águas: "Se o dono do prédio superior fizer obras de arte, para facilitar o escoamento, procederá de modo que não piore a condição natural e anterior do outro". Carvalho de Mendonça escreveu a respeito: "Se alguma obra for executada para encaminhar as obras nascidas em um prédio para o outro, nenhuma servidão pode ser invocada. Mesmo quando as águas nasçam no prédio superior, nenhuma servidão existe desde que a fonte delas seja aberta por indústria humana, conquanto corram dali por um natural declive".[33]

---

[32] *Código de Águas*, cit., v. I, p. 228.
[33] *Rios e águas correntes*, cit., p. 323.

Além das águas de chuvas do prédio dominante, colhem-se igualmente aquelas oriundas dos prédios vizinhos, confinantes ou não, e mesmo das adjacências que, em virtude da natureza do terreno, afluem naturalmente para o prédio inferior, o invadam e procurem o escoamento natural. Pacifici--Mazzoni fala a respeito: "Perchè il fondo inferiore sia soggetto a ricevere le acque che naturalmente volano dal superiore, non è necessário che sia contiguo a questo; dimodo chè se la via publica divida l'uno dall'altro, non dimeno l'inferiore dovrà ricevere le acque che dal superiore, a traverso di essa strada vi scalino: o a meglio dire la via publica, come fondo inferiore, riceve le acque superiore e le trasmette alla sua volta a quello che le è inferiore. Chiaro è poi che il fondo inferiore che riceve l'acqua dal superiore, è alla sua volta fondo superiore a quello che di esso è più basso, e perciò questo è soggetto a ricevere le acque che gli trasmette il fondo superiore e contiguo, benchè questo le abbia ricevute dal altro fondo".[34]

Os menos dogmáticos defendem o escoamento de águas derivadas de trabalhos agrícolas de irrigação ou de máquinas, de tanques ou lavagem de objetos, desde que desçam através de pequenos sulcos ou regos e assim prossigam pelo imóvel serviente.

Em verdade, nesses últimos casos, não há o auxílio do homem no sentido de facilitar o escoamento. Pequenos trabalhos, sem alterar a situação natural, devem ser permitidos.

6. SERVIDÃO DE TIRADA DE ÁGUA

Trata-se, aqui, de uma servidão também legal, e que consiste no direito de tirar água de poço, fonte ou rio pertencente a outrem, desde que se destinem as águas para as primeiras necessidades da vida, e, nos termos do art. 12, § 1º, da Lei nº 9.433, de 08.01.1997, para as necessidades de pequenos núcleos populacionais, que, evidentemente, abrangem as da vida, e desde que exista um caminho público que permita o acesso a tais águas. Eis o texto do dispositivo:

> Independem de outorga pelo Poder Público, conforme definido em regulamento:
> I – o uso de recursos hídricos para a satisfação das necessidades de pequenos núcleos populacionais, distribuídos no meio rural;
> II – as derivações, captações e lançamentos considerados insignificantes;
> III – as acumulações de volumes de água consideradas insignificantes.

No direito romano era conhecida como *servitus haustus aquae*.

---

[34] *Codici Civile italiano commentato*, cit., v. II, p. 14, n. 18.

A previsão do art. 34 do Código de Águas restringia o uso para as primeiras necessidades da vida: "É assegurado o uso gratuito de qualquer corrente ou nascente de águas, para as primeiras necessidades da vida, se houver caminho público que a torne acessível". Presentemente, não prevalece a condição da existência de caminho público que torne acessível a servidão: é permitida a utilização para as necessidades de pequenos núcleos populacionais, mas devendo ser individualizadas as necessidades; autorizam-se, também, as derivações ou aproveitamentos insignificantes, isto é, que não tragam impacto na bacia ou na corrente, de modo a reduzir seu volume ou a quantidade existente, tudo conforme já visto na transcrição do art. 12, § 1º, da Lei nº 9.433.

É, pois, uma servidão legal quando se tratar de água para atender as pequenas populações, abrangendo as águas para as primeiras necessidades da vida. Existe em virtude de lei. Não se faz necessária, em tal caso, a formação por um dos modos de constituição comuns às demais espécies. Nem cabe discutir a ausência de título ou a não aquisição pelo usuário, mas nada impede que seja estabelecida condicionalmente pelos interessados, em especial quando se destina a atender múltiplas necessidades e não há acesso por caminho público à fonte.

Nessa hipótese, ou não havendo o caminho público, o exercício depende da existência prévia de um caminho, e de um aqueduto ou conduto, se o transporte não se faz por balde ou outro meio manual de condução da água. Antônio de Pádua Nunes traduz tais pressupostos: "Não há como pretender tirar água para utilizá-la *in loco*, sem poder conduzi-la ao prédio dominante, em baldes, em veiculação de caráter, que nem demande um sulco, um canal, um tubo qualquer, que apenas exigiriam o uso de um pequeno caminho (*iter*) que se incorpora sempre na servidão de tirar água".[35] Dídimo Agapito da Veiga Júnior já previra as mesmas condições: "Desde que se faça precisa a construção de canal, rego, calha para transportar a água a maior distância e proporcionar o seu uso à exploração industrial-fabril ou agrícola, o aqueduto, que é o processo desse transporte, por meio de canalização, deverá ser expressamente estabelecido no ato da constituição da tirada de água, por isso que, conquanto complementar desta, é uma servidão diferente dela; mesmo porque pode visar à condução de água da propriedade de alguém através de prédios de outros, o que ainda melhor caracteriza a sua índole de servidão autônoma e não ligada, por dependência à tirada de água. Assim, se a servidão de tirar água supõe a de caminho para ir à fonte buscar a água e ir da fonte levá-la, para ser utilizada em prédio dominante; a servidão de aqueduto, para conduzir a água própria através de prédio de outrem, para se chegar ao dominante e nele ser utilizada, depende de estipulação expressa, por isso a *servitus aquae haustus* não a supõe nem a presume".[36]

---

[35] *Código de Águas*, cit., v. I, p. 136.

[36] *Direito das coisas*, em *Manual do Código Civil Brasileiro*. Org. Paulo de Lacerda. Rio de Janeiro: Jacinto Ribeiro dos Santos, 1925. v. II, p. 54, n. 75.

O art. 35 do Código de Águas, que permanece hígido, eis que inexistente legislação posterior em sentido diferente, contorna o problema se não há caminho público, assegurando à parte o direito para ter a servidão, se indenizar os prejuízos acarretados com o trânsito. Entretanto, o § 1º impõe uma condição: "Essa servidão só se dará verificando-se que os ditos vizinhos não podem haver água de outra parte, sem grande incômodo ou dificuldade".

A solução é aplicável ao aqueduto. Permite-se a sua abertura, construção ou fixação do canal, desde que arbitrada a indenização.

A conclusão é que se deve considerar com certo tempero o pensamento de Antônio de Pádua Nunes e Dídimo da Veiga, não se afigurando exageradamente liberal a posição de Carvalho de Mendonça, ao afirmar que a servidão *itineris*, ou de trânsito, é subentendida por lei e existe implícita, embora omitida no título constitutivo da servidão principal.[37]

Só em casos especiais deve ser concedida a servidão, de extrema necessidade, como "para preparar comida, lavar casas e utensílios, lavar roupa no próprio leito ou álveo, para aí beber o homem ou dar de beber aos animais e regar as plantas que tenha em casa".[38] Há legitimidade e interesse em pleiteá-la se a pessoa está desprovida de outras fontes; não se o interesse que levou a procurá-la é a mera comodidade, ou uma necessidade relativa e facilmente suprível por outra fonte ou corrente.

Aos que utilizam a água, não é dado fazer na fonte, cisterna ou poço, proveito prejudicial a outros. Não se permite a lavagem de roupa quando há quem retire o produto para beber ou para serviços culinários. Nem é tolerável dar de beber ao gado, nas mesmas circunstâncias.

Por fim, o conselho de Carvalho de Mendonça: "Se forem muitos os titulares da servidão e escassa a água, esta se dividirá ainda por dias e horas, na conformidade de suas necessidades, e da quantidade de água disponível".[39]

7. SERVIDÃO DE TOMADA DE ÁGUA

Dada a semelhança com a servidão *aquae haustus*, estudada no item anterior, não poucas vezes se faz confusão entre as duas espécies. Vinda dos romanos como *servitus aquae hauriendo*, corresponde ao direito de captação de água na fonte, reservatório, rio ou ribeirão, por meio de obras de arte; e quase sempre vem acompanhada de aqueduto, que é seu complemento. Na anterior (tirada de água), faltam as obras de arte. Aí está a distinção fundamental, com efeitos importantes no mundo jurídico. As obras de arte, na tomada de água,

---

[37] *Rios e águas correntes*, cit., p. 337.
[38] Antônio de Pádua Nunes, *Código de Águas*, cit., v. I, p. 139.
[39] *Rios e águas correntes*, cit., p. 337, n. 184.

compreendem a represa, a embocadura, o canal ou aqueduto que conduz a água para o destino pretendido.

Por não prescindir de obras de arte, é contínua e aparente, ao passo que a retirada de água é descontínua e aparente para alguns, ou descontínua e não aparente para outros. No entanto, prefere-se considerá-la na primeira classificação, porquanto o ato de buscar com baldes ou outros instrumentos o líquido acarreta exterioridade e dá aparência.

Diante das diferenças expostas, veremos as consequências, notavelmente abordadas por Hermann Homem de Carvalho Roenick: "Partindo de tal posicionamento, e tendo-se presente que o que caracteriza a continuidade das servidões é a possibilidade de seu exercício sem necessidade de ato atual do homem, forçoso é convir que a servidão *aquae haustus* é descontínua, e, assim sendo, não goza da proteção possessória. É o que deflui, cristalinamente, do art. 509 do CC. E qual a razão dessa assertiva? É porque, na servidão descontínua, não se reconhece a posse, já que os atos pelos quais a servidão se exercita têm caráter absolutamente equívoco, incerto e precário [...]. Não é outra a lição de Lomonaco (*Inst. di dir. civile*, p. 416), quando assevera que a servidão descontínua não é suscetível de usucapião, não porque seja descontínua, mas porque é sempre reputada como fundada em familiaridade, como uso entre bons vizinhos, exercitando-se por mera tolerância, e não como um direito, razão por que não dá direito também a remédio possessório. Se não há posse, e sim mera tolerância, os atos meramente permissivos – que não induzem posse – não se poderá transformar em atos de possuidor pelo só comportamento voluntário do precarista, visto ser a precariedade perpétua por natureza, só perdendo essa feição no caso de inversão do título, isto é, quando o precarista passa a possuir a coisa a outro título. É a lição de Planiol, em *Traité élémentaire*, vol. I, nº 2.318-2.320".[40] O citado art. 509 do CC/1916 corresponde ao art. 1.213 do Código de 2002.

Pode-se, pois, afirmar que, embora da mesma modalidade da servidão *aquae haustus* ou *aquae hauriendo*, a servidão de tomada de água não se confunde com a de tirar água. Enquanto a primeira mostra-se contínua e aparente, a segunda é descontínua e não aparente. Em consequência, tão somente aquela poderá ser protegida pelos interditos possessórios.

Em suma, a característica diferenciadora entre a *aquae haustus* e a *aquae hauriendo* reside na descontinuidade da primeira. E pelo enfoque dado, não atrai a tutela possessória do art. 1.213 do Código Civil.

Nesse ponto, entretanto, pelas razões desenvolvidas no item 6, "A proteção possessória nas servidões não aparentes", notamos como jurídica a proteção a estas últimas.

---

[40] Apel. Cível nº 4.568, 2ª Câm. Cível do TARS, j. 31.10.1972, *Julgados do Tribunal de Alçada do RS* 5/299.

8. SERVIDÃO DE APROVEITAMENTO DAS ÁGUAS QUE ATRAVESSAM OS PRÉDIOS

Desde que para atender as necessidades primordiais do ser humano, numa conjugação das disposições do art. 34 do Código de Águas (Decreto nº 24.643, de 10.07.1934) com o art. 12, § 1º, da Lei nº 9.433, de 08.01.1997, o caráter de domínio público das águas é no significado de pertencerem a todos. Mais apropriadamente, João Alberto Alves Amorim vê o caráter de domínio público sob o seguinte prisma: "O domínio público da água, contudo, não faz do Poder Público seu proprietário, no sentido privatístico do termo, mas, sim, seu gestor".[41] Nessa visão, não se impede o uso das águas pelos proprietários de imóveis atravessados ou banhados, desde que obedecidos vários regramentos, como os que seguem.

Não havendo caminho público até elas, a busca e retirada constam asseguradas em lei (art. 35 do Código de Águas), cabendo ao usuário o dever de indenizar os prejuízos decorrentes. O que acontece é que a pessoa está protegida com duas servidões: o aproveitamento da água e o uso de um caminho para a fonte, ou nascente, ou corrente.

Em relação ao uso das águas, o direito está assegurado no art. 12, § 1º, da Lei nº 9.433:

> Independem de outorga pelo Poder Público, conforme definido em regulamento:
> I – o uso de recursos hídricos para a satisfação das necessidades de pequenos núcleos populacionais, distribuídos no meio rural;
> II – as derivações, captações e lançamentos considerados insignificantes;
> III – as acumulações de volumes de água consideradas insignificantes.

No pertinente ao uso de caminho, a garantia vem do art. 35 do Código de Águas: "Se não houver este caminho, os proprietários marginais não podem impedir que os seus vizinhos se aproveitem das mesmas para aquele fim, contanto que sejam indenizados do prejuízo que sofrerem com o trânsito pelos seus prédios". Necessário, porém, ater-se à condição do § 1º do art. 35: "Essa servidão só se dará, verificando-se que os ditos vizinhos não podem haver água de outra parte, sem grande incômodo ou dificuldade".

Deveras importante é o problema em situações especiais, verificáveis em centros urbanos, onde o Poder Público coloca encanamentos de água para aproveitamento doméstico. Ninguém pode impedir a ligação às casas, mesmo tendo o conduto de passar por terrenos vizinhos. Uma antiga decisão reconhecia o direito: "Servidão. Prédio urbano. Ligação de água. Cano já existente. Água para as primeiras necessidades. Código de Águas. Art. 34. Prejuízo alegado

---

[41] *Direito das águas.* São Paulo: Lex, 2009. p. 325.

por vizinho [...]. Não pode o proprietário de prédio urbano impedir ligação de água para uso doméstico de vizinho, a pretexto de ser dono de cano existente em via pública, ou de prejuízo".[42]

Quanto aos limites ou à disciplina no uso, ressalta a norma do art. 71 do Código de Águas: "Os donos ou possuidores de prédios atravessados ou banhados pelas correntes, podem usar delas em proveito dos mesmos prédios, e com aplicação tanto para a agricultura como para a indústria, contanto que do refluxo das mesmas águas não resulte prejuízo aos prédios que ficam superiormente situados, e que inferiormente não se altere o ponto de saída das águas remanescentes, nem se infrinja o disposto na última parte do parágrafo único do art. 69".

Percebe-se que três restrições resultam para o uso das águas:

a) que o refluxo das mesmas águas não resulte prejuízo aos prédios que ficam inferiormente situados;

b) que inferiormente não se altere o ponto de saída das águas remanescentes;

c) que não se infrinja o disposto na última parte do parágrafo único do art. 69, isto é, o aproveitamento não poderá piorar a condição natural e anterior do outro prédio.

Desde que respeitadas essas ressalvas, o uso das águas é permitido.

O art. 71, § 3º, do Código de Águas assegura, ademais, a primordialidade das águas para as necessidades vitais: "Terá sempre preferência sobre quaisquer outros, o uso das águas para as primeiras necessidades da vida". Tal preferência sobressai em outros dispositivos, como no art. 48:

A concessão, como a autorização, deve ser feita sem prejuízo da navegação, salvo:
a) no caso de uso para as primeiras necessidades da vida;
b) no caso da lei especial que, atendendo a superior interesse público, o permita.

Defendia o direito Antônio de Padua Nunes: "O dono do prédio onde houver nascente, ou marginal de água de qualquer natureza, não pode impedir que vizinhos a usem para as primeiras necessidades da vida, quando, sem grande dificuldade, não puderem obtê-la em outra parte. O que se deve entender pela expressão 'primeiras necessidades da vida', empregada no texto legal? Como primeiras necessidades da vida, o Prof. Francisco Morato enu-

---

[42] Apelações Cíveis nos 248 468 e 248.490, 6ª Câmara Cível do TJSP. *Servidões – Jurisprudência Brasileira.* Curitiba: Juruá, 1981. p. 269-270.

mera: o uso da água para beber, lavar roupa, dessedentar animais, consumo doméstico (*Miscelânia Jurídica*. Vol. 1º/163)".[43]

Conclui-se que, quando se cuida de atender às primeiras necessidades da vida, sempre são comuns e podem ser usadas as águas. Não havendo caminho público até elas, a busca e retirada estão asseguradas em lei, cabendo ao usuário o dever de indenizar os prejuízos decorrentes. O que acontece é que a pessoa está protegida com duas servidões: o aproveitamento da água e o uso de um caminho para a fonte, ou nascente, ou corrente.

Para facilitar o uso, os proprietários ribeirinhos têm o direito de fazer, na margem ou no álveo da corrente, as obras necessárias ao exercício do uso. Nada impede que ergam barragens e abram pequenas enseadas a fim de melhor conseguir a retirada da água. E autoriza o art. 81 ao proprietário travar as obras necessárias ao melhor uso.

Entretanto, existem outras decorrências além das salientadas. No prédio simplesmente banhado pela corrente, cada proprietário marginal poderá fazer obras apenas do trato do álveo que lhe pertencer. Para travar obras na margem fronteira, terá de indenizar o respectivo proprietário, que tem a faculdade de aproveitá-las, tornando-as comuns, desde que pague uma parte da despesa originada, na proporção do benefício que lhe adveio (art. 83). Isso, a menos que esteja implantada uma servidão.

Nessa parte, importante também transcrever o art. 84 quanto ao limite das obras que poderão realizar: "Os proprietários marginais das correntes são obrigados a se abster de fatos que possam embaraçar o livre curso das águas, e a remover os obstáculos a este livre curso, quando eles tiverem origem nos seus prédios, de modo a evitar prejuízo de terceiros, que não for proveniente de legítima aplicação das águas".

Daí nasce a obrigação de não se construírem barragens de modo a inundarem as águas as propriedades vizinhas, acarretando prejuízos às produções rurais e ao uso da terra. É o caso de a barragem elevar o nível da represa, permitindo que as águas transbordantes alaguem terras marginais; ou de provocarem o encharcamento de uma região próxima. Por isso, o art. 71 condiciona o uso de molde a evitar prejuízos aos prédios superiores e inferiores. Elevando as barragens o nível das águas, as margens superiores sofrem os efeitos naturais com as inundações. Um antigo julgado reflete justamente tal situação: "Construção de açude em prédio inferior, que faz refluir águas para o superior, alagando-o, priva os proprietários deste de exercer alguns dos poderes inerentes ao domínio, que a posse do prédio lhes assegurava; configura, pois, ato que embaraça o livre exercício da posse. Por isso, enseja o interdito de manutenção. Dispondo o art. 119 do Código de Águas que 'o direito de

---

[43] *Código de Águas*, cit., v. I, p. 18.

derivar águas nos termos dos artigos antecedentes (arts. 117 e 118) compreende também o de fazer as respectivas represas ou açudes', pressupõe que o dono do prédio inferior tenha direito às águas que fluem do prédio superior e vá buscá-las, canalizando-as, mediante construção de represa ou açude, é a *servitus haustus aquaeductus*, não configurada na construção de açude em prédio próprio. Esta construção, modificando o decreto da natureza, infringe o art. 563 do Código Civil brasileiro, que sancionou aquele édito natural. Ação de manutenção procedente".[44] O art. 563, referido anteriormente, corresponde ao art. 1.288 do Código de 2002.

Laurent deixou, a respeito, o seguinte ensinamento: "On doit formuler le principe d'une manière plus générale et dire le propriétaire inférieur ne peut faire aucun travail qui ferait refluer les eaux sur l'héritage supérieur ou sur les fonds voisins".[45]

9. SERVIDÃO DE ESCOAMENTO DE ÁGUAS ESTAGNADAS

No direito antigo, havia o entendimento da obrigação do titular do prédio inferior em receber as águas que ficavam estagnadas no prédio superior. Veja-se o pensamento de Carvalho de Mendonça: "As águas estagnadas, quer pelo transborde dos rios, quer de fontes artificiais, ou qualquer que seja a sua origem, podem ser escoadas pelos prédios vizinhos por meio de valas, canais, regos ou escoamentos subterrâneos. As próprias águas de banhados, quando prejudiciais à saúde, compreendem-se na servidão de que ora tratamos".[46]

Hoje, unicamente se houver a instituição, ou o reconhecimento de servidão, é que se admite o dever de receber as águas que ficam estagnadas no prédio superior, máxime se artificiais. No caso das provenientes por força da natureza, como de enxurradas, ou do transbordamento de rios, domina o regramento do art. 69 do Código de Águas e do art. 1.288 do Código Civil.

Envolve a questão mais propriamente um direito de vizinhança, decorrente da aplicação do art. 554 do Código Civil de 1916 e do art. 1.277 do Código de 2002, diferenciando-se da servidão de escoamento natural das águas, porquanto, nesta, as águas não são estagnadas e fluem naturalmente.

Tem relevância a matéria no direito agrário, em vista das repercussões negativas aos prédios vizinhos que trazem tais águas, tornando-se causas da criação de insetos, de mau cheiro, de encharcamento do solo, máxime se servidas, e provocando a deterioração de materiais nelas contidos, com a

---

[44] Apel. Cível nº 158, j. 27.08.1971, 1ª Câmara Cível do TARS, rel. Christiano Graeff Júnior, *Ajuris – Revista da Associação dos Juízes do RGS*, Porto Alegre, n. 3, p. 65.

[45] *Principes de droit civil français*, cit. t. 7º, p. 432.

[46] *Rios e águas correntes*, cit., p. 333, n. 480.

possibilidade de inúmeras contaminações. Assegura-se o direito à ação para obrigar a providenciar no escoamento ou na sua remoção. Tanto o proprietário do prédio onde se concentram e estagnam como o vizinho ao qual chegam os efeitos ficam autorizados a exigir o escoamento. No entanto, se as águas provêm de um prédio superior e estagnam no terreno próximo de terceiro, ou de um vizinho, nasce o direito de exigir que o proprietário do local onde nascem ou partem providencie no escoamento. Trata-se mais das águas usadas e servidas, que vão dar no terreno vizinho. Exige-se do titular a abertura de valas, a colocação de encanamentos, isto é, para que encontre uma solução de sorte a não se estagnarem as águas em outros imóveis.

Capítulo XV

SERVIDÕES RELATIVAS
À LUZ E À VISTA

1. SERVIDÃO DE LUZ

As duas formas aqui intituladas compreendem a servidão de ter a luz do dia, ou a luz do sol, e de ser mantida a visão que do prédio se desfruta, seja da natureza ou de outra paisagem. Naturalmente, a servidão é não aparente, tornando-se obrigatória a instituição por ato entre vivos ou *causa mortis*. As mais conhecidas são as descritas a seguir.

A servidão de luz, ou *servitus luminum* (ou *lumen*, conforme Aguiar e Souza), compreende o direito concedido a um vizinho de abrir janelas e frestas na sua parede própria, ou na parede comum, ou ainda na parede de outro vizinho, com o intento de obter luz ou claridade para o seu prédio. Para alguns romanistas, resumia-se simplesmente na faculdade de abrir janelas no muro de outro prédio, ou do prédio comum. Há quem sustente um significado bem diferente no direito romano: a servidão de sol ou de ter sombra. Assim induz o texto de Paulo, mas o certo é que predomina a primeira ideia, da qual advém o direito de impedir que o vizinho tolha ou diminua a luz. Para possibilitá-la, admite-se até abrir janelas na parede alheia ou comum. Nesse caso, os prédios contíguos devem pertencer a proprietários diversos, e separados por um muro ou parede de propriedade exclusiva de um deles, com a existência de um espaço vago em que penetre a luz.

É indiferente o erguimento do muro ou da parede comum em prédio da cidade ou do campo.

A contiguidade poderá se referir a jardim, ou pátio, ou muro.

Se a janela é aberta na parede própria, a constituição da servidão determina a proibição do dono do prédio serviente em levantar o seu edifício de modo a impedir que a luz penetre no prédio titular da servidão pelas janelas ou frestas. A lição é de Aguiar e Souza.[1]

A proibição estende-se ao plantio de árvores que projetem sombra de maneira a enfraquecer a luminosidade e escureça o imóvel dominante.

Trata-se de uma servidão não aparente, dependente do registro imobiliário para o reconhecimento, insuscetível de aquisição via usucapião.

Tem aplicação à espécie a primeira parte do art. 1.302 do Código Civil, estabelecendo que "o proprietário pode, no lapso de ano e dia após a conclusão da obra, exigir que se desfaça janela, sacada, terraço ou goteira sobre o seu prédio [...]". Corresponde o preceito ao art. 576 do Código de 1916, que mereceu a análise de Dídimo da Veiga, ao enfatizar que pode originar uma servidão. É que a regra significa uma manifestação do exercício do direito de propriedade. Por ela, "o proprietário, que anuir em janela, sacada, terraço ou goteira sobre o seu prédio, só até o lapso de ano e dia após a conclusão da obra poderá exigir que se desfaça".

Admite-se, consequentemente, a faculdade de proibir, de modo absoluto, a abertura de janela e a colocação de sacada ou terraço. No entanto, prossegue o autor, "se a anuência for apenas pelo tempo de ano e dia, após a conclusão da obra, e findo esse lapso de tempo não exigir que se desfaça, dá-se, em favor do prédio em que foram feitas tais obras, a investidura do direito de conservá-las, podendo o proprietário do prédio usar da ação confessória, para mantê-la, e dos interditos para defender a sua posse. A situação então criada ao prédio onde as janelas foram abertas é a de um direito de servidão de luz e de vista, a que fica sujeito o proprietário do prédio sobre o qual tais janelas, sacada ou terraço forem abertas ou projetadas".[2]

Tal situação ficou garantida na seguinte decisão de uma Turma Recursal Cível do RS:

> Ação de obrigação de fazer. Servidão de luz e areação. Exercício da servidão por prazo superior a dez anos. Direito de vizinhança. Artigo 1.379 do CC. Prescrição aquisitiva. O autor tem direito a manter janela construída há mais de dez anos a qual garante ventilação e areação à sua cozinha. Acordo verbal entabulado no sentido de manter a abertura existente. Hipótese que configura a chamada servidão aparente. Situação que se manteve consolidada durante longo período, pois o réu/lindeiro não se opôs à construção no prazo de ano e dia, gerando ao autor a aquisição, pelo decurso do tempo, da servidão de luz e ar não titulada. Impossibilidade de construção de parede tapando as janelas. No caso concreto, porém, não se verifica a existência desta turbação. Com relação ao escoamento da água do telhado, ambos são

---

[1] *Tratado das servidões urbanas e rústicas.* São Paulo: Espínola, 1914. p. 101-102, § 161.

[2] *Servidões reais.* Rio de Janeiro: Garnier, 1887. p. 101-102, § 161.

responsáveis em solver o problema, de tal forma que a água do telhado de cada um deles escoe para o seu próprio terreno. Sentença reformada em parte. Recurso provido parcialmente.[3]

2. SERVIDÃO DE PROIBIR A REALIZAÇÃO DE OBRAS QUE TIREM A LUZ DO PRÉDIO DOMINANTE

Por ela – *servitus ne luminibus officiatur* – adquire-se o direito de proibir a realização de qualquer obra, ou de colocar qualquer coisa, de modo a privar o prédio dominante da luz já existente, ou a faça diminuir. Carvalho Santos dá a ideia e o âmbito com exatidão: "Importa na obrigação imposta ao dono do prédio serviente de não poder, quer por meio de edificação ou plantação de árvores, quer por qualquer outra obra, embaraçar a entrada de luz do prédio dominante".[4]

Problema delicado é distingui-la da *luminum*, pois transparece que aquela pode envolver a *ne luminibus officiatur*. Dídimo da Veiga apresenta os contornos de cada uma, após fazer o exame das fontes romanas: "A *servitus luminum* impõe ao serviente o ônus de proporcionar a luz: a *ne luminibus officiatur* equivale a não impedir, ou a não opor obstáculos ao dominante, no recebimento de luz".[5] Ou, conforme outros, pela primeira adquirimos o direito de abrir nossas janelas sobre herdades alheias; pela segunda, proibimos o vizinho de erguer construções ou fazer obras que possam diminuir a luz que chega ao prédio dominante.

Às vezes, a distinção é muito sutil. Na *luminum*, também se impedem a edificação e a plantação de árvores que venham a empanar a luz que penetra no prédio dominante. No entanto, essa proibição é uma consequência necessária, que decorre naturalmente da servidão *luminum*, uma vez instituída. Nela, o que se estabelece é o recebimento de luz. A fim de viabilizar o exercício, advém aquela proibição. Na *ne luminibus officiatur*, a consequência, ou a proibição de levantar obstáculos ao recebimento da luz, constitui o próprio objeto da servidão, mas existem, já, aberturas. O prédio dominante conserva tais aberturas, ou janelas, que recebem a iluminação. O titular do prédio serviente, a seu turno, só poderá edificar ou plantar árvores a uma distância tal da janela capaz de conservar a luz necessária.

---

[3] Recurso Cível nº 71003232162, 3ª Turma Recursal Cível, Turmas Recursais, rel. Dra. Adriana da Silva Ribeiro, j. 26.01.2012, *DJ* 30.01.2012.

[4] *Código Civil brasileiro interpretado.* 7., 10. e 11. ed. São Paulo: Freitas Bastos, 1963. v. IX, p. 295.

[5] *Direito das coisas*, em *Manual do Código Civil Brasileiro*. Org. Paulo de Lacerda. Rio de Janeiro: Jacinto Ribeiro dos Santos, 1925. p. 495, n. 321.

Para garantir a servidão, o titular arma-se da ação de nunciação de obra nova, desde que promova o exercício do direito a partir do início da construção ou da plantação, até a respectiva conclusão. Todavia, não se retira a faculdade de uma demanda futura, após tais momentos, de demolição e erradicação de obstáculos.

3. SERVIDÃO DE VISTA

No latim, *servitus prospectus* consiste no direito que temos de gozar, das janelas ou do terraço de nossa casa, de uma vista ou de um aspecto que nos seja agradável. A definição é de Aguiar e Souza, acrescentando que os prédios servientes são aqueles sobre os quais se descortina a paisagem, ou através deles se alcança a visão da beleza ou do aspecto natural.[6]

Cuida-se de uma servidão não aparente e contínua, o que resulta o não reconhecimento pela prescrição, pois se o vizinho nunca edificou no lugar, esse fato negativo não induz presunção de que ele renunciou à sua liberdade de proprietário.

Dependendo de convenção, não é admissível a nunciação de obra nova nem se justifica o uso de algum interdito possessório contra o erguimento de prédios fronteiriços, para impedir o prejuízo da visão do mar, *v. g.*, ou das paisagens naturais, sem que o direito encontre fulcro numa disposição sacramentada pelas partes.

A fim de torná-la possível, demanda a estipulação de outras restrições, como a *non aedificandi* ou a *altius non tollendi*.

Nem sempre, porém, depende de outra servidão. O prospecto se consegue também pela simples abertura de uma janela no muro comum, por onde se alcança a vista de um ponto natural agradável. Embora não determine um ato negativo, não pode o vizinho, sem o consenso do outro, abrir a janela.

4. SERVIDÃO DE NÃO IMPEDIR, COM OBRAS OU PLANTAÇÕES, O DIREITO DE VISTA

A *servitus ne prospectui officiatur* se manifesta no direito que tem um proprietário de impor ao vizinho que a deve a obrigação de não impedir, por meio de obras ou plantações, o exercício do direito do prospecto, ou da servidão de vista.[7]

Não é uma consequência da anterior. Nem garante a sua existência, pois, nela, o prédio serviente assume a obrigação de não prejudicar a vista. Possui

---

[6] *Tratado das servidões urbanas e rústicas*, cit., p. 106.

[7] Aguiar e Souza, *Tratado das servidões urbanas e rústicas*, cit., p. 108-109.

traços característicos próprios, segundo os estudiosos. Na de prospecto, ou de vista, o objeto é o direito de vista, ou de prospecto, que poderá ser adquirido por meio de um contrato entre vizinhos. Um se obriga a conceder ao outro o direito de vista ou prospecto, sobre a sua propriedade, parque ou jardim. A obrigação adquire forma mediante a derrubada de uma parede, ou do corte de uma árvore. O comprometimento envolve o não impedimento do exercício de tal direito. Na *ne prospectui officiatur*, um dos proprietários já possui, *de jure proprio*, a vista ou o prospecto de que goza das janelas ou do terraço de seu prédio e contrata com outro vizinho no sentido de não edificar ou não plantar árvores que venham a prejudicar ou impedir a beleza da vista. Ao assim convencionar, institui-se a servidão, que, em última análise, garante no futuro o aproveitamento da paisagem que se descortina de seu prédio. Não há contrato com referência à vista de um panorama aprazível. Esta existe naturalmente. O que se busca é impedir a perda da visão, pelas obras ou árvores que possivelmente podem ser erguidas ou plantadas pelo prédio confiante.

Existe uma semelhança com a *ne luminibus officiatur*, posto que ambas obrigam o proprietário servente a respeitar os valores que visam, não erguendo ou fazendo obras capazes de embaraçar o direito de luz e prospecto, mas diferem, como se nota, pelo objeto especial de cada uma.

Impõe-se a instituição por meio de contrato ou convenção, decorrendo daí a sua imposição, como ilustra o seguinte aresto:

> Há de se distinguir as servidões prediais legais das convencionais.
>
> As primeiras correspondem aos direitos de vizinhança, tendo como fonte direta a própria lei, incidindo independentemente da vontade das partes. Nascem em função da localização dos prédios, para possibilitar a exploração integral do imóvel dominante ou evitar o surgimento de conflitos entre os respectivos proprietários.
>
> As servidões convencionais, por sua vez, não estão previstas em lei, decorrendo do consentimento das partes. Na espécie, é incontroverso que, após o surgimento de conflito sobre a construção de muro lindeiro, as partes celebraram acordo, homologado judicialmente, por meio do qual foram fixadas condições a serem respeitadas pelos recorridos para preservação da vista da paisagem a partir do terreno dos recorrentes.
>
> Não obstante inexista informação nos autos acerca do registro da transação na matrícula do imóvel, essa composição equipara-se a uma servidão convencional, representando, no mínimo, obrigação a ser respeitada pelos signatários do acordo e seus herdeiros.
>
> Nosso ordenamento coíbe o abuso de direito, ou seja, o desvio no exercício do direito, de modo a causar dano a outrem, nos termos do art. 187 do CC/2002. Assim, considerando a obrigação assumida, de preservação da vista da paisagem a partir do terreno dos recorrentes, verifica-se que os recorridos exerceram de forma abusiva o seu direito ao plantio de árvores,

descumprindo, ainda que indiretamente, o acordo firmado, na medida em que, por via transversa, sujeitaram os recorrentes aos mesmos transtornos causados pelo antigo muro de alvenaria, o qual foi substituído por verdadeiro 'muro verde', que, como antes, impede a vista panorâmica. Recurso especial conhecido e provido.[8]

---

[8] STJ, REsp nº 935474/RJ 2004/0102491-0, 3ª Turma, rel. Min. Ari Pargendler, j. 19.08.2008, *DJe* 16.09.2008.

Capítulo XVI

SERVIDÃO DE PASTO E DE LEVAR O GADO A BEBER EM FONTE OU RIO ALHEIO

1. SERVIDÃO DE PASTO

Nas servidões aqui nomeadas institui-se mais propriamente uma concessão, ou a autorização para a utilização de um bem alheio para usufruir vantagens. A servidão se identifica quando não se estabelecem condições de tempo, de remuneração ou de empréstimo. Por não ser aparente, sua existência fica na condição de uma convenção.

Quanto à servidão de pasto, o latim *servitus pascendi*, é o direito de colocar a pastar, em propriedade alheia, os animais pertencentes ao dono de outro prédio.

Cuidando-se de servidão convencional, são conduzidos a pastar apenas os animais cujo número as partes previamente tiverem combinado. Mostrando--se omisso o título constitutivo, estende-se a pastagem a todos os animais de propriedade do dono do prédio dominante, seja qual for a sua quantidade.

No contrato, mencionarão os interessados a forma do uso da pastagem, a época do ano e os locais onde permanecerá o gado. Se não ficar estipulado, não há discriminação de épocas e espaços. Entretanto, na circunstância de ser realizado o cultivo de produtos agrícolas, obviamente a permissão restringe-se ao período que se segue à colheita dos frutos.

Para tornar a servidão possível, acompanha-a a de caminho, que fica acessória e indispensável à condução dos animais. Uma vez concedida a autorização para a pastagem, supõe-se a permissão à condução.

Lembra, ainda, Aguiar e Souza: "O proprietário do prédio serviente também poderá fazer os seus animais pastarem no pasto sujeito à servidão, uma vez que não haja convenção em sentido contrário, e seja a pastagem suficiente para os animais de ambas as partes; porquanto se for insuficiente, neste caso prevalecerá o direito do dono do prédio dominante".[1] A razão está, pondera Pacifici-Mazzoni, citado por Carvalho Santos, no dever daquele em abster-se de qualquer ato que diminua o uso da servidão.[2]

E na situação de outra pessoa ter a concessão para colocar os animais no campo, quem possuir o título mais recente fica excluído, visto que a autorização posterior se entende feita sob a tácita condição de não prejudicar os direitos anteriores. Apresentando os títulos iguais valores no que respeita à data, a redução se procederá proporcionalmente ao número de animais que se encontram na pastagem, exigindo-o as condições do imóvel.

2. SERVIDÃO DE LEVAR O GADO A BEBER EM FONTE OU RIO ALHEIO

Os romanos chamavam-na de *servitus ad aquam appulsus*. É a servidão de conduzir o gado que está no campo de uma pessoa para uma fonte onde possa beber, através do prédio do vizinho ou de outro proprietário. Para Carvalho Santos, a definição é esta: "Consiste no direito de levar seus animais para beber água na fonte, poço ou rio de outrem".[3]

É regulada pelos mesmos princípios que a de trânsito, que é sempre subentendida. Sem esta, a de conduzir o gado não existe. Uma vez reconhecida, supõe a concessão da servidão de conduzir o gado, mesmo que o título seja omisso.

Não vem firmada pela lei. Depende de convenção ou de outras formas de constituição.

Carvalho de Mendonça explica a extensão: "Para o exercício desta servidão, é costume estipular-se o número de cabeças de animais que se devam conduzir a beber. Não existindo tal estipulação, nenhum limite pode o serviente impor ao dominante".[4]

O critério para aferir o limite é, entretanto, considerar o número de cabeças de gado que transita habitualmente.

Não é reconhecida se a fonte ou a água existe esporadicamente, como na hipótese de ser oriunda da chuva.

O caminho ao bebedouro, em terras alheias, para o uso das águas pelo gado do vizinho, deve ficar determinado e certo, sem perigo de danos. Surgindo prejuízos, o dominante proprietário do gado assume toda a responsabilidade.

---

[1]   *Tratado das servidões urbanas e rústicas*. São Paulo: Espínola, 1914. p. 150-151, § 252.
[2]   *Código Civil brasileiro interpretado*. 11. ed. São Paulo: Freitas Bastos, 1963. v. IX, p. 326.
[3]   *Código Civil brasileiro interpretado* cit., v. IX, p. 327-328.
[4]   *Rios e águas correntes*. Rio de Janeiro: Freitas Bastos, 1939. p. 337.

Capítulo XVII

SERVIDÕES INDUSTRIAIS

1. INSTITUIÇÃO DA SERVIDÃO PARA A UTILIDADE DO PRÉDIO DOMINANTE

Ficou amplamente assentado, nos capítulos iniciais da presente obra, que as servidões se estabelecem unicamente sobre prédios, favorecendo um deles e onerando o outro.

Daí a lição de Pontes de Miranda: "A servidão tem de ser útil ao prédio dominante. Há de ser imposta a um prédio em favor de outro. Tem de ser utilidade para o prédio dominante e, pois, para seu dono de hoje ou de amanhã; não pode ser utilidade somente para o dono de agora. tampouco pode ser servidão o que só interessa à indústria do possuidor do prédio, ou do dono desse momento".[1]

Na origem do instituto, não aparece a servidão industrial. É Lenine Nequete quem historia: "O direito romano não chegou a conhecer as chamadas servidões industriais. A razão disso não estaria no escasso desenvolvimento industrial do mundo antigo, mas na estrutura mesma das servidões, exigindo a presença de um fundo dominante, ao passo que a indústria não se prende às condições objetivas do fundo, mas antes há toda uma organização em torno de pessoas, que empregam meios e atividades. Precisamente por elemento pessoal, ínsito na indústria, não se atreveram os romanos a considerá-la como uma utilidade do prédio".[2]

Em verdade, não buscam as servidões uma finalidade específica e temporária do imóvel, ou atender uma utilidade criada pelo titular do domínio. O uso do prédio para certas atividades determina, evidentemente, necessidades novas, como ampliação da largura do caminho, aumento da demanda de água, o escoamento das águas utilizadas para os prédios inferiores, com agravamento

---

[1] *Tratado de direito privado*. 3. ed. Rio de Janeiro: Borsoi, 1971. v. XVIII, p. 193.

[2] *Da prescrição aquisitiva (usucapião)*. 3. ed. Porto Alegre: Ajuris, 1981. p. 113. Coleção Ajuris, 17.

dos encargos suportados pelos imóveis servientes, ou a imposição de novas contingências. Por isso, as razões que impedem essa forma de *jus in re aliena* encontram suporte na própria natureza do instituto.

2. EFEITOS DA SERVIDÃO SOBRE A ATIVIDADE INDUSTRIAL

Modifica-se o posicionamento, entretanto, se a servidão afeta diretamente o imóvel em si, e não a indústria que nele se instalou. Os efeitos que dela emanam refletem positivamente sobre a indústria, beneficiando-a, conquanto instituída para o proveito do prédio. Há uma conexão essencial entre o prédio e o aproveitamento a que ele foi destinado. Planiol e Ripert, versando sobre o assunto, dizem que a relação deve ser tal a ponto de não permitir considerar a indústria separada do prédio.[3] Especialmente o direito italiano consagra a viabilidade quando o próprio imóvel dominante é objeto da atividade desenvolvida pela indústria. Achille Giovene justifica e dá as condições para a admissão: "La possibilita di costituzione delle considdette servitù industriali ha però, quale suo presupposto, che l'industria sia collegata al fondo dominante; che, cioè, questo abbia per sua destinazione specifica di servire ad una data industria, di guisa che la servitù si traduca in un incremento dell'utilizzazione del fondo. Sarebbe, infatti, alterato lo schema tradizionale della servitù prediale, se si consentisse di costituire una servitù a favore di una azienda industriale, indipendentemente dal legame dell'industria con un determinato immobile".[4]

Em síntese, o objeto primordial é o prédio. Não foge desse princípio geral a servidão. Empregando-se o fundo dominante em uma atividade industrial, persiste o prédio serviente a suportar o encargo. Cessando tal destinação ou o uso dado, prossegue a oneração, posto que o prédio continua e a instituição não se dirigiu para atender apenas o emprego industrial do imóvel.

---

[3]   *Tratado practico de derecho civil francés.* Los bienes. Havana: Cultural, 1946. t. III, p. 789.

[4]   *La servitù industriale.* Nápoles: A. Morano, 1946. p. 15.

Capítulo XVIII

SERVIDÕES ADMINISTRATIVAS

1. CONCEITO

A fim de realizar a função do bem público, ou para atender a finalidade de realizar e prestar certos serviços, é necessário esclarecer que o Estado tem poderes exorbitantes do direito comum, caracterizando a sua supremacia em relação aos particulares. Reveste-se de prerrogativas ou privilégios não concedidos na esfera do direito privado.

Uma das prerrogativas é a imposição de restrições à propriedade particular. A servidão administrativa forma a prerrogativa reconhecida ao Poder Público de onerar a propriedade privada com um direito real de natureza pública, sem se exigir previamente o consentimento do particular, ou sem depender da existência de um título expedido judicialmente.

Daí que a concepção de servidão administrativa se desvincula do conceito tradicional da servidão comum, porquanto desponta um caráter específico, consistente no bem público a que se destina a servidão, e não outro imóvel do domínio particular.

Para Hely Lopes Meirelles, a servidão administrativa ou pública "é o ônus real de uso, imposto pela administração à propriedade particular, para assegurar a realização e conservação de obras e serviços públicos ou de utilidade pública, mediante indenização dos prejuízos efetivamente suportados pelo proprietário".[1]

Cretella Júnior considera-a "direito público real constituído por pessoa jurídica de direito público sobre imóvel do domínio privado para que este, como prolongamento do domínio público, possa atender aos interesses coletivos".[2]

---

[1] *Direito administrativo brasileiro*. 4. ed. São Paulo: RT, 1976. p. 571.

[2] *Tratado de direito administrativo*. Rio de Janeiro: Forense, 1968. v. V, p. 183.

A restrição que incide sobre um imóvel é em favor de interesse público genérico e abstrato. Pelas definições recém-mencionadas, não aparece o interesse corporificado numa coisa palpável, concreta, a usufruir a vantagem decorrente da limitação. No conceito de servidão, é essencial a presença do imóvel serviente e do imóvel dominante. O primeiro presta utilidade ao segundo. Não podemos eliminar, nas definições, um desses elementos. Para tanto, como percucientemente destaca a mestra Maria Sylvia Zanella Di Pietro, diremos que a restrição imposta à coisa serviente é em favor da coisa afetada a fins de utilidade pública; a servidão é estabelecida para prestar serviços e obras públicas, ou de utilidade pública, em benefício de coisa diversa daquela que sofre a restrição: "A utilidade é extraída do prédio serviente em benefício do serviço de interesse público, ao qual está afetada determinada coisa, como a utilização da navegação dos rios, os serviços de eletricidade e telefone etc.".[3]

Institui-se um direito real de gozo, de natureza pública, sobre imóvel de propriedade alheia, em favor da coisa afetada com fins de utilidade pública. A coisa afetada de utilidade pública é o fundo dominante. Podem ser a rede elétrica, o rio navegável, o aeroporto, a fortificação, a implantação de gasodutos e oleodutos em áreas privadas para a execução de serviços públicos. A utilidade pública é o proveito que traz à coletividade. O oleoduto facilita o transporte de combustível aos usuários. O eletroduto beneficia as pessoas por onde ele se estende ao conduzir a energia elétrica. Por isso se diz que o bem está afetado a uma utilidade pública, isto é, o fundo dominante, com a servidão, traz o benefício à comunidade.

O proveito constitui-se da utilização de um bem que tem utilidade pública, ou atende a um interesse público. É um direito real, pois ligado diretamente à coisa, independentemente da pessoa do proprietário ou possuidor, incidindo sobre o bem alheio. Distingue-se da servidão comum, que se resume a favorecer a um ou vários imóveis. Apresenta características próprias e definidas, voltadas a um ente de utilidade pública, ao qual favorece ou institui, o que se dá na condução de energia elétrica, ou na canalização de certa área para drenar terras.

No caso da servidão urbana, exemplificadamente, consoante Hely Lopes Meirelles, "destina-se a assegurar a utilização de determinado imóvel particular para obras e serviços públicos, geralmente subterrâneos (aquedutos, redes de esgoto, galerias pluviais) ou aéreos (cabos condutores de energia elétrica, fios telefônicos), que não utilize o bem para a sua normal destinação, possibilitando assim a implantação do equipamento urbano, sem exigir desapropriação. Com isso, mantém-se o domínio do imóvel com o titular original e a serventia para

---

[3] *Servidão administrativa*. São Paulo: RT, 1978. p. 60.

o serviço público com o Município, reduzindo-se enormemente a indenização devida, ou mesmo dispensando-a, se as obras não prejudicarem em nada a utilidade econômica do bem passível da servidão".[4]

Marcelo Caetano também expõe a finalidade: "As servidões administrativas são de utilidade pública. As servidões civis aumentam o valor econômico do prédio dominante. As servidões administrativas tendem, unicamente, a facilitar a produção da utilidade pública dos bens do domínio que, estando fora do comércio privado, não têm valor venal, ou de coisas particulares afetadas a um fim público de grande interesse social e que porventura por virtude dessa afetação ficam com o seu valor econômico diminuído".[5]

Distingue-se a servidão administrativa das limitações administrativas impostas de forma geral, dirigidas indistintamente a todas as pessoas e em benefício da coletividade. Estas são o gênero das quais a servidão administrativa é uma das espécies. Assim, a restrição à edificação além de certa altura é uma limitação administrativa ao direito de construir, que atinge a todos os proprietários de uma cidade, ou de uma parte da cidade, visando a atender uma política urbana de desenvolvimento planejado. Na servidão, a restrição procura obrigar a suportar a passagem de fios de energia elétrica sobre especificadas propriedades privadas, onerando diretamente os imóveis particulares com uma serventia pública. Não há norma de regra aplicável a todos, conquanto discrimina as propriedades atingidas pela oneração, trazendo um benefício próprio e determinado. Naquelas, o benefício é abstrato, obrigando as pessoas a se abster de certo ato. Na última, o ônus é de suportar e incide sobre a propriedade, tendo natureza real.

Muitas das servidões legais ou administrativas previstas em leis caracterizam-se, no entanto, mais como limitações, o que é o caso das servidões sobre terrenos marginais dos rios, da servidão de aqueduto, da servidão sobre áreas de pesquisas e lavras de jazidas minerais, da servidão sobre prédios vizinhos a obras ou imóveis tombados no Patrimônio Histórico e Artístico Nacional, da servidão em torno de aeródromos, das servidões militares e da servidão em favor das fontes de águas minerais, termais ou gasosas.

2. PESSOAS JURÍDICAS E ÓRGÃOS AUTORIZADOS A INSTITUIR SERVIDÕES ADMINISTRATIVAS E SEU OBJETO

A servidão administrativa pode ser instituída pelas pessoas jurídicas de direito público interno, como a União, os Estados, o Distrito Federal, os Territórios e os Municípios. Igualmente estão capacitadas a instituir o ônus as

---

[4] *Direito municipal brasileiro*. São Paulo: RT, 1981. v. I, p. 345.

[5] *Manual de direito administrativo*. Rio de Janeiro: Forense, 1977. t. II, p. 975.

entidades criadas pelo Poder Público para descentralizar seus serviços, isto é, as autarquias, as sociedades de economia mista e as empresas públicas, desde que para isso estejam por lei expressamente autorizadas.

A declaração de utilidade pública para fins de desapropriação ou para a instituição da servidão pode ser feita excepcionalmente por outras autoridades de direito público, desde que haja lei autorizando. Exemplificativamente, a Agência Nacional de Energia Elétrica (Aneel), autarquia em regime especial, tem autorização na lei para declarar área de utilidade pública para fins de instituição de servidão relacionada à atividade de energia elétrica. Também está autorizada a declarar uma área de utilidade pública para construir barragem, ou declarar de utilidade pública um trecho de uma área de terras para a passagem de linha de transmissão. Essa competência é para declarar de utilidade pública; e o procedimento em si de instituição de servidão, a discussão quanto a indenização, inclusive a propositura de ação judicial de desapropriação se for necessária, cabem à entidade que explorará e executará o serviço, ou à empresa concessionária do serviço público, que geralmente é uma empresa privada.

De acordo com Ruy Cirne Lima, a coisa dominante na servidão administrativa é "o serviço público, ou seja, a organização de pessoas e bens constituída para executá-la". Por sua vez, "a noção de serviço público não implica necessariamente a da propriedade de um imóvel, no qual a organização assente o seu funcionamento, e em favor do qual a servidão administrativa se constitua". É citada como exemplo a servidão administrativa de apoio de fios condutores de eletricidade, na qual a *res dominans* seria o serviço público de subministração de energia elétrica.[6]

3. INSTITUIÇÃO DA SERVIDÃO POR LEI E POR ATO DESAPROPRIATÓRIO

A instituição se dá por lei e por ato expropriatório.

A primeira forma é a mais comum. Há casos em que a lei considera servidão certa área urbana. Todos os prédios que se erguem no local sofrem os seus efeitos, sendo os proprietários obrigados a cumprir as determinações e condições que são estabelecidas. É a hipótese da servidão sobre as margens de rios públicos, da servidão de trânsito sobre as margens dos rios navegáveis e em volta dos aeroportos, dentro de uma delimitação fixada.

A lei dá origem ao ônus. Não se requer reconhecimento judicial ou administrativo. Começa a existir no momento da promulgação da norma, ou quando o prédio vier a ser construído. Na hipótese do tombamento de um prédio, *v.g.*, como patrimônio histórico, o proprietário não procederá às

---

[6] Das servidões administrativas. *Revista de Direito Público*, n. 5, p. 26, jul.-set. 1968.

reformas ou modificações contrárias às normas para a manutenção das linhas arquitetônicas originais.

A segunda maneira de instituição consiste no ato declaratório de utilidade pública do imóvel, para fins de desapropriação. É a situação bastante comum da servidão para a distribuição da energia elétrica. Expropriam-se alguns usos da faixa de área por onde passa a rede elétrica.

Em se tratando de servidões, a desapropriação, em geral, não envolve o apossamento, pelo Estado, de todos os direitos sobre o imóvel. É possível desapropriar apenas o elemento do direito de propriedade, *v.g.*, o direito de usufruto, o direito de uso, o elemento da servidão.[7] E no caso de servidão, há a imposição de ônus à propriedade particular, retirando-se, coercitivamente, alguns dos poderes que o titular do imóvel exerce sobre ele, conferindo-os ao Poder Público ou a seus agentes, a título de direito real.[8]

A desapropriação pura e completa impõe-se quando há a necessidade de retirar a propriedade do particular para a realização de uma obra ou serviço público, ou para a destinação de interesse social. Retira-se do proprietário o domínio, indenizando-se a propriedade. Na desapropriação indeniza-se sempre. Na desapropriação para instituir a servidão, retira-se somente parte do uso ou da posse do imóvel. Assim, na construção de uma estação de tratamento de água em terreno particular, há necessidade de desapropriação, ao passo que, na passagem de aqueduto subterrâneo pela mesma propriedade, pode não haver a necessidade de desapropriação do imóvel em si, bastando a simples instituição da servidão administrativa, com a só indenização dos danos que a construção o aqueduto causar, momentaneamente, à propriedade.

Uma vez imposta a restrição, não importando a forma, sempre comporta a indenização, no entendimento do STJ: "Segundo a doutrina, as servidões administrativas, em regra, decorrem diretamente da lei (independente de qualquer ato jurídico, unilateral ou bilateral) ou constituem-se por acordo (precedido de ato declaratório de utilidade pública) ou por sentença judicial (quando não haja acordo ou quando adquiridas por usucapião).

Não observadas as formalidades necessárias à implementação da servidão administrativa (decreto de declaração de utilidade pública), em atenção ao princípio da eficiência e da continuidade do serviço público, deve ser mantida a servidão, com a indenização correspondente à justa reparação dos prejuízos e das restrições ao uso do imóvel, como ocorre com a desapropriação indireta".[9]

---

[7]   Nesse sentido, a doutrina de Pontes de Miranda, *Tratado de direito privado*. 4. ed. São Paulo: RT, 1977. v. XIV, p. 185, § 1.613, n. 6.

[8]   Maria Sylvia Zanella Di Pietro. *Servidão administrativa*, cit., p. 115-116.

[9]   REsp nº 857.596/RN, 2ª Turma, j. 06.05.2008, *DJe* 19.05.2008.

O ato expropriatório é constituído de decreto de declaração de utilidade pública. A propriedade é individualizada. Aos titulares atingidos não se retira, conforme já referido, a totalidade dos poderes sobre o imóvel. Algum domínio lhes resta, não perdendo a condição de proprietários, tanto que, *v. g.*, o titular do prédio onerado pela servidão administrativa fica autorizado a ingressar com as ações possessórias próprias nas eventualidades de invasões por terceiros, ou de utilização além das serventias instituídas pelo ato administrativo. No caso de se tratar de uma servidão administrativa para a instalação de rede elétrica ou telefônica, as restrições impostas circunscrevem-se a não efetuar escavações nas proximidades das torres que sustentam a rede, a não erguer construções nem a desmanchar ou destruir benfeitorias que a entidade pública colocou. No mais, continua o titular do domínio com o proveito e o uso de sua propriedade nas dimensões não atingidas, inclusive através de plantações, com o direito de exercer atos de defesa da propriedade.

Vemos que o prejuízo não é total.

O fundamento específico para a instituição de servidões encontra-se no art. 40 do Decreto-lei nº 3.365, de 21.06.1941, que trata das desapropriações: "O expropriante poderá constituir servidões, mediante indenização na forma desta lei". Particularmente para as obras hidráulicas, o transporte e a distribuição de energia elétrica, o Código de Águas (Decreto nº 24.643, de 10.07.1934) já previra a forma de desapropriação no art. 151:

> Para executar os trabalhos definidos no contrato, bem como para explorar a concessão, o concessionário terá, além das regalias e favores constantes das leis fiscais e especiais, os seguintes direitos: [...]
>
> c) estabelecer as servidões permanente ou temporárias exigidas para as obras hidráulica e para o transporte e distribuição da energia elétrica.

O preceito vem regulamentado pelo Decreto nº 35.851, de 16.07.1954, art. 1º, ainda em vigor, pois não consta a sua revogação: "As concessões para o aproveitamento industrial das quedas d'água, ou, de modo geral, para produção, transmissão e distribuição de energia elétrica, conferem aos seus titulares o direito de constituir as servidões administrativas permanentes ou temporárias, exigidas para o estabelecimento das respectivas linhas de transmissão e de distribuição".

A servidão para a instalação de rede de energia elétrica, por autorização do mesmo Decreto nº 35.851, compreende o direito, atribuído ao concessionário, a) de praticar, na área abrangida pela *servidão*, todos os atos de construção, manutenção, conservação e inspeção das linhas de transmissão de energia elétrica e das linhas telegráficas e telefônicas auxiliares, além de acesso à área da servidão, através do prédio serviente, desde que não haja outra via praticável (art. 2º, § 2º); e b) de mandar podar ou cortar árvores que, dentro da área de servidão ou da faixa paralela a ela, ameacem as linhas de transmissão ou distribuição (art. 3º, § 2º).

O STJ incluiu formas diferentes de constituição, incluindo o acordo, e considerando, em vez da desapropriação, a sentença judicial:

> Segundo a doutrina, as servidões administrativas, em regra, decorrem diretamente da lei (independentemente de qualquer ato jurídico, unilateral ou bilateral) ou constituem-se por acordo (precedido de ato declaratório de utilidade pública) ou por sentença judicial (quando não haja acordo ou quando adquiridas por usucapião).[10]

O voto da Relatora reporta-se à doutrina sobre a constituição:

> Segundo a Profª Maria Sylvia Zanella di Pietro (*Direito administrativo*, 20ª ed., São Paulo, Atlas, 2007, pp. 137-138), em regra, as servidões administrativas se constituem por uma das seguintes formas: **1) diretamente da lei**, independendo sua constituição de qualquer ato jurídico, unilateral ou bilateral; **2) mediante acordo**, precedido de ato declaratório de utilidade pública; **3) por sentença judicial**, quando não haja acordo ou quando sejam adquiridas por usucapião.

4. INDENIZAÇÃO NA INSTITUIÇÃO DA SERVIDÃO POR ATO EXPROPRIATÓRIO

A imposição de servidão confere, em termos, o direito à indenização por determinar restrições ao uso ou ao direito de propriedade, mas não existe amparo jurídico à pretensão de reembolso às restrições decorrentes de lei, que abrangem toda uma categoria de bens, assim como as originadas de um ato de liberalidade, ou emanadas em virtude da prescrição aquisitiva. É o caso das limitações formalizadas no sentido de dirigir o exercício da propriedade, mediante regulamentos ou normas, ordenando a forma do uso e do exercício dos bens, o tipo e as dimensões das construções. Não se trata de restrições cominadas a indivíduos determinados. Atingem indistintamente uma coletividade toda e vêm expressamente discriminadas em lei. Nessa classe, destacam-se as servidões marginais aos rios públicos, as de trânsito sobre as margens dos rios não navegáveis, as que se impõem ao redor dos aeroportos, as militares, as constituídas sobre os prédios vizinhos aos bens pertencentes ao Patrimônio Histórico e Artístico Nacional. Em todas elas existe o fundo dominante, que pode ser o rio, o aeroporto, a fortificação, com a afetação a um fim público, que determina o ônus real sobre o prédio serviente.

Tal entendimento não se aplica nas hipóteses de as servidões ou restrições atingirem os prédios individualmente, estipulando ressalvas no uso. São as mesmas criadas por ato administrativo, constituído de decreto declaratório de utilidade pública e do procedimento de expropriação. Comuns as servidões que

---

[10] REsp nº 857.596/RN, da 2ª Turma do STJ, j. 06.06.2008, *DJe* 19.05.2008, rel. Min. Eliana Calmon.

se referem ao aproveitamento de quedas de água para a produção de energia elétrica, aos condutos subterrâneos de combustível, às redes de condução de energia elétrica, aos caminhos para a exploração de minas e jazidas, à passagem de cabos telefônicos etc.

A indenização é prevista para compensar o desmembramento de alguns dos poderes inerentes ao domínio, que passam para o ente público em benefício de uma coletividade. O particular sofre a diminuição patrimonial, que deve ser compensada com o correspondente valor em dinheiro.

É o que deixa entrever o art. 5º do já citado Decreto nº 35.851: "Os proprietários das áreas sujeitas à servidão têm direito à indenização correspondente à justa reparação dos prejuízos a eles causados pelo uso público das mesmas e pelas restrições estabelecidas ao seu gozo".

Diríamos, com Hely Lopes Meirelles: "A indenização não será da propriedade, mas sim dos danos ou prejuízos que o uso dessa propriedade pelo Poder Público efetivamente causar ao imóvel serviente. Se desse uso público não resultar prejuízo ou dano à propriedade particular, a administração nada terá que indenizar. Só o exame específico de cada caso particular poderá indicar se haverá ou não prejuízos a compor na servidão administrativa que vier a ser instituída".[11]

Continuando a usar o imóvel, embora não totalmente, o dono perceberá um valor correspondente ao prejuízo que resultar, isto é, sobre a redução do proveito verificado. Sobre o valor atual da propriedade, calcula-se um percentual para compensar as restrições advindas da utilização de alguma de suas utilidades pelo Poder Público. Variará o prejuízo de conformidade com o uso que está sendo dado ao prédio. Se a utilização era para fins rurais, como pastagem para o gado, ou plantações de porte não elevado, a diminuição patrimonial é pequena, podendo a reparação fixar-se em até 10% da avaliação do imóvel. Tal acontece na instituição de servidão área, destinada à colocação de cabos ou rede destinada à passagem de eletroduto. Restará ínfima a limitação no uso da propriedade serviente, conduzindo a se estabelecer uma taxa de compensação econômica em torno daquele percentual, e evidenciando-se muito elevada se elevado a 30%, como em muitos julgados tem-se fixado. Acontece que os proprietários prosseguem em dar a mesma destinação agrícola à fração sobre a qual se implantou a rede de cabos.

É bastante comum a indenização fixada em 30% do valor do imóvel, no caso de instalação de rede elétrica sobre o imóvel, conforme a seguinte decisão:

1. Não há transferência de domínio para o poder público da faixa da propriedade sujeita à servidão administrativa consistente em passagem de linha de distribuição de energia elétrica.

---

[11]   *Direito municipal brasileiro*, cit., p. 347.

2. O valor da indenização deverá consistir em percentual a ser aplicado sobre o valor da faixa de terra desapropriada, e não sobre o valor de toda a propriedade, a não ser que a integralidade do imóvel sofra limitação no seu uso, o que não é o caso dos autos.

3. A indenização em 30% sobre o valor da área efetivamente expropriada atende ao critério da justa indenização.[12]

São, porém, os critérios variáveis, de acordo com a visão dos tribunais. Não se destinando ao erguimento de construções o imóvel, o eletroduto aéreo permite a utilização para plantações agrícolas, exceto provavelmente em uma faixa que se estende sob os cabos. Coerente, também, que se conceda a indenização em vista do valor da área que resta inutilizável, ou que o Poder Público cerceie qualquer uso, reservando, inclusive, uma tira do imóvel para a passagem necessária à conservação e serviços de acompanhamento técnico.

Acontece, e é de se levar em conta, que sempre persiste algum perigo na hipótese de trânsito sob as linhas, diante dos vários eventos que podem ocorrer, como rompimento dos cabos. Por isso, razoável que consista a indenização no valor equivalente ao preço da área praticamente inutilizável que se estende sob os cabos condutores de energia elétrica.

Não se mostra coerente arbitrar um percentual previamente, sobre a avaliação do imóvel, para estabelecer a indenização. Em cada caso se atenderão as circunstâncias verificadas e que emergem, sempre considerando o resíduo da utilidade que remanesce.

5. CABIMENTO DE JUROS COMPENSATÓRIOS CUMULADOS COM OS MORATÓRIOS A PARTIR DA OCUPAÇÃO DO IMÓVEL NA DESAPROPRIAÇÃO PARA INSTITUIR SERVIDÃO ADMINISTRATIVA

A exemplo do que se reconhece nas desapropriações comuns, é admitida a incidência de juros compensatórios na desapropriação para a instituição de servidão administrativa. Impera, a respeito, a Súmula nº 56, da Primeira Seção do STJ, de 29.09.1992, DJU de 06.10.1992:

> Na desapropriação para instituir servidão administrativa são devidos os juros compensatórios pela limitação de uso da propriedade.

Numa das decisões condutoras à ementa, ficou justificado que, com a servidão, no caso de passagem de eletroduto,

---

[12] Apelação Cível no 970, AC 2003.30.00.000970-2, 3ª Turma do TRF-1, j. 15.04.2013, e-*DJF1* 26.04.2013, rel. Des. Mônica Sifuentes.

há limitação no uso da propriedade, o que justifica a incidência dos juros compensatórios, em obediência, inclusive, ao princípio constitucional da justa indenização.[13]

O cabimento dos juros compensatórios é, também, devido em vista da Sumula nº 618, do STF, fundada no princípio da justa indenização, nos seguintes termos, quanto à taxa: "Na desapropriação, direta ou indireta, a taxa dos juros compensatórios é de 12% (doze por cento) ao ano".

Outrossim, os juros são devidos a partir da ocupação, que é o momento em que o titular perde ou tem limitado o uso do imóvel. O assunto encontra unanimidade perante o STJ:

> Na desapropriação indireta, os juros compensatórios são devidos a partir da efetiva ocupação do imóvel (Súmulas ns. 69 e 114/STJ).[14]

As seguintes passagens do voto do Relator revelam que a matéria está consolidada:

> Na espécie, as restrições impostas sobre o imóvel originaram-se da decisão que imitiu o expropriante na posse do imóvel em 29.06.1984 [...].
> Os juros compensatórios são devidos, na desapropriação indireta, a partir da efetiva ocupação do imóvel (Súmulas 69 e 114/STJ). Entretanto, não havendo a ocupação do imóvel, são devidos os juros compensatórios a partir da data em que o proprietário foi impedido de usar e gozar do direito inerente à propriedade imobiliária [...].

Quanto à cumulação dos juros compensatórios e moratórios, segue o mesmo voto justificando o cabimento, e invocando antecedentes:

> [...] De igual modo, encontra-se pacificado, neste Superior Tribunal de Justiça, o entendimento de que, em desapropriação, são cumuláveis juros compensatórios e moratórios, não constituindo anatocismo vedado em lei a incidência dos juros moratórios sobre os compensatórios nas ações expropriatórias (Súmulas ns. 12 e 102 da Corte). A propósito, cito os seguintes julgados:
> "[...] Em desapropriação são cumuláveis juros compensatórios e moratórios, nos termos da Súmula nº 12 do STJ. A incidência dos juros moratórios sobre os compensatórios, nas ações expropriatórias, não constitui anatocismo vedado em lei. Aplicação do enunciado da Súmula nº 102 do STJ. Recurso especial provido (Segunda Turma, REsp n. 198.431/MG, relatora Ministra Laurita Vaz, DJ de 09.12.2002)" [...].

---

[13]   REsp 21.466-3/RS, 2ª Turma, 24.06.1992, rel. Min. José de Jesus Filho, *DJ* 10.08.1992.

[14]   REsp 110.551/SP, 2ª Turma, j. 14.12.2004, *DJU* 21.02.2005, rel. Min. João Otávio de Noronha.

"Em desapropriação são cumuláveis juros compensatórios e moratórios (Súmula 12 do STJ), sendo que a incidência dos juros moratórios sobre os compensatórios, nas ações expropriatórias, não constitui anatocismo vedado em lei (Súmula 102 do STJ).

Agravo regimental improvido (Primeira Turma, AgRg no Ag nº 443.626/SC, rel. Min. José Delgado, *DJ* 16.12.2002)."

Quanto à Súmula nº 102 do STJ, referida no texto, pacificou o entendimento de que "a incidência dos juros moratórios sobre os compensatórios, nas ações expropriatórias, não constitui anatocismo vedado em lei".

Já no pertinente à Súmula nº 12, do mesmo Tribunal, autoriza a cumulação de juros moratórios e de juros compensatórios: "Em desapropriação, são cumuláveis juros compensatórios e moratórios".

Distintas são as causas de incidência em cada espécie: nos juros compensatórios, pelo fato do não uso, ou à restrição do uso, o que importa em um prejuízo à parte; os moratórios, justamente por causa do atraso no pagamento, havendo previsão da lei como decorrência da falta de adimplência imediata, e constituindo uma pena imposta ao devedor pelo atraso no cumprimento de sua obrigação, ou seja, representam uma espécie de indenização pelo retardamento na execução do débito.

6. SERVIDÕES ADMINISTRATIVAS LEGAIS

Emprega-se tal denominação porque surgem da lei e se destinam à utilização e proveito de órgãos administrativos. A destinação tem o caráter público. Indicam-se e descrevem-se as mais comuns, como segue.

a) Servidões sobre os terrenos marginais dos rios

Desde a Lei imperial nº 1.507, de 26.09.1867, os terrenos localizados nas margens dos rios navegáveis sofrem restrições.

Pelo art. 39 da citada lei, criou-se a servidão pública nas margens dos rios navegáveis, a começar do ponto onde não chegam as marés e do ponto médio das enchentes, até a distância de sete braças. Logo em seguida, o Decreto nº 4.105, de 22 de fevereiro de 1868, manteve a servidão sobre todos os terrenos das margens dos rios navegáveis ou que se tornarem navegáveis, "banhados pelas águas dos ditos rios, fora do alcance das marés e vão até a distância de sete braças craveiras (15,4 metros) para a parte da terra, contados desde o ponto médio das enchentes ordinárias" (art. 1º, § 2º). A área reservada, pois, começa fora do alcance das marés, aonde chega o ponto médio das enchentes.

Pelo Código de Águas, art. 31, passaram a pertencer aos Estados "os terrenos reservados às margens das correntes e lagos navegáveis, se, por algum título, não forem do domínio federal, municipal ou particular". Entretanto, ressalva o parágrafo único que "esse domínio sofre idênticas limitações às de que trata o art. 29". As limitações referidas constam no § 1º do art. 29: "Fica limitado o domínio dos Estados e Municípios sobre quaisquer correntes, pela servidão que a União se confere, para o aproveitamento industrial das águas e da energia hidráulica, e para navegação".

Daí que as margens dos rios e lagos navegáveis, atualmente, pertencem, em tese, aos Estados, caso não tenham sido outorgados, por algum título, à União Federal, aos Municípios ou particulares.

A servidão continua, mas em favor da União, com o fim específico do emprego industrial das águas e da energia hidráulica e para a navegação.

A servidão perdura, de igual modo, com respeito aos terrenos que foram concedidos aos particulares, pois o art. 31, parte final, ressalvou que não passariam aos estados os que são do domínio particular, por algum título. Permanece a servidão em virtude da Lei nº 1.507 e do Decreto nº 4.105.

O art. 39 da Lei nº 1.507 instituiu a servidão sobre as margens dos rios navegáveis, inclusive dos terrenos que receberiam os particulares. E os que foram concedidos, não se transferindo para o Estado, permanecem com a servidão, desde que a transferência ao domínio particular tenha sido efetuada a partir da publicação da Lei nº 1.507, de 1867. As transferências anteriores foram desoneradas do gravame.

Outros terrenos marginais igualmente estão sujeitos às servidões.

Na forma do art. 11, item 2º, do Código de Águas, os terrenos das águas marginais das correntes não navegáveis nem flutuáveis e que concorrem para a flutuabilidade de outra corrente e não para a navegabilidade, não são do domínio público. Eis o preceito: "São públicos dominicais, se não estiverem destinados ao uso comum, ou por algum título legítimo não pertencerem ao domínio particular: [...] 2º os terrenos reservados nas margens das correntes públicas de uso comum, bem como dos canais, lagos e lagoas da mesma espécie. Salvo quanto às correntes que, não sendo navegáveis nem flutuáveis, concorrem apenas para formar outras simplesmente flutuáveis, e não navegáveis".

Diante da combinação do § 2º do art. 1º do Decreto nº 4.105 e do art. 31 do Código de Águas, chega-se a concluir o seguinte, que ainda prevalece:

a) são bens públicos os terrenos sitos às margens dos rios, canais e lagos navegáveis;

b) se, por meio de título pertencerem a particulares tais terrenos, assiste a servidão administrativa sobre as margens dos rios navegáveis até a distância de sete braças craveiras (15,4 metros) para a parte da terra, contadas desde o ponto médio das enchentes ordinárias. Evidentemente, se forem do domínio público, não se faz necessária a servidão administrativa.

Em antigas decisões, quando a matéria era questionada, ficou reconhecido tal estabelecido: "Face à lei, só se poderá cogitar de terrenos reservados à beira de rios públicos navegáveis. Se a corrente, embora de caráter público, não for navegável, as faixas de terras confinantes, com os pontos máximos de suas enchentes ordinárias, pertencerão aos particulares, nos termos da lei civil".[15]

b) A utilização particular e servidão pública em favor dos agentes do Poder Público em terrenos reservados ou marginais a correntes e lagos navegáveis

Nos terrenos marginais ou reservados vem autorizada a utilização por pequenos proprietários para finalidades econômicas ou para a mera ocupação se não prejudicadas as atividades de ordem pública. É o que permite o § 2º do art. 11, do Código de Águas: "Será tolerado o uso desses terrenos pelos ribeirinhos, principalmente os pequenos proprietários, que os cultivem, sempre que o mesmo não colidir por qualquer forma com o interesse público".

Destina-se a permissão aos pequenos agricultores, que vivem do trabalho da terra, tendo, pois, um caráter assistencial. Malgrado os termos gerais da permissão, não tem um alcance amplo a ponto de autorizar qualquer ocupação ou utilização.

Que fique claro, no entanto, a necessidade de um ato de concessão ou de autorização para os particulares passarem a ter o uso de tais áreas. Mais objetivamente, a transferência desses terrenos para os particulares é feita mediante aforamento ou concessão pelo poder público.

Em outra extensão de uso, o art. 12 do mesmo Código de Águas instituiu em benefício dos agentes da administração pública, enquanto em execução de serviço, uma servidão de trânsito sobre uma faixa de dez metros, às margens das correntes que, não sendo navegáveis e nem flutuáveis, concorrem apenas para formar outras simplesmente flutuáveis e não navegáveis. Eis os termos do dispositivo: "Sobre as margens das correntes a que se refere a última parte do nº 2 do artigo anterior, fica somente, e dentro apenas da faixa de 10 metros, estabelecida uma servidão de trânsito para os agentes da administração pública, quando em execução de serviço".

Trata-se de uma servidão imposta às margens de pequenas correntes, limitada ao trânsito de funcionários em execução de serviço, mas sem utilidade prática. Sobre a matéria, já houve manifestação do Tribunal de Justiça do RS: "Ao Estado é facultado penetrar, por intermédio dos seus representantes, nas margens ribeirinhas dos rios flutuáveis ou navegáveis, a fim de ali proceder a estudos relativos ao regulamento administrativo do uso das citadas águas. Esse direito ainda lhe caberia se os ribeirinhos fossem

---

[15] Embargos Infringentes nº 221, do 3º Grupo de Câmaras do 2º TACivSP, j. 20.09.1973, *Servidões – Jurisprudência Brasileira*. Curitiba: Juruá, 1981. n. 49, p. 241-245.

proprietários às ditas margens, respondendo a autoridade, entretanto, pelo dano que ocasionasse".[16]

c) Terrenos reservados e terrenos de marinha

Alguns dispositivos do Código de Águas dispõem sobre os terrenos de marinha e os terrenos reservados. Eis o art. 11, sobre as duas espécies:

> São públicos dominicais, se não estiverem destinados ao uso comum, ou por algum título legítimo não pertencerem ao domínio particular:
> 1º, os terrenos de marinha;
> 2º, os terrenos reservados nas margens das correntes públicas de uso comum, bem como dos canais, lagos e lagoas da mesma espécie. Salvo quanto às correntes que, não sendo navegáveis nem flutuáveis, concorrem apenas para formar outras simplesmente flutuáveis, e não navegáveis.

O art. 13 dá o conceito de terrenos de marinha: "Constituem terrenos de marinha todos os que, banhados pelas águas do mar ou dos rios navegáveis, vão até 33 metros para a parte da terra, contados desde o ponto a que chega o preamar médio [...]".

Quanto aos terrenos reservados, também chamados ribeirinhos, no art. 14 está a definição: "Os terrenos reservados são os que, banhados pelas correntes navegáveis, fora do alcance das marés, vão até a distância de 15 metros para a parte de terra, contados desde o ponto médio das enchentes ordinárias".

O Decreto-lei nº 9.760, de 05.09.1946, denomina-os "marginais", já que se estendem nas margens dos rios, a teor de seu art. 4º: "São terrenos marginais os que banhados pelas correntes navegáveis, fora do alcance das marés, vão até a distância de 15 (quinze) metros, medidos horizontalmente para a parte da terra, contados desde a linha média das enchentes ordinárias".

Não se consideram terrenos de marinha as margens dos rios de água doce, ainda que navegáveis sejam, que ficarem fora do alcance das marés.

O art. 2º, parágrafo único, do Decreto-lei nº 9.760/1946 diz quando o movimento das águas tipifica a maré: "Para os efeitos deste artigo a influência das marés é caracterizada pela oscilação periódica de 5 (cinco) centímetros pelo menos, do nível das águas, que ocorra em qualquer época do ano".

Se a oscilação for superior a cinco centímetros, por influência lunar, em cada período, então as terras são marítimas. Contam-se trinta e três metros do ponto médio atingido pela maré alta.

Se não atingir cinco centímetros, classificam-se como reservadas as terras. E a metragem de área pública será de quinze metros, a partir do ponto médio

---

[16] Apel. Cível nº 5.591, 2ª Câmara Cível do TJRS, j. 30.11.1949, *Ajuris – Revista da Associação dos Juízes do RS*, Porto Alegre, n. 3, p. 65, mar. 1975.

das enchentes ordinárias (art. 14 do Código de Águas), e não do lugar aonde chegam as águas quando há maré, eis que esta quase inexiste.

O art. 15 do Código de Águas resume a explicação: "O limite que separa o domínio marítimo do domínio fluvial, para o efeito de medirem-se ou demarcarem-se 33 (trinta e três), ou 15 (quinze) metros, conforme os terrenos estiverem dentro ou fora do alcance das marés, será indicado pela seção transversal do rio, cujo nível não oscile com a maré ou, praticamente, por qualquer fato geológico ou biológico que ateste a ação poderosa do mar".

Configuram-se os terrenos reservados quando a influência da maré é tão insignificante que não provoca alteração no nível das águas.

Interessam mais os terrenos reservados. Possuem a largura de quinze metros, a iniciar a contagem do ponto médio das enchentes ordinárias.

Alguns defendem que essas áreas não pertencem ao Poder Público. Integram a classe das servidões. Hely Lopes Meirelles surge como expoente desta linha: "É reservada como simples servidão administrativa, para eventuais fiscalizações do rio, sem ser retirada da propriedade particular e sem impedir a sua normal utilização em culturas ou pastagens, ou a extração de areia, argila e cascalhos. Como toda servidão administrativa, esta também incide sobre a propriedade particular, visto que seria rematado absurdo que o Poder Público a instituísse sobre seus próprios bens".[17]

Joaquim de Almeida Baptista é outro defensor da mesma tese: "Interpretar a reserva dessas faixas como transferências de domínio é desconhecer a natureza e finalidade da servidão que as onera, e que visa, única e exclusivamente, deixar livres as margens das águas públicas para o policiamento pelos agentes da administração. Por isso, mesmo, em caso de desapropriação, indenizam-se também as terras reservadas. Nem poderia a lei despojar propriedade particular sem indenização. Se o legislador assim agisse, praticaria um confisco vedado pela nossa Constituição. Desde que se trata de uma servidão, há de recair sobre o domínio alheio".[18]

No entanto, Maria Sylvia Zanella Di Pietro, em sua excelente monografia já referida, mostra ser da tradição de nosso direito o domínio público sobre os terrenos marginais, de modo que o único meio hábil para a sua transferência ao domínio particular é a concessão que se faz por meio de títulos. Serve como exemplo dessa orientação a Súmula nº 479 do STF, de 03.12.1969, segundo a qual "as margens dos rios navegáveis são domínio público, insuscetíveis de expropriação e, por isso mesmo, excluídas de indenização". O enunciado está baseado em julgados proferidos nos Recursos Extraordinários 10.042, de 29.04.1946; 59.737, de 24.09.1968; e 63.206, de

---

[17] *Direito administrativo brasileiro*, cit., 5. ed., 1977, p. 566.
[18] *Das servidões administrativas*. São Paulo: Iglu, 2002. p. 62.

1º.03.1968. O entendimento foi reiterado em decisões posteriores, e também em acórdãos de outras cortes.

A tese esposada por Hely Lopes Meirelles foi acatada, no entanto, embora esporadicamente, em alguns julgados posteriores, dando o caráter particular aos terrenos reservados e admitindo a incidência restritiva da servidão.

No entanto, salienta Maria Sylvia Zanella Di Pietro, partindo-se do pressuposto de que, quando da descoberta do Brasil todos os bens eram públicos, isto é, do domínio da Coroa, e que foram passando para o domínio particular mediante concessões, vendas e doações, "a conclusão lógica é a de que os únicos títulos que legitimavam a propriedade de particulares sobre os terrenos reservados seriam aqueles filiados a aquisições feitas do Poder Público".[19] Sobreleva notar que tais imóveis, diante do art. 11, § 1º, do Código de Águas, estão sujeitos ao mesmo regime dos terrenos de marinha. Transferem-se por meras concessões ou aforamentos. Os particulares recebem apenas o domínio útil. Os termos do referido preceito levam a esta lógica: "Os terrenos que estão em causa serão concedidos na forma da legislação especial sobre a matéria". O § 2º do mesmo artigo reforça a conclusão: "Será tolerado o uso desses terrenos pelos ribeirinhos, principalmente os pequenos proprietários, que os cultivem, sempre que o mesmo não colidir por qualquer forma com o interesse público".

Bandeira de Mello, quando desembargador do Tribunal de Justiça de São Paulo, realizou notável estudo sobre a matéria. Lembra que os terrenos fronteiriços ao mar e os marginais aos rios navegáveis eram reservados e ficavam excluídos das concessões das terras, chamadas sesmarias. Posteriormente, em 15.03.1734, foi expedida uma resolução que, entre outras regras, ordenava que não se dessem sesmarias sitas "nas margens dos rios caudalosos que se forem descobrindo pelos sertões e necessitam de barcos para se atravessarem", a não ser numa só margem, e que "da outra se reserve ao menos meia légua para ficar em público". A Ordem Régia de 11.03.1754 foi além e determinou que nas cartas de datas de terra de sesmarias que "atravessem rio caudaloso que necessite de barca para a sua passagem, não só devem ficar de ambas as bandas do rio a terra que baste para o uso público e comodidade dos passageiros, mas deve ficar em uma das bandas de terras em quadrado, junto da mesma passagem para comodidade pública e de quem arrendar a passagem". Mais tarde, já no Império, manteve-se igual regime. Pela Provisão da Mesa do Paço, de 21.02.1826, se declara que os terrenos "à margem dos rios públicos, isto é, os terrenos reservados, são de domínio público, sujeitos ao mesmo regime dos terrenos de marinha".[20]

---

[19] *Servidão administrativa*, cit., p. 126.

[20] Apel. Cível nº 151.894, da 4ª Câm. Cível do TJSP, de 31.05.1966, rel. Des. Bandeira de Mello, *RT* 379, p. 149-159.

Entre os vários argumentos salientados em favor do domínio público dos terrenos reservados, desponta este, oriundo da mesma fonte: "O rio, para existir como tal, deve compreender não só as águas como o leito e as margens, internas ou ribanceiras, e externas ou terrenos reservados. Sendo públicas as águas, públicos serão também o leito e as margens. Por conseguinte, ao se classificar como público determinado rio, implicitamente se atribui domínio público ao leito e às margens".

Diante de tais razões não cabe a desapropriação para instituir servidão administrativa. Sendo públicos os terrenos marginais, já pertencem à entidade de direito público. Seria desnaturar o instituto conceder desapropriação de imóveis pertencentes ao próprio expropriante.

Há a ressalva, porém, de que é possível a desapropriação se houve concessão do Poder Público a particulares, não incidindo, então, a Súmula nº 479/STF; e a exceção das hipóteses em que ocorre a situação do § 2º do art. 11 do Código de Águas, ou seja, quando há o uso por particulares que sejam pequenos proprietários. Se a lei permite o uso, sendo esse um direito, a indenização cabe pelo desapossamento do uso e dos bens existentes sobre tais imóveis.

Realmente, mesmo que inalienável o domínio de terreno de marinha, o direito de ocupação por particulares torna-se indenizável. De outra parte, unicamente por desapropriação regular permite-se ao ente público ocupar terreno de marinha aforado a particular. Os ocupantes de tais terrenos estão autorizados a usar dos meios judiciais possessórios previstos no sistema jurídico para se oporem ante a iminência de serem desposados dos bens que lhes foram concedidos.

No entendimento de que se impõe a indenização, há jurisprudência do STJ, exemplificada no aresto seguinte:

> [...] Terrenos reservados. Existência de título legítimo do domínio particular. Indenizabilidade da área de preservação permanente. Necessidade de reexame do contexto fático-probatório. Súmula n. 7/STJ [...].
>
> [...] É cediço nesta e. Corte que os terrenos reservados nas margens das correntes públicas, como o caso dos rios navegáveis, são, na forma do art. 11 do Código de Águas, bens públicos dominiais, salvo se por algum título legítimo não pertencerem ao domínio particular. Precedentes (REsp 679076/MS, Rel. Min. Luiz Fux, *DJ* 13.02.2006; REsp 657.997/RS, Rel. Min. Denise Arruda, *DJ* 01.06.2006; AgRg nos EDcl no AgRg no REsp 959.305/RS, Rel. Min. Francisco Falcão, *DJ* 10.11.2008).
>
> Os bens públicos às margens dos rios navegáveis podem estar legitimados como de propriedade particular, desde que provenham do poder competente, no caso, o Poder Público. Isto significa que os terrenos marginais presumem-se de domínio público, podendo, excepcionalmente, integrar o

domínio de particulares, desde que objeto de concessão legítima, expressamente emanada de autoridade competente.

São de propriedade da União quando marginais de águas doces sitas em terras de domínio federal ou das que banhem mais de um Estado, sirvam de limite com outros países ou, ainda, se estendam a território estrangeiro ou dele provenham (art. 20, III, da Constituição). Por seguirem o destino dos rios, são de propriedade dos Estados quando não forem marginais de rios federais. Em tempos houve quem, erroneamente, sustentasse que sobre eles não havia propriedade pública, mas apensa servidão pública. Hoje a matéria é pacificada, havendo súmula do STF (nº 479) reconhecendo o caráter público de tais bens, ao confirmar acórdão do TJSP no qual a matéria fora exaustivamente aclarada pelo relator, Des. O. A. Bandeira de Mello, o qual, em trabalhos teóricos anteriores, já havia examinado *ex professo* o assunto. De resto, hoje, no art. 20, VII, da Constituição, a questão está expressamente resolvida. Os terrenos reservados são bens públicos dominicais (art. 11 do Código de Águas) (Celso Antônio Bandeira de Mello, *Curso de direito administrativo*, 14. ed., Malheiros, 2002, p. 778).

O Supremo Tribunal Federal, por intermédio da Súmula 479, consolidou o entendimento de que 'as margens dos rios navegáveis são de domínio público, insuscetíveis de expropriação e, por isso mesmo, excluídas de indenização'. *In casu*, o acórdão recorrido afirmou que o expropriado possui legítimo título de propriedade dos terrenos reservados em discussão, vislumbra-se a insindicabilidade da matéria por esta Corte, ante o óbice consubstanciado na Súmula nº 07/STJ. Razão pela qual irretorquível a justa indenização de R$ 21.234,00 (vinte e um mil, duzentos e trinta e quatro reais) [...].[21]

Nada impede que uma pessoa efetue a transferência do direito de uso. Pelo dispositivo legal citado (§ 2º do art. 11 do Código de Águas), a permissão restringe-se ao uso. Títulos particulares consideram-se válidos para a aquisição ou a venda entre particulares, concedendo-se o direito ao exercício das ações próprias. Embora se trate de terreno de marinha, no todo ou em parte, ao possuidor turbado se reconhece o direito de invocar o interdito de manutenção pelo simples respeito que se deve à posse, em especial contra quem não apresenta título provindo do Poder Público. Não se proíbe a invocação dos direitos inclusive se a discussão sobre a ofensa à posse cingir-se entre particulares.

Nessa parte, parece que há certa coincidência com a doutrina de Hely Lopes Meirelles, mas não enquanto concebe uma natureza de mera servidão quanto às terras reservadas. Assiste-lhe, porém, razão quando proclama ser injurídica e contrária à realidade nacional a negativa de indenização das

---

[21] REsp nº 861.695/MS, 1ª Turma, j. 05.02.2009, *DJe* 18.02.2009, rel. Min. Luiz Fux. O entendimento buscou precedente no REsp 686.318/SP, 1ª Turma, j. 06.05.2008, *DJe* 16.06.2008, rel. Min. Luiz Fux.

faixas ribeirinhas, "excluindo do pagamento grande percentagem das áreas rurais altamente produtivas e valorizadas por serem as melhores terras, as mais rentáveis e mais procuradas para culturas e pastagens, exatamente pela proximidade das águas".[22]

Pertencem à União os terrenos reservados ou marginais quando se enquadrarem no art. 20, III, da Constituição Federal, cujo texto vai transcrito:

> São bens da União:
> [...]
> III – os lagos, rios e quaisquer correntes de água em terrenos de seu domínio, ou que banhem mais de um Estado, sirvam de limites com outros países, ou se estendam a território estrangeiro ou dele provenham, bem como os terrenos marginais e as praias fluviais.

Retiram-se do texto que pertencem à União os seguintes terrenos reservados ou marginais:

– os terrenos reservados ou marginais de lagos, rios e quaisquer correntes de água em terrenos já do domínio da União;
– os terrenos reservados ou marginais de lagos, rios e quaisquer correntes de água que banhem mais de um Estado;
– os terrenos reservados ou marginais de lagos, rios e quaisquer correntes de água que sirvam de limites com outros países;
– os terrenos reservados ou marginais de lagos, rios e quaisquer correntes de água que se estendam a território estrangeiro ou dele provenham.

Afora a discriminação *supra*, são da titularidade dos Estados. Não encontra justificativa entender como da União terrenos reservados ou marginais de lagos, rios e quaisquer correntes que não integram seu domínio.

d) Servidão administrativa de aqueduto

O Código de Águas disciplina, a partir do art. 117, a servidão legal de aqueduto. Autoriza a canalização de águas para o prédio dominante, passando pelo prédio serviente.

Não trata, contudo, nas disposições, de servidão administrativa, em que o Poder Público se reserva poderes de disposição sobre a propriedade de outrem, a não ser em uma hipótese, como será estudado.

No referido art. 17 consta assegurado o aqueduto a todos quantos tenham direito às águas, mediante prévia indenização. O art. 18 ressalva que não são

---

[22] *Direito administrativo brasileiro*, cit., p. 567.

passíveis dessa servidão as casas de habitação e os pátios, jardins, alamedas ou quintais, contíguos às casas.

O atual Código Civil, no entanto, não mais contempla tais exclusões. Daí, pois, que a abertura da canalização impõe-se sempre que reclamada a água para as necessidades da vida, sejam quais forem.

O parágrafo único do art. 18, todavia, já tornava sem efeito a exceção que vinha em seu *caput*, não prevalecendo a negação da servidão, "no caso de concessão por utilidade pública, quando ficar demonstrada a impossibilidade material ou econômica de se executarem as obras sem a utilização dos referidos prédios". Consequentemente, ao Poder Público ficou reservada, já com o Código de Águas, a servidão administrativa de permitir a canalização de águas pelo imóvel serviente, mesmo para atender as necessidades objeto da exclusão da servidão legal, se material ou economicamente inviável a consecução de água de outra forma. Tão relevante o caráter da servidão administrativa, ou de algum poder coercitivo do Estado sobre os imóveis que se interpõem entre uma fonte de água e uma propriedade, que o art. 120 do mesmo Código permite ao governo resolver os problemas decorrentes da dificuldade em conseguir a canalização, a seu critério, ou pela simples averiguação da impraticabilidade de obter água de outra forma.

Declara-se a área de utilidade pública e autoriza-se a canalização em prédio alheio.

A indenização devida ao serviente somente é exigível se da construção do aqueduto resultar diminuição de rendimento da propriedade, ou redução de sua área (art. 120, § 4º, do Código de Águas).

e) Servidão administrativa sobre áreas de pesquisa e lavras de jazidas minerais

Conforme revela a história do Brasil, nos primórdios e até a independência, a propriedade das jazidas pertencia à Coroa portuguesa. A exploração das minas de metais preciosos se efetuava por meio do regime de concessão. Todos quantos recebiam a autorização para as atividades da extração eram obrigados a entregar o "quinto" ao rei, impondo-se a exigência à força, e efetuando-se o confisco nos casos de desobediência. Houve revoltas e insurreições contra tal regime, que representava um execrável apossamento da propriedade privada.

Mesmo com a Independência do Brasil o regime não se alterou. Uma Lei de 20.12.1823 manteve a aplicação no Brasil das leis portuguesas, de maneira que manteve-se o regime, pertencendo as minas à Nação.

Somente com a Constituição Federal de 24.02.1891 o sistema foi alterado, ao considerar a mina acessório do solo, incorporando-a ao domínio. Veja-se seu art. 72, § 17: "O direito de propriedade mantém-se em toda a sua plenitude, salvo a desapropriação por necessidade ou utilidade pública, mediante indenização prévia".

Inexistindo limitações, incluíam-se as jazidas na sua abrangência.

Alterou-se o sistema com o advento do Código de Minas – Decreto nº 24.642 –, de 10.07.1934, introduzindo o princípio de que as jazidas, minas e demais recursos minerais constituem propriedade distinta da do solo, para efeito de exploração ou aproveitamento industrial, a teor de seu art. 4º. Pelo Decreto nº 66, de 14.12.1937, em seu art. 2º, foi destacado quando se dá a separação de titularidade:

> Na execução dos decretos de que trata o artigo precedente serão observadas as seguintes bases:
>
> I) As minas e jazidas minerais que hajam sido manifestadas ao poder público e mandadas registrar, na forma do art. 10 do citado Código de Minas, pertencem aos proprietários do solo onde se encontrem, ou a quem for por título legítimo.
>
> II) As minas e jazidas minerais não manifestadas ao poder público, quer conhecidas, quer desconhecidas, pertencem aos Estados ou à União, a título de domínio privado imprescritível, na seguinte conformidade:
>
> a) pertencem aos estados as que se acharem em terras do seu domínio privado, ou em terras que, tendo sido do seu domínio privado, foram alienadas com reserva expressa, ou tácita por força de lei, da propriedade mineral;
>
> b) pertencem à União todas as demais.

Todavia, com a Emenda Constitucional nº 1 da Constituição Federal de 1967, restou consolidada a separação entre a propriedade do solo e a propriedade do subsolo, segundo bem exprime seu art. 168: "As jazidas, minas e demais recursos minerais e os potenciais de energia hidráulica constituem propriedade distinta da do solo, para o efeito de exploração ou aproveitamento industrial".

A Constituição em vigor, no art. 176, manteve essa titularidade:

> As jazidas, em lavra ou não, e demais recursos minerais e os potenciais de energia hidráulica constituem propriedade distinta da do solo, para efeito de exploração ou aproveitamento, e pertencem à União, garantida ao concessionário a propriedade do produto da lavra.

Para a exploração, o titular dos direitos minerários depende do consentimento do Poder Público.

A concessão ou a autorização para a exploração restringe-se, entretanto, aos brasileiros ou a empresas brasileiras, por disposição do § 1º do mesmo artigo: "A pesquisa e a lavra de recursos minerais e o aproveitamento dos potenciais a que se refere o *caput* deste artigo somente poderão ser efetuados mediante autorização ou concessão da União, no interesse nacional, por brasileiros ou empresa constituída sob as leis brasileiras e que tenha sua sede e administração no País, na forma da lei, que estabelecerá as condições específicas quando essas atividades se desenvolverem em faixa de fronteira ou terras indígenas".

No § 2º está consolidada a garantia da participação do proprietário do solo nos resultados da lavra: "É assegurada participação ao proprietário do solo nos resultados da lavra, na forma e no valor que dispuser a lei".

Jazida é a riqueza mineral no estado da natureza. Ao ser explorada, o que se dá durante a lavra, a denominação é mina. A primeira se constitui do depósito de substância mineral ou fóssil, em natureza, antes da lavra. E mina é a jazida em lavra, isto é, em exploração industrial. Daí a expressão comumente utilizada "lavra de jazida", que equivale à exploração de jazida. Ao ser desenvolvida a exploração, torna-se mina.

Os conceitos se ajustam às definições constantes do art. 4º do Decreto-lei nº 227, de 28.07.1967 (diploma que introduziu o atual Código de Mineração), retalhado por inúmeras alterações, como as introduzidas pelas Leis nº 6.403/1976, nº 6.567/1978 e nº 9.314/1996: "Considera-se jazida toda massa individualizada de substância mineral ou fóssil, aflorando à superfície ou existente no interior da terra, e que tenha valor econômico; e mina, a jazida em lavra, ainda que suspensa".

Segundo o art. 2º do Código de Mineração, os regimes de exploração e aproveitamento de recursos minerais no Brasil são os seguintes:

1. Autorização de Pesquisa;
2. Concessão de Lavra;
3. Licenciamento;
4. Permissão de Lavra Garimpeira (PLG); e
5. Monopólio.

O art. 6º, parágrafo único, letra "b", do Código de Mineração mostra que são partes integrantes da mina, além de outras, as "[...] servidões indispensáveis ao exercício da lavra".

Consideram-se servidões ao exercício da lavra as áreas físicas de terrenos adjacentes, de uso imprescindível aos empreendimentos na exploração de minerais, encontrados na superfície terrestre.

O art. 59 do Código de Mineração, com as alterações trazidas pelo Decreto nº 318, de 14.03.1967, estabeleceu que ficam sujeitas a servidões de solo e subsolo, para fins de pesquisa ou lavra, não apenas a propriedade onde se localiza a jazida, como ainda as limítrofes. Pelo parágrafo único, estendem-se as servidões para os seguintes fins:

a) construção de oficinas, instalações, obras acessórias e moradias;
b) abertura de vias de transporte e linhas de comunicações;

c) captação e adução de água necessária aos serviços de mineração e ao pessoal;

d) transmissão de energia elétrica;

e) escoamento das águas da mina e do engenho de beneficiamento;

f) abertura de passagem de pessoal e material, de conduto de ventilação e de energia elétrica;

g) utilização das aguadas sem prejuízo das atividades preexistentes; e,

h) bota-fora do material desmontado e dos refugos do engenho.

Essa espécie de servidão já era definida por Orlando Gomes, permanecendo ainda real a visão, como "o direito, atribuído ao titular da autorização, ou da concessão, de construir oficinas, instalações, obras acessórias e moradias, de abrir caminhos, linhas de comunicação e transmissão de energia elétrica, de captar água e escoá-la, utilizar aguadas, e, enfim, fazer as obras necessárias ao aproveitamento industrial das jazidas, ou aos trabalhos de pesquisa".[23]

Vê-se, por conseguinte, que a servidão se torna necessária para possibilitar os trabalhos de exploração, após a concessão pelo Ministério de Minas e Energia, por meio do Departamento Nacional de Produção Mineral (DNPM).

O art. 60 do Decreto-lei nº 227 ordena a prévia indenização do valor do terreno ocupado e dos prejuízos resultantes. Não se iniciam os trabalhos de exploração ou lavra antes de satisfeita a indenização: "Instituem-se as servidões mediante indenização prévia do valor do terreno ocupado e dos prejuízos resultantes dessa ocupação" (renumerado do art. 61 para art. 60 pelo Decreto-lei nº 318/1967).

Inexistindo acordo entre as partes, a importância será fixada mediante vistoria ou perícia preliminar, com arbitramento inclusive da renda pela ocupação, em procedimento judicial, assegurando-se às partes, isto é, ao concessionário e ao proprietário, o debate sobre os valores e outras questões relacionadas à legalidade ou não da concessão.

O art. 37 do Decreto nº 62.934, de 02.07.1968, que regulamentou o Decreto-lei nº 227, estabelece as diretrizes para definir a indenização:

> O titular de autorização de pesquisa poderá realizar os trabalhos respectivos e as obras e serviços auxiliares necessários, em terrenos de domínio público ou particular, abrangidos pelas áreas a pesquisar, desde que pague ao proprietário do solo ou posseiro uma renda pela ocupação dos terrenos e uma indenização pelos danos e prejuízos causados pelos trabalhos realizados, observadas as seguintes condições:

---

[23] *Direitos reais*. 3. ed. Rio de Janeiro: Forense, 1969. t. II, p. 319.

I – A renda não poderá exceder ao montante do rendimento líquido máximo da propriedade, referido à extensão da área a ser realmente ocupada;

II – A indenização pelos danos causados não poderá exceder o valor venal da propriedade na extensão da área efetivamente ocupada pelos trabalhos de pesquisa, salvo no caso previsto no inciso seguinte;

III – Quando os danos forem de molde a inutilizar para fins agrícolas e pastoris, toda a propriedade em que estiver encravada a área necessária aos trabalhos de pesquisa, a indenização correspondente poderá atingir o valor venal máximo de toda a propriedade;

IV – Os valores venais referidos nos incisos II e III serão obtidos por comparação com valores venais de propriedades da mesma espécie, localizadas na mesma região;

V – No caso de terrenos públicos é dispensado o pagamento da renda, ficando o titular da pesquisa sujeito apenas ao pagamento relativo a danos e prejuízos.

Na falta de acordo sobre o valor da indenização, deposita-se ele judicialmente, após sua apuração em procedimento judicial, em atenção ao § 1º: "Não havendo acordo entre as partes, o pagamento será feito mediante depósito judicial da importância fixada para indenização, através de vistoria ou perícia com arbitramento, inclusive da renda pela ocupação, seguindo-se o competente mandado de imissão de posse na área, se necessário".

Para o cálculo, por ordem do § 2º, seguem-se as prescrições do art. 27 e o rito que vier instituído por decreto regulamentador. "O cálculo da indenização e dos danos a serem pagos pelo titular da autorização de pesquisas ou concessão de lavra, ao proprietário do solo ou ao dono das benfeitorias, obedecerá às prescrições contidas no art. 27 deste Código, e seguirá o rito estabelecido em Decreto do Governo Federal".

As determinações constantes do art. 27 são as seguintes:

I – A renda não poderá exceder ao montante do rendimento líquido máximo da propriedade na extensão da área a ser realmente ocupada;

II – A indenização por danos causados não poderá exceder o valor venal da propriedade na extensão da área efetivamente ocupada pelos trabalhos de pesquisa, salvo no caso previsto no inciso seguinte;

III – Quando os danos forem de molde a inutilizar para fins agrícolas e pastoris toda a propriedade em que estiver encravada a área necessária aos trabalhos de pesquisa, a indenização correspondente a tais danos poderá atingir o valor venal máximo de toda a propriedade;

IV – Os valores venais a que se referem os incisos II e III serão obtidos por comparação com valores venais de propriedade da mesma espécie, na mesma região;

V – No caso de terrenos públicos, é dispensado o pagamento da renda, ficando o titular da pesquisa sujeito apenas ao pagamento relativo a danos e prejuízos;

VI – Se o titular do Alvará de Pesquisa, até a data da transcrição do título de autorização, não juntar ao respectivo processo prova de acordo com os proprietários ou posseiros do solo acerca da renda e indenização de que trata este artigo, o Diretor-Geral do DNPM, dentro de 3 (três) dias dessa data, enviará ao Juiz de Direito da Comarca onde estiver situada a jazida, cópia do referido título;

VII – Dentro de 15 (quinze) dias, a partir da data do recebimento dessa comunicação, o Juiz mandará proceder à avaliação da renda e dos danos e prejuízos a que se refere este artigo, na forma prescrita no Código de Processo Civil;

VIII – O Promotor de Justiça da Comarca será citado para os termos da ação, como representante da União;

IX – A avaliação será julgada pelo Juiz no prazo máximo de 30 (trinta) dias, contados da data do despacho a que se refere o inciso VII, não tendo efeito suspensivo os recursos que forem apresentados;

X – As despesas judiciais com o processo de avaliação serão pagas pelo titular da autorização de pesquisa;

XI – Julgada a avaliação, o Juiz, dentro de 8 (oito) dias, intimará o titular a depositar quantia correspondente ao valor da renda de 2 (dois) anos e a caução para pagamento da indenização;

XII – Feitos esses depósitos, o Juiz, dentro de 8 (oito) dias, intimará os proprietários ou posseiros do solo a permitirem os trabalhos de pesquisa, e comunicará seu despacho ao Diretor-Geral do DNPM e, mediante requerimento do titular da pesquisa, às autoridades policiais locais, para garantirem a execução dos trabalhos;

XIII – Se o prazo da pesquisa for prorrogado, o Diretor-Geral do DNPM o comunicará ao Juiz, no prazo e condições indicadas no inciso VI deste artigo;

XIV – Dentro de 8 (oito) dias do recebimento da comunicação a que se refere o inciso anterior, o Juiz intimará o titular da pesquisa a depositar nova quantia correspondente ao valor da renda relativa ao prazo de prorrogação;

XV – Feito esse depósito, o Juiz intimará os proprietários ou posseiros do solo, dentro de 8 (oito) dias, a permitirem a continuação dos trabalhos de pesquisa no prazo da prorrogação, e comunicará seu despacho ao Diretor-Geral do DNPM e às autoridades locais;

XVI – Concluídos os trabalhos de pesquisa, o titular da respectiva autorização e o Diretor-Geral do DNPM comunicarão o fato ao Juiz, a fim de ser encerrada a ação judicial referente ao pagamento das indenizações e da renda.

O art. 176, em seu § 2º, da Carta Magna assegura ao proprietário do solo a participação nos resultados da lavra, a qual se vem disciplinada no art. 11, letra "b", do Código de Mineração, em textos da Lei nº 6.403/1976 e da Lei nº 8.901/1994:

> Serão respeitados na aplicação dos regimes de Autorização, Licenciamento e Concessão: [...]
>
> b) o direito à participação do proprietário do solo nos resultados da lavra (Redação dada pela Lei nº 8.901, de 1994).
>
> § 1º A participação de que trata a alínea 'b' do *caput* deste artigo será de 50% do valor total devido aos Estados, Distrito Federal, Municípios e órgãos da administração direta da União, a título de compensação financeira pela exploração de recursos minerais, conforme previsto no *caput* do art. 6º da Lei nº 7.990, de 29.12.1989, e no art. 2º da Lei nº 8.001, de 13.03.1990.

O proprietário do solo fará jus, ainda, ao recebimento de indenização prévia pelos danos e prejuízos eventualmente sofridos com o desenvolvimento das atividades e pela ocupação de suas terras.

Para a exata definição do valor indenizatório, elaboram-se levantamentos da abrangência e extensão das servidões, o que se fará por meio de estudo de engenharia da mineração.

O Decreto nº 62.934, de 02.07.1968, no art. 81, dá as finalidades da servidão, com as dimensões necessárias para os vários tipos de benfeitorias necessárias:

> A propriedade onde se localiza a jazida, bem como as limítrofes ou vizinhas, para efeitos de pesquisa e lavra, ficam sujeitas a servidões de solo e subsolo, que serão constituídas para os seguintes fins:
>
> a) construção de oficinas, instalações, inclusive as de engenho de beneficiamento obras acessórias e moradias;
>
> b) abertura de vias de transporte e linhas de comunicação;
>
> c) captação e adução de água necessária aos serviços de mineração e ao pessoal;
>
> d) transmissão de energia elétrica;
>
> e) escoamento das águas da mina e do engenho de beneficiamento;
>
> f) abertura de passagem de pessoal e material, de conduto de ventilação e de energia elétrica;
>
> g) utilização das aguadas sem prejuízo das atividades preexistentes;
>
> h) bota-fora do material desmontado e dos refugos do engenho.

Relativamente ao petróleo e gases naturais, também se instituíram servidões, consistentes no uso de espaços e na utilização de bens exigidos para a extração ou exploração. A pesquisa e a lavra constituem monopólio da União, consoante o art. 177, I, da CF:

Constituem monopólio da União:

I – a pesquisa e a lavra das jazidas de petróleo e gás natural e outros hidrocarbonetos fluidos.

O regime legal das jazidas de petróleo e gases naturais, de rochas betuminosas e pirobetuminosas, submetem-se ao Decreto-lei nº 3.236, de 07.05.1941. Seu art. 23 confere ao pesquisador legalmente constituído e ao permissionário de lavra "direito a todas as *servidões* estabelecidas por lei em favor da indústria mineira, inclusive o direito de desapropriação do terreno superficial de que necessitem para o estabelecimento e desenvolvimento dos trabalhos de exploração, respeitadas, em cada caso, as determinações legais".

De acordo com o § 1º desse dispositivo, "quando forem de natureza urgente os trabalhos a executar, a *servidão* será constituída mediante depósito judicial prévio, arbitrado por peritos, na forma da lei". O § 2º, por sua vez, tratando das indenizações, estabelece que devem ser calculadas tão somente em relação aos danos e prejuízos verificados e não sobre o valor que as *servidões* possam representar para o permissionário.

Vejam-se os textos:

§ 1º Quando forem de natureza urgente os trabalhos a executar, a servidão será instituída mediante depósito judicial prévio, arbitrados por peritos, na forma da lei.

§ 2º As indenizações devem ser calculadas tão somente em relação aos danos e prejuízos verificados e não sobre o valor que as servidões possam representar para o permissionário.

A área de pesquisa ou lavra é o prédio dominante, figurando como servientes o imóvel e a área limítrofe onde se encontra localizada a jazida.

Na forma do art. 177, I e II, da Constituição Federal, a pesquisa e a lavra das jazidas de petróleo e gás natural e outros hidrocarbonetos fluidos, bem como a refinação do petróleo nacional ou estrangeiro, constituem monopólio da União, à qual se garante a instituição das servidões necessárias para facilitar os trabalhos de exploração, mediante indenização (Decreto-lei nº 3.236, de 07.05.1941, art. 23). De observar o § 1º do art. 20 da mesma Carta, pelo qual é assegurada, nos termos da lei, aos Estados, ao Distrito Federal e aos Municípios, bem como a órgãos da administração direta da União, participação no resultado da exploração de petróleo ou gás natural, de recursos hídricos para fins de geração de energia elétrica e de outros recursos minerais no respectivo território, plataforma continental, mar territorial ou zona econômica exclusiva, ou compensação financeira por essa exploração.

f) Servidão sobre prédios vizinhos a obras ou imóveis tombados no Patrimônio Histórico e Artístico Nacional

É a servidão administrativa assim nomeada aquela pela qual o Poder Público estabelece normas de proteção às coisas tombadas, impondo aos proprietários dos prédios vizinhos a obrigação negativa de não fazerem construções que impeçam ou reduzam a sua visibilidade, ou prejudiquem seu relevo, e determinando, a todos indistintamente, a proibição de colocar cartazes ou anúncios em seu exterior. Consideram-se tombados os bens quando o Poder Público declara de valor histórico, artístico, paisagístico, cultural, ecológico ou científico as coisas que, por essa razão, "devem ser preservadas de acordo com a inscrição no livro próprio".[24]

O amparo está no art. 23, III, da Constituição Federal, que delega à União, aos Estados, ao Distrito Federal e aos Municípios a competência comum de "proteger os documentos, as obras e outros bens de valor histórico, artístico e cultural, os monumentos, as paisagens naturais notáveis e os sítios arqueológicos". No art. 216, o mesmo diploma inclui como

> patrimônio cultural brasileiro os bens de natureza material e imaterial, tomados individualmente ou em conjunto, portadores de referência à identidade, à ação, à memória dos diferentes grupos formadores da sociedade brasileira, nos quais se incluem:
>
> [...] V – os conjuntos urbanos e sítios de valor histórico, paisagístico, artístico, arqueológico, paleontológico, ecológico e científico.

No § 1º do mesmo artigo, prescreve:

> O poder público, com a colaboração da comunidade, promoverá e protegerá o patrimônio cultural brasileiro, por meio de inventários, registros, vigilância, tombamento e desapropriação, e de outras formas de acautelamento e preservação.

O tombamento constitui um ato administrativo realizado pelo poder público com o objetivo de preservar, pela aplicação da lei, bens de valor histórico, cultural, arquitetônico e ambiental para a população, impedindo que venham a ser destruídos ou descaracterizados. É a definição de Hely Lopes Meirelles: "Tombamento é declaração, pelo Poder Público, do valor histórico, artístico, paisagístico, turístico, cultural ou científico de coisas ou locais que, por essa razão, devem ser preservados, de acordo com a inscrição em livro próprio".[25]

Na interpretação do dispositivo constitucional, entende-se que o uso do tombamento ou da desapropriação, como meio de proteção cultural, não está na livre disposição do Poder Público, mas deriva do vínculo histórico do bem a fato memorável nacional, que deve ser comprovado por meio hábil, justificando o tombamento; ou, ostentando-se genérico o valor histórico atribuído ao bem, por exemplo, a antiguidade, o meio adequado será o da desapropriação, descabendo o tombamento. Isso porque, sendo esse um instrumento capaz de onerar pesadamente a propriedade privada, só pode ser admitido como um *ato*

---

[24] Hely Lopes Meirelles. *Direito de construir*. 4. ed. São Paulo: RT, 1983. p. 119.
[25] *Direito administrativo brasileiro*, cit., p. 485.

vinculado, ao qual a lei impõe os pré-requisitos de sua realidade factual histórica, assim como a observância estrita da forma processual de sua implantação.

Nesse sentido, decidiu o STF:

> Constitucional – Administrativo e processual civil – Tombamento – Invalidade – O ato do tombamento é vinculado quanto à existência fática e jurídica dos motivos, eis que o Decreto-lei no 25, de 30.11.1937, exige que a realidade factual esteja juridicamente qualificada, de forma hábil, para que um bem possa, licitamente, sofrer os ônus, não indenizados, do selo de sua integração no patrimônio histórico e artístico nacional. Necessidade de que o bem esteja vinculado a fato memorável da história pátria, ou seja, de excepcional valor artístico. Adoção, *in casu*, do conceito, mais amplo do que o de patrimônio histórico e artístico, de 'memória nacional', conforme se lê no laudo pericial judicial, para cuja preservação o caminho não é o do ato gratuito do tombamento, mas o da desapropriação onerosa (art. 5º, K e I, do Decreto-lei 3.365, de 21.06.1941). Cabe ao Poder Judiciário a aferição do respeito a esse sistema e do respeito aos limites do poder discricionário [...].[26]

Não comprovado o fato histórico qualificado, vinculado ao imóvel individualmente considerado, fica afastada a hipótese do tombamento puro e simples.

Sempre que o tombamento resultar onerosidade excessiva ao proprietário, deverá ser acompanhado de indenização, eis que acarreta um sacrifício que não está obrigado a suportar sozinho, impondo-se a divisão com a coletividade, em razão do princípio da igualdade na repartição dos encargos púbicos.

A esse propósito, o Superior Tribunal de Justiça reconhece o direito à indenização em razão de tombamento, de que é exemplo o Resp 401.264, Rel. Min. Eliana Calmon, em 05.09.2002, a cujo teor "a jurisprudência desta Turma, bem assim da Primeira Turma, é no sentido de admitir indenização de área tombada, quando do ato restritivo de utilização da propriedade resulta prejuízo para o *dominus*".

No REsp 220.983, Rel. Min. José Delgado, em 15.08.2000, o Superior Tribunal de Justiça decidiu que "O ato administrativo de tombamento de bem imóvel, com o fim de preservar a sua expressão cultural e ambiental, esvaziar-se, economicamente, de modo total, transforma-se, por si só, de simples servidão administrativa em desapropriação, pelo que a indenização deve corresponder ao valor que o imóvel tem no mercado. Em tal caso, o Poder Público adquire o domínio sobre o bem. Imóvel situado na Av. Paulista, São Paulo".

O dever de indenizar é ressaltado também por Antonio A. Queiroz Telles:

> A coletividade, também, deverá arcar com o custo pelas restrições impostas ao proprietário do bem tombado. Há que se repartir entre as partes esses

---

[26] Recurso Extraordinário nº 182.782-3/RJ, j. 14.11.1995, rel. Min. Moreira Alves, *DJ* 09.02.1996.

ônus, devendo o Poder Público conceder aos particulares certos privilégios destinados a compensar os seus reais prejuízos.

Em verdade, não haveria nisso qualquer sentido de protecionismo imoral. Antes, estaria a administração concretizando o conteúdo da regra da igualdade.

Realmente, se todos são iguais perante a lei, será justo que não só os benefícios como também os ônus sejam equitativamente distribuídos entre os membros da coletividade.[27]

A servidão é instituída para tornar possível a proteção. Pode ela se caracterizar como uma restrição individual, "quando atinge determinado bem – uma casa, por exemplo – reduzindo os direitos do proprietário ou impondo-lhe encargos"; ou como restrição geral, abrangendo, então, uma coletividade, "obrigando-a a respeitar padrões urbanísticos ou arquitetônicos, como ocorre com o tombamento de locais históricos ou paisagísticos".[28]

Figuram como prédios servientes as construções vizinhas que arcam com aqueles deveres. Fundo dominante é o monumento ou a obra artística, sob tombamento.

A proteção do patrimônio histórico, isto é, dos bens tombados, e o fundamento jurídico da servidão se encontram no Decreto-lei nº 25, de 30.11.1937, que, no art. 18, reza: "Sem prévia autorização do Serviço do Patrimônio Histórico e Artístico Nacional, não se poderá, na vizinhança da coisa tombada, fazer construção que lhe impeça ou reduza a visibilidade, nem nela colocar anúncios ou cartazes, sob pena de ser mandada destruir a obra ou retirar o objeto, impondo-se neste caso a multa de 50% do valor do mesmo objeto".

A servidão se configura no estabelecimento de normas às quais todos os proprietários são obrigados a obedecer, dentro de determinada faixa em torno dos bens tombados.

O objetivo é a proteção da conservação e da visibilidade da coisa tombada, seja monumento histórico, artístico ou natural. Para isso, a vizinhança passa a sofrer restrições, que podem ser da seguinte ordem:

- proibição da implantação e funcionamento de indústrias potencialmente poluidoras, visando, notadamente, a preservação dos mananciais de águas e a conservação da exterioridade dos monumentos, posto que sujeitos a se denegrir ou deteriorar pelos elementos químicos nocivos expelidos por certas indústrias;
- proibição ou limitação de obras de terraplanagem, de aberturas de canais ou obras capazes de provocar a erosão das terras;

---

[27] *Tombamento e seu regime jurídico.* São Paulo: RT, 1992. p. 100.

[28] Hely Lopes Meirelles, *Direito de construir,* cit., p. 120.

- proibição de atividades causadoras de prejuízos à aproximação de turistas;
- proibição de construções que ocultem ou tornem pouco perceptível o monumento.

No Brasil, no entanto, estamos longe de dar cumprimento às disposições legais. Ao que parece, o Instituto do Patrimônio Histórico e Artístico e outras entidades têm a finalidade de não só efetuar os tombamentos, ou a incorporação de bens de valor artístico e patrimonial histórico, mas também de conservar o acervo existente e impor medidas de proteção. Para tornar efetiva sua ação, cumpriria que os municípios participassem objetiva e realmente na concretização de tais objetivos, contrariamente ao que não raras vezes acontece, quando autorizam construções em desacordo com as normas vigentes sobre a matéria. Cidades históricas do Brasil, com um imenso catálogo de prédios tombados, aos poucos se descaracterizam de maneira inexorável por culpa dos alvarás municipais, distribuídos à revelia e sem qualquer critério no que diz respeito à manutenção da beleza arquitetônica existente.

Os livros de tombamento estão previstos no art. 4º do Decreto-lei nº 25/1937, sendo os seguintes: Livro do Tombo Arqueológico, Etnográfico e Paisagístico; no Livro do Tombo Histórico; no Livro do Tombo das Belas Artes; e no Livro do Tombo das Artes Aplicadas.

Eis os atos que se lançam em cada um:

1) no Livro do Tombo Arqueológico, Etnográfico e Paisagístico, as coisas pertencentes às categorias de arte arqueológica, etnográfica, ameríndia e popular, e bem assim as mencionadas no § 2º do citado art. 1º;

2) no Livro do Tombo Histórico, as coisas de interesse histórico e as obras de arte histórica;

3) no Livro do Tombo das Belas Artes, as coisas de arte erudita, nacional ou estrangeira;

4) no Livro do Tombo das Artes Aplicadas, as obras que se incluírem na categoria das artes aplicadas, nacionais ou estrangeiras.

g) Servidões aeronáuticas, estabelecidas em torno de aeródromos

A presente servidão refere-se às restrições impostas em zonas circunvizinhas e próximas aos aeródromos e aeroportos, em vista do pouso e decolagem de aeronaves.

As servidões aeronáuticas visam garantir a segurança e eficiência da utilização e funcionamento dos aeródromos civis e das instalações de apoio à aviação civil e a proteção de pessoas e bens à superfície.

A matéria está regulamentada no Código Brasileiro de Aeronáutica, introduzido pela Lei nº 7.565, de 19.12.1986. Seu art. 27 define o aeródromo como toda área destinada a pouso, decolagem e movimentação de aeronaves. Quando dotado de instalações e facilidades para o apoio de operações de aeronaves e de embarques e desembarques de pessoas e cargas, denomina--se aeroporto, segundo definição do art. 31: "Consideram-se: I – Aeroportos os aeródromos públicos, dotados de instalações e facilidades para apoio de operações de aeronaves e de embarque e desembarque de pessoas e cargas".

Dentro do conceito amplo de aeródromo, está compreendido o heliponto, que é toda a área utilizada para pousos, decolagens e movimentação de helicópteros, isto é, os aeródromos destinados exclusivamente a helicópteros, de acordo com o art. 31, II, da Lei nº 7.565. Se dotados de instalações e facilidades para apoio de operações de helicópteros e de embarque e desembarque de pessoas e cargas, a denominação é heliporto.

Nos arts. 43 a 46, vêm fixadas limitações ao uso das propriedades vizinhas, relativas ao aproveitamento quanto a edificações, instalações, culturas agrícolas e objetos de natureza permanente ou temporária, que possam embaraçar as manobras de aeronaves, ou causar interferência nos sinais dos auxílios à radionavegação, ou dificultar a visibilidade de auxílios visuais.

Eis as disposições no art. 43: "As propriedades vizinhas dos aeródromos e das instalações de auxílio à navegação aérea estão sujeitas a restrições especiais.

Parágrafo único. As restrições a que se refere este artigo são relativas ao uso das propriedades quanto a edificações, instalações, culturas agrícolas e objetos de natureza permanente ou temporária, e tudo mais que possa embaraçar as operações de aeronaves ou causar interferência nos sinais dos auxílios à radionavegação ou dificultar a visibilidade de auxílios visuais".

O art. 44 ordena que as restrições às propriedades serão estabelecidas pela autoridade aeronáutica competente, mediante a aprovação de vários planos:

> As restrições de que trata o artigo anterior são as especificadas pela autoridade aeronáutica, mediante aprovação dos seguintes planos, válidos, respectivamente, para cada tipo de auxílio à navegação aérea:
> I – Plano Básico de Zona de Proteção de Aeródromos;
> II – Plano de Zoneamento de Ruído;
> III – Plano Básico de Zona de Proteção de Helipontos;
> IV – Planos de Zona de Proteção e Auxílios à Navegação Aérea.

Consoante o § 1º do art. 44, a cada aeródromo poderão ser aplicados planos específicos, observadas as prescrições, que couberem, dos planos básicos, de conformidade com as conveniências e peculiaridades de proteção ao voo.

Interessa observar, também, a norma do § 4º, pelo qual as Administrações Públicas deverão compatibilizar o zoneamento do uso do solo, nas áreas vizinhas aos aeródromos, às restrições especiais, constantes dos planos básicos e específicos.

A instituição de servidão fica na dependência do enquadramento nos planos básicos ou específicos de cada aeroporto.

A indenização é devida apenas quando as autoridades impuserem demolições de obstáculos, como de prédios, e desde que erguidos antes da publicação dos planos básicos ou específicos, de conformidade com o art. 46: "Quando as restrições estabelecidas impuserem demolições de obstáculos levantados antes da publicação dos Planos Básicos ou Específicos, terá o proprietário direito à indenização". Útil a explicação de Joaquim de Almeida Baptista: "A indenização é devida sempre, desde que acarrete prejuízo para o titular do direito afetado, o que vem a ocorrer apenas quando as autoridades impuserem demolições de prédios, ou reduzirem as alturas, ou impedirem construções ou implantações de qualquer natureza. Afora este pormenor, a instituição de servidão independe de qualquer formalidade entre as partes, pois decorre de lei e da inclusão da propriedade no plano da zona de proteção".[29]

Asseguram-se o embargo de obra ou construção, bem como a eliminação de obstáculos, desde que contrariem os planos básicos ou específicos de cada aeroporto. É o que autoriza o art. 45: "A autoridade aeronáutica poderá embargar a obra ou construção de qualquer natureza que contrarie os Planos Básicos ou os Específicos de cada aeroporto, ou exigir a eliminação dos obstáculos levantados em desacordo com os referidos planos, posteriormente à sua publicação, por conta e risco do infrator, que não poderá reclamar qualquer indenização".

As servidões que forem instituídas, ou mais apropriadamente as restrições, são administrativas, porquanto permitidas, desde que incluídas nos planos básicos ou específicos. As normas impostas deverão ser acatadas por todos, a elas subordinando-se as construções e o uso do solo situado dentro da periferia imposta pelas autoridades aeronáuticas.

Como titulares da servidão aparecem a União e as empresas que exploram o serviço de navegação e as aeronaves. Suportam os ônus os prédios e imóveis atingidos pelas determinações, os quais figuram como servientes.

h) Servidões militares

Constituem restrições impostas sobre as áreas vizinhas dos estabelecimentos militares, com o objetivo de dar segurança e facilitar as ações, manobras e locomoções das unidades aquarteladas. Podem-se compreender tais servidões como as restrições incidentes em zonas militares, destinadas à segurança e defesa nacional, mormente onde se encontram as fortificações, quartéis e outros prédios que abrigam as tropas, armamentos e demais

---

[29] *Das servidões administrativas*, cit., p. 105.

equipamentos bélicos. Mais detalhadamente, eis as finalidades que impõe a sua instituição:

- garantir a segurança das instalações militares ou de interesse para a defesa nacional;
- garantir a segurança das pessoas e dos bens nas zonas confinantes com as instalações militares ou de interesse para a defesa nacional;
- permitir às forças armadas a execução das missões que lhes competem, no exercício da sua atividade normal ou dentro dos planos de operações militares.

Em todos os países há regulamentos que determinam tais cerceamentos, verificando-se casos em que as próprias atividades humanas são discriminadas.

No Brasil, entre outros mandamentos, foi editado o Decreto nº 26.959, de 27.07.1949, rezando seu art. 11: "Para as fortalezas e fortes existentes na data da aprovação deste regulamento, prevalece o conceito de – zona de servidão militar – no que se refere aos terrenos de propriedade particular legítima, acaso localizados junto ou em torno deles e sobre os quais o Ministro da Guerra exerça o direito de servidão previsto no Código Civil e nas leis especiais em vigor, inclusive o direito de fiscalização e policiamento, autorizado pelo item IV do laudo aprovado pelo Decreto-lei nº 1.763, de 10 de novembro de 1939, para evitar o uso da propriedade particular em prejuízo dos interesses da defesa nacional, e da prerrogativa de fixação de gabaritos para construções e reconstruções, nos termos dos Decretos-leis nos 3.437 (geral), 5.062 (Fortaleza de São João), 4.541 e 8.264 (Fortes Copacabana e Duque de Caxias), respectivamente de 17.07.1941, 10.12.1942, 31.07.1942 e 01.12.1945".

Consta desse regulamento que a construção, a reconstrução e as benfeitorias dependem de audiência da autoridade militar, obedecendo gabaritos previamente fixados.

A servidão abrange uma extensão de 1.320 metros a partir do exterior das fortificações.

Há servidão administrativa pelo fato de os imóveis localizados na zona militar, em relação às fortificações e aos fortes, subordinarem-se a regulamentos específicos, que traçam normas sobre os tipos de construções, de cessão, de locação; sobre a abertura de vias de comunicação e instalações de equipamentos urbanos.

Essas construções e demais obras consideram-se prédios servientes.

Aduz Hely Lopes Meirelles: "Na faixa de fronteira, assim considerada a faixa interna de cento e cinquenta quilômetros de largura, paralela à linha divisória do território nacional, a Lei nº 6.634, de 02.05.1979, condiciona ao prévio assentimento do Conselho de Segurança Nacional a abertura de vias de comunicação, a instalação de meios de transmissão, a construção de pontes e estradas internacionais e o estabelecimento de indústrias que interessem à segurança da Nação (arts. 1º e 2º)".[30]

Veja-se, sobre a faixa de segurança nacional, o art. 1º da Lei nº 6.634/1979, supracitada:

> É considerada área indispensável à Segurança Nacional a faixa interna de 150 km (cento e cinquenta quilômetros) de largura, paralela à linha divisória terrestre do território nacional, que será designada como Faixa de Fronteira.

Sobre as atividades dependentes do assentimento do Conselho de Segurança Nacional, a discriminação está no art. 2º:

> Salvo com o assentimento prévio do Conselho de Segurança Nacional, será vedada, na Faixa de Fronteira, a prática dos atos referentes a:
>
> I – alienação e concessão de terras públicas, abertura de vias de transporte e instalação de meios de comunicação destinados à exploração de serviços de radiodifusão de sons ou radiodifusão de sons e imagens;
>
> II – construção de pontes, estradas internacionais e campos de pouso;
>
> III – estabelecimento ou exploração de indústrias que interessem à Segurança Nacional, assim relacionadas em decreto do Poder Executivo;
>
> IV – instalação de empresas que se dedicarem às seguintes atividades:
>
> a) pesquisa, lavra, exploração e aproveitamento de recursos minerais, salvo aqueles de imediata aplicação na construção civil, assim classificados no Código de Mineração;
>
> b) colonização e loteamento rurais;
>
> V – transações com imóvel rural, que impliquem a obtenção, por estrangeiro, do domínio, da posse ou de qualquer direito real sobre o imóvel;
>
> VI – participação, a qualquer título, de estrangeiro, pessoa natural ou jurídica, em pessoa jurídica que seja titular de direito real sobre imóvel rural.

i) Servidão em favor das fontes de águas minerais, termais e gasosas

A servidão tem a finalidade de proteger as fontes das águas minerais, termais e gasosas, e possibilitar a exploração econômica.

Quanto às águas minerais, são aquelas provenientes de fontes naturais ou de fontes artificialmente captadas que possuam composição química ou propriedades físicas ou físico-químicas distintas das águas comuns, com características que lhes confiram uma ação medicamentosa.

---

[30] *Direito de construir*, cit., p. 131.

Encontra-se a regulamentação prevista no Código de Águas Minerais, introduzido pelo Decreto nº 7.841, de 08.08.1945, encerrando seu art. 12 a forma de instituição das fontes para exploração: "Às fontes de água mineral, termal ou gasosa, em exploração regular, poderá ser assinalado, por decreto, um perímetro de proteção, sujeito a modificações posteriores se novas circunstâncias o exigirem".

O diploma aduz várias normas relativas à exploração. Destacam-se a necessidade de prévia autorização a ser concedida pelo Departamento Nacional de Proteção Mineral (DNPM) (a quem cabe gerir o patrimônio mineral brasileiro de forma sustentável, utilizando instrumentos de regulação em benefício da sociedade) para qualquer sondagem ao trabalho subterrâneo; a obtenção de autorização, junto ao mesmo órgão, até noventa dias após, para a construção de fossas, cisternas, galerias destinadas à exploração de material, fundações de casas e outros trabalhos a céu aberto.

Está assegurado ao proprietário do terreno onde fica a fonte uma indenização desde que superior a trinta dias a ocupação, ou quando o terreno resultar danificado e impróprio para o uso que antes vinha tendo.

Quanto ao perímetro constante no art. 12, Maria Sylvia Zanella Di Pietro cita, a título de exemplos, o Decreto Federal nº 75.700, de 07.05.1975, que fixou uma área de 17,4720 hectares para as fontes do Município de São Lourenço, localizado no Estado de Minas Gerais; e a Lei Estadual nº 898/SP, de 18.12.1975, que instituiu a servidão para proteção dos reservatórios de águas e demais recursos hídricos da Região Metropolitana de São Paulo, estendendo a área de proteção à correspondente aos mananciais de águas comuns. Nas áreas de proteção, os projetos e a execução de arruamentos, loteamentos, edificações de obras, bem como a prática de atividades agropecuárias, comerciais, industriais e recreativas, dependem de aprovação prévia do órgão metropolitano competente.[31]

Os imóveis localizados nas áreas de proteção constituem o fundo serviente, submetendo-se a diversas restrições de interesse público, em benefício da coisa dominante, ou seja, dos mananciais, cursos, reservatórios, fontes de águas minerais, termais ou gasosas.

j) Instalação de servidão de rede de energia elétrica sem ônus, em área de via pública federal

Não é possível concessionária que administra rodovia federal cobrar da concessionária de energia elétrica encargos relativos a obras de ampliação da rede de energia e à ocupação de faixa de domínio da rodovia. Acontece que o art. 151 do Decreto nº 24.643/1934, regulamentado pelos arts. 1º e 2º do

---

[31] *Servidão administrativa*, cit., p. 140.

Decreto 84.398/1980, prevê a possibilidade de a concessionária de energia elétrica instituir servidões para ocupação de áreas públicas, a fim de melhor prestar o serviço público.

Para a compreensão, transcrevem-se os dispositivos.

Assim, no art. 151 do Decreto nº 24.643 (Código de Águas), está permitida a utilização das áreas de domínio público para a instalação de linhas de transmissão e distribuição:

> Para executar os trabalhos definidos no contrato, bem como para explorar a concessão, o concessionário terá, além das regalias e favores constantes das leis fiscais e especiais, os seguintes direitos:
>
> a) utilizar os termos de domínio público e estabelecer as servidões nos mesmos e através das estradas, caminhos e vias públicas, com sujeição aos regulamentos administrativos;
>
> b) desapropriar nos prédios particulares e nas autorizações pré-existentes os bens, inclusive as águas particulares sobe que verse a concessão e os direitos que forem necessários, de acordo com a lei que regula a desapropriação por utilidade pública, ficando a seu cargo a liquidação e pagamento das indenizações;
>
> c) estabelecer as servidões permanentes ou temporárias exigidas para as obras hidráulicas e para o transporte e distribuição da energia elétrica;
>
> d) construir estradas de ferro, rodovias, linhas telefônicas ou telegráficas, sem prejuízo de terceiros, para uso exclusivo da exploração;
>
> e) estabelecer linhas de transmissão e de distribuição.

No art. 1º do Decreto nº 84.398/1980 (dispõe sobre a ocupação de faixas de domínio de rodovias e de terrenos de domínio público e a travessia de hidrovias, rodovias e ferrovias, por linhas de transmissão, subtransmissão e distribuição de energia elétrica e dá outras providências), vem inserida a ocupação de faixas de domínio das rodovias por linhas de transmissão e distribuição de rede de energia elétrica.

> A ocupação de faixas de domínio de rodovias, ferrovias e de terrenos de domínio público, e a travessia de hidrovias, rodovias e ferrovias, por linhas de transmissão, subtransmissão e distribuição de energia elétrica, por concessionários de serviços públicos de energia elétrica, serão objeto de autorização de órgão público federal, estadual ou municipal ou entidade competente, sob cuja jurisdição estiver a via a ser ocupada ou atravessada e do Departamento Nacional de Água e Energia Elétrica (DNAEE).

O art. 2º estabelece que as autorizações para a fixação de tais redes se farão sem ônus para os concessionários:

Atendidas as exigências legais e regulamentares referentes aos respectivos projetos, as autorizações serão por prazo indeterminado e sem ônus para os concessionários de serviços públicos de energia elétrica.

Não ocorre a revogação desses decretos pelo art. 11 da Lei 8.987, de 13.02.1995 (dispõe sobre o regime de concessão e permissão da prestação de serviços públicos previsto no art. 175 da Constituição Federal, e dá outras providências), que prevê a possibilidade de concessionária explorar receitas alternativas para favorecer a modicidade das tarifas cobradas. Eis o texto do dispositivo:

No atendimento às peculiaridades de cada serviço público, poderá o poder concedente prever, em favor da concessionária, no edital de licitação, a possibilidade de outras fontes provenientes de receitas alternativas, complementares, acessórias ou de projetos associados, com ou sem exclusividade, com vistas a favorecer a modicidade das tarifas, observado o disposto no art. 17 desta Lei.

Capítulo XIX

A INSTITUIÇÃO DE SERVIDÃO AMBIENTAL EM OUTRO IMÓVEL PARA FINS DE RESERVA LEGAL

1. A COMPREENSÃO DE ÁREA DE RESERVA LEGAL

Primeiramente, necessário entender o significado e a extensão da área de reserva legal.

A compreensão de área de reserva legal, também denominada área de reserva florestal legal, e mais apropriadamente área de reserva ambiental, se extrai do Código Florestal ou Lei de Proteção da Vegetação Nativa, instituído pela Lei nº 12.651, de 25.05.2012, que substituiu a Lei nº 4.771, de 15.09.1965, em seu art. 3º, inc. III, sendo:

> Reserva Legal: área localizada no interior de uma propriedade ou posse rural, delimitada nos termos do art. 12, com a função de assegurar o uso econômico de modo sustentável dos recursos naturais do imóvel rural, auxiliar a conservação e a reabilitação dos processos ecológicos e promover a conservação da biodiversidade, bem como o abrigo e a proteção de fauna silvestre e da flora nativa.

O art. 17 caracteriza a reserva legal como a área que deve ser conservada com a cobertura de vegetação nativa pelo proprietário do imóvel rural, possuidor ou ocupante a qualquer título, pessoa física ou jurídica, de direito público ou privado.

2. EXTENSÃO DA ÁREA DE RESERVA LEGAL

A delimitação do art. 12, mencionada no art. 3º, inc. III, está prevista nos seguintes termos:

Todo imóvel rural deve manter área com cobertura de vegetação nativa, a título de Reserva Legal, sem prejuízo da aplicação das normas sobre as Áreas de Preservação Permanente, observados os seguintes percentuais mínimos em relação à área do imóvel, excetuados os casos previstos no art. 68 desta Lei:

I – localizado na Amazônia Legal:

a) 80% (oitenta por cento), no imóvel situado em área de florestas;

b) 35% (trinta e cinco por cento), no imóvel situado em área de cerrado;

c) 20% (vinte por cento), no imóvel situado em área de campos gerais;

II – localizado nas demais regiões do País: 20% (vinte por cento).

Assim, se o imóvel for localizado na Amazônia Legal (os Estados do Acre, Pará, Amazonas, Roraima, Rondônia, Amapá e Mato Grosso e as regiões situadas ao norte do paralelo 13° S, dos Estados de Tocantins e Goiás, e ao oeste do meridiano de 44° W, do Estado do Maranhão – art. 3°, I, da Lei n° 12.651), o percentual de vegetação nativa de responsabilidade do proprietário será de 80% da área situada em região de florestas; b) 35% da área situada em região de cerrado; e c) 20% da área situada em região de campos gerais.

Se o imóvel for localizado em qualquer outra região do país, o proprietário será responsável pela proteção de vegetação nativa em área correspondente a 20% da área total do seu imóvel.

Excetuam-se os casos do art. 68, que correspondem às situações em que os proprietários ou possuidores respeitaram os percentuais de reserva legal previstos na legislação quando da supressão. Veja-se o texto: "Os proprietários ou possuidores de imóveis rurais que realizaram supressão de vegetação nativa respeitando os percentuais de Reserva Legal previstos pela legislação em vigor à época em que ocorreu a supressão são dispensados de promover a recomposição, compensação ou regeneração para os percentuais exigidos nesta Lei".

Observa-se a reserva legal sem prejuízo da área de preservação permanente. Ou seja, cada tipo de área não compensa o outro.

De modo que corresponde a reserva legal ao espaço territorialmente protegido, destinado a assegurar o direito ao meio ambiente ecologicamente equilibrado, como bem de uso comum do povo e essencial à sadia qualidade de vida. Incide sobre cada propriedade rural, na forma de percentual. O fundamento de sua existência encontra-se no art. 225 e no inc. III de seu § 1°, da Carta Federal, nos seguintes termos:

> Todos têm direito ao meio ambiente ecologicamente equilibrado, bem de uso comum do povo e essencial à sadia qualidade de vida, impondo-se ao Poder Público e à coletividade o dever de defendê-lo e preservá-lo para as presentes e futuras gerações.
>
> § 1° Para assegurar a efetividade desse direito, incumbe ao Poder Público: [...]

III – definir, em todas as unidades da Federação, espaços territoriais e seus componentes a serem especialmente protegidos, sendo a alteração e a supressão permitidas somente através de lei, vedada qualquer utilização que comprometa a integridade dos atributos que justifiquem sua proteção.

3. FINALIDADES E DECORRÊNCIAS DA RESERVA LEGAL

Estão, pois, os proprietários de terras obrigados a reservar uma parte da vegetação natural em sua propriedade, para a finalidade de proteger o ecossistema, ou seja, para manter o uso sustentável dos recursos naturais, para conservar e reabilitar os processos ecológicos, para preservar a biodiversidade e para proteger o abrigo e a proteção da fauna e da flora nativas. Não se confunde com a área de preservação permanente coberta ou não por vegetação nativa, cuja função ambiental é de preservar e proteger os recursos hídricos, a paisagem, a estabilidade geológica, a biodiversidade, o fluxo gênico da fauna e da flora, o solo, de modo a assegurar o bem-estar das populações humanas.

Mediante o Cadastro Ambiental Rural (CAR) (averbação no tempo da Lei nº 4.771), é dada publicidade à reserva ambiental ou legal, de sorte que os futuros adquirentes saibam onde se localiza, bem como a extensão, os limites e as confrontações. Uma vez demarcada, fica vedada a alteração de sua destinação, inclusive nos casos de transmissão a qualquer título, de desmembramento e de retificação de área. Daí se depreender que a averbação da reserva florestal na matrícula do imóvel não se coloca como pré-requisito para encaminhar qualquer título por transmissão imobiliária *inter vivos* ou *causa mortis* no Registro Imobiliário, já que atualmente se leva a efeito o Cadastro Ambiental Rural. Entretanto, para a exploração, deve-se providenciar na formalização da reserva legal.

Já a área de preservação permanente prescinde de anotação no Ofício do Registro Imobiliário ou em órgão específico, por se tratar de imposição legal, geral, unilateral e gratuita. A própria lei dá publicidade e eficácia necessárias para o seu cumprimento por todos.

Tanto uma como outra espécie enquadram-se no conceito de limitações administrativas, posto que instituídas por lei e impostas pelo Poder Público de forma unilateral, geral e gratuita sobre a propriedade ou posse rural. A imposição de qualquer uma das modalidades não acarreta direito à indenização, diversamente do que acontece com a servidão administrativa, que é imposta pelo Poder Público, por meio de lei ou de decreto.

Mantém-se a reserva legal na mudança de imóvel rural para urbano, o que se opera mediante lei municipal. Eis a previsão no art. 19: "A inserção do imóvel rural em perímetro urbano definido mediante lei municipal não desobriga o proprietário ou posseiro da manutenção da área de Reserva Legal, que só será extinta concomitantemente ao registro do parcelamento do solo para fins urbanos, aprovado segundo a legislação específica e consoante as diretrizes do plano diretor de que trata o § 1o do art. 182 da Constituição Federal".

4. A INSTITUIÇÃO DE SERVIDÃO DE ÁREA DE RESERVA LEGAL

Para efeitos não só de compensação, mas especialmente para a instituição de área de reserva ambiental ou legal, sempre tendo em conta estimular a preservação ambiental, há a alternativa de instituição de servidão florestal (denominação sob a vigência da Lei nº 4.771) ou ambiental (denominação da Lei nº 12.651), ou de cota de reserva ambiental em outro imóvel, inclusive de terceira pessoa, do qual se destaca uma extensão de terra para satisfazer a área de reserva legal de imóvel de outra pessoa. Por isso, a servidão ou cota terá o mesmo tamanho da área que deveria ser recomposta.

Prédio serviente é aquele onde a área é instituída como servidão; e prédio dominante é o favorecido pela servidão, que não possui área de reserva legal suficiente, mas cuja falta é compensada com a servidão estabelecida no prédio serviente.

O proprietário expressa a renúncia, temporária ou definitiva, a direito de supressão ou exploração de vegetação nativa. Evidentemente, essa porção de terra, que corresponderá, no mínimo, à da reserva legal, situar-se-á fora da área de reserva legal ou de preservação permanente do imóvel serviente. A permissão para essa modalidade de atendimento à exigência da reserva legal encontrava-se prevista no art. 44-A da Lei nº 4.771/1965, em texto da Medida Provisória nº 2.166-67, de 2001: "O proprietário rural poderá instituir servidão florestal, mediante a qual voluntariamente renuncia, em caráter permanente ou temporário, a direitos de supressão ou exploração da vegetação nativa, localizada fora da reserva legal e da área com vegetação de preservação permanente".

Com a Lei nº 12.651, a instituição consta no § 2º do art. 15: "O proprietário ou possuidor de imóvel com Reserva Legal conservada e inscrita no Cadastro Ambiental Rural (CAR) de que trata o art. 29, cuja área ultrapasse o mínimo exigido por esta Lei, poderá utilizar a área excedente para fins de constituição de servidão ambiental, Cota de Reserva Ambiental e outros instrumentos congêneres previstos nesta Lei".

No art. 44 da Lei nº 12.651, a instituição de cota de reserva, colocada em regime de servidão ambiental, vem disciplinada minuciosamente:

> É instituída a Cota de Reserva Ambiental (CRA), título nominativo representativo de área com vegetação nativa, existente ou em processo de recuperação:
> I – sob regime de servidão ambiental, instituída na forma do art. 9º-A da Lei nº 6.938, de 31.08.1981;

II – correspondente à área de Reserva Legal instituída voluntariamente sobre a vegetação que exceder os percentuais exigidos no art. 12 desta Lei;

III – protegida na forma de Reserva Particular do Patrimônio Natural (RPPN), nos termos do art. 21 da Lei nº 9.985, de 18.07.2000;

IV – existente em propriedade rural localizada no interior de Unidade de Conservação de domínio público que ainda não tenha sido desapropriada.

Nota-se que a chamada cota de reserva ambiental, vindo com a abreviatura CRA, é instituída sob o regime de servidão ambiental, o que equivale a concluir que constitui uma servidão. Impõe-se, no dizer de Roberta Jardins de Morais e Maurício Guetta, "a necessidade de a vegetação existente ou em processo de recuperação ser *nativa*, não se admitindo, portanto, que a vegetação exótica componha a área passível de gerar a emissão da Cota de Reserva Ambiental, o que se coaduna com a principal finalidade do Novo Código Florestal, consistente no reconhecimento da vegetação nativa como bem de titularidade da coletividade".[1]

5. A NEGOCIAÇÃO DA SERVIDÃO

É tal cota um título nominativo, representativo de área de vegetação nativa sob regime de servidão ambiental, correspondendo à reserva legal mantida além dos percentuais determinados pelo Código Florestal ou protegida na forma de Reserva Particular do Patrimônio Natural (RPPN). Os proprietários rurais com passivo ambiental, ou seja, que tenham desmatado mais do que deviam, pagam àquele que conservou e mantém crédito ativo na preservação de área com vegetação, adquirindo ou arrendando cotas até complementar a área de reserva legal a que se encontram obrigados por lei.

A instituição, na previsão do inc. I do art. 44, supratranscrito, se fará na forma do art. 9º-A da Lei nº 6.938, de 31.08.1981, que sofreu alterações pela Lei nº 12.651, ficando com nova redação. É necessário o exame de acordo com o citado art. 9º-A, que inicia dando as coordenadas para a formalização da reserva de cota, em extenso regramento. Veja-se o *caput*: "O proprietário ou possuidor de imóvel, pessoa natural ou jurídica, pode, por instrumento público ou particular ou por termo administrativo firmado perante órgão integrante do Sisnama, limitar o uso de toda a sua propriedade ou de parte dela para preservar, conservar ou recuperar os recursos ambientais existentes, instituindo servidão ambiental".

Há, pois, um ato exteriorizado de vontade de limitação do uso de toda ou parte da propriedade, visando a finalidade de conservação ou recuperação dos

---

[1] Novo Código Florestal. *Novo Código Florestal*. Coord. Édis Milaré e Paulo Afonso Leme Machado. São Paulo: RT, 2012. p. 360.

recursos ambientais, por meio da servidão. Tal ato conterá vários requisitos, declinados nos seguintes itens do § 1º do art. 9º-A:

> I – memorial descritivo da área da servidão ambiental, contendo pelo menos um ponto de amarração georreferenciado;
> II – objeto da servidão ambiental;
> III – direitos e deveres do proprietário ou possuidor instituidor;
> IV – prazo durante o qual a área permanecerá como servidão ambiental.

Há várias normas especiais, que vão assim resumidas:

– Não se aplica a servidão às áreas de preservação permanente e de reserva legal mínima exigida (§ 2º do art. 9º-A da Lei nº 6.938), ou seja, não há a criação de servidão ou de cota em área de preservação permanente ou área de reserva legal mínima, pois a condição para a admissão está na existência de sobras.

– A restrição ao uso ou à exploração da vegetação da área sob servidão ambiental deve ser, no mínimo, a mesma estabelecida para a reserva legal (§ 3º do art. 9º-A).

– Averbam-se na matrícula do imóvel no registro de imóveis competente o instrumento ou termo de instituição da servidão ambiental e o contrato de alienação, cessão ou transferência da servidão ambiental (§ 4º e incisos do art. 9º-A).

– Na hipótese de compensação de reserva legal, a servidão ambiental deve ser averbada na matrícula de todos os imóveis envolvidos (§ 5º do art. 9º-A).

– Fica vedada, durante o prazo de vigência da servidão ambiental, a alteração da destinação da área, nos casos de transmissão do imóvel a qualquer título, de desmembramento ou de retificação dos limites do imóvel (§ 6º do art. 9º-A).

– As áreas que tenham sido instituídas na forma de servidão florestal, nos termos do art. 44-A da Lei no 4.771, de 15.09.1965, passam a ser consideradas, pelo efeito da Lei nº 9.938, de servidão ambiental (§ 7º do art. 9º-A).

– A servidão ambiental poderá ser onerosa ou gratuita, temporária ou perpétua (art. 9º-B).

– O prazo mínimo da servidão será de quinze anos (§ 1º do art. 9º-B).

– A servidão ambiental perpétua equivale, para fins creditícios, tributários e de acesso aos recursos de fundos públicos, à Reserva Particular do Patrimônio Natural (RPPN), definida no art. 21 da Lei no 9.985, de 18.07.2000 (§ 2º do art. 9º-B).

– O detentor da servidão ambiental poderá aliená-la, cedê-la ou transferi-la, total ou parcialmente, por prazo determinado ou em caráter definitivo, em favor de outro proprietário ou de entidade pública ou privada que tenha a conservação ambiental como fim social § 3º do art. 9-B).

– O contrato de alienação, cessão ou transferência da servidão ambiental deve ser averbado na matrícula do imóvel, contendo, no mínimo os seguintes elementos (art. 9º-C, § 1º, e incisos): I – a delimitação da área submetida a preservação, conservação ou recuperação ambiental; II – o objeto da servidão ambiental; III – os direitos e deveres do proprietário instituidor e dos futuros adquirentes ou sucessores; IV – os direitos e deveres do detentor da servidão ambiental; V – os benefícios de ordem econômica do instituidor e do detentor da servidão ambiental; VI – a previsão legal para garantir o seu cumprimento, inclusive medidas judiciais necessárias, em caso de ser descumprido.

– Terá o proprietário do imóvel serviente, entre outras, as seguintes obrigações estipuladas no contrato (§ 2º e incisos do art. 9º-C): I – manter a área sob servidão ambiental; II – prestar contas ao detentor da servidão ambiental sobre as condições dos recursos naturais ou artificiais; III – permitir a inspeção e a fiscalização da área pelo detentor da servidão ambiental; IV – defender a posse da área serviente, por todos os meios em direito admitidos.

– São deveres do detentor da servidão ambiental, entre outras obrigações estipuladas no contrato (§ 3º do art. 9º-C): I – documentar as características ambientais da propriedade; II – monitorar periodicamente a propriedade para verificar se a servidão ambiental está sendo mantida; III – prestar informações necessárias a quaisquer interessados na aquisição ou aos sucessores da propriedade; IV – manter relatórios e arquivos atualizados com as atividades da área objeto da servidão; V – defender judicialmente a servidão ambiental.

Segue a regulamentação nos parágrafos do art. 44 da Lei nº 12.651 nos seguintes aspectos:

– Quanto à emissão: Será feita mediante requerimento do proprietário, após inclusão do imóvel no Cadastro Ambiental Rural (CAR) e laudo comprobatório emitido pelo próprio órgão ambiental ou por entidade credenciada, assegurado o controle do órgão federal competente do Sisnama, na forma de ato do Chefe do Poder Executivo (§ 1º).

– Quanto à base da vegetação sobre a qual será instituída a cota: Não pode ser emitida com base em vegetação nativa localizada em área de Reserva Particular do Patrimônio Natural (RPPN) instituída em sobreposição à Reserva Legal do imóvel (§ 2º).

– Quanto à denominação da cota que vigorava no tempo da Lei nº 4.771: A Cota de Reserva Florestal (CRF) emitida nos termos do art. 44-B da Lei no 4.771/1965, passa a ser considerada, pelo efeito da Lei nº 12.651, Cota de Reserva Ambiental (§ 3º).

– Quanto à instituição sobre imóvel familiar: Poderá ser instituída Cota de Reserva Ambiental (CRA) da vegetação nativa que integra a Reserva Legal dos imóveis a que se refere o inciso V do art. 3o da Lei nº 12.651 (pequena propriedade ou posse rural familiar) (§ 4º).

O art. 45 da Lei nº 12.651 indica o órgão que emitirá a Cota de Reserva Ambiental (CRA), que é o Sisnama: "A CRA será emitida pelo órgão competente do Sisnama em favor de proprietário de imóvel incluído no CAR que mantenha área nas condições previstas no art. 44". Como se verifica, insta se mantenham as condições previstas no art. 44, as quais se encontram transcritas *supra*.

A pessoa que pretende a emissão do título da cota de reserva ambiental instruirá o pedido dirigido ao Sisnama com os documentos que estão relacionados no § 1º do art. 45:

> I – certidão atualizada da matrícula do imóvel expedida pelo registro de imóveis competente;
> II – cédula de identidade do proprietário, quando se tratar de pessoa física;
> III – ato de designação de responsável, quando se tratar de pessoa jurídica;
> IV – certidão negativa de débitos do Imposto sobre a Propriedade Territorial Rural (ITR);
> V – memorial descritivo do imóvel, com a indicação da área a ser vinculada ao título, contendo pelo menos um ponto de amarração georreferenciado relativo ao perímetro do imóvel e um ponto de amarração georreferenciado relativo à Reserva Legal.

Permite-se ao Sisnama delegar as funções de emitir, cancelar ou transferir o título da cota, ficando assegurada a implementação de sistema único de controle (§ 4º do art. 45).

Uma vez aprovada a proposta, emite-se o título da cota, que terá os seguintes elementos de identificação, indicados no § 2º, também do art. 45:

> I – o número da CRA no sistema único de controle;
> II – o nome do proprietário rural da área vinculada ao título;
> III – a dimensão e a localização exata da área vinculada ao título, com memorial descritivo contendo pelo menos um ponto de amarração georreferenciado;
> IV – o bioma correspondente à área vinculada ao título;
> V – a classificação da área em uma das condições previstas no art. 46.

Necessário ressaltar a descrição do bioma, isto é, do ecossistema, da unidade biológica ou espaço geográfico cujas características específicas são definidas pelo macroclima, a fitofisionomia, o solo e a altitude.

Há, outrossim, o vínculo da área à cota, com a necessária averbação na matrícula do respectivo imóvel no Registro de Imóveis (§ 3º do art. 45).

Cap. XIX • A INSTITUIÇÃO DE SERVIDÃO AMBIENTAL EM OUTRO IMÓVEL PARA FINS DE RESERVA LEGAL | **289**

O art. 46 define a extensão de um hectare de cada cota instituída em regime de servidão, sobre as seguintes áreas:

> Cada CRA corresponderá a 1 (um) hectare:
> I – de área com vegetação nativa primária ou com vegetação secundária em qualquer estágio de regeneração ou recomposição;
> II – de áreas de recomposição mediante reflorestamento com espécies nativas.

Existem, ainda, nos parágrafos do art. 46 regras sobre estágio sucessional ou o tempo de recomposição ou regeneração da vegetação nativa e sobre a proibição da emissão do título quando a regeneração ou recomposição da área forem improváveis ou inviáveis.

O título da cota será registrado, no prazo de trinta dias da data da emissão, em bolsas de mercadorias de âmbito nacional ou em sistemas de registro e de liquidação financeira de ativos autorizados pelo Banco Central do Brasil (art. 47), desde que existentes e haja a regulamentação.

Há naturalmente a permissão de se efetuar a transferência da cota de forma onerosa ou gratuita, com a necessidade do registro (art. 48). E é justamente a transferência que possibilita a compensação daqueles que possuem extensões menores de área de reserva das exigidas. Importante tal finalidade, que está no § 2º do art. 48, e desde que a utilização incida em imóveis com o mesmo bioma da área: "A CRA só pode ser utilizada para compensar Reserva Legal de imóvel rural situado no mesmo bioma da área à qual o título está vinculado". De acordo com o § 3º do art. 48, essa possibilidade de utilização para a compensação por aqueles que precisam completar a área de reserva legal depende do cumprimento dos requisitos constantes no § 6º do art. 66. Devem, daí, as áreas:

> I – ser equivalentes em extensão à área da Reserva Legal a ser compensada;
> II – estar localizadas no mesmo bioma da área de Reserva Legal a ser compensada;
> III – se fora do Estado, estar localizadas em áreas identificadas como prioritárias pela União ou pelos Estados.

Sintetizando, a emissão da cota é da competência do órgão ambiental, sempre a pedido do dono da terra preservada com vegetação nativa ou recomposta em área excedente à reserva legal devida em sua propriedade. A finalidade do título está na cessão ou venda a outro proprietário com déficit de reserva legal.

A utilização da cota de compensação, por determinação do § 4º do art. 48, será averbada na matrícula do imóvel no qual se situa a área vinculada ao título e na do imóvel beneficiário da compensação.

Nos termos do art. 49 e seus parágrafos, o proprietário do imóvel rural, ao qual está vinculada a área da cota, terá a responsabilidade plena pela manutenção das condições de conservação da vegetação nativa da área que deu origem ao título. Não se altera o vínculo da área pela transmissão *inter vivos* ou *causa mortis* do imóvel ao qual está vinculada a cota de reserva.

O art. 50 indica as hipóteses de cancelamento da cota:

> I – por solicitação do proprietário rural, em caso de desistência de manter áreas nas condições previstas nos incisos I e II do art. 44;
>
> II – automaticamente, em razão de término do prazo da servidão ambiental;
>
> III – por decisão do órgão competente do Sisnama, no caso de degradação da vegetação nativa da área vinculada à CRA cujos custos e prazo de recuperação ambiental inviabilizem a continuidade do vínculo entre a área e o título.

Tal cancelamento, no entanto, só pode ser "efetivado se assegurada Reserva Legal para o imóvel no qual a compensação foi aplicada" (§ 1º do art. 50). No caso do inciso III, independe da aplicação das devidas sanções administrativas e penais decorrentes de infração à legislação ambiental (§ 2º do art. 50). Impõe-se, sempre, que se proceda à averbação na matrícula do imóvel em que se situa a área vinculada ao título e do imóvel no qual a compensação foi aplicada (§ 3º do art. 50).

BIBLIOGRAFIA

AGUIAR E SOUZA, Luiz Antonio de. *Tratado das servidões urbanas e rústicas*. São Paulo: Espínola, 1914.

ALVES, João Luiz. *Código Civil da República dos Estados Unidos do Brasil*. 2. ed. São Paulo: Acadêmica Saraiva, 1935. 1º v.

AMARAL SANTOS, Moacyr. *Comentários ao Código de Processo Civil*. 2. ed. Rio de Janeiro: Forense, 1977. v. IV.

AMORIM, João Alberto Alves. *Direito das águas*. São Paulo: Lex, 2009.

AUBRY, Charles; RAU, Charles. *Cours de droit civil français*. 6. ed. Paris: Librairie de la Cour de Cassation, 1938. t. III.

BAPTISTA, Joaquim de Almeida. *Das servidões administrativas*. São Paulo: Iglu, 2002.

BARROS MONTEIRO, Washington de. *Curso de direito civil*. Direito das coisas. 4. ed. São Paulo: Saraiva, 1961.

_____. *Direito das obrigações (segunda parte)*. 3. ed. São Paulo: Saraiva, 1962.

BAUDRY-LACANTINERIE, Gabriel; HOUQUES-FOURCADE, Maurice; CHAUVEAU, Émile et al. *Traité théorique et pratique de droit civil*. 3. ed. Paris: Recueil J. B. Sirey/ Journal du Palais, 1905. v. VI.

BERRIAT SAINTS PRIX, Félix. *Notes elémentaires sur le Code Civil*. Paris: Videcoq, 1845.

BEUDANT, Charles. *Cours de droit civil français*. 2. ed. Paris: Rousseau, 1938. t. IV.

BEVILÁQUA, Clóvis. *Código Civil dos Estados Unidos do Brasil comentado*. Rio de Janeiro: Francisco Alves. Eds. de 1917, 1933 e 1950. v. III.

BRAGA TEIXEIRA, José Guilherme. *Comentários ao Código Civil brasileiro*. Da propriedade, da superfície e das servidões. Coordenação de Arruda Alvim e Thereza Alvim. Rio de Janeiro: Forense, 2004. v. XII.

BUSSADA, Wilson. *Servidões interpretadas pelos tribunais*. Rio de Janeiro: Mabri, 1969.

CAETANO, Marcelo. *Manual de direito administrativo*. Rio de Janeiro: Forense, 1977. t. II.

CARVALHO DE MENDONÇA, Manuel Inácio. *Rios e águas correntes*. Rio de Janeiro: Freitas Bastos, 1939.

CARVALHO SANTOS, João Manuel de. *Código Civil brasileiro interpretado*. 11. ed. São Paulo: Freitas Bastos, 1963. v. VII, VIII e IX.

CENEVIVA, Walter. *Lei dos Registros Públicos comentada*. São Paulo: Saraiva, 1979.

CIRNE LIMA, Ruy. Das servidões administrativas. *Revista de Direito Público*, n. 5, jul.--set. 1968.

COLIN, Ambrosio; CAPITANT, Henri. *Curso elemental de derecho civil*. Madrid: Reus. Trad. esp. 1952. t. II, v. II.

CRETELLA JÚNIOR, José. *Tratado de direito administrativo*. Rio de Janeiro: Forense, 1968. v. V.

CUNHA GONÇALVES, Luiz da. *Tratado de direito civil*. São Paulo: Max Limonad. v. III, t. II.

DANTAS JÚNIOR, Aldemiro Rezende. *O direito de vizinhança*. Rio de Janeiro: Forense, 2003.

DEMOLOMBE, Charles. *Cours de Code de Napoléon*. Traité des servitudes. 3. ed. Paris: Auguste Durand/L. Hachette, 1863. v. XII, t. II.

DINIZ, Maria Helena. *Curso de direito civil brasileiro*. Direito das coisas. 25. ed. São Paulo: Saraiva, 2010. v. 4.

_____. *Sistemas de registros de imóveis*. 6. ed. São Paulo: Saraiva, 2006.

DI PIETRO, Maria Sylvia Zanella. *Servidão administrativa*. São Paulo: RT, 1978.

ENNECCERUS, Ludwig; KIPP, Theodor; WOLFF, Martin. *Tratado de derecho civil*. 1. ed. esp. Barcelona: Bosch/Casa Imperial, 1944. t. III, v. II.

FABRÍCIO, Adroaldo Furtado. *Comentários ao Código de Processo Civil*. Rio de Janeiro: Forense, 1980. v. VIII, t. III.

GARCIA, Paulo. *Terras devolutas*. Belo Horizonte: Oscar Nicolai, 1958.

GIOVENE, Achille. *La servitù industriale*. Nápoles: Morano, 1946.

GLUCK, Christian Friedrich von. *Comentário alle Pandette*. Trad. it. [1900]. Publicação na *Revista Forense*, n. 248.

GOMES, Orlando. *Direitos reais*. 3. ed. Rio de Janeiro: Forense, 1969. t. II.

_____. Significado da evolução contemporânea do direito de propriedade. *RT* 205/4.

JOSSERAND, Louis. *Derecho civil*. Trad. Santiago Cunchillos y Manterola. Buenos Aires: Europa-América/Bosch, 1950. t. I. v. III.

LAURENT, François. *Principes de droit civil français*. 3. ed. Bruxelas/Paris, 1878. t. 7º.

LOBÃO, Manuel de Almeida e Souza de. *Tratado histórico, enciclopédico, crítico, prático sobre todos os direitos relativos a casas*. Lisboa: Imprensa Nacional, 1981.

_____. *Tratado prático e compendiário das águas*. Lisboa: Imprensa Nacional, 1861.

LOUREIRO, Francisco Eduardo. *Código Civil comentado*. Coord. Ministro Cezar Peluso. 6. ed. Barueri: Manole, 2009.

LOUREIRO, Trigo. *Instituições de direito civil brasileiro*. 5. ed. Rio de Janeiro: Garnier, 1884.

MACKELDEY, F. *Manuel de droit romain*. Trad. J. Bewing. 3. ed. Bruxelas: Société Typographique Belge, 1846.

MAZEAUD, Henri; MAZEAUD, Léon; MAZEAUD, Jean. *Lecciones de derecho civil*: Parte segunda. Buenos Aires: Europa-América, 1960. v. IV.

MEIRELLES, Hely Lopes. *Direito administrativo brasileiro*. 4. ed. São Paulo: RT, 1976; 5. ed., 1977; 12. ed., 1986.

_____. *Direito de construir*. 4. ed. São Paulo: RT, 1983.

_____. *Direito municipal brasileiro*. São Paulo: RT, 1981. v. I.

MENDES, José. *Das servidões de caminho*. São Paulo: Duprat, 1906.

MESSINEO, Francesco. *Le servitù*. Milano: Giuffrè, 1949.

MORAES E BARROS, Hamilton de. *Comentários ao Código de Processo Civil*. Rio de Janeiro: Forense. v. IX.

MORAIS, Roberta Jardins de; GUETTA, Maurício. *Novo Código Florestal*. Coord. Édis Milaré e Paulo Affonso Leme Machado. São Paulo: RT, 2012.

MOURLON, Frédéric. *Répétitions écrites sur le Code Napoléon*. Paris: Marescq, 1869. t. II.

NEQUETE, Lenine. *Da passagem forçada*. São Paulo: Saraiva, 1978.

_____. *Da prescrição aquisitiva (usucapião)*. 3. ed. Porto Alegre: Ajuris, 1981. Coleção Ajuris, 17.

NUNES, Antônio de Pádua. *Código de Águas*. 2. ed. São Paulo: RT, 1980. v. I.

_____. *Nascentes e águas comuns*. São Paulo: RT, 1969.

PACIFICI-MAZZONI, Emidio. *Codici Civile italiano commentato*. 5. ed. Florença: Cammelli, 1905. v. II e III.

PARDESSUS, Jean-Marie. *Traité des servitudes ou servitudes fonciers*. 10. ed. Bruxelas: Société Typographique Belge, 1841.

PEREIRA, Caio Mário da Silva. *Instituições de direito civil*. 2. ed. Rio de Janeiro: Forense, 1970.

PEREIRA, Lafayette Rodrigues. *Direito das coisas*. 5. ed. Rio de Janeiro: Freitas Bastos, 1943. v. IV.

PLANIOL, Marcel; RIPERT, George. *Tratado practico de derecho civil francés. Los bienes*. Havana: Cultural, 1946. t. III.

PONTES DE MIRANDA, Francisco Cavalcanti. *Comentários ao Código de Processo Civil*. Rio de Janeiro: Forense, 1976. t. XIII.

_____. *Tratado de direito privado*. 4. ed. São Paulo: RT, 1977. v. X, XI, XII e XIV – 3. ed. Rio de Janeiro: Borsoi, 1971. v. XVIII.

POTHIER, Robert Joseph. *Oeuvres completes*: Traité de la prescription qui résulte de la possession. Paris: P. J. Langlois/A. Durant, 1844. v. X.

QUEIROZ TELLES, Antônio A. *Tombamento e seu regime jurídico*. São Paulo: RT, 1992.

REZENDE, Astolpho. *A posse e sua proteção*. São Paulo: Saraiva, 1937.

RIBEIRO, Benedito Silvério. Procedimento da ação de usucapião com a reforma do CPC. *Ajuris – Revista da Associação dos Juízes do RGS*, Porto Alegre, n. 66, p. 196, mar. 1996.

_____. *Tratado de usucapião*. 2. ed. São Paulo: Saraiva, 1998. v. 2.

RIBEIRO DE SOUZA, J. L. *Servidões*. São Paulo: Saraiva, 1931.

RODRIGUES, Sílvio. *Direito das coisas*. São Paulo: Max Limonad, 1964.

SACCHI, Alessandro. *Tratatto teorico-pratico sulle servitù prediali*. Torino: UTET, 1904. v. II.

SALVAT, Raymundo. *Tratado de derecho civil argentino*. Derechos reales. 4. ed. Buenos Aires: Tipografica Editora Argentina, 1959.

SAVATIER, René. *Du droit civil au droit public*. Paris: Librairie Générale de Droit et Jurisprudence, 1945.

SERAFINI, Filippo. *Istituzioni di diritto romano*. 3. ed. Florença, 1889. 1º v.

SERPA LOPES, Miguel Maria de. *Curso de direito civil*. Direito das coisas. 2. ed. Rio de Janeiro: Freitas Bastos, 1996. v. VI.

SODERO, Fernando Pereira. *Direito agrário e reforma agrária*. São Paulo: Legislação Brasileira, 1968.

SOUZA PINTO, Paulo Brossard de. Servidão por destinação do proprietário. *Ajuris – Revista da Associação dos Juízes do RGS*, Porto Alegre, n. 15, 1979.

STEFANINI, Luiz de Lima. *A propriedade no direito agrário*. São Paulo: RT, 1978.

TAMBURRINO, Giuseppe. *La servitù*. Torino: UTET, 1968.

THEODORO JÚNIOR, Humberto. *Terras particulares, demarcação, divisão, tapumes*. 2. ed. São Paulo: Saraiva, 1986.

VAMPRÉ, Spencer. *Manual de direito civil brasileiro*. Rio de Janeiro: F. Briguiet, 1920. v. II.

VEIGA JÚNIOR, Dídimo Agapito da. Direito das coisas. *Manual do Código Civil brasileiro*. Org. Paulo de Lacerda. Rio de Janeiro: Jacinto Ribeiro dos Santos, 1925. v. II; v. IX. Parte segunda.

_____. *Servidões reais*. Rio de Janeiro: Garnier, 1887.

VENOSA, Sílvio de Salvo. *Direitos reais*. 2. ed. São Paulo: Atlas, 2002.

VIANA, Marco Aurélio S. *Comentários ao Novo Código Civil (dos direitos reais)*. Coord. Sálvio de Figueiredo Teixeira. Rio de Janeiro: Forense, 2003. v. XVI.

VIEGAS, Eduardo Coral. *Visão jurídica da água*. Porto Alegre: Livraria do Advogado, 2005.

WALD, Arnoldo. *Curso de direito civil brasileiro*. Direito das coisas. 4. ed. São Paulo: RT, 1980.

_____. Propriedade. *Repertório Enciclopédico do Direito Brasileiro*. v. 114.

WELTER, Belmiro Pedro. Procedimento da ação de usucapião com a reforma do CPC. *Ajuris – Revista da Associação dos Juízes do RGS*, Porto Alegre, n. 66, mar. 1996.

OBRAS DO AUTOR

Ação Civil Pública e Ação de Improbidade Administrativa. 3. ed., Rio de Janeiro, Forense, 2014.

Servidões. 2. ed., Rio de Janeiro, Forense, 2014.

Direito de Empresa – Lei nº 10.406, de 10.01.2002. 5. ed., Rio de Janeiro, Forense, 2014.

Contratos – Lei nº 10.406, de 10.01.2002. 14. ed., Rio de Janeiro, Forense, 2014.

Condomínio Edilício e Incorporação Imobiliária. 3. ed., Rio de Janeiro, Forense, 2014.

Curso de Direito Agrário. 2. ed. São Paulo, Revista dos Tribunais, 2014.

Títulos de Crédito – Lei nº 10.406, de 10.01.2002. 4. ed., Rio de Janeiro, Forense, 2013.

Responsabilidade Civil – Lei nº 10.406, de 10.01.2002. 6. ed., Rio de Janeiro, Forense, 2013.

Direito das Sucessões – Lei nº 10.406, de 10.01.2002. 7. ed., Rio de Janeiro, Forense, 2013.

Direito das Obrigações – Lei nº 10.406, de 10.01.2002. 7. ed., Rio de Janeiro, Forense, 2013.

Direito das Coisas – Lei nº 10.406, de 10.01.2002. 6. ed., Rio de Janeiro, Forense, 2013.

Comentários ao Código de Trânsito Brasileiro. 9. ed., São Paulo, Revista dos Tribunais, 2013.

Promessa de Compra e Venda e Parcelamento do Solo Urbano – Lei nº 6.766/79. 9. ed., São Paulo, Revista dos Tribunais, 2013.

Contratos de Crédito Bancário. 10. ed., São Paulo, Revista dos Tribunais, 2013.

A Reparação nos Acidentes de Trânsito. 12. ed., São Paulo, Revista dos Tribunais, 2013.

Direito de Família – Lei nº 10.406, de 10.01.2002. 8. ed., Rio de Janeiro, Forense, 2011.

O "Leasing" – Arrendamento Mercantil no Direito Brasileiro. 6. ed., São Paulo, Revista dos Tribunais, 2011.

Parte Geral do Código Civil – Lei nº 10.406, de 10.01.2002. 7. ed., Rio de Janeiro, Forense, 2011.

Limitações do Trânsito em Julgado e Desconstituição da Sentença. Rio de Janeiro, Forense, 2008.

Factoring. 3. ed., São Paulo, Revista dos Tribunais, 2004.

Planos de Assistência e Seguros de Saúde (em coautoria com Eduardo Heitor Porto, Sérgio B. Turra e Tiago B. Turra). Porto Alegre, Livraria do Advogado Editora, 1999.

Casamento e Concubinato – Efeitos Patrimoniais. 2. ed., Rio de Janeiro, Aide Editora, 1987.

O Uso da Terra no Direito Agrário (Loteamentos, Desmembramentos, Acesso às Terras Rurais, Usucapião Especial – Lei nº 6.969). 3. ed., Rio de Janeiro, Aide Editora, 1986.

Reajuste das Prestações do Banco Nacional da Habitação. Porto Alegre, Sérgio Antônio Fabris Editor, 1984.

Da Ineficácia dos Atos Jurídicos e da Lesão no Direito. Rio de Janeiro, Forense, 1983.

www.editoraforense.com.br
forense@grupogen.com.br

Impressão e acabamento
Imprensa da Fé